초등학생을 위한

어린이 친구 만들기

초등학생을 위한

어린이 친구 만들기

Fred Frankel, Robert Myatt 지음

하지혜 · 박혜숙 · 이민영 옮김

Σ 시그마프레스

초등학생을 위한 어린이 친구 만들기

발행일 | 2015년 3월 25일 1쇄 발행
2022년 12월 20일 2쇄 발행
지은이 | Fred Frankel, Robert Myatt
옮긴이 | 하지혜 · 박혜숙 · 이민영
발행인 | 강학경
발행처 | (주)시그마프레스
디자인 | 이상화
편집 | 류미숙

등록번호 | 제10－2642호
주소 | 서울시 영등포구 양평로 22길 21 선유도코오롱디지털타워 A401~403호
전자우편 | sigma@spress.co.kr
홈페이지 | http://www.sigmapress.co.kr
전화 | (02)323－4845, (02)2062－5184~8
팩스 | (02)323－4197

ISBN | 978-89-6866-240-9

CHILDREN'S FRIENDSHIP TRAINING

* 책값은 책 뒤표지에 있습니다.

이 도서의 국립중앙도서관 출판예정도서목록(CIP)은 서지정보유통지원시스템 홈페이지(http://seoji.nl.go.kr)와 국가자료공동목록시스템(http://www.nl.go.kr/kolisnet)에서 이용하실 수 있습니다.(CIP제어번호 : CIP 2015007714)

차 례

PART 2 치료 준비하기

PART 3 회기의 내용

역자 서문

소아정신과 의사로서 환자와 그 가족을 돕는다는 것은 의무이면서 동시에 기쁨이다. 내가 아는 만큼 더 많이 도와줄 수 있고, 확실한 근거를 제시할수록 치료에 대한 순응과 치료효과가 높아지는 것을 경험한다. 이곳 어린이병원에서 일하면서 많은 아이들을 만나 내가 주는 약물을 먹고, 처방한 집중치료를 받으면서 아이들이 더 나아지고 가족들이 기뻐하는 것을 보았지만, 아이가 유치원이나 학교에서는 여전히 '친구들과 어울리지 못하고' 혼자라는 얘기를 듣곤 했다. 사회성이 좋아진다는 온갖 치료들이 있지만 효과는 만족스럽지 못했다. 이에 대한 답을 찾아 2014년 UCLA Semel 연구소를 찾았고, 청소년들의 사회성을 위한 PEERS와 효과검증단계에 있는 학령기 이전 아이들을 위한 PEERS와 함께, 가장 친구관계가 필요한 초등학생을 위한 사회성 프로그램인 '친구 만들기'를 만나게 되었다. '친구 만들기'는 이미 1980년대부터 오로지 사회성에 대해서만 연구해 온 저자들이 내가 찾던 문제들에 대한 답과 실험적 근거들을 모아놓은 한 편의 방대한 논문 같았다. 저자들의 생생하고 풍부한 경험이 담겨 있는 사례집 같기도 했다. 또한 책에서 아이들에게 필수적으로 가르치고 연습시키는 사회기술은 저자들의 오랜 경험과 고민과 연구에서 나온 핵심적인 것이며, 아이들을 '치료실에서 잘하는 것'이 아니라 '실제 생활에서 잘하도록 하는 것'이라는 확신이 들었다. 아이들의 사회성에 대한 진지한 고민을 했던 이 책을 이용하는 치료자들도 이 책의 가치를 십분 활용하고 느끼기 바란다. 마지막으로 어려운 여건 가운데도 책의 번역에 참여해 준 이민영 선생님, 박혜숙 교수님, 그리고 나의 가족에게 감사의 말씀을 드린다.

2015년 봄
대표 역자 하지혜

추 천 사

학교에서 아이들은 또래와 지내는 재미와 관계를 통해 성장하는 발전을 경험하게 됩니다. 친구 사이가 좋은 아이들은 학교에 가는 것이 기다려지고 즐겁습니다. 친구관계가 어려운 아이들은 학업 성취도가 좋아도 학교가 힘든 공간이 됩니다. 친구관계가 좋으려면 사회성이 잘 발달되어야 하는데 어릴 때부터 사회성 발달의 어려움이 있는 아이들은 단짝친구를 만들고 싶고, 친구들에게 인정 받고 싶은 열망이 큼에도 학년이 올라갈수록 실망감과 자신감 저하를 경험하게 됩니다. 그런 의미에서 사회성에 어려움이 있는 아이들을 위한 초등학생을 위한 어린이 친구 만들기는 참으로 반가운 책입니다. '친구 만들기'는 12회기에 걸친 단계적인 치료 프로그램 소개도 훌륭하지만, 왜 또래관계 어려움에 대한 치료가 필요한지, 어떻게 어려움을 측정하고, 그리고 치료 이후 발전 정도를 어떻게 평가할지에 대한 체계적인 설명을 해 주고 있습니다. 프로그램 도입 전 필요성을 이해한 아이들은 프로그램에 좀 더 적극적으로 참여할 가능성이 높을 것입니다. 무엇보다도 소아청소년 정신건강 전문가로서 오랫동안 임상에서 아이들의 사회성 어려움과 이의 개선을 위해 고민하였던 역자의 번역이라, 사회성 어려움을 겪는 아이들과 그 부모님들께, 또한 현장에서 어려움을 돕기 위해 노력하고 계시는 전문가 선생님들께 초등학생을 위한 어린이 친구 만들기를 적극 추천하는 바입니다.

성균관대학교 삼성서울병원 정신건강의학과
정유숙

저자 서문

이 책은 다리를 놓는 것에 대한 책이다. 임상 전문가들이 사회기술중재법에 대해 아는 것과 발달심리학자들이 어린이들의 우정에 대해서 아는 것 사이의 다리, 친구가 없는 아이에게 효과적인 치료법에 대한 연구와 이러한 아이를 효과적으로 돕는 것에 관심이 있는 전문가들 사이의 다리, 아이들의 친구관계에 대해 걱정하는 부모와 부모가 치료에 효율적으로 참여하길 원하는 사람들 사이의 다리, 아이들이 치료과정에서 친구를 만들고 유지하는 것에 대해서 배우는 것과 학교에서 사회성이 좋은 아이들이 어떻게 하는지 보는 것 사이의 다리, 그리고 부모가 사회기술훈련을 통해서 배운 것들과 이것을 실생활에서 자녀들이 지속적인 친구관계를 만들어 가도록 돕기 위해 적용하는 방법 사이의 다리 말이다.

내가 만든 사회기술훈련 집단에서 뭔가가 빠졌다는 걸 처음 깨달은 건, 내 아내가 당시 6살이었던 우리 아이의 놀이데이트를 잡기 위해서 다른 부모들과 교류하는 것을 보면서였다. 나는 이런 것을 사회기술훈련 문헌에서 한 번도 읽은 적이 없었다. Bob Myatt와 나는 부모에게 이런 방법을 사용하도록 가르치는 방법을 개발해내어 자신의 아이들이 이런 방법을 효과적으로 사용하도록 가르치게 했다. 어른들도 주로 기본 원칙에 따르게 했지만, 어린이들도 내가 유년기의 주요 지침이라고 부르는 원칙을 따르게 했다. 바로 같이 놀면 재미있는 아이들과 놀라는 것이다. 우리의 일은 아이들을 '같이 놀면 재미있는 아이'로 만드는 것이었다.

—Fred Frankel

내가 처음으로 사회기술훈련의 힘과 한계를 느꼈던 것은 1981년에 재향군인회 병원에서 연구보조원으로 일할 때였다. 나는 포괄적인 사회기술훈련 프로그램이 만성 조현병이 있는 재향군인 같은 아주 힘든 환자집단에게도 현실적인 도움을 많이 주는 것을 볼 수 있었다. 그러나 동시에 이 경험을 통해 이런 종류의 프로그램의 단점과 치료법을 끊임없이 수정하고 개발하고 향상시키는 것이 필요하다는 것도 잘 알게 되었다. 나는 수년간 사회기술훈련을 청소년들에게 가르칠 기회가 있었는데, 이들은 형사 사법 제도에 얽혀 있기도 했고, 정신과 병동에 입원했던 우울하고 자살사고가 있는 아이들이거나, 정신과에 입원 중인 아이들도 있었고, 초등학교에 다니는 수줍고 내향적인 아이들도 있었다.

내 논문을 끝낼 무렵, 나는 4학년과 5학년 아이들이 자신들의 사회적 결함과 사회적 고립감 때문에 높은 수준의 임상적 우울증을 앓고, 자살에 대한 생각을 하기 시작하는 것을 보게 되었다. 나는 UCLA 신경정신과 연구소에서 심리수련을 받는 동안 Fred Frankel 박사를 만나 14년간 파트너로서 여정을 함께하게 되었고, 어린이들을 위한 포괄적인 사회기술훈련 프로그램을 만들어내게 되었다. 그 기간 내내 우리는 아이들, 그 부모들과 교사들, 심리수련생, 사회사업 수련생, 우리에게 수련 받은 소아정신과 전임의들과 우리에게 자신들의 어린 환자를 보내주었던 동료 전문가들로부터 피드백을 받았다. 이 책은 우리가 배운 모든 것의 집결체이자 정수이다. 이 책이 자신의 환자들에게 친구 만들기 훈련을 해주는 것이 중요하다는 것을 깨달은 다른 치료자들에게 도움이 되기를 바란다.

—Robert Myatt

들어가는 글

이 책에 있는 중재법은 아이들이 좋아지기를 바라는 부모가 비용을 지불하고 치료를 받는 임상 환경을 위해서 만들어졌다. 우리가 이전에 발표한 연구결과들은 주의력결핍 과잉행동장애(ADHD) 같은 진단을 받은 균일한 아이들 집단(반항장애가 동반되었든 되지 않았든)이나 연구를 위한 진단은 받지 않은 아이들을 대상으로 한 것들이었다. 사실 우리는 1991년부터 800명이 넘는 어린이들에게 이 치료를 시도해 왔다. 이 중 아주 일부분만이 깔끔하게 연구범주에 맞아서 학술지에 연구결과를 발표할 수 있었다.

우리는 사회적 능력의 과정-중심 측면(Taylor & Asher, 1984)을 채택하여 중요한 사회적 상호작용 과정을 선별해내고, 성공적인 사회적 거래를 만들어내는 특정 요소들을 찾아냈다. 우리의 목표는 어린이들에게 또래와 서로 만족스러운 상호작용을 하는 기술을 가르쳐서 또래집단 내에서 더 좋은 평가를 받고 충만한 우정을 누리도록 하는 것이다. 이 책에 있는 프로그램은 다음 네 가지 중요 영역에서 친구가 없는 어린이들의 또래관계에 대해 기술하였다.

1. 거슬리고 부적절한 행동을 줄여 지금 또래집단 내에서 나쁜 평판(Bierman, 1989 참조) 약화시키기
2. 자신의 또래관계를 넓히는 방법을 가르쳐 또래집단으로부터 거부당하는 것이 덜 중요하게 느껴지도록 하기
3. 성공적인 놀이데이트(놀이데이트는 두 어린이가 둘 중 하나의 집에서 놀기로 한 약속을 말함)를 하기 위해 부모와 아이들이 어떻게 협동해야 하는지 가르치기. 이렇게 함으로써 기능적인 또래관계가 없는 상황에서도 최고의 우정을 누릴 수 있다고 가정한다. 단짝친구를 가지는 것은 사회기술을 계속 늘리는 데에 도움이 될 수 있다(Hartup, 1983 참조).
4. 평판이 나쁜 아이가 거부당하는 또래집단 내에서 '조용히 지내도록' 돕기. Nangle, Erdley와 Gold (1996)의 연구결과에서처럼 나쁜 평판을 줄이기는 비교적 쉽지만 또래들의 호감도를 높이는 것은 어렵다. 놀림받거나 아이들이나 어른들과 갈등이 있을 때에 공격적이지 않게 반응하는 능력을 기르면서 계속 또래들로부터 자극받는 것을 피하는 것이 목표이다.

이 책의 목적과 구성

치료자를 위한 자기 지침서

이 책의 목적은 우리 프로그램을 따라서 사회기술 프로그램을 하려고 하는 치료자들을 위한 완벽한 자기 지침서를 제공하는 것이다. 많은 치료자가 치료법을 바꾸고 새로운 기술을 배우는 것을 어려워한다. 이 프로그램은 통합된 하나의 프로그램으로 만들어졌지만, 치료자들은 일부만을 시도하고 싶어 할 수도 있다. 그렇게 한다고 이 치료가 엉망이 될 것 같지는 않으며 치료자들이 더욱 편안하게 시행할 수 있는 맛이 더해질 것이다. 우리는 부모 회기와 어린이 회기를 이끌어 나가면서 정말 재미있었는데, 다른 치료자들도 이런 보상을 얻게 될 것이라고 확신한다.

사회적으로 유용한 행동 가르치기

치료법이 또래관계가 어려운 아이들이 그렇지 않은 아이들과는 '다르게 하는 행동'들을 목표로 했을 때에 사회적 유용성(social validity)이 있다. 우리가 훈련방법을 개발할 때에 사회적 유용성이 중대한 영향을 끼쳤다. 사회기술훈련에 대한 대부분의 연구들이 사회적 유용성을 평가하는 요소를 사용하지 않았지만(Budd, 1985), 사회적으로 쓸모 있는 행동에 중점을 둔 훈련을 받았을 때에 아이들이 또래들에게 더 잘 받아들여질 가능성이 높아진다는 연구결과들이 있다. 예를 들면 또래들과의 협동과 또래 지지 기술(예 : 열심히 들어주는 기술)에 따라 수용되는 아이와 거부당하는 아이가 나누어졌다(더 완전한 또래수용과 또래사회계측에 대한 범주에 대해서는 제9장 참조). 여러 연구에서 이러한 사회기술훈련으로 또래사회계측 점수가 향상되었다는 것을 보여주었다(Bierman & Furman, 1984; Gresham & Nagle, 1980; Hepler & Rose, 1988; Oden & Asher, 1977; Tiffen & Spence, 1986). Oden과 Asher(1977)는 아이들이 재미있게 놀고 같이 노는 상대도 재미있게 놀도록 지도하는 것에 중점을 두었다. 선택된 아이들은 처음에는 또래사회계측 점수로 보았을 때에 학급에서 가장 인기 없는 아이들이었다. 이 아이들의 향상된 또래수용 점수는 치료가 끝난 후에도 유지되었다.

사회적으로 유용한 행동을 가르치는 것은 세 가지 면에서 도움이 된다. 첫째, 아이들이 자신의 사회적 환경에서 관찰해야 할 핵심 행동에 더 집중할 수 있다. 둘째, 더 잘 수용되는 아이들이 유용한 행동들을 해서 바람직한 사회적 결과를 만들어내는 것을 더 잘 관찰할 수 있다. 셋째, 아이들이 이러한 유용한 행동들을 함으로써 성공적인 결과를 얻기가 쉬워진다(그 전에 이미 평판이 나빠서 좋은 결과가 나오기 어려운 상황이 아니라면). 이 책에서는 각 치료회기마다 목표가 되는 행동들이 사회적 유용성을 얻는 근거들을 제시하고, 어린이들이 치료 외의 상황에서 이러한 행동들을 성공적으로 적용하도록 하는 방법들을 기술하였다.

치료의 정확도 유지하기

치료의 정확도(treatment integrity)는 회기마다 치료의 계획과 실제로 치료가 전달되는 방식과의 연관성을 말한다. 치료자 표류(clinician drift)는 치료의 정확도가 떨어지는 현상으로, 시행할 때마다 치료자가 치료의 특성을 바꾸는 경향을 말한다. 우리가 치료의 정확도를 유지하고 치료자 표류를 피할 수 있었던 것은 각 치료 모듈의 윤곽을 유지하면서 각 환자의 치료 전과 후의 자료를 수집했기 때문이었다(부모가 동의를 할 경우). 각 치료집단이 끝날 때마다 우리 치료자들은 호전된 환자들의 비율을 내보았다. 이 비율이 부모보고에서 90% 아래로 떨어지거나 교사보고에서 70% 아래로 떨어지면 치료자들은 자신들이 변경한 부분들이 있는지 점검했다. 이런 방식으로 우리는 적절한 수준의 긍정적인 치료결과를 유지하도록 스스로 책임져 왔다.

우리는 이 책 같은 치료 지침서가 경험적으로 증명된 치료법을 충실하게 전달하는 최선의 방법이라 믿는다(Wilson, 1996). 지침서는 초보자와 숙련된 치료자 모두에게 도움이 될 수 있다(Chambless, 1996; Eifert, Schulte, Zvolensky, Lejuez, & Lau, 1997). 상세한 지침서일수록 더 긍정적인 치료효과를 낼 수 있다고 알려져 있다(Weisz & Weisz, 1990).

책의 구성

이 책은 크게 세 부분으로 나누어져 있다. 제1부는 이 치료의 원리에 대해서 말하고 있다. 제2부는 치료자들이 집단을 구성하는 방법을 알려준다. 제3부는 회기가 진행되는 순서에 따라서 각 치료회기에 중점을 두었다. 각 모듈에 대한 경험적 근거를 간략하게 요약해 놓았는데, 이것으로 부모 회기를 맡은 치료자가 이론을 충분히 숙지하여 부모들을 잘 이끌어 나갈 수 있도록 했다. 그리고 준비한 것들로 부모 회기를 다 채울 수 없을 때에 임시방편으로 이것을 부모들에게 얘기할 수도 있다. 기술된 방법 중에는 유익한 예외사항들과 함께 '표준 사례'의 예도 들어 있다(Hibbs, Clarke, Hectman 등, 1997). 집단을 이끄는 치료자가 각 회기마다 재빨리 참고할 수 있도록 부모와 어린이 회기 요약에 중요한 요점을 간추려 놓았다. 일상에서 검증된 부모용 유인물도 포함되어 있다. 이 요약된 유인물은 부모가 가지고 있다가 회기들 사이에 빨리 참고할 수 있게 만들었다. 치료자는 첫 번째 치료집단을 시작하기 전에 제2부와 제3부의 내용을 철저하게 검토해야 하며, 치료 중에는 부모와 어린이 회기 계획을 사용하도록 한다.

우리는 각각 다른 어린이 집단을 이끄는 치료자 6명과 각각 다른 부모 집단을 이끄는 치료자 7명을 훈련시켜 같은 수준의 치료효과를 얻어냈다. 이것으로 이 치료법은 처음 개발한 사람만이 높은 수준의 호전을 보는 창시자 효과(founder's effect)를 넘어서는 효과가 있다는 것을 알 수 있다. 여러분의 경험으로 이것을 계속 증명해 주기를 바란다.

관련 자료

이 치료법에 기반을 둔 부모용 자습서(Frankel, 1996)도 참가하는 부모들에게 부가적으로(대체는 불가) 사용할 수 있다. 이 자습서는 다음 치료집단이 시작되기를 기다리면서 부모들이 즉각적으로 도움을 받을 수 있도록 확장된 프로그램 안내서로 사용될 수도 있고, 아이가 너무 어려서 이 치료에 참여할 수 없는 부모들에게 소개할 수도 있다.

PART I

배경

CHAPTER

1

또래관계 문제를 치료해야 하는 이유

소아 정신과 외래 임상수련 프로그램을 운영하면서 우리는 많은 치료자가 환자들의 또래관계에는 상대적으로 별 관심이 없다는 것을 계속 느껴왔다. 치료를 받는 아이들은 치료를 받지 않는 아이들보다 두 배 정도 또래관계 문제를 가지기 쉬운데도 말이다(Malik & Furman, 1993; Rutter & Garmezy, 1983). 진단 체계에서도 또래관계는 지엽적으로 다루어질 뿐이다. 드러난 정신병리를 치료한 후에도 또래 문제는 그대로 남아 있지만, 이에 대한 치료를 받으라고 언급조차 하지 않는 일이 빈번하다. 알려진 위험 요인들이 없는 아이들조차도 이들의 10% 정도가 친구를 사귀고 유지하는 데에 어려움을 겪는다고 추산된다(Asher, 1990).

10살짜리 아이들을 1년간 추적한 Bukowski, Hoza, Newcomb(1991, Hartup, 1996 인용)의 연구에서 친구를 갖는 것은 자존감에 긍정적인 영향을 미친다는 것이 밝혀졌다. 아동기의 또래관계 문제는 아동기 이후 삶의 기능 수준에 영향을 미친다. Bagwell, Newcomb, Bukowski (1998)의 12년 추적연구에 의하면 아동기의 또래 거부와 친한 친구가 한 명도 없었던 것이 동일하게 초기 성인기의 정신병리를 증가시키는 요인이 되었다.

우리는 진정한 우정(quality friendship)이란 '서로 동등하다고 여기는 두 개인 간에 애정과 헌

신으로 형성된 상호관계'라고 정의한다.[1] 진정한 우정을 유지하는 것이야말로 아이가 성공적으로 적응하고 있는지에 대한 가장 핵심적인 단일 지표일 것이다. 진정한 우정을 가지려면 아이들은 자기 중심성을 유보하고, 친구를 동등하게 대하고, 갈등을 효과적으로 다루어야 한다(Hartup, 1996). 아이들은 친구가 아닌 아이들과 있을 때보다 친구들과 있을 때 '화합의 분위기'를 더 많이 느낀다(Gottman, 1983; Hartnup & Laursen, 1993).

어린이들은 일반적으로 친구가 아닌 아이들보다는 친구들과 더 문제해결을 잘한다(Azmitia & Montgomery, 1993). 친구관계는 이혼의 부정적인 영향을 완화할 수도 있다(Wasserstein & La Greca, 1996). 친구관계는 사회기술을 배우는 과정이며, 자신의 좋은 점을 배우는 과정이자 지지기반을 만드는 과정이기도 하다(Hartnup, 1993). Malik과 Furman(1993)에 의하면 "또래란 단순한 놀이상대가 아니라 신뢰의 대상이자 협력자이고 힘든 시기에 지지의 원천이다."(p. 1303)

1 우리가 만난 우정에 대한 최고의 정의이다. 유감스럽게도 이 정의를 내린 원저자를 찾지 못했다.

CHAPTER

2

결과 측정하기

먼저 결과를 측정한 도구를 검토하지 않고서는 사회기술훈련에 대한 연구문헌을 평가하기 어렵다. 임상적인 환경에서 공식적인 결과평가를 할 때에 부모나 치료자가 흔히 하는 오해는 평가는 항상 어떤 형태든 연구와 관련되어 있다고 생각하는 것이다. 드물게 시행하긴 하지만 공식적인 결과평가는 임상적인 치료과정의 일부로서 꼭 필요한 경우에 시행해야 하는데, 그 이유는 다음과 같다.

1. 최고의 치료자도 시간이 지나면서 치료자 표류를 범하기 쉽다는 것을 우리는 알고 있다. 그건 아마도 창의적인 치료자들이 똑같은 치료를 반복하는 것에 지친 나머지 끊임없이 새로운 것들을 투입하기 때문일 것이다. 치료자는 이런 새로운 시도들이 표준 치료에 받아들일 만한 정도의 변형을 주는 것이라고 생각한다. 우리도 같은 치료를 40번이나 50번 반복해서 잘하다가 한 번이라도 그 전처럼 잘 되지 않으면 매우 당황한다. 그리고 그 동안 그 방법이 얼마나 성공적이었는지는 생각하지도 않고 자신의 익숙한 방법을 수정하곤 한다. 어떤 집단에 대한 교사평가가 하락한 것을 보고 우리는 치료방법이 수정되었다는 것을 알아냈다(부모평가는 치료방법이 바뀌는 것에 덜 예민한 것 같다).

2. 우리는 세 번 치료방법의 개선을 시도했었는데, 그 중 하나는 교사평가가 그 전 집단들보다 상당히 나빠졌을 때였다. 우리는 원래의 방법으로 되돌아가서 다시 예전 정도의 긍정적인 교사평가 결과를 얻을 수 있었다.
3. 마지막 치료회기가 끝나고 보통 3주 이내에 치료 후 교사평가가 마무리되었고 대략 30%의 부모가 경과보고를 위해 전화를 하는 것으로 나타났다. 부모가 이 치료 후 피드백을 위해 전화를 하면, 우리는 그 기회에 부모에게 치료에서 좋아진 점들을 계속 유지하도록 독려한다.

결과 측정 도구

연구자와 치료자가 사용하는 여섯 가지 형태의 결과 측정 방법에는 또래평가, 비공식적 '임상' 지표들, 어린이 환자 평가, 행동 지표, 교사보고, 부모평가 등이 있다.

비구조화된 부모 피드백, 치료자의 회기 중 어린이 행동에 대한 평가, 치료자의 전반적인 변화에 대한 느낌 등 비공식적인 임상 지표에서 호전되는 것은 거부당하는 아이들의 또래수용의 변화를 측정하는 데에는 거의 타당성이 없다. 이것은 부모가 아이를 집단에 데리고 와서 기분이 좋고, 아이는 집단에 와서 대부분 즐거운 시간을 보내기 때문일 것이다(그렇지 않다면 아이는 집단을 떠나 사후평가에는 나타나지 않을 것이다). 집단 내에서 효과적인 행동중재법을 사용하면 아이는 더 나은 행동을 할 것이다. 다른 무엇보다 중요한 일은 이러한 변화를 아이가 생활하는 환경으로 옮겨서 일반화하는 것이다.

우리는 어린이 집단 치료자에게 아이들의 호전을 측정하도록 하고, 이것을 공식적인 부모와 교사평가와 비교하여 수련시키고, 임상적 도구로 사용한다. 둘 사이의 상관관계는 거의 0에 가깝다. 예를 들어 우리 치료자들은 당연히 집단을 방해하는 아이나 치료자를 힘들게 하는 아이들은 호전되지 않았다고 평가한다. 그러나 부모와 교사평가에서는 치료효과가 꽤 있다고 나온다(이런 것들 때문에 우리 치료자들은 힘든 아이들을 계속 끌고 나가는 힘을 얻는다). 다음은 사회기술훈련 프로그램에서 호전을 측정하는 데에 사용되는 공식화된 평가 방법들을 간단하게 정리한 것이다.

사회성 문제가 없는 또래들을 이용한 평가

또래평가는 또래집단 구성원이 서로를 평가하도록 하는 방법이다. Gresham과 Stuart(1992)에 의하면 또래평가는 연구 과제에서 가장 흔히 사용되는 또래-참고평가 방법이다. 많은 연구자가 이런 형태의 평가를 가장 신뢰할 만하다고 하는 것은 또래들은 서로를 자주 관찰하고 자신들의 기준으로 평가하기 때문이다(Daniels-Beirness, 1989). Landau와 Moore(1991)가 지적했던 것처럼 어린이들은 교사나 부모보다 자기 또래들의 대인관계를 더 잘 알고 있다.

또래평가는 외래 환자를 보는 일반적인 환경에서는 사용하기에는 너무 번거롭다. 예를 들어 우리 프로그램에 참여하는 외래 환자들은 200개 이상의 다른 학교에서 온다. 각각의 학교를 방문해서 각 환자별로 또래평가를 한다는 것은 말 그대로 악몽이다. 여기에 또래평가를 제시하는 것은 독자들이 연구 과제와 거기에 나오는 또래수용의 항목들을 더 잘 이해하고 평가하도록 돕기 위해서이다(제9장 참조). 또래평가에는 점수주기와 지명하기의 두 가지 방법이 있다.

또래 지명하기(peer nomination)는 초등학교 아이들에게 자기 반에서 가장 같이 놀고 싶은 친구들과 가장 놀기 싫은 친구들의 이름을 쓰도록 하는 것이다(Dodge, Coie, Petit, & Price, 1990). 각 아이들에 대한 또래관계 상태는 **사회적 선호도**(social preference, 좋아하는 아이로 지명된 횟수 - 싫어하는 아이로 지명된 횟수)와 **사회적 영향력**(social impact, 지명된 총 횟수; Asher & Hymel, 1981; Coie & Dodge, 1983)을 나타내는 표로 만들어진다. Gresham과 Stuart(1992)는 가장 싫어하는 아이로 지명되는 것이 검사-재검사 상관관계 .60으로 가장 안정성이 높다는 것을 밝혀냈다. 대규모 연구에서는 이러한 또래관계 상태의 안정성으로 부정적인 결과를 예측할 수 있다는 것을 보여주었다(Coie & Dodge, 1983; Coie & Kypersmidt, 1983; Dodge, 1983). 이렇게 부정적으로 지명되는 과정에서 낮은 또래관계 상태의 아이들이 더욱 부정적인 행동을 당하게 되지 않을까에 대한 우려가 있었지만(Asher & Hymel, 1981), 두 개의 연구에서 이러한 부정적인 영향은 없는 것으로 나타났다(Bell-Dolan, Foster, & Sikora, 1989; Bell-Dolan, Foster, & Christopher, 1992).

또래 점수주기(peer rating)는 집단 내의 각 아이들이 다른 아이들에 대해 하나하나 정해진 기준에 따라 점수를 주는 것이다. 간단한 예로는 '명단과 점수주기(roster and rating)' 사회계측 과정이 있다(Singleton & Asher, 1977). 아이들에게 자신과 같은 성별의 반 친구들의 명단을 주고 한쪽에는 많이 좋아하는 아이, 다른 쪽에는 많이 싫어하는 아이로 표시된 5점 라이커트 표에 표시하도록 하는 것이다. 다른 예로는 "_____가 얼마나 괴롭힘을 당하니?" 그리고 "_____가 얼마나 협조하니?"라는 질문을 주는 것이다(한쪽에는 '전혀', 다른 쪽에는 '아주 많이'로 표시한다). 각 아이에 대한 평균 점수를 표에 적어 표시한다.

점수주기는 지명하기에 비해서 눈에 잘 띄지는 않지만 같이 놀기에 좋은 아이들을 골라내는 데에 더 적절한 방법이다(Asher & Hymel, 1981). 반 친구들(또는 동성의 반 친구들)로부터 받은 평균 점수는 나이 어린 아이들이라고 하더라도 안정적으로 유지되고(Asher, Singleton, Tinsley, & Hymel, 1979), 치료의 효과에 민감하게 변화하고(Ladd, 1981; Oden & Asher, 1977), 질문하는 표현 방법이 변하면 또한 민감하게 변화한다(Oden & Asher, 1977; Singleton&Asher, 1977). 점수주기 방법의 또 하나의 장점은 아이들이 싫어하는 아이의 이름을 직접 쓰지 않아도 된다는 것이다. 또래평가방법 각각의 장점과 단점들 때문에 우리는 5년간 국립정신보건연구소(National Institute of Mental Health, NIMH) 지원 연구를 하면서 두 가지 방법을 모두 사용했었다. 아이들을 각자 면담하는 데에는 8분 정도가 걸렸고, 대부분의 아이들은 재미있어 했다.

어린이 환자로부터 평가받기

어린이 환자로부터 평가를 얻어내기는 쉽지만 다른 평가점수와는 상관관계가 가장 낮고, 사회적으로 바람직한 반응 경향에 맞춰서 하기 쉽다(Ledingham, Yonger, Schwartman, & Bergeron, 1982). 어린이들의 실제 행동은 가상의 상황에서 어떻게 할 것이냐는 질문을 받았을 때와는 다를 수가 있다는 것이다(Bearison & Gass, 1979; Damon, 1977). Grenell, Glass, Katz(1987)가 했던 연구가 그 한 예이다. 그들은 15명의 주의력결핍 과잉행동장애로 진단받은 남자아이들과 15명의 일반적인 남자아이들에게 16가지의 가상적 상황에서 어떻게 해야 한다고 생각하는지에 대한 질문을 던졌다. 어른으로 구성된 평가단이 그런 반응들에 대해서 친절함, 충동 조절, 자기 주장, 관계 개선에 대한 효과 등의 기준에 따라 점수를 매겼다. 평가자들은 또한 자유놀이, 협동 퍼즐 과제(한 남자아이가 주된 작업을 하고 다른 남자아이가 돕는 형태)와 설득 과제(한 아이가 자신이 선택한 게임을 하자고 다른 아이를 설득해야 하는 상황)같은 실제 상황에서 아이들을 관찰하고 점수를 매겼다. 가상적 상황과 실제 관찰된 친사회적인 행동 사이의 상관관계는 통계적으로는 의미가 있었지만 매우 낮은 수치였다(.37에서 .43 사이의 절대상관지수).

또 다른 예는 유치원 대인관계 문제해결 과제(Pre-school Interpersonal Problem Solving, PIPS)였는데(Spivack & Shure, 1974), 정상규준 자료는 없었지만 심리평가적 타당성은 적절했다. Grenell 등(1987)이 했던 연구에서처럼 이 연구에서도 다양한 가상적 상황에 대한 해결책의 수와 질이 채점되었다. 그러나 PIPS의 질문 내용이 유치원 아이들이 부딪히는 사회적 문제를 대표하지 못한다는 비판이 있었고(Brochin & Wasik, 1992), 또래 문제 영역을 충분히 나타내지 못한다는 비판(Getz, Goldman, & Corsini, 1984)도 받았다. 다른 연구자들은 놀림에 대한 반응을 더 강조해야 한다고 했고(Feldman & Dodge, 1987), 다른 아이들과의 갈등 다루기를 강조해야 한다고(Brochin & Wasik, 1992) 제안하기도 했다.

어린이 환자들에게 자신을 좋아하는 사람들의 이름을 쓰게 하는 것도 큰 가치가 없다. 친구가 없는 아이들도 자신을 좋아하는 사람의 이름을 써보라고 하면 '다수의 친구' 이름을 쓴다(Hartup, 1996). 사회계측상 거부당한 아이들은 평균적인 아이들과 무시당한 아이들에 비해, 누가 자신들을 좋아하는지 제일 정확하게 판단할 수 없는 부류이다(이러한 사회계측상 범주에 대해서는 제9장 참조; MacDonald & Cohen, 1995). 반면에 어린이 환자들에게 또래들의 행동을 평가하도록 하면 더 유용한 결과를 얻을 수 있다. Whalen과 Henker(1985)가 24명의 주의력결핍 과잉행동장애 아이들과 24명의 주의력결핍 과잉행동장애가 아닌 아이들의 여름 캠프 집단 사이의 유사성을 보고했는데, 양쪽 집단 모두 또래들의 부정적인 행동을 비슷하게 평가했다. 집단 간의 상관관계는 '말썽 일으키기' 항목에서는 .80이었고, '소란스러움' 항목에서는 .85까지 나왔다. 교사평가와의 상관관계도 주의력결핍 과잉행동장애 집단(.69)과 주의력결핍 과잉행동장애가 아닌 집단(.65)에서 비슷하게 나왔다. Hinshaw와 Melnick(1995)은 조직적인 왜곡에 대해 보고했는데, 주의력결핍 과잉행동장애로 진단받은 남자아이들이 주의력결핍 과잉행동장애가 아닌 아이들에 비해서 주의력결핍 과잉행동장애가 아닌 또래들에게 긍정적인 지명을 덜 한다는 것이었다. 그러므로 행동평가는 또래 문제를 가진 아이들과 사회적인 문제가 없는 또래들이 함께 뒤섞여 있는 상황에서 결과를 측정하는 데에 유용한 도구가 될 수 있다.

우리는 어린이 환자들에 의한 평가를 사용하는 것은 피해 왔다. 하지만 자신의 능력을 어떻게 인지하고 있는지는 유일하게 어린이 자신만이 대답할 수 있기 때문에, 자존감을 측정하는 것은 예외이다. 우리는 피어스-해리스 자기개념척도(Piers-Harris Self Concept Scale, PHS)를 사용해 왔다.[1] PHS는 80문항의 예-아니요식 자기 보고로 아이가 완료하는 데에 20분 정도 걸린다. 자존감을 측정하는 도구들 중에서 PHS가 가장 괜찮은 심리검사도구이다. 관련 영역에 대한 검사도 충분히 할 수 있고(Ross, 1992), 특정 자존감 척도의 요인 구조도 잘 알려져 있다(Hughes, 1982; Jeske, 1985). PHS는 특정 자존감을 측정하는 여섯 가지 척도에 대한 요인 점수를 낼 수 있고(Piers, 1984), 각 자존감 요소들에 대한 항목들을 합한 전체 점수도 얻을 수 있다. 시작할 때에 낮은 PHS 자존감 점수를 기록했던 아이들(우리 집단에 들어온 아이들 중에 약

---

1 이 평가의 영역은 Harter 평가와 매우 유사해서(Harter, 1982) 비슷한 결과가 산출될 수 있다.

20% 정도만) 중에 약 80%가 치료 후 평가에서 호전을 보였다.

행동평가

어른 관찰자가 부정적인 또래행동을 평가한다면 또래관계의 중요한 일면을 객관적으로 측정할 수 있을 것이다. 그러한 예가 Pelham과 Bender(1982)가 했던 연구이다. 그들은 주의력결핍 과잉행동장애로 진단받은 한 아이와 주의력결핍 과잉행동장애가 아닌 4명의 아이를 하나의 놀이집단으로 묶었다. 아이들은 36분 동안 (재료를 같이 써야 하는 과제를 가지고) 미술과 공작을 하고 자유놀이를 하면서 함께 보냈다. 이들을 관찰한 결과 주의력결핍 과잉행동장애로 진단받은 아이들이 주의력결핍 과잉행동장애가 아닌 아이들에 비해서 이야기하고 질문을 하는 데에 훨씬 더 많은 시간을 보냈다. 그리고 2배에서 10배까지 더 많은 부정적 행동(예 : 크게 계속 소리 지르기, 때리기, 불복종, 다른 사람 활동 방해하기 등)들을 하는 것으로 평가되었다. Hinshaw와 Melnick(1995)은 여름 캠프에 참가한 주의력결핍 과잉행동장애로 진단받은 101명의 남자아이들과 주의력결핍 과잉행동장애가 아닌 80명의 또래들을 비교해보았다. 관찰자들은 자유놀이 상황에서 대여섯 개의 행동 범주들을 평가했다. 그 결과 주의력결핍 과잉행동장애로 진단받은 아이들은 교사들이 평가한 공격성 정도와는 상관없이, 주의력결핍 과잉행동장애가 아닌 집단에 비해서 현저하게 많은 규칙 위반, 불복종, 방해되는 행동을 한다는 것을 보여주었다.

반면에 또래들과의 접촉 빈도, 또래들과 상호작용하면서 보내는 시간의 비율처럼 친사회적인 일들에 대한 행동평가는 또래 적응을 측정하는 믿을 만한 도구가 아니라고 여겨져 왔다(Gottman, 1977). 이런 행동평가들과 또래평가 사이의 상관관계는 대체로 낮았다. 상호작용의 질을 고려하지 않은 또래 상호작용평가는 또래수용의 정도와 관련이 없다(Asher, Markell, & Hymel, 1981). 예를 들어 거부당한 아이는 또래와 어울리기 위해서 성공적이지 못한 시도를 하느라 다른 아이들을 '괴롭힐' 수도 있고, 반면에 인기 있는 아이들은 한두 번 시도하면 성공적으로 어울릴 수 있다(아니면 '싫다'는 대답을 받아들이거나, 제12장 참조). 그러므로 또래들과 어울리기 위한 행동의 시도를 측정한다면 거부당한 아이들이 더 많은 점수를 받을 것이다. 치료가 성공적이었는지에 대한 행동 측정을 타당하게 하려면 보통의 상황에서는 볼 수 없는 너무 드문 '중요한 사건들'까지 초점을 맞추는 것도 포함시켜야 할 것이다(Bierman, Smoot, & Aumiller, 1993).

행동관찰의 유용성에는 상당한 제약이 있기 때문에, 우리의 치료결과를 판단하는 데에 행동 관찰을 사용하지는 않았다. 관찰자들을 훈련시키고 자료를 거둬들이는 데에 엄청난 시간이 드는 데 비해 외래 환자를 보는 상황에서는 크게 얻을 것이 없기 때문이다.

교사보고

또래관계에 대한 교사보고는 다른 어떤 정보 제공자보다 훨씬 또래평가와 일치한다(Glow & Glow, 1980). Hinshaw와 Melnick(1995)은 교사와 부모에게 아이의 인기도를 라이커트 척도 1점(아주 인기 많음)부터 5점(전혀 인기 없음)까지 평가하도록 했을 때에 두 집단 사이에는 .62의 상관관계가 있었고, 또래선호도 척도와는 .43의 상관관계가 있는 것을 알아냈다. 교사들은 아이들보다 더 섬세한 구분을 해낼 수 있을지는 모르지만, 중요한 사회적 맥락(예 : 아이들이 어른들이 없을 때에는 어떻게 행동하는지)은 못 볼 수도 있고, 교실에서 본 것들로 인해 선입견을 가질 수도 있다(Bierman 등, 1993). 교사보고는 반드시 부모가 작성한 표준 평가를 참고로 해야 최고의 친구관계 프로그램에 활용할 수 있다.

가장 흔히 사용되는 교사보고 도구는 PEI(Pupil Evaluation Inventory; Pekarik, Prinz, Lierbert, Weintraub, & Neil, 1976)이다. PEI는 35개의 항목으로 되어 있는데, 각 항목마다 아이의 교사가 '이 아이에게 해당됨'과 '이 아이에게 해당 안 됨'으로 평가하게 되어 있다. 시행하는 데에는 약 5분이 걸린다. 위축, 호감도, 공격성 등의 하위 척도들은 또래평가의 요인 분석을 통해 얻을 수 있다(Pekarik 등, 1976). 또래평가와 교사평가 사이의 상관관계는 모든 평가도구에서 .54를 넘어섰다(Johnston, Pelham, & Murphy, 1985; Ledingham 등, 1982). 1학년 때에 시행한 교사평가와 또래평가가 모두 7년 후에 반사회적 행동에 대한 좋은 예측 지표가 되었다(Tremblay, LeBlanc, & Schwartzman, 1988). La Greca(1981) 그리고 Ledingham과 Younger(1985)는 공격성과 위축 척도 점수는 또래 척도에서 선호하는 놀이친구 항목과 비교했을 때에 정확하게 또래수용을 분류하는 기준이 되었다고 보고했다.

우리는 지난 14년간 PEI를 사용해 왔다. 평가에는 5분이 소요된다(일단 교사와 연구원이 '연락 불능 상태'를 끝내고 통화한다면). 어떤 교사는 '예-아니요'로 대답하는 것보다 열린 질문 형식을 더 좋아하기는 하지만, 대부분의 교사들은 기꺼이 응답한다. 이 도구는 치료결과를 민감하게 반영하며 약 50%에서 70%의 교사들이 호전되었다는 보고를 한다. 결과는 어린이의 진단과 약물치료 상태와 연관이 있다(Frankel & Myatt, 2002).

부모평가

본질적으로 가장 친한 친구관계망은 교사나 대부분의 또래들이 관찰할 수 없기 때문에 부모에 의한 평가가 들어가야만 한다(Frankel, Myatt, Cantwell, & Feinberg, 1997b). 널리 사용되고 있는 부모 설문지는 사회기술평가시스템(Social Skills Rating System, SSRS; Gresham & Elliott, 1990)이다. 48문항으로 구성된 이 설문지는 '절대 아님'이나 '가끔', '매우 자주' 등으로 표시한다. 부모 설문지는 어머니가 평가해야 한다. 이 평가지는 크게 두 개의 부분으로 되어 있다. 사회기술 문항(38항목)은 또래들과 부모와의 사회적 상황에 대해 질문한다. 문제행동 문항(18항목)은 문제행동을 주로 물어본다. 교사평가와의 상관관계(r=.36)와 또래평가와의 상관관계(r=.12)는 낮지만 통계적으로 의미는 있다.

가정에서 놀이 상호작용을 평가할 수 있는 도구가 없었기 때문에 우리는 놀이의 질을 평가하는 도구인 QPQ(Quality of Play Questionnaire; Frankel, 2002b)를 개발해냈다. 이 도구는 최근의 놀이데이트의 내용과 놀이데이트의 빈도를 부모가 평가하도록 되어 있다. 갈등요인에 기초한 도구는 112명의 비임상군과 48명의 임상군 어린이(남자아이 75명과 여자아이 85명)에서 수집된 자료를 요인 분석하여 개선하였다. 갈등 지표에서 진단점(cut point)을 3.5로 했을 때에 임상군에서는 66.7%, 비임상군에서는 72.3%로 정확히 분류되었다. 다른 아이의 집에서 한 놀이데이트의 횟수에 대해 진단점을 2.5로 했을 때에 임상군에서는 66.7%, 비임상군에서는 60.7%로 정확히 분류되었다. 자신의 집에서 가진 놀이데이트의 횟수에 대한 진단점을 2.5로 했을 때에는 임상군에서는 66.7%, 비임상군에서는 59.8%로 정확히 분류되었다.

우리는 지난 14년간 SSRS 사회기술 척도를 사용해 왔는데, 약 90%의 부모가 치료를 받은 후에 아이들이 호전되었다고 보고한 것으로 나타났다(Frankel, Cantwell, & Myatt, 1996). 대기자 명단에 있는 대조군과 비교했을 때에 상당한 차이를 보였다(Frankel 등, 1997b). 우리는 최근 QPQ를 결과 측정에 사용하기 시작했다. 시작점에서 문제 범주의 기능을 하던 아홉 명의 아이들의 치료 전후 자료를 얻은 결과, 치료 후 검사에서 아홉 명 중 일곱 명의 어린이들이 비임상적 범주로 호전된 것으로 나타났다.

CHAPTER

3

어린이 사회기술 치료의 종류

대부분의 어린이 사회기술 치료는 학교 환경에서 소규모의 어린이 집단이 만나는 형태로, 부모는 개입하지 않는다(Beelman, Pfingsten, & Losel, 1994; Erwin, 1994). 3세에서 8세까지의 어린이들에게는 단일 형태 프로그램이 더 효과적인 반면, 9세에서 15세에게는 복합적 형태의 프로그램이 더 효과적이었다. Beelman 등(1994)은 모든 결과 측정 방법에서 부모와 교사는 별로 호전되지 않았다고 보고했다는 것을 보여주었다. 이러한 집단 치료에서 얻은 것들을 아이들이 실제 환경으로 일반화하는 정도가 작았던 것이다(Kavale, Mathur, Forness, Rutherford, & Quinn, 1996). 이렇게 해서 얻는 효과가 제한적이거나 이런 형태의 치료를 시행하기가 어렵기 때문에 치료자들과 연구자들은 대체 치료법을 찾아왔다. 이 장에서는 이런 대체 치료법들에 대해 간단히 알아보기로 한다.

친구관계를 증진시키기 위한 개별 치료

Malik과 Furman(1993, p. 1316)은 사회기술 증진을 위한 집단과 개별 접근법을 비교하는 논평에서 이렇게 결론지었다. "또래들을 포함시키면 이 접근법을 개별 치료자들이 더욱 실행하기 어렵게 되겠지만, 어른과 훈련 회기를 가지는 것이 또래들과의 상호작용에까지 일반화되는 것에 대해서는 근거를 찾을 수 없다." 이러한 견해에 대한 실험으로 Bierman과 Furman(1984)은 소규모 집단의 대화기술훈련이 개별 지도보다 또래평가를 높이는 데에 훨씬 효과적이라는 것을 밝혀냈다. 친구가 없는 아이들의 다수가 다른 아이들보다 어른들과 어울리는 것을 더 좋아한다. 성인 치료사가 개별 치료를 통해 친구가 없는 아이를 다른 아이들과 편하게 지내도록 만드는 걸 보기는 어렵다.

Kehle, Clark, Jenson, Wampold(1986)는 사회기술문제에 대해 변형된 형태의 개별 치료를 한 소규모의 흥미로운 연구를 발표했다. 이들은 4명의 행동장애와 과잉행동이 있는 10~23세 사이의 남성들을 관찰하는 비디오 촬영을 했다. 그리고 그들에게 자신들의 파괴적인 행동을 편집한 11분짜리 비디오를 보여주었다. 이들 중 3명은 6주간의 추적에서 파괴적 행동이 점점 감소되었고, 편집되지 않은 비디오를 보았던 나머지 1명은 파괴적 행동이 더 늘어났다. 하지만 전도유망할 것 같았던 이 방법은 다른 하나의 소규모 연구에서만 재연되었다(Posell, Kehle, Mcloughlin, & Bray, 1999). 연구 참여자들이 자신들의 또래에 더 잘 수용되었는지에 대해서는 근거를 보여주지 못했다.

또래 묶어주기

거부당한 아이들의 사회적 상태를 호전시키는 또 하나의 방법은 '또래 묶어주기(peer pairing)'이다. 그러나 단순하게 인기 없는 아이들을 인기 있는 또래들과 묶어주는 것은 또래를 묶어주면서 관련된 사회기술훈련을 시키는 것만큼 효과가 있지 않다(Bierman, 1986a). 예를 들어 발달장애가 있는 아이들을 인기 있는 비장애 아이들과 묶어주는 식인데, 일단 묶어주기가 끝나면 그 사회적 관계는 유지되지 않았다(Chennault, 1967; Lilly, 1971; Rucker & Vincenzo, 1970).

두 개의 연구에서 숙련된 또래들이 회기 중에는 강사 역할을 하고, 교실 상황에서는 촉구자(prompter) 역할을 하도록 했다. Middleton과 Cartledge(1995)는 두세 명의 사회성 좋은 또래들을 다섯 명의 아주 공격적인 1학년, 2학년 아프리카계 미국인 남자아이들의 모델이 되도록 회기를 진행했다. 교실 상황에서는 자신이 맡은 아이가 잘 적응하도록 도와주었다. 그 결과 때리기와 말다툼하기는 처음보다 16.8%까지 감소되었지만, 다른 또래들에게 받아들여지는 또래수용에는 효과가 없었다. Prinz와 Blechman과 Dumas(1994)는 공격적인 아이 4명과 사회성이 좋은 아이 4명(총 48명의 공격적인 아이와 총 52명의 사회성 좋은 아이)을 50분 회기의 중간마다 묶어주고 22회기를 시행하였다. 각 회기마다 역할극을 하면서 사회성이 좋은 아이가 먼저 시범을 보여주게 했다. 주의력 문제가 있는 대조집단에 비해서 공격적 행동은 감소했지만 또래 척도는 의미 있게 변하지 않았다.

또래 묶어주기는 다음 여러 가지 근거 때문에 효과적인 대안으로 사용되었다. 첫째, 또래 묶어주기는 친구가 없는 아이를 또래들 사이에서 좀 더 편하게 만들어줄 수 있다. 둘째, 사회성이 좋은 아이들은 친구가 없는 아이들에게 좀 더 핵심적인 방식으로 적절한 행동을 시연해 줄 수 있다. 치료의 결과를 보면 이러한 추정들은 합당하다고 보인다. 반면에 다른 추정들은 근거가 없다. 즉 친구가 없던 아이가 친구가 생기거나, 짝이 되었던 사회성이 좋은 아이가 자신의 친구들 무리에 그 아이가 들어오도록 도와준다는 것 등에 대한 근거가 희박하다. 강사 역할을 했던 아이가 치료 외의 상황에서 자신과 짝이 되었던 아이와 드물게 어울리고 싶어 하는 경우도 근거가 없는 것으로 보고되고 있다.

사회기술 습득에 부모가 관여하기

Ladd, LeSieur, Profilet(1993)은 부모는 다음의 네 가지 방법으로 자녀들의 또래관계에 직접적인 영향을 준다고 보고했다. 첫째, 부모는 아이를 가정 바깥의 환경에 적응하게 한다. 둘째, 부모는 아이가 놀이친구를 선택하고 놀이데이트 약속을 잡는 것을 도와준다. 셋째, 부모는 또래들과의 관계를 감독한다. 넷째, 부모는 자녀들이 대인관계 문제를 해결하도록 도와준다. 부모가 아이들의 친구관계에 이러한 중요한 역할을 하는데도 불구하고, 사회기술훈련 프로그램에서는 부모의 참여가 분명히 빠져 있었다(Budd, 1985; Ladd & Asher, 1985; La Greca, 1993; Sheridan, Dee, Morgan, Mccormick, & Wlaker, 1996). 부모가 관여하면 치료를 일반화하는 데에 도움이 되리라 기대하는 것은 당연한 일이다(Frankel, 1996; Ladd, Profilet, & Hart, 1992; Lollis & Ross, 1987, Ladd, 1992 인용)

이차적 부모 관리 훈련

부모들을 자녀들의 사회기술훈련에 참여하도록 하는 한 방법은 부모들이 가정에서 아이들의 행동 문제를 더 잘 다루도록 훈련시키는 것이었다(이차적 부모 관리 훈련). 이러한 방법은 친구관계를 증진시키는 것이 아니라 주로 공격적인 행동을 감소시키는 것에 초점을 맞추는 연구

경향에서 나온 것이다. 이런 방법을 친구관계 문제에 사용하는 이론적 배경은 거부당한 아이들은 주로 공격적이라는 것과(Dishion, 1990) 이 공격성이 또래 거부의 주된 원인이라는 것이다. Bierman과 Smoot(1991)가 거부당한 아이들을 표준화된 방법으로 분류한 결과, 또래관계가 좋지 않은 남자아이들 중 3분의 1만이 이 모델이 들어맞았다. 다른 저자들(Bierman, 1986b; French, 1988)은 거부당하는 아이들의 반 정도가 학교에서 행동 문제를 보인다는 것을 알아냈다. 그들이 학교에서 보이는 행동 문제는 교실에서의 또래수용과 유의미한 연관이 있었고, 집에서의 행동 문제와는 연관이 없었다.

그러므로 이차적 부모 관리 훈련은 또래들에게 거부당한 일부 아이들의 사회적인 문제를 다루는 데에는 효과가 있을 수도 있다. 또한 집에서 시행한 보상 프로그램이 학교에서의 공격적인 행동들을 없애는 데에 성공적이었다는 연구결과도 있다(Barth, 1979; Kazdin, Esveldt-Dawson, French, & Unis, 1987 참조). 그러나 이차적 부모 관리 훈련으로는 거부당한 아이들에게 친구관계를 만들어 나가는 데에 핵심적인 것들(아이들이 사이 좋게 함께 노는 능력을 기르는 것 같은)을 다루어줄 수 없을 것이다(Powell, Salzberg, Rukle, Levy, & Itzkowitz, 1983).

부정적인 또래관계를 조장하는 부모들

부모들이 올바른 사회기술훈련을 받는 과정에서 빠져 있었을 뿐만 아니라, 어떤 부모들은 직간접적으로 또래 거부를 일으키는 행동들을 조장해 왔을 것이라는 근거가 있다. Putallaz(1987)는 아이들을 고도로 불쾌하게 대하는 어머니들이 실험 환경에서 다른 어머니들에게는 더욱 불쾌하게 대하는 경향이 있다는 것을 밝혀냈다. 이런 어머니들은 자신의 자녀들이 공격적으로 되도록 훈련시킬 뿐만 아니라, 자신들의 처신 때문에 놀이데이트를 안정적으로 하는 것에도 도움이 되지 못한다. 거부당하는 아이들의 어머니들은 인기 있는 아이들의 어머니들보다 아이들의 놀이를 적절하게 관찰하지 못하고(Ladd 등, 1992; Pettit, Bates, Dodge, & Meece, 1999), 자신들의 사회적 능력도 떨어지는 것으로 나타났다(Prinstein & LaGreca, 1999). 거부당하는 아이들의 어머니들은 자녀들이 갈등을 다루는 방법이나 행동 규칙을 가르치지 못하기도 하고(Kennedy, 1992), 자신도 모르게 아이가 강압적으로 놀이를 조정하는 것을 계속하도록 허락하기도 한다.

몇몇 연구에서는 거부당하는 아이들의 어머니들은 자신의 자녀들이 범하는 사회적 실수들을 비슷하게 한다는 것이 밝혀졌다. Dodge, Schlundt, Schocken, Delugach(1983)는 거부당하는 아이들의 어머니들은 인기 있는 아이들의 어머니들보다 놀이를 하는 아이들 위에 군림하고, 진행 중인 활동을 더 무시하기 쉽다는 것을 알아냈다. Russell과 Finnie(1990)는 거부당하는 학령전기 아이들의 어머니들은 자녀들이 어울리는 방법을 관찰하도록 하는 것보다는 강제로 놀고 있는 아이들 집단에 끼워 넣으려고 한다는 것을 알아냈다. 이처럼 부모들 스스로가 사회기술이 부족하기 때문에 자신의 자녀들에게 사회기술을 가르칠 수 없을 것 같다는 견해 때문에 부모들이 참여하는 사회기술 프로그램 개발이 저조했던 것 같다(Budd, 1985; Cousins & Weiss, 1993).

어린이들의 친구관계를 잘 다루도록 부모 교육하기

여러 획기적인 연구들에서 친구가 없는 아이들의 부모들은 아이들에게 치료적인 요소들을 잘 전달할 수 없다는 주장을 반박했다. Shure와 Spivak(1978)은 부모들을 미리 준비된 사회적 문제해결 프로그램의 보조교사로 훈련시켰다. 이 프로그램은 또래수용과 친구관계를 증진시키는 것보다는 공격성을 감소시키는 것에 초점을 맞춘 것이었다. 이 프로그램은 부모들이 강도 높은 훈련을 받아야 하는 매우 야심 찬 프로그램이었다. 부모가 구체적인 프로그램을 가르치는 것은 믿을 만하다는 것을 보여주었고, 아이들의 문제해결 능력은 명백히 호전되었다.

Cousins와 Weiss(1993)는 어린이 사회기술훈련과 부모를 위한 또래관계 관리 방법을 결합한 치료법을 고안해내었다. 이들은 부모가 자녀의 사회적인 과제를 정리하도록 가르치고 자녀가 사회적인 접촉을 하고 난 후에 보고를 받도록 했다. Pfiffner와 McBurnett(1997)은 부모가 일반화를 촉진하는 훈련을 잘 받으면, 사회기술 훈련으로 얻은 것들을 가정에서 충분히 일반화할 수 있다는 것을 보여주었다. Sheridan 등(1996)은 부모들에게 지지적으로 경청하는 방법, 자녀들이 사회적 문제를 해결하도록 돕는 방법, 사회적 목표 정하는 방법, 자녀들이 사회적 기술을 집안 환경에서도 사용하도록 돕는 방법 등을 가르쳤다. 부모와 교사보고에서 대부분의 남자아이들이 전반적으로 호전되었다는 것을 보여주었다.

우리는 대다수의 친구가 없는 아이들의 부모들이 대부분의 사회적 기능 영역에서 적절한 사회기술을 가지고 있지만, 몇 가지 부분적인 '맹점'들을 가지고 있다는 것을 알아냈다. 우리로부터 약간의 정보만 얻으면, 부모들은 자녀들의 또래관계를 다루는 방법이 나아지도록 서로 도울 수 있다. 우리 프로그램에 참가했던 대부분의 부모들이 이 책에 기술된 방법을 기꺼이 사용했다.

CHAPTER

4

치료를 받는 아이들의 흔한 진단명

우리 친구 만들기 수업에 들어오는 아이들은 다양하다. 대부분의 아이들에게 사회적인 문제는 더 큰 부적응 문제 덩어리의 일부분이다. 가장 흔히 아이들은 주의력결핍 과잉행동장애, 적대적 반항장애, 자폐스펙트럼장애 진단을 받았을 것이다. 우리는 어떤 친구관계 수업에서든 주의력결핍 과잉행동장애 아이들이 40~60% 정도이고, 자폐스펙트럼장애 아이들이 20% 정도를 차지한다는 것을 보아왔다. 나머지 아이들은 전반적 불안장애나 사회 공포증이 있거나 어떤 정신병리 기준에도 맞지 않는 아이들이다. 이 다른 종류의 아이들을 섞어놓으면 아이들이 가지고 있는 기술들이 서로 보완적이어서 치료시간에 도움이 될 수 있다. 주의력결핍 과잉행동장애 아이들은 고기능 자폐스펙트럼장애 아이들에게 보다 정상적인 또래집단을 보여줄 수 있다. 또한 그 아이들의 열정은 좀 더 조심스러운 아이들에게 전해지기도 한다. 우리가 치료를 위해서 선별한 자폐스펙트럼장애 아이들은 안정적인 영향을 잘 준다. 그 아이들은 각각의 활동에 높은 가치를 두고 그 활동에 집중을 잘하도록 돕는다. 이런 집단에 있는 아이들이 바르게 행동하는 주류 또래집단에 어울리도록 하는 것이 우리의 목표이다. 다음 부분에서는 사회기술훈련을 받는 아이들의 가장 흔한 세 가지 질환과 공통적으로 있다고 생각되는 사회적 결함에 대해서 검토한다.

주의력결핍 과잉행동장애(ADHD)

주의력결핍 과잉행동장애(Attention-Deficit/Hyperactivity Disorder, ADHD) 아이들은 또래들과 사회적 관계가 나쁠 위험성이 상당히 높다(Barkley, 1990; Frederick & Olmi, 1994; Pelham & Bender, 1982; Pope, Bierman, & Mumma, 1989; Teeter, 1991; Whalen & Henker, 1985). 또래들로부터 거부당하는 주의력결핍 과잉행동장애 아이들은 많게는 60%까지 되는 것으로 추정된다(Carlson, Lahey, Frame, Walker, & Hynd, 1987; Zentall, 1989). 몇몇 연구에서는 주의력결핍 과잉행동장애를 가진 아이들이 다른 분열성 행동장애가 있는 아이들보다 더 또래들로부터 거부당하기 쉽다는 것을 보여준다(Carlson 등, 1987; Landau & Moore, 1991; Pope 등, 1989).

주의력결핍 과잉행동장애 아이들은 또래집단에서 사회적 지위가 낮을 뿐만 아니라 단짝친구도 만들지 못할 수 있다(George & Hartmann, 1996; Ray, Cohen, Secrist, & Duncan, 1997). 주의력결핍 과잉행동장애 아이들은 정상적인 또래들에 비해서 기존의 친구관계를 어떻게 유지해야 할지도 잘 모른다(Landau & Moore, 1991). Pelham과 Bender(1982)는 리탈린(Ritalin)으로 주의력결핍 과잉행동장애 아이들의 학습 성과는 향상되었어도 또래관계 문제는 그대로 남아 있다고 보고하였다. 일반적인 근거들을 보면 약물은 부정적인 행동들을 감소시키는 데에는 도움이 될 수 있지만(Pelham 등, 1987), 약물만으로 사회기술이 향상되거나 사회적 목표가 바뀌는 것에 대해서는 명백한 근거가 없다(Melnick & Hinshaw, 1996).

최근 연구들은 주의력결핍 과잉행동장애로 진단받은 아이들에서 사회성 결핍 영역을 밝혀내기 시작했다. 어린이 면담에서 주의력결핍 과잉행동장애로 진단받은 아이들은 주의력결핍 과잉행동장애가 아닌 아이들과 같은 이유로 또래들을 싫어하는 경향이 있다는 것을 보여주었다(Whalen & Henker, 1985). 그러나 그들은 주의력결핍 과잉행동장애가 아닌 아이들과는 가장 선호한다고 지명한 아이들이 달랐다(Hinshaw & Melnick, 1995). 가상의 사회적 상황에 대한 어린이 면담에서 주의력결핍 과잉행동장애 아이들은 그렇지 않은 아이들에 비해서 사회적 문제에 대해서 덜 우호적이고 덜 효과적이면서 더욱 고집 세고 충동적인 해법들을 생각해냈다(Grenelle 등, 1987). 비슷하게, 이 아이들은 적대적인 의도가 있다고 생각하고 공격을 받을 것이라고 생각하는 경향이 있다. 그러나 결론을 내리기 전에 정보를 적게 수집하기 쉽다(Milich & Dodge, 1984). 주의력결핍 과잉행동장애 아이들을 관찰한 연구결과를 보면 이 아이들은 사회적 반응이 더 많았는데, 특히 부정적 행동이 많았다(Pelham & Bender, 1982). 주의력결핍 과잉행동장애 아이들은 사회적인 상황에 맞도록 자기 행동을 쉽게 바꾸지 않는다는 것도 밝혀졌다(Landau & Milich, 1988). 게다가 사회적인 문제해결을 조사한 연구결과를 보면 주의력결핍 과잉행동장애는 사회적 단서를 알아내지 못하는 것과 연관이 있었으나(Matthys, Cuperus, & Van Engeland, 1999), 공격적인 반응들을 선별하고 실행하는 데 대한 자신감의 결함은 주의력결핍 과잉행동장애보다는 적대적 반항장애와 더 연관이 있었다.

적대적 반항장애(ODD)

주의력결핍 과잉행동장애의 42~93%까지 적대적 반항장애(Oppositional Defiant Disorder, ODD)가 동반된다(Biederman, Munir, & Knee, 1987; Jensen, Martin, & Cantwell, 1997). 동반율이 너무 높다는 이유 등으로 적대적 반항장애에만 연관이 되는 사회적 결함에 대해서는 알려진 것이 거의 없다. 아날로그식 게임을 하는 상황에서 적대적 반항장애만 가진 아이들보다 주의력결핍 과잉장애와 적대적 반항장애 둘 다를 가진 아이들이 가상의 경쟁자의 도발에 더욱 공격적인 반응을 보였다(Atkins & Stoff, 1993). Frankel과 Feinberg(2002)는 요인 분석법을 사용해서 주의력결핍 과잉행동장애와 적대적 반항장애 진단이 사회적 기능장애에 추가적으로 기여하는 정도를 분리해 낼 수 있었다. 부모평가에서 적대적 반항장애를 가진 아이들이 어른들에 대해서 더욱 무례한 태도를 보이는 것으로 평가되었다. 주의력결핍 과잉행동장애와 적대적 반항장애는 각각 또래들로부터 받는 자극을 참지 못하는 것과 연관이 있다는 부모평가 결과가 있었다. 교사평가에서는 주의력결핍 과잉행동장애를 가진 아이들이 더 방해되는 행동을 하고, 적대적 반항장애로 진단받은 아이들이 또래들에게 더욱 적대적이라는 것을 보여주었다. 적대적 반항장애와 연관된 사회적 결함을 규명하기 위해서는 아직 많은 연구가 필요하다.

자폐스펙트럼장애(ASD)

자폐스펙트럼장애(Autism Spectrum Disorder, ASD)를 가진 아이들은 또래들과 사회적 문제를 겪을 위험이 상당히 높다. Bauminger와 Kasari(2000)는 7세에서 14세 사이의 자폐스펙트럼장애 아이들은 같은 나이의 정상발달집단에 비해서 더욱 외롭고 질이 낮은 친구관계(동료애, 안정감, 도움의 면에서)를 맺는다고 보고하였다. 지난 10년간의 자폐스펙트럼장애에 대한 문헌을 검토해 보면 다음과 같다.

1. 자폐스펙트럼장애의 인지와 언어적 문제에 대한 연구들은 많이 있지만, 친구관계를 만들고 유지하는 특정 결함에 대한 연구들은 없다.
2. 자폐스펙트럼장애 아이들의 또래관계를 개선하려는 목적을 가진 치료법은 많지 않다(Marriage, Gorden, & Brand, 1995).
3. 이러한 치료법들이 또래수용을 개선시키고 단짝친구를 만들고 질을 유지할 수 있는지에 대한 즉각적인 효과나 장기추적결과 등에 대해서는 공식적으로 검증되지 않았다.

위 2번과 3번을 두 가지 연구에서 보여주었다. Mesibov(1984)는 언어 능력이 좋은 자폐 청소년들의 의사소통과 긍정적인 또래 상호작용과 자존감을 향상시키기 위한 사회기술 집단 치료에 대해 기술하였다. 결과 자료는 질적인 것뿐이었지만 효과가 있는 것으로 나타났다. 마음이론(theory of mind)은 전반적인 사회적 인지전략으로, 아이에게 이야기를 들려주고 다른 사람들이 어떻게 생각할지 추론하도록 하거나 다른 사람의 반응을 예측하도록 하는 방법으로 측정할 수 있다. Ozonoff와 Miller(1995)는 아홉 명의 자폐증 아이들에게 마음 이론을 적용한 훈련 프로그램을 사용하였다. 치료 후에 마음이론 측정 결과는 좋아졌지만, 그에 상응하는 친구관계의 호전은 없었다. 마음이론과 친구관계를 만들고 유지하는 능력과의 상관관계는 직접적으로 검증되지는 않았다.

CHAPTER

5

UCLA 어린이 친구관계 프로그램 연구결과

이 책에 기술되어 있는 치료법은 14년이 걸려서 현재의 형태를 갖추게 되었다. 이 장에서는 우리가 발견한 치료효과를 제한하는 요소들뿐만 아니라 수년간에 걸친 변화들을 되돌아볼 것이다. 원래의 12회기짜리 치료 프로그램(Frankel, Myatt, & Cantwell, 1995)은 어린이 교육, 사회화 숙제, 자유놀이 지도 모듈 등이 있었지만 부모를 개입시키는 것은 초보적인 단계였다. 처음 두 회기 동안 부모를 위한 안내를 해 주었다. 3회기부터 11회기의 마지막 15분을 남긴 시간까지 부모들을 회의실에서 기다리게 하면서 서로 어울리라고 권장했다. 마지막 15분 동안에는 어린이 회기의 내용에 대한 짧은 검토를 하고 자녀의 사회화 숙제에 대한 지침이 들어 있는 유인물을 배포했다. 치료방법을 실행할 때에 생길 수 있는 가능한 문제들에 대해서 짧게 논의를 했다.

결과는 치료 상황 외에서 일반화가 일어난다는 것을 보여주었다. 우리는 치료에 들어온 36명의 남자아이들과 대기자 명단에 있는 17명의 남자아이들을 같은 기간 동안 비교해 보았다. 치료를 받은 남자아이들이 부모 보고형 SSRS(Gresham & Elliott, 1990)의 사회기술 척도 점수에서 전반적으로 유의미하게 큰 호전을 보였다. 주의력결핍 과잉행동장애로 진단받은 것은 부모의 결과치 보고에 큰 영향을 미치지 못했다. 이것은 놀라운 일이었는데, 주의력결핍 과잉행동장애로 진단받은 남자아이들은 예절에 대한 규칙을 지키기가 더욱 어려울 것이고, 따라서 가정에서는 좋아진 점을 보여주지 못하리라 생각했기 때문이었다.

학교에서도 변화가 일어났다. 교사보고형 PEI의 위축과 공격성 척도(Pekarik 등, 1976)에서 적대적 반항장애가 없는 남자아이들(치료집단 중 17명)에게서는 유의미한 평균치의 호전이 있었다. 주의력결핍 과잉행동장애(치료집단 중 27명)를 가진 것이 교사들의 결과치 보고에 큰 영향을 주지 않은 것을 보고 우리는 또 한 번 놀랐다.

우리는 PEI의 위축, 호감도, 공격성 척도의 교사보고 결과를 예측할 수 있는 모델을 개발해낼 수 있었다(Frankel, Myatt, Cantwell, & Fineberg, 1997a). 52명의 대상자들을 이중 중간값 분리 과정(double median split procedure : 각 결과치 측정의 가운데 값만큼 호전된 대상자를 제거하는 방법)을 사용하여 치료반응자와 치료비반응자로 나누었다. 우리의 원형의 치료를 받은 남자아이들의 아동행동 체크리스트(CBCL; Achenbach, 1991) 점수와 DSM-III-R 진단들을 다중 로지스틱 회귀 분석했다(Afifi & Clark, 1984; Frankel & Simmons, 1992). 우리는 DSM-III-R상 적대적 반항장애 진단을 받는 것이 교사보고 위축 척도상 저조한 치료반응을 예측할 수 있는 인자라는 것을 확인할 수 있었다(정확도 69.94%). 공격성이나 위축 척도에서 반응을 보일 것으로 예상했던 치료비반응자들의 대부분은 12번의 치료프로그램 중에서 2회에서만 나왔다(무작위 시험, $p<.05$). 이러한 치료에 참여한 부모들은 비구조화된 시간에도 가만히 있지 않고 어울렸을 뿐만 아니라 참여해야 할 각 회기의 마지막 부분에는 잘 참여하기도 했다.

그 뒤에 우리는 치료에 반응이 없었던 적대적 반항장애 대상자들에게 좀 더 효과적일 수 있도록 프로그램을 강화시켰다. 전 회기 동안 부모가 반드시 참여하도록 했다. 우리는 부모 모듈과 필요한 유인물 여덟 개를 더 만들어내어서 부모들이 아이들이 받은 핵심적 사회적 상황에 대한 '대본'을 가지고, 과제를 하기 전에 이 대본을 아이들에게 상기시켜 줄 수 있게 해주었다. 부모들은 매번 회기가 시작될 때 가정에서 완수한 사회화 과제를 구체적으로 보고했다. 우리는 이렇게 하는 것이 사회화 과제에 대한 아이의 순응도를 높여서 적대적 반항장애가 치료결과에 미치는 영향을 최소화할 수 있을 것이라고 가정했다.

네 번의 치료프로그램이 돌아가고, 16명의 남자아이와 5명의 여자아이가 강화된 프로그램을 완료했다(Frankel 등, 1996). 이 결과들을 26명의 추가적인 대상자(50명의 남자아이와 12명의 여자아이)가 참여했던 원형의 프로그램의 결과와 비교했다. 병리적 범주에 있는 각 대상자에 대해서 기저선 측정을 할 때마다 점수 변화의 신뢰도[RC=(치료 전−치료 후)/SE_{ds}, SE_{ds}는 각 측정에 대한 점수 차이에 대한 표준 오차]를 계산했다. RC>2인 경우 신뢰할 만하다고 정했다. 그 결과 유의미하게 많은 교사들이 원형의 프로그램과 비교해서 강화된 프로그램을 사용했을 때에 PEI 공격성과 선호도에서 신뢰할 만한 변화를 보고했다. 강화된 프로그램을 사용한 후의 RC는 PEI의 위축 척도를 제외한 모든 척도에서 대기자 명단에 있던 아이들(남자아이 22명과 여자아이 4명)보다 상당히 우위에 있었다.

연구 시작 전에 정신자극제 약물치료를 시작한 35명의 주의력결핍 과잉행동장애 아이들과 사회기술훈련치료를 받은 14명의 주의력결핍 과잉행동장애가 아닌 아이들을 대기자 명단에 있는 대조군(각 집단별로 12명씩)과 비교하는 강화된 프로그램(Frankel 등, 1997b)에 대한 연구를 시행했다. 양쪽 집단의 대상자들은 대기자 명단에 있는 대기군과 비교해서 부모와 교사평가에서 비슷한 호전을 보였다. 적대적 반항장애가 있는 아이들도 적대적 반항장애가 없는 아이들과 다르지 않은 결과를 보였다. 효과 크기는 0.93에서 1.34 사이였다.

우리는 또래집단이 하고 있는 사회적 예절이나 행동 규칙에 집중하는 접근법을 사용했다. 이런 방법은 자폐스펙트럼장애 아이들이 사회적 맥락을 이해하도록 하는 간단한 방법이다. 지난 3년간 우리 친구 만들기 수업에 참가한 자폐스펙트럼장애 아이들은 17명이었다. 이 숫자가 작아 보일 수도 있지만 자폐스펙트럼장애 아이들을 위한 사회기술에 대해 발표된 이전의 거의 모든 논문에서보다 큰 숫자이다.

결과 측정은 SSRS(부모보고)와 PHS(어린이보고)와 PEI(아이의 교사에 대한 전화설문)로 했다. 결과를 보면 자기주장과 문제행동에서는 상당한 호전을 보였지만 자기조절 항목에서는 그렇지 않은 것으로 나타났다. 각 아이별로 점검해 보면 17명 중 9명(52.9%)이 시작점에서 문제 범주에 들었던 두 개의 척도에서 호전을 보였고, 17명 중 14명(82.3%)이 척도들 중 적어도 하나에서는 호전을 보였다.

7명의 아이들은 치료 전과 치료 후의 PEI결과를 얻을 수 있었다. 각 환자별로 살펴본 결과, 7명 중 5명(71.4%)이 적어도 한 개의 척도에서 호전을 보였다. 12명의 환자에게서 PHS를 얻었는데, 8명의 환자가 처음에 '낮은 자존감'에 표시를 했다. 치료 후에는 8명 모두가 긍정적인 방향의 호전을 보였다. 8명 중 5명은 검사-재검사 신뢰도를 초과하는 호전을 보여주었다(총 자존감 점수에서 14~42점까지 호전되었다).

치료 시작 전에 사용한 약물과 우리 프로그램의 치료효과 사이의 상승 작용의 가능성에 대해서 두 가지 연구에서 평가해 보았다. 첫 번째 연구는 주의력결핍 과잉장애로 진단받았고 적대적 반항장애가 동반되거나 동반되지 않은 대상자들에 초점을 둔 것이었다(Frankel, 2002c).

평균 연령은 8.5세였다. 17명이 주의력결핍 과잉행동장애만, 31명이 주의력결핍 과잉행동장애와 적대적 반항장애를 함께 가진 것으로 진단되었다. 약물복용 상태에 따라 약물 비사용집단(n=11)과 정신자극제 단독사용집단(n=27)과 기타약물 사용집단(n=21)의 세 집단으로 나누어졌다. 기타약물 중에서 가장 흔한 것은 졸로프트(n=8), 데파코트(n=5), 프로작(n=5), 클로니딘(n=3) 순이었고, 단일약물을 사용(n=10)하거나 하나나 두 개의 다른 약물과 같이 사용(n=18)하고 있었다. 개인별 점수를 조사해 보았을 때, 약물 비사용집단의 37.5%(6/16)와 기타약물 사용집단의 25%(5/20)에 비해서 정신자극제 단독사용집단의 74%가 호전되었다(17/24). 기타약물 사용집단에서 호전을 보인 5명 중에서 4명은 다른 약물과 정신자극제를 함께 복용한 대상자들이었다.

두 번째 연구는 6세에서 13세 사이의 자폐스펙트럼장애 아이들의 약물 상태에 집중한 연구였다(Frankel & Myatt, 2002). 13명의 대상자가 프로그램에 참가하기 전에 프로그램 참가와는 관계없이 치료약을 복용하고 있었고(3명은 리탈린, 2명은 애더럴, 1명은 덱세드린, 1명은 데파코트, 1명은 프로작, 1명은 리튬, 1명은 리튬과 멜러릴, 1명은 졸로프트와 리탈린, 1명은 데파코트와 리스페리돈, 1명은 졸로프트, 리스페리돈, 데파코트 복용), 12명은 약을 먹지 않고 있었다. 결과를 보면 약물을 먹지 않는 군에서 SSRS 자기 조절 소척도와 PEI 선호도와 공격성 척도에서 유의미하게 더 많은 호전을 보인 것으로 나타났다.

확실히 두 연구에서 정신자극제를 복용하는 주의력결핍 과잉행동장애 대상자와 약을 복용하지 않는 자폐스펙트럼장애 대상자들이 어린이 친구 만들기 훈련을 받은 후 더 큰 효과를 보았다는 것을 보여주었다. 아직까지는 약물복용이 치료효과에 변화를 주었는지, 또는 치료가 잘 되지 않는 대상자들이 있다는 것을 나타내는 것인지는 명확하지 않다.

PART

II

치료 준비하기

제2부와 제3부에서는 각 장마다 치료 준비와 각 치료회기를 시행하는 방법을 소개한다. 각 장은 크게 두 부분으로 나누어져 있다. '치료의 근거'에서는 그 단계나 회기가 개발된 배경을 소개한다. '회기 진행하는 방법'에서는 치료를 시행하는 단계를 자세히 기술해 놓았다. 집단을 이끄는 치료자의 자발성을 끌어내기 위해 부모와 어린이 회기 계획은 대략적인 윤곽만 잡아놓은 형태로 나와 있다. 집단을 이끄는 치료자가 우리의 경험에서 많은 것들을 얻을 수 있도록 '임상사례'와 '잠재적 문제'는 치료과정을 기술하는 중요 지점에 들어가 있다.

CHAPTER

6

선별하기

치료의 근거

친구관계 훈련이 필요한 다양한 어린이들에게 최대한의 효과를 줄 수 있는 집단을 운영하기 위해서는 기술을 배워서 효과가 있을 만한 아이들을 선별하고, 같은 교실에서 함께 지내도 편안할 만한 집단을 구성하는 것이 필요하다. 선별 과정은 부모가 치료자에게 전화를 거는 것부터 시작된다. 처음 전화통화로 아이가 프로그램 기준에 맞는지 더 명확히 하고, 부모에게 프로그램에 대한 정보를 주고 아이에게 처음 프로그램에 오는 것을 어떻게 얘기할지에 대해 알려줄 수 있다. 명확한 참여 기준에 맞지 않는 아이의 부모에게는 다른 치료방법을 소개해 줄 수도 있다.

6.1 사회적 기능에 대한 선별 기준

선별 기준에 맞지 않는 가장 흔한 원인은 아이가 너무 나이가 많거나(중학교 2학년 이상) 너무 어린 경우(유치원 이하), 또래들에 비해 너무 사회적 기능 수준이 낮은 경우이거나 부적절하게 의뢰된 경우(예 : 부모나 교사 말을 잘 듣기 위한 '사회기술훈련'을 받는 것이 필요한 아이들)

등이다. 이 치료를 받으려면 아이들이 어느 정도의 조건들을 갖추고 있어야 한다. 사회적 기능의 기준은 다음과 같다.

1. 간단한 보드 게임을 도움 받지 않고 하는 방법을 알아야 하고, 보드 게임에서 이기고 진다는 개념을 알아야 한다.
2. 학교 운동장에서 쉬는 시간에 어린이들이 많이 하는 간단한 운동을 할 수 있어야 한다[예 : 핸드볼, 포스퀘어(바닥에 네 개의 사각형을 그려 하는 공놀이), 테더볼(기둥에 공을 매달아 주고받는 놀이), 농구, 줄넘기 등]
3. 교실에서 다른 아이와 대화를 할 때 같은 주제에 대해서 집중을 유지할 수 있어야 한다(주요 관심사에서 다른 주제로 바꿀 수 있어야 하고 충분한 의사소통 능력이 있어야 함).
4. 나이에 적절한 사회적 관심(대화, 장난감, 게임, 활동 등)이 살짝 지연되는 것 이상이어서는 안 된다.
5. 외래 환경에서 다룰 수 있는 정도여야 한다(즉, 행동이 보상이나 짧은 타임아웃 정도로 조절될 수 있어야 함).
6. '불쾌한' 행동이 없어야 한다(예 : 5학년이 남들이 보는 데서 자위를 하거나 코를 파는 행동을 하는 것). 처음에 이러한 행동들을 없애지 않으면, 친구 만들기 수업으로 호전되는 것과 상관없이 또래들에게 수용되지 않을 것이다.
7. 1학년을 거의 마쳐야 한다. 우리는 1학년 학기 말(미국의 경우 5월이나 6월, 한국의 경우 11월이나 12월)이 가까워 올 때까지는 1학년짜리와 치료를 시작하지 않는다. 이것은 1학년들은 교육 부분에서 너무 주눅이 드는 것을 보아왔기 때문이다. 반면에 6세 6개월이라도 2학년인 아이들은 이런 상황에 매우 편안해하고 다른 2학년들과 별로 차이가 없었다.

6.2 함께 모여서 편안할 아이들끼리 묶어주기

각각의 집단별로 사회적 발달 수준의 범위를 정해줄 필요가 있다. 우리는 작은 숫자의 집단(8명 미만)에서는 서로 한 학년 이내의 차이가 나는 아이들로 집단을 만들고 10명인 집단에서는 두 학년 이내의 차이가 나도록 하는 것을 선호한다. 집단의 발달 범위를 정하는 두 가지 이유는 다음과 같다.

1. 아이들은 자기보다 너무 낮은 수준의 발달단계에 있는 집단 구성원과는 서로 대하기가 어렵고 상호작용을 더 거부할 수도 있다. 이런 면에서 아이들을 신중하게 선별하는 것이 필요하다.
2. 부모들은 전문가가 자신의 아이가 자신들이 받아들일 수 있는 것 이상으로 심하게 장애가 있다고 느낀 것은 아닌지 두려워하면서, 이러한 간극에 대해 불편하게 느낄 수 있다. 부모들은 자신의 자녀가 발달 수준이 월등히 낮은 집단 구성원들에게 일탈 행동을 배울까 걱정을 할 수도 있다.

치료하러 오는 아이들 비율을 보면 남자아이가 여자아이의 네다섯 배가 되기 때문에 성별 문제도 골칫거리다. 여자아이 하나를 아홉 명의 남자아이와 같은 집단에 넣는 것은 권하지 않는다. 동성의 친구관계를 맺는 것이 좋기 때문에(제18장 참조), 서로 한 학년 이내의 여자아이 세 명이 이상적인 최소한의 숫자이다(한 집단에 그 이상이 있었던 적은 거의 없었다). 한 집단에 여자아이가 둘밖에 없을 때에는 두 여자아이의 부모에게 한 여자아이가 결석하면 딸이 남자아이들과만 회기를 진행해야 되는 위험을 감수할 것인지 상의한다. 자신의 딸이 남자아이들과 어울리는 것을 편안해하면 부모는 보통 개의치 않는다.

6.3 처음 몇 집단 만들기

처음 몇 집단을 만드는 단계가 가장 어려운 부분이다. 환자를 의뢰하는 쪽에서는 집단에 대해서 잘 모르거나 무엇을 해주는지 잘 모를 수도 있고, '치료실적'(적당한 집단 구성 능력이나 어린이들을 도와줄 능력 면에서)이 전무한 상태이다. 집단을 시작하려면 비슷한 성향을 가진 아이들의 부모들을 서로 두 달 이내의 간격을 두고 모집해야 한다. 이것보다 기간이 길어지면 부모들은 기다리기가 싫어지거나 제공한다고 했던 치료를 받을 수 있을 것이라는 확신을 잃어버리게 될 것이다. 첫 번째 집단을 시작하려고 이런 기준들을 느슨하게 하지는 말아야 한다. 그냥 한 집단에 6명이라도 모집하려고 애쓰는 것이 낫다. 이것은 '임계 질량', 즉 집단 치료자나 참가자 모두가 '집단'이라고 느끼는 최소한의 숫자이다. 다른 타협들도 신참내기 치료자의 '입소문' 평판을 위험하게 만들 수 있다. 결석을 해도 집단이 임계 질량 아래로 떨어질 가능성을 줄이려면 7명이나 8명이 집단을 시작하기에 안전한 숫자이기는 하다. 집단은 최대 10명까지로 구성하는 것이 좋은데, 그래야 부모들이 1시간 안에 충분히 토론을 할 수 있다. 회기를 90분으로 한다면 12명까지 늘리는 것도 가능하다.

전화 선별하는 방법

주로 부모가 전화를 걸어서 전문가와 처음 접촉을 하게 된다. 대부분의 아이들을 의뢰하는 사람들은 교사나 정신건강 전문가나 이미 프로그램에 아이가 참여했던 다른 부모이다. 처음 전화를 걸어 시작되는 선별과정이 효과적이면, 집단에 참여하는 것이 아이의 문제와 부모의 기대와 잘 맞을 것이라는 것이 보장되는 것이다. 또래 거부나 무시, 친한 친구가 없거나 그에 따르는 다른 부정적인 행동 등 또래관계에 문제가 있을 때에 사회기술훈련을 받는 것이 타당하다. 때때로 아이들은 사회기술이 부족해서가 아니라 생김새나 인종 같은 다른 이유들 때문에 거부당하기도 한다(Bierman, 1986a). 이런 것들은 이 책에 있는 방법으로는 고칠 수 없다. 아이들은 다른 아이들과의 활동을 선호하는 정도가 다르다(Evers-Pasquale, 1978). 진정으로 혼자 노는 것을 즐기는 것처럼 보이고 외롭다는 어떤 징후도 보이지 않는 아이들에게는 친구 만드는 방법을 배우는 치료가 도움이 되지 않을 것이다.

어머니들이 주로 놀이데이트를 관리하기 때문에(놀이데이트를 어느 한 부모가 관리한다면), 어머니들은 가장 믿을 만한 정보제공자이다. 엄마를 치료에 참여하게 하기 위해서 전화 통화는 아이의 엄마와 하도록 강하게 권고한다. 아이들이 방금 살펴본 기준에 맞는지 평가하려면 표 6.1에 있는 전화 선별 양식이 도움이 될 것이다.

어떤 부모들은 그러고 싶어 하지만, 아이들에게 자신이 또래 문제가 있다는 것을 인정하게 하는 것은 역효과를 낳는다. 부모에게는 친구를 만들고 유지하는 방법을 알려주는 수업이 있는데, 이 수업에 대해서 누구와 얘기할 것이라고 아이에게 말하라고 권고해 주어야 한다. 아이와 이 수업이 얼마나 필요한지에 대해서 토론하는 것은 말려야 한다.

전형적인 전화 선별의 임상사례

선별자 : 아이가 몇 학년이죠?

엄마 : 3학년입니다.

선별자 : 아이가 친구를 사귀거나 유지하는 데에 어떤 문제가 있나요?[1]

엄마 : 우리 아들은 친구를 사귀는 데에는 아무런 문제가 없어요. 그런데 아이들이 우리 애를 알고 나면 더 이상 놀지 않으려고 해요.

---

1 이 질문으로 부모나 교사 말을 듣지 않는 등의 다른 이유로 행동치료 프로그램이 필요한 아이들을 골라낸다.

선별자 : 학교에서 아드님이 규칙적으로 어울리는 아이들이 있나요?

엄마 : 한두 명 정도요.

선별자 : 아이들이 학교에서 아드님을 찾거나 아드님이 보통 놀기 위해서 다른 아이들을 찾나요?[2]

엄마 : 예. 한 명 있긴 한데, 그 애는 말썽을 많이 부려서 내가 그 애를 좋아하지 않아요.[3]

선별자 : 아드님은 얼마나 자주 놀이데이트를 하는 편인가요?[4]

엄마 : 가끔씩 놀이데이트를 해요.

선별자 : 놀이데이트가 주로 잘 진행되나요, 아니면 자주 다툼이 생기나요?[5]

엄마 : 다툼이야 가끔 생기죠. 그런데 끝나고 나면 그 애들이 다시는 안 오려고 해요.

선별자 : 아드님이 다른 아이들과 어떤 게임을 하는 걸 좋아하나요?

엄마 : 비디오 게임을 좋아해요.

선별자 : 아드님이 보드 게임을 할 줄 아나요?

엄마 : 예. 체커나 클루나 쏘리 게임이요.

선별자 : 아이가 운동경기를 하나요?

엄마 : 운동을 좋아하는 아이는 아니에요.

선별자 : 어떤 운동이든지, 예를 들어서 핸드볼이나 축구 같은 것, 할 줄 아나요?

엄마 : 예. 핸드볼을 할 줄 아는데 다른 아이들이 자기를 못하게 한다고 말해요.

이 면담으로 하나 이상의 영역에서 사회성 문제가 있다고 확인되고, 아이가 자신의 학년에 적당한 놀이에 흥미를 갖고 있다면 프로그램에 대한 정보를 제공한다.

[프로그램 소개의 예] 선별자 : 우리 프로그램은 12주짜리 입니다. 우리는 주고받는 대화

---

2 이 질문은 어린이 정신상태검사에서 반복한다. Gresham(1982)은 또래관계의 상태는 또래 상호작용을 전반적으로 측정하는 것보다 다른 아이들이 접근하는지를 보는 것으로 더 잘 예측할 수 있다고 했다. 이것은 거부당하는 아이들은 다른 아이들이 그냥 두고 보지만, 호감을 주는 아이들은 다른 아이들이 찾기 마련이기 때문이다.

3 이것은 거부당하고 무시당하는 아이들의 패턴이다. 이 아이들을 찾는 아이들은 거부당하고 행동 문제가 있는 경향이 있다.

4 일주일에 한 번 미만이면 너무 적은 것이다.

5 아이들은 2학년까지는 대체적으로는 사이 좋게 놀이데이트를 해야 하며, 4학년까지는 다투는 것이 없어야 한다.

법, 첫인상 좋게 주는 방법, 놀이하는 아이들 틈에 끼어드는 방법, 좋은 스포츠맨 되는 방법, 놀림에 대처하는 방법, 친구를 초대해서 놀이데이트를 잘하는 방법 같은 것들을 다룹니다. 어머니 아이가 이런 것들이 필요하다고 생각되십니까?

[변형] 선별자 : 자녀분이 이미 회기 첫 부분에서 우리가 가르치는 기초적인 사회기술을 어느 정도는 가지고 있는 것 같네요. 자녀분이 가장 어려움이 있는 건 놀이데이트인 것 같은데요, 우리 프로그램은 각 회기를 그 전 주에 배운 것들 위에 차곡차곡 쌓아나가는 형식입니다. 전체 프로그램에 다 참여하는 것이 자녀분의 전체적인 기술을 늘려서 더 자주 좋은 내용의 놀이데이트를 할 기회를 많이 갖게 하는 데에 도움이 될 것 같은데, 관심이 있으신가요?

[엄마가 두 가지 중 어떤 예이든, 마지막 질문에 그렇다라고 대답하면 계속한다.] 선별자 : 작성해야 할 설문지 봉투를 우편으로 보내드리겠습니다(7.2절 참조). 다 하시는 데에 30분 정도 걸릴 겁니다. 다 하셔서 다시 보내주십시오. 저희가 설문지를 받은 후에 어머니와 자녀분을 만나기 위한 약속을 잡도록 하겠습니다. 약속을 하는 건 아이를 직접 만나서 자녀분에게 이것이 알맞은 치료인지 결정하고, 이번에 모인 다른 아이들과 잘 어울릴 수 있을지를 보려는 게 목적입니다. 질문 있으십니까?

엄마 : 예. 이 수업에 대해서 아이한테 뭐라고 해야 하지요?

선별자 : 자녀분에게는 아이들에게 친구를 사귀고 유지하는 방법을 가르쳐 주는 수업이 있는데, 그 수업을 하는 사람과 하고 싶은 놀이에 대해서 얘기하게 될 거라고 말해 주세요. 자녀에게 그 수업이 필요하다는 걸 받아들이게 할 필요는 없습니다.

잠재적 문제

어떤 집단이라도 절실히 원할 때

중등도의 발달장애가 있는 2학년 아이의 어머니가 전화 인터뷰를 하면서 이 사실을 숨기려고 했다. 결국은 아이가 특수학급에 있고, 학습적으로 실제나이보다 3년 뒤처져 있으며, 유치원 아이들과 어울리고 싶어 하고 간단한 보드 게임(읽기나 숫자세기도 필요 없는 캔디랜드 게임조차도)도 할 수 없다는 것이 추가 질문에서 드러났다.

더욱 심각한 정신병리를 부인할 때

한 엄마는 아들의 무관심한 면에 대한 설명과 평가결과보다는 훨씬 사회적 인지가 좋다는 칭찬만을 해주었다. 이 아이는 초기 정신상태검사에서 심한 자폐증 증상이 있는 것이 드러났다.

표 6.1 전화 선별 양식

어린이 친구 만들기 훈련

전화 선별 양식

오늘 날짜 : ________/________/________

정보 수집자 : ____________________

어린이 이름 : ____________________ 남자☐ 여자☐

생년월일 : ________/________/________ 나이 : ______ 학년 : ______

설문지 보낸 날짜 : ________/________/________

의뢰처 : ____________________

치료사☐ 학교☐ 친구☐ 전문가☐

가족 정보

가족형태 : 양쪽 부모☐ 한부모☐

참여할 사람 : 친엄마☐ 친아빠☐ 양엄마☐ 양아빠☐

부모(들) 이름 : ____________________

주소 : ____________________

집전화 : (____) ________ – ________ 직장 : (____) ________ – ________

진단명 : ____________________ 처방약물 : ____________________

형제관계 : ____________________

보험형태 : ____________________

어린이의 문제(해당사항 모두 체크) :

또래들에 대한 공격성☐ 교실 내에서의 행동 문제들☐ 놀림당함☐

학교에서 친구가 없음☐ 학교에서 아무도 아이를 찾지 않음☐

놀이데이트 안 함☐ 가끔 놀이데이트 함(<한 달에 2번)☐

놀이데이트 내용 : 대체로 사이 좋음☐ 가끔 다툼☐ 거칠고/자주 다툼☐

____

____

____

놀이기술 :

기본적인 보드 게임하는 방법을 안다☐ 학교 쉬는 시간 게임하는 방법을 안다☐

친구를 사귀고 싶어 한다☐

CHAPTER

7

초기면담하기

이 책에 나오는 치료방법들은 처음에 어떤 부모에게는 제한 없는 '강좌'(원예나 꽃꽂이 같은)처럼 보일 수도 있고, 다른 부모에게는 집단치료처럼 보일 수도 있다. 그러나 환자를 받기 위한 약속을 잡는 과정과 내용을 통해서 이것이 교수계획에 의해 운영되는 치료집단의 시작이라는 것을 확실히 해줄 수 있다.

치료의 근거

7.1 초기면담의 목적

넓게 얘기하자면, 환자를 받기 위한 약속은 정보를 얻고 정보를 주기 위해 하는 것이다. 수집해야 할 정보는 다음과 같다.

1. 아이를 만나 봄으로써 아이의 사회적 발달 정도를 알아내어 현재 모인 집단에 맞을지를 가늠할 수 있다.
2. 부모 면담을 통해서 치료가 필요한지를 확인하고 부모가 잘못 이해하고 있는 부분이나

의혹을 없앨 수 있다.

3. 설문지와 함께 보낼 수 없는 필요한 기저선 측정 도구들(자존감 설문 같은 것)을 하도록 할 수 있다.
4. 부모에게 구조화된 진단적 면담을 시행하여, 치료와 보험 청구 등에 필요한 아이의 진단을 확실히 내릴 수 있다.

치료자가 부모에게 주는 정보는 실행 가능한 치료에 대한 계약이 될 수도 있고, 정보에 따라 치료에 대한 어떤 전제조건(보드 게임을 더 산다든가, 치료 진행 동안 약물복용을 지속한다든가, 여름에 또래들과 더 잘 접촉할 수 있도록 아이를 캠프에 보내기로 하는 것 등)이 결정될 수도 있다. 치료자는 아이에게 첫 번째 회기에 대한 설명을 해주어서 아이가 치료받을 준비를 하도록 할 수 있다.

7.2 설문지

설문지 꾸러미는 부모에게 우편으로 보내고, 부모가 작성한 후에 초기면담을 위한 약속을 잡기 이전에 받는 것이 좋다. 이렇게 함으로써 회기 중의 시간을 아낄 수 있고 치료자가 환자의 문제점과 진단을 간단히 알고 들어갈 수 있다. 우리 설문지들에는 다음과 같은 것들이 들어 있다.

1. 간단형 개인 정보 양식(표 7.1)
2. 집전화번호를 집단 사람들에게 공개한다는 동의서(1회기에서 집단 배정표에 따라 모든 참가자에게 제공). 가정에서 하는 전화 과제를 하려면 이것이 필요하다. 아이가 집단에 들어갔을 때에만 공개된다.
3. 중요한 건강 문제(알레르기 같은)에 대한 정보와 간단한 발달력(발달장애가 있는지 알아내는 데에 도움이 됨)을 알 수 있는 의학적 점검 양식
4. 치료 전 SSRS, QPQ 검사와 아이의 교사에게서 PEI를 받아도 된다는 동의서
5. 주의력결핍 과잉행동장애와 적대적 반항장애가 있는지 알아볼 수 있는 SNAP(Swanson, 1992)
6. 자폐스펙트럼장애를 알아낼 수 있는 ASSQ(Ehlers, Gillberg, & Wing, 1999)

부모가 설문지 꾸러미를 다 하려면 약 30분 정도가 걸린다. 설문지 꾸러미를 사용한다고 중

표 7.1 개인 정보 양식

어린이 친구 만들기 훈련

개인 정보 양식

모든 항목에 답해 주십시오. 제공된 모든 정보는 엄격하게 비밀이 보장됩니다.

어머니 : 성 ________ 이름 ____________ 아버지 : 성 ________ 이름 ____________

집주소 : ______________________________________ 우편번호 : ____________

집전화 : (   ) ____________________ 직장전화 : (   ) ____________________

오늘 날짜 : ____________________ 응답자의 생년월일 : ____________________

1. 어린이 성별 : 남 ________ 여 ________
2. 주 사용 언어 :
   한국어 ________ 영어 ________
   중국어 ________
   기타(구체적으로) ____________
3. 종교 :
   무교 ________ 불교 ________
   가톨릭 ________ 개신교 ________
   기타(구체적으로) ____________
4. 현재 결혼 상태 :
   미혼 ________ 별거 ________
   기혼 ________ 사별 ________
   이혼 ________ 동거 ________
5. 자녀관계 : 각 자녀의 이름과 성별과 생년월일을 써주십시오. 입양했다면 입양했을 때의 나이를 써주십시오.

이름	성별	생년월일
________	____	________
________	____	________
________	____	________

6. 아이가 학교에서 행동이나 학업을 따라가는 데에 문제가 있습니까?
   예 ________ 아니요 ________
   구체적으로 ____________________
   ____
7. 아이가 어떤 종류든 특수반에 있습니까?
   예 ________ 아니요 ________
   구체적으로 ____________________

8a. 직업 : 주로 하는 일에 대해서 써주십시오. 하시는 일에서의 '직위'를 써주십시오(회사 이름만 쓰지 말고).
   ____

8b. 주당 근무 시간 : ____________________

9. 배우자의 직업(별거 중이거나 이혼을 했더라도) : ____________________
10. 교육 정도 : 최종적으로 완료한 학년이나 학위는?
    응답자 본인 ____________________
    배우자/동거인 ____________________
11. 의뢰인 정보 : 어린이 친구 만들기 훈련에 의뢰한 사람은 누구입니까?
    스스로? ________ 친구? ________
    전문가라면 :
    이름 ____________________
    직업(직함) ____________________
    전화번호(______) ____________________

도탈락자가 표가 나게 많아지는 것은 아니며, 부모가 얼마나 열심히 참여하는지를 알아보는 지표가 되고, 초기면담을 진행하는 치료자는 유용한 정보를 얻을 수 있다.

초기면담 진행하는 방법

환자를 받기 위한 초기면담은 다음과 같이 진행된다. 처음 5분 동안은 부모만 만나서 전화로 얘기했던 문제들을 확인하도록 한다. 이렇게 하면 엄마가 전화를 했지만 지금은 아빠도 초기면담을 위해 함께 왔을 때에 특히 도움이 될 수 있다. 아빠에게 부가적인 정보를 달라고 하는 것이 부모 모두가 치료 계약을 받아들이는 데에 도움이 된다. 다음은 아이와 개별면담을 하면서 정신상태검사를 한다(부모는 대기실에서 기다리도록 함). 아이를 대기실로 다시 보낸 후에 부모에게 정신상태검사의 결과를 알려준다. 그런 다음 부모와 구조화된 진단적 면담을 실시한다. 아이가 집단의 기준에 맞으면 부모에게 아이가 집단에 맞다는 것을 알려주고, 집단이 어떤지 설명하고, 치료반응에 방해가 될지 모르는 잠재적인 문제들에 대해서 알려준다. 부모들에게 시작 날짜와 끝나는 날짜, 회기 시간 같은 그 집단에 대한 상세한 것들을 알려준다. 이 시점에서 면담자는 부모(특히 어머니)가 모든 회기에 참여한다는 약속을 확실히 받아야 한다.

어머니들이 참여하도록 하려면 종종 환자의 형제들을 수업에 데리고 오도록 허락하는 것이 필요하다. 형제들은 부모 교실에서 부모와 같이 있도록 한다. 부모가 형제를 데려올 필요가 있으면, 그 아이들이 바쁘게 할 수 있는 활동거리(색칠하기, 읽을거리, 작은 휴대용 게임, 숙제 등)를 가져와서 부모가 그날의 내용에 집중할 수 있도록 해야 한다. 이것을 잘 따르면 형제들이 문제를 일으키는 일은 대체로 없었다.

어린이 정신상태검사

친구관계 훈련에 필요한 좁은 범위 안에서 아이를 평가하는 것이 목적이다. 보통의 정신상태검사의 목적과 같이, 면담자는 이 구조화된 면담으로 아이의 의사소통과 놀이기술을 합리적으로 가늠할 수 있는 정보를 얻을 수 있다(어린이 친구 만들기 프로그램에 제일 필요한 영역과 발맞추어). 면담자는 능숙해지면 비교적 짧은(10~15분) 면담으로 이러한 정보들을 얻을 수 있다. 어린이 정신상태검사 양식을 이용한 조사방법을 사용하여 10~20명 정도의 아이들을 면담하고 나면 이렇게 될 수 있을 것이다(표 7.2).

표 7.2 어린이 정신상태검사

어린이 친구 만들기 훈련

정신상태검사 양식

어린이 이름 ______________________________

1. 부모님이 오늘 여기 오는 이유에 대해 얘기해 주셨니?
   □ 바르게 대답함 □ 모름, 틀리게 대답함
2. 아이들에게 친구를 만들고 유지하는 방법을 가르치는 수업이 있는데, 이런 것에 혹시 관심이 있니?
   □ 예 □ 아니요 □ 모르겠다.
3. 네가 무슨 놀이를 좋아하는지 알고 싶은데, 학교에서 원하는 놀이를 고를 만한 자유 시간이 있니?
   □ 예 □ 아니요(10번으로 넘어간다.)
4. 쉬는 시간에 주로 뭘 하니?
   □ 다른 아이들과 논다. □ 혼자 있는다.
5. 보통 함께 어울리는 아이들이 있니?
   □ 예 □ 아니요(10번으로 넘어간다.)
6. 그 아이들 이름이 뭐니?
   □ 5명의 이름까지 말한다
   □ 아무 이름도 말하지 못하거나 반 아이들 이름을 모두 말하려 한다.
7. 그 애들은 너하고 나이가 같니, 아니면 너보다 어리니?
   □ 같은 나이 □ 같은 나이가 아니다.
8. 쉬는 시간에 너희들은 어떻게 만나니?
   □ 함께 결정한다. □ 그 애들이 어디 있는지 찾는다.
9. 너희는 보통 어떤 놀이를 하니?
   □ 그냥 얘기한다 / 앉아서 다른 아이들을 본다. □ 야외 운동, 구체적으로 ____________
10. 집 밖에서는 어떤 놀이 하는 걸 좋아하니?
    □ 스케이트 타기 / 자전거나 스쿠터 타기 □ 올라가기 / 잡기놀이 / 숨바꼭질
    □ 운동, 구체적으로 ______________________________

표 7.2 어린이 정신상태검사 (계속)

11. 팀에 들어가 본 적 있니?(어떤 팀인지 구체적으로 말하게 한다.)
    ☐ 아니요 ☐ 예, 구체적으로 ______________
12. 집 안에서는 무슨 놀이 하는 걸 좋아하니? (미술/만들기, 독서, TV 보기는 안 된다.)
    ☐ 전자 게임 ☐ 보드 게임
13. 집에 네가 하고 싶어 하는 보드 게임 중에 어떤 걸 갖고 있니?
    ☐ 아이가 말한 보드 게임 ______________ ☐ 없다
14. 너랑 놀려고 집에 오는 아이가 있니?
    ☐ 예 ☐ 아니요(면담을 끝낸다.)
15. 누가 마지막으로 놀러 온 게 언제니?
    ☐ 지난 1주 이내 ☐ 지난 1달 이내 ☐ 1달 더 이전
16. 그 아이 이름이 뭐였니?
    ☐ 이름을 말했다면 구체적으로 ______________ ☐ 대답하지 못함
17. 함께 무얼 했니? (답을 하도록 도와준다)
    ☐ 여러 활동을 섞어서 함 ☐ 전자 게임/또는 TV 시청만 함
18. 아이들에게 친구를 만들고 유지하는 방법을 가르쳐 주는 수업에 대한 관심 표명
    ☐ 관심 없고, 친구가 많음 ☐ 수업 받는 것을 결정하지 못함
    ☐ 수업에 대한 관심을 표현함

전반적 인상

지남력(시간, 장소, 사람) ☐ 예 ☐ 아니요
상황에 적절한 기분과 정동 ☐ 예 ☐ 아니요
검사자와의 관계형성 ☐ 순조롭게 됨 ☐ 겨우 됨 ☐ 안 됨
인지 능력 ☐ 평균 이하 ☐ 평균 ☐ 평균 이상
사회 성숙도 ☐ 나이 수준보다 1~2년 아래 ☐ 나이 수준 ☐ 나이 수준 이상

특이사항 : ______________________________

약물 문제

제1부의 제5장에서 살펴봤듯이 정신자극제를 복용하는 주의력결핍 과잉행동장애 아이들만이 약을 복용하지 않거나 다른 향정신성 약물을 복용하는 아이들보다 치료 후의 교사보고에서 호전을 보였다(Frankel, 2002). 자폐스펙트럼장애를 가진 아이들 중에서는 약을 복용하지 않는 아이들이 향정신성 약물을 복용하는 아이들보다 더 나은 결과를 보였다(Frankel & Myatt, 2002). 처음에 정신병리가 심한 정도에 따라 약을 복용하는 패턴이 복잡해졌을 수도 있기 때문에, 여기서 나온 자료들로 결론을 단정지을 수는 없다. 이러한 관찰결과들에 대한 이유와는 상관없이, 정신자극제를 정기적으로 복용하던 주의력결핍 과잉행동장애 아이라면 교육을 받는 동안과 또래와 상호작용(놀이데이트와 집단에서 받은 과제를 집에서 하는 것)을 하는 동안에 그대로 약을 복용하도록 하는 것이 현명할 것이다.

부모에게 프로그램을 설명하는 임상사례

선별자 : 어린이 친구 만들기 프로그램에 대해서 말씀드리겠습니다. 다음 주 5:45에 시작될 겁니다. 수업에는 10명 정도의 아이들이 참가하게 됩니다. 회기마다 교육과정이 있는 수업 형태로 진행될 겁니다. 부모가 매 회기마다 다 참석하셔야 합니다. 부모들이 한 방에 있고, 아이들은 다른 방에 따로 있을 겁니다. 회기마다 아이들은 친구 사귀는 방법에 대해서 배우고, 연습하고, 잠깐 동안 놀게 됩니다. 놀이를 하는 동안에 노는 방법에 대해 지도 받습니다. 또 집에서 할 숙제도 받게 됩니다. 첫 번째 숙제는 집단의 다른 친구에게 전화를 걸어서 그날 일어난 좋은 일이 뭔지 알아내는 겁니다. 부모는 언제, 몇 시에 전화를 걸지를 정하고 아이가 약속한 시간에 전화를 거는지를 봐주셔야 됩니다. 숙제는 회기마다 조금씩 복잡해집니다. 질문 있으십니까?

아이를 준비시키는 임상사례

선별자 : [정신상태검사의 끝부분에] 이제 내가 할 질문은 다 끝났어. 나한테 혹시 물어볼 것 있니?

아이 : 아니요.

선별자 : 그 수업에 대해서 좀 애기해 줄게. 다음 주 5:45에 시작할 거고, 너를 포함해서 10명 정도가 올 거야. 길 건너 건물에서 하게 될 거고. 너의 부모님도 너와 같이 와서 같은 방에서 만날 거야. 그런 다음 밥 선생님이 모든 아이들을 다른 방으로 데려가서 친

구를 사귀고 유지하는 것들에 대해서 얘기해 주실 거야. 그리고 너희들 모두 바깥의 놀이 공간으로 가서는 '깃발잡기' 놀이를 할 거야. 너 그 게임 어떻게 하는지 아니?

아이 : 예.

선별자 : 좋았어! 마지막에 밥 선생님이 너희들에게 집에서 하는 숙제를 내어 주실 거야. 숙제는 같이 수업 받는 다른 아이에게 전화를 걸어서 그날 일어난 멋진 일이 뭔지를 알아내는 게 될 거야. 너의 부모님이 언제 몇 시에 전화를 걸지를 결정하실 거고. 어떨 것 같니?

아이 : 좋아요.

잠재적 문제

양가적인 부모

한 5학년 여자아이의 어머니가 처음에는 자기 딸이 학교에서 친구도 없고, 놀이데이트도 하지 않는다고 말했다. 이 어머니는 설문지를 우편으로 다시 보내는 것도 늦게 하고, 초기면담 약속도 연기시키더니, 자기 딸이 이제는 집단 상황에서 다른 아이들과 좀 수월하게 어울리기 시작했다고 말했다. 면담자는 어머니가 느끼기에 지금 딸의 또래관계 때문에 이 수업을 계속해야 할 것 같으냐고 물었다. 어머니는 모르겠다고 했지만, 여전히 자신의 딸은 친구가 없다고 하고 집에서는 외롭다고 불평한다고 했다.

정신상태검사에서 보니 그 딸은 학교 쉬는 시간에 대여섯 명의 아이들과 놀기는 했지만 이 아이들은 그 아이가 없어도 절대 찾지는 않는다는 것이 드러났다. 아이가 마지막으로 놀이데이트를 했던 것은 프로그램에 들어오기 두 달 전이라고 했다. 면담자가 아이에게 이 수업에 흥미가 있느냐고 묻자, 아이는 단호하게 "예"라고 했다. 면담자는 이 사실을 PHS 결과와 함께 아이의 어머니에게 알렸다. 아이의 결과는 인기도에서 낮은 자존감을 보이고 있었다. 어머니는 딸이 더 행복해지기를 원한다며 계속 진행하기로 결정했다.

참여하지 않으려는 아이

한 3학년 남자아이가 정신상태검사를 할 때부터 단호하게 자기는 친구가 엄청나게 많고 이 수업 받는 것에 관심이 없다고 선언했다. 부모면담을 해보니, 아이의 어머니도 아이가 하기 싫어한다는 것을 알고 있다고 했다. 면담자는 아이가 내켜하지는 않지만, 두 가지 요인에 따라서 수업을 받아서 도움을 얻을 수도 있겠다고 했다. 그 두 가지는 (a) 이 치료가 아들에게 알맞은 치료라는 어머니의 단호한 의지, (b) 아이가 치료에 참여하고 협조하도록 동기를 이끌어내는 보상 시스템을 고안해내는 어머니와 면담자의 능력. 어머니는 이 수업이 자신의 아들에게 도움이 될 거라고 확실히 믿는다고 했다. 면담자는 처음 두 회기 때마다 아이가 와서 협조하면 어머니가 작은 보상을 주라고 제시했다. 어머니는 동의하고 처음 두 회기가 끝날 때마다 음악 CD를 사라고 1달러씩 아들에게 주었다. 이 아들은 프로그램 오는 걸 좋아하지 않는다고 말했지만, 계속 와서 12회기 끝까지 잘 참여했다.

번갈아 오는 부모

한 4학년 여자아이의 어머니는 집에 다른 아이가 있었다. 처음 면담 때 이것에 대해서 상의하지 않고, 그 어머니와 남편은 회기에 번갈아 오기로 하고, 나머지 한 명이 형제를 돌보기로 했다. 집단 치료자는 아빠가 숙제담당일 때에는 매번 숙제를 해 오지 않는다는 것을 알아차렸다.

이제 우리는 매번 같은 부모가 부모 회기에 참여하도록 한다. 부모가 이렇게 하는 것이 힘들겠다고 하면 우리는 그 형제들을 데려와서 부모 교실에 앉혀 놓으라고 한다.

일정이 너무 빽빽한 아이들

한 4학년 남자아이를 혼자 키우는 직장 엄마는 아이에게 주중에 엄청난 활동들을 시키고 있었다. 오후 6시 전까지는 매일 방과후 프로그램, 그다음은 숙제하기, 밥먹기, 목욕하기, 자러 가는 순서였다. 주말에는 축구팀, 태권도, '가족 시간'을 갖게 했다. 놀이데이트 계획을 짜보려고 했는데, 아이와 엄마 모두 현재의 계획표로는 놀이데이트를 할 시간이 없다는 것에 동의했다.

이제는 부모와 아이에게 이 수업이 끝날 때까지(그리고 끝난 후에도) 일주일에 한두 번은 놀이데이트를 할 것이라고 알려준다. 면담자는 아이를 수업에 받아들이기 전에 부모에게 놀이데이트를 할 충분한 시간을 확보하게 한다.

공동 양육권을 가진 이혼한 부모

한 6학년 남자아이의 이혼한 부모는 차로 45분 걸리는 거리에 떨어져 살면서, 2주마다 양육권을 번갈아 가지고 있었다. 양쪽 다 아이의 친구관계가 좋아지게 하려고 애쓰고 있었다. 초기 면담자는 양육권을 나눠 갖고 있는 상황에서도 아이의 친구관계가 계속 유지되도록 보장해줄 수 있는 방법에 대해서 두 부모와 검토했다. 두 부모가 모두 모든 수업에 참여하기로 결정했다. 치료가 진행되는 동안, 아이는 어머니의 집에서 친구들을 사귀었고, 아버지는 아들이 친구들에게 전화를 하도록 격려했다. 아버지는 자신의 집에서 놀이데이트를 하는 어떤 아이라도 차로 데려오고 데려다 주곤 했다.

계속 실패를 강행하는 경우

한 중학교 1학년 여자아이의 어머니는 자신의 딸이 학교에서 여자아이들 전화번호를 받아온다고 주장했지만, 사실 그 딸은 아이들 사이에서 평판이 좋지 않았다. 면담자는 너무 열심히 노력하다보면 더 아이들 사이에서 고립될 수 있기 때문에, 어머니에게 당분간은 그런 노력을 중단하라고 충고했다. 면담자는 딸이 필수적인 기술들을 배운 후에는 학교에서 친구를 사귀기에 더 나은 위치가 될 거라고 말해 주었다. 그 후에도 그 딸의 평판이 잦아드는 데에는 시간이 한참 걸렸다.

조숙한 딸

한 6학년 여자아이의 어머니는 자신의 딸이 동성친구가 하나도 없다고 말했다. 그러나 그 어머니는 "우리 딸은 자기 나이보다 훨씬 성숙해 보인다고 사람들이 말해요."라며 자랑했다. 정신상태면담에서 그 여자아이는 딱 붙는 '짧은 반바지'와 수영복 같은 상의를 입고, 진한 화장을 하고는 자신의 '새 남자친구'가 어떤 사람인지에 대해서 얘기하기 시작했다. 이런 복장과 대화방식이라면 많은 다른 여자아이들이 불편해했을 것이고, 나이가 더 많은 남자아이들에게 성적으로 이용당하기 쉬운 위험한 상태였을 것이다. 면담자는 이러한 걱정들을 그 여자아이의 어머니와 상의했고, 그 어머니는 딸의 복장과 화장을 제한하기로 동의했다.

부적절한 복장을 조장하는 부모

한 2학년 남자아이가 첫 면담에 나이에도 날씨에도 걸맞지 않는 고무로 된 레인부츠를 신고 나타났다. 이것에 대해 묻자, 부모가 "얘는 이 부츠를 신으면 너무 귀여워요. 꼭 곰돌이 푸에 나오는 크리스토퍼 로빈 같잖아요!"라고 대답했다. 면담자는 그 어머니에게 아들의 또래관계를 개선시키려면 어떤 유리한 점이든 다 필요한데, 아이의 '귀여운' 옷차림은 친구를 사귀는 데에 장애물이 될 것이라고 알려주었다. 아이의 어머니는 아들을 좀 더 학급의 다른 남자아이들과 비슷한 방식으로 입히겠다고 동의했다.

아이의 진단을 광고하는 경우

아스퍼거장애로 진단받은 한 3학년 남자아이를 데려온 부모가 있었다. 초기면담에서 이 아이가 어린이 친구 만들기 프로그램에 참여해서 효과를 볼 수 있을 정도로 기능이 좋고, 정상적인 발달을 하는 또래들을 친구로 사귈 수 있다는 것이 분명했는데, 그 아이는 지역 자폐증 단체의 로고가 새겨진 티셔츠를 입고 있었다.

우리는 부모들에게 새로 사귄 부모와 아이들을 더 잘 알게 되기 전까지는 아이의 진단명을 알리지 말라고 권고한다. 이 프로그램의 목적은 아이들을 보통 아이들과 통합시키는 것이다. 또한 아이들에게도 특정 진단을 나타내는 옷을 입지 말라고 권한다. 아이의 부모는 이게 바로 그들이 찾고 있던 프로그램이라는 말을 하면서, 이 권고를 기꺼이 받아들였다.

어른들과 관련된 부적절한 행동

교회 부속학교에 다니는 8세의 2학년짜리 남자아이는 학교에서 놀림을 당하고 거부당하는 아이였다. 아이의 교사는 아이가 또래 아이들이 하는 어떤 게임에도 낀 적이 없다고 보고했다. 면담자는 또래들이 그 아이를 수용하지 못하도록 심각하게 방해하는 행동 두 가지를 교사가 알아내게 해 주었다. (a) 이 아이는 다른 아이들을 고자질하고 (b) 부적절하게 웃었다(너무 길게, 진짜 하나도 웃기지 않아도).

일일 기록 카드(Barkley, 1991)를 만들어서 교사가 오전과 오후에 이 두 가지 행동이 일어나는지 여부에 대해 체크하도록 했다. 부모는 매일 출근하면서 아이를 학교 앞에 내려주기 전에 한 번 더 알려주고, 교사에게서 10개 중 7개 이상의 좋은 보고를 받으면 주말에 보상을 주었다. 3주가 지난 후에는 두 가지 중 어떤 행동도 일어나지 않게 되었다. 아이는 어린이 친구 만들기 훈련을 시작했고, 여름 중에 프로그램이 끝났다. 엄마는 학교 친구들과 놀이데이트를 잡을 수 있게 되었다. 이 아이는 프로그램이 끝나고 한참 후에도 일주일에 두 번씩 성공적인 놀이데이트를 계속했다. 가을에 학교에 다시 나가면서 이 아이는 다섯 명의 남자아이들(놀이데이트를 했던 아이들)이 모이는 집단에 꾸준히 끼게 되었다.

집착 줄이기

아스퍼거장애가 있는 7세 1학년 남자아이는 기차 얘기를 할 기회가 생기면 기차에만 집착하고 다른 것에 대해서는 얘기하지 않으려고 했다. 집단 치료자는 아이에게 회기 중이나 프로그램 숙제를 할 때에는 기차에 대해서 얘기할 수 없다고 말해 주었다. 아이의 엄마도 흔쾌히 동의했다. 수업 내내 이 규칙을 지키게 했고, 아이의 기차에 대한 집착은 현저히 줄어들었다.

집단 시작 전에 함께 놀았다면

2학년 남자아이와 여자아이를 동시에 아이들의 교사가 의뢰했다. 이 아이들은 가끔 같이 놀기도 했다. 이런 경우에도 프로그램에 참가하는 다른 모든 아이들과 마찬가지로 초기면담 때에 부모들에게 12회기가 끝날 때까지 이 아이들이 같이 놀지 않는다는 것에 동의해야만 한다는 것을 말해 준다. 부모들은 아이들에게 이것이 이 수업의 규칙 중 하나라고 말해 줄 것을 권고해 준다. 이렇게 하는 이유는 다음과 같다.

- 아이들이 사실 같이 놀기를 원하지 않을 수도 있다. 이렇게 함으로써 불편한 상황이 생기는 것을 적절하게 피할 수 있다.
- 아이들이 놀이데이트(8회기에 시작되는)를 하면서 서로 다른 아이들과 논다는 보고를 듣게 될 때, 마음에 상처를 줄 만한 어떤 충격이라도 최소화할 수 있을 것이다. “재는 나 빼고 놀이데이트를 하네.”라고 생각하는 것보다는 “우리는 함께 놀면 안 되게 되어 있지.”라고 생각할 수도 있다.
- 프로그램을 진행하는 동안 우리는 동성친구를 사귀기를 권장한다.

CHAPTER

8

프로그램의 기본구조

치료의 근거

이 치료는 첫 회기를 시작하기 이전에 광범위한 계획을 세워 두어야 한다. 이 장은 치료자들이 물리적인 배치를 잘하도록 하고, 치료진의 재능이 이 일과 잘 맞도록 도와줄 것이다. 회기마다 변하지 않는 체계가 기술되어 있다. 일정한 체계가 있으면 환자들이 핵심적인 치료 특징을 예상할 수 있어서 내용에 더 잘 집중할 수 있게 된다.

8.1 물리적 시설

수업을 시작하기 전에 세 장소, 즉 부모와 아이들 수업을 위한 실내 장소 2개, 어린이 게임을 할 수 있는 야외 장소(놀이 공간)를 확보해야 한다. 부모와 아이들 방과 야외놀이 장소는 가능한 한 서로 가까워서 각 회기 동안 아이들이 빨리 이동할 수 있어야 한다.

- **부모 교실** 부모 교실은 커다란 탁자와 모든 부모들이 동시에 함께 앉을 수 있는 공간이어야 한다. 부모 회기를 위해서는 교실 같은 분위기가 도움이 된다.

- **어린이 교실** 어린이 교실에는 칠판이나 마커 보드, 탁자, 아이들이 앉을 의자 등이 있어야 한다. 놀이데이트가 주가 되는 회기를 위해서나 날씨가 안 좋은 기간 동안 대체 공간으로 사용할 '맨바닥 방'도 있어야 한다.
- **놀이 공간** 야외 게임에 필요한 기술을 가르치는 데에 사용되는 야외놀이 공간은 최대한 학교 운동장과 비슷한 것이 좋다. 농구대나 축구 골대, 테더볼 기둥 등의 스포츠 시설이 있어야 하고, 안전을 위해서 울타리가 둘러쳐져 있어야 한다.

8.2 치료자의 성격

Hibbs 등(1997)은 다음 형태의 치료사들이 지침서가 있는 치료를 하는 데에 더 잘 맞을 것 같다고 제시했다. 정신교육적 접근(부모 훈련 같은)에 익숙한 사람들, 여러 분야의 '크로스오버' 전문가들(교사, 학교 상담사, 일차 보건의료 보조전문가 같은). 어린이 집단 치료자는 어린 아이들을 가르치는 것에 능숙해야 한다. 어린이 집단을 잘 이끌려면 교실에서의 행동 기법들, 가령 아이들 칭찬을 잘하고, 아이들이 틀렸을 때에 바로잡아 주고, 부정적인 관심을 끌려고 할 때에 경계를 정해 주는 것 등을 필수적으로 알고 있어야 한다.

우리는 다양한 교육 수준의 집단 지도자들을 훈련시켜 왔다. 어린이 집단 치료자로는 사회사업가, 심리학자, 정신과 수련의, UCLA 학부생들이 있었다. 부모집단 치료자로는 임상사회사업가, 사회사업수련생, 임상심리수련생 등이 있었다. 훈련이 잘 시행되어서 새로운 집단 치료자들도 우리 노련한 전문가들에 상응하는 결과 데이터를 내놓았다.

회기 준비하기

우리는 1시간짜리 회기를 진행해야 해서, 이 전체 회기 길이에 맞춰서 시간을 제시해 왔다. 부모 회기들은 한 시간(집단 크기를 10명까지 제한할 때) 안에 끝마칠 수 있다. 부모와 어린이 수업이 동시에 끝나는 것이 중요하다. 어린이집단이 끝나고 아이들이 돌아올 때까지는 부모 수업이 끝나 있어야 한다. 아이들의 나쁜 행동은 부모 교실 밖에서 부모 수업이 끝나기를 기다리는 중에 제일 많이 발생한다.

부모 회기

부모 회기의 목적은 기술을 가르치고, 양육의 오점을 바로잡고, 숙제를 하는 데에 방해가 되는

표 8.1 부모와 작업을 할 때의 지침 요약

해야 할 것

1. 회기의 계획을 고수하라.
2. 부모가 집단을 핵심에서 벗어나게 한다면 중단시켜라.
3. 과제를 할 때에 부모가 자신이 맡은 부분을 책임지게 하라.
4. 새로 해 온 숙제에 대해서는 구체적인 것까지 검토하라.
5. 성공적으로 해 온 숙제를 먼저 물어보고, 그 숙제를 해 온 부모가 먼저 보고하게 하라. 이것은 세 가지 목적이 있는데, (1) 숙제를 잘해 온 긍정적인 사례로 회기를 채운다. (2) 숙제를 해 오지 않은 부모들에게는 다음 주에는 해 오도록 권장한다. (3) 숙제를 못해 온 것에 대해 변명하는 것에 시간을 많이 할애하지 않는다.
6. 다음번 숙제를 하려면 필요한 문제해결책을 찾도록 부모를 돕는다.
7. 유인물을 읽고 짚어준다(제시할 것들은 치료자 지침에 있다). 유인물을 읽어서 부모들이 반드시 유인물의 모든 부분에 주의를 기울이게 한다.

하지 말아야 할 것

1. 부모와 곁가지 대화를 나누지 마라(그들을 치료의 목적에서 벗어나게 하고 집단 내의 다른 부모들을 무시하게 되는 것이다).
2. 집단에게 일반적인 질문이나 '느낌'을 묻는 질문을 하지 마라.
3. 나중의 회기들이 어떻게 될지에 대해서 이야기를 나누지 마라(치료자 지침이나 회기 유인물에 나와 있지 않으면). 부모은 매주 필요한 것들에 집중해야 한다.

요소에 대해 효과적인 해결책을 찾도록 도와주는 것이다. 표 8.1에는 부모와 함께 작업을 할 때의 전반적 지침이 나와있다. 부모들이 논점에서 벗어나거나 비생산적인 입장을 취하는 것을 허락하면 교육이 초점을 벗어나고 집단의 목표를 달성하고자 하는 다른 부모가 방해를 받게 될 것이다. 그러므로 집단 지도자는 부모들이 지시를 따르지 않으면 바로 중단시킬 준비가 되어 있어야 한다. 표준 회기 지침대로 하면 제대로 진행하기 쉬워진다. 각 부모 회기(1회기와 12회기는 예외)는 4부분으로 나눌 수 있다.

- **시작 모임(5분)** 부모와 아이들이 모이고 집단 지도자는 아이들이 자기들 회기를 하러 방을 떠나기 전에 가지고 온 장난감들을 점검한다.

- **과제 점검(25분)** 각 부모는 전 회기 때 받은 과제 결과를 보고한다. 이렇게 하면 부모가 숙제를 해 오는 것에 대한 책임감을 느끼게 되고, 문제를 극복하는 방법을 전체 집단에게 가르칠 수 있다. 토론을 할 때에 다음 숙제에 대해 예상되는 가능한 문제들도 포함시켜 할 수 있다.
- **부모 유인물/과제 내어주기(20분)** 유인물을 나눠 주고 읽어 본다. 이렇게 하는 목적은 부모에게 자녀들의 또래수용에서 부모의 역할을 알려주고, 숙제를 할 때에 부모가 맡은 역할을 다하도록 하고, 아이들이 배운 원칙들을 지지하게 하려는 것이다.
- **회기 마무리 모임(10분)** 부모들과 아이들이 다시 모인다. 집에 가기 전에 각 부모와 아이들이 숙제를 할 날짜와 시간과 상대방 등에 대해 협상을 한다.

가정에서 숙제를 어떻게 하느냐가 일반화의 핵심이다. (a) 부모 회기에서 과제보고를 먼저 하고, (b) 과제를 명백하게 검토하고, (c) 처음에는 쉬운 과제를 하고 점차적으로 어렵게 한다. 집단으로부터의 압력과 함께, 쉬운 과제를 잘해 오는 것을 보면 숙제를 잘해 올지 예상할 수 있다.

부모들은 종종 덜 해 온 숙제에 대해 도움을 받는 것을 회피하곤 한다. 대부분의 부모들이 숙제를 해 올 것이기 때문에, 처음에는 성공적인 숙제를 먼저 물어보는 것이 도움이 된다. 이런 전략은 숙제를 안 해 오는 것을 의례적인 것보다는 예외적인 것으로 규정하는 효과가 있다. 가끔 어떤 부모는 숙제를 해 오지 않은 것에 대해서 여러 가지 변명을 대면서 다른 참가자들이나 집단 지도자가 지지해 주기를 바란다. 집단 지도자는 변명을 무시하면서 다음 회기에 숙제를 완수해 오는 것에 대한 계획을 세우도록 도와주는 반응을 보여야 한다.

잠재적 문제

집단 지도자를 '혹하게 하기'

성공적인 숙제에 대한 질문을 집단에게 했을 때, 한 어머니가 자신은 숙제를 하지 않았지만 아이가 다른 걸(수업 내용에 들어 있지 않은) 하게 했다고 했다. 그런 다음 그 어머니는 이 집단 덕분에 아이가 얼마나 좋아졌는지를 얘기하며 집단 지도자를 칭찬했다. 집단 지도자는 그 어머니를 중단시키고, "지금은 숙제를 해 오신 분의 이야기를 들어야겠습니다."라고 말했다. 변명을 들어주지 않고 부모의 말을 중단시키면 순간적으로 그 부모는 마음 상할 수 있지만, 제대로 하고 있는 부모들에게 조용히 받아들여지고 나중에 숙제를 해 오지 않는 부모에서 숙제를 해 오는 부모가 될 가능성이 높아지게 될 것이다.

치료 내용을 징발하려는 시도

한 5학년 남자아이를 둔 어머니가 "우리 애는 학교에서 싸움을 하는데 그것에 대해서 좀 얘기해 주실 수 있을까요?"라고 물었다. 집단 지도자는 이것은 부모집단의 목적이 아니고 이번 회기에 해야 할 내용이 있다고 말해 주었다. 그리고 그 어머니가 개인적인 도움이 필요하면 회기가 끝날 때에 상담을 받도록 의뢰해 주겠다고 권고해 주었다. 그 어머니는 이 방향수정을 받아들였다.

만성적 지각

한 2학년 여자아이와 그 어머니는 회기 때마다 15분씩 늦게 왔다. 세 번째로 같은 일이 있었을 때, 집단 지도자는 (회기의 맨 마지막에) 그 어머니를 따로 불러서 말했다. "따님이 계속 늦게 오고 있네요. 오늘은 어머니가 과제 점검 부분과 수업 중 일부를 놓쳤습니다. 어머니는 빨리 배우는 편이지만 전체 수업을 듣지 않는다면 잘 알지 못하게 될 겁니다. 아이를 좀 더 일찍 여기 도착하도록 어머니가 해 주실 일이 있을까요?" 그 어머니는 다른 세 아이를 돌보는 보모가 도착하는 걸 기다리느라 늦었다며 사과했고, 보모가 좀 더 일찍 오도록 했다.

어린이 회기

아이들은 무엇에 대해 말을 하는 것보다 직접 경험해 봄으로써 더 많이 배운다. 우리 회기에서 말하는 부분은 아이들이 숙제를 잘해 오도록 강화시키고 아이들이 배운 규칙에 대해 주의를 환기시키기 위해서 사용한다. 놀이하는 부분은 아이들을 계속 흥미 있게 하고 자신들의 규칙을 굳혀준다.

표 8.2에서는 아이들과 작업할 때의 지침이 제시되어 있다. 코치나 집단 지도자는 놀이친구보다는 자문해 주는 형태로 지켜보고, 보상을 주고, 언어적인 강화를 해 주고, 잘못된 행동에 대해서는 결과를 책임지게 한다(Ladd & Golter, 1988). 치료자들은 아이들과 놀거나 대화하지 않도록 해야 한다. 거부당하는 아이들은 다른 아이들보다는 어른들을 찾는 경향이 있다. 이런 행동은 어려운 사회적 상황을 피하도록 도와주고 사회적 학습 기회를 박탈하는 것이 되므로 권장하지 말아야 한다.

표 8.2 아이들과 작업하는 지침 요약

해야 할 것

1. 아이들과 교사-제자 관계를 맺어라.
2. 과제 점검과 교육 부분을 짧고 순조롭게 진행하라.
3. 실제놀이 부분에는 최대한의 시간을 할애하라.
4. 구체적 칭찬(정확히 아이가 올바르게 한 것을 말해 주면서)을 하라.
5. 적절한 신체 경계를 지키게 하라('단짝'이나 '거친 몸장난'을 못하게 하라).
6. 집단의 규칙을 지키게 하라.

하지 말아야 할 것

1. 아이들의 놀이에 참여하지 마라(다른 아이들과 노는 방법을 가르치는 것이지 어른들과 노는 방법을 가르치는 것이 아니다).
2. 아이 한 명과 이야기하는 것(예 : 교육 후에 실내놀이 공간으로 이동하면서)에 휩쓸리지 마라. 항상 아이들에게 다른 아이들에게 얘기할 것을 지시하라.
3. 교육 시간에 소리 질러 대답하는 아이들에게 대답을 시키지 마라(방해하고 소리지르는 것에는 보상을 주면 안 된다).
4. 아이들이 타당하지 않은 말을 하는 것을 지지해 주지 마라(예 : 숙제하기에 "충분한 시간이 없었다."는 등의 말).

소크라테스식 문답법을 이용한 규칙

소크라테스식 문답법은 적극적으로 아이들이 행동에 대한 규칙과 그 중요성을 만들어내는 데에 참여하게 해 준다. 이러한 방법은 새로운 규칙을 소개하는 모든 회기에서 하면 좋다(예 : 좋은 스포츠맨 규칙, 좋은 초대자 규칙, 좋은 승자 규칙 등).

1. 집단 지도자는 각 회기가 계획하고 있는 원형을 잘 기억한다. 규칙은 주어진 순서대로 검토할 필요는 없고 아이들이 말하는 대로 하는 것이 좋다.
2. 아이가 약간만 수정해서 규칙에 맞는 것을 말하면, 그것을 받아들이고 아이를 칭찬하라.
3. 회기 계획에서처럼 규칙을 다시 말해 주고 집단에게 "이 규칙을 따르는 게 왜 좋을까?"라고 물어본다.
4. 아이가 틀린 대답을 하면, "아니, 그건 이것에 대한 규칙은 아니네……." 같은 구체적이지 않은 반응을 보이고 다른 아이에게 맞는 규칙을 물어본다.
5. 아이가 내세우는 원칙에 대해 '토론'하려 들지 마라.

표 8.3 행동 통제 방법, 어린이 회기 1~12

교육 부분에서 별 주기

1. 별은 회기 전반에 걸쳐 고르게 준다 — 올바른 장난감을 가져온 것에 대해 별 하나, 숙제의 각 부분을 잘해 온 것에 대해 별 하나, 교육 시간 동안 세심한 도움을 준 것에 대해 추가 별 주기
2. 누가 별을 모으든 모두가 혜택을 받기 때문에, 모두의 파티를 위해 개인의 별을 모으는 방법으로 누가 별을 제일 많이 얻느냐 하는 아이들 사이의 질투와 경쟁을 없앤다.
3. 내어준 숙제를 완수하는 것에 대해서만 별을 주고, 숙제를 더 하려 했거나 더 해 온 것에 대해서는 별을 더 주지 않는 것이 중요하다. 이렇게 하면 아이들이 별을 더 받으려고 숙제 보고를 '꾸며서' 하도록 조장할 수 있다.

주의 주기와 타임아웃 소개하기

1. 첫 회기에서 '타임아웃'이라는 주제에 대해 얘기를 나눈다. 아이가 처음 방해가 되는 행동을 하면 아이에게 "이건 너한테 주는 첫 번째 주의다. 다음에 주의를 받으면 방 밖으로 나가서 1분 동안 타임아웃을 하게 될 거야."라고 말해 준다.
2. 아이가 계속 그러면 타임아웃을 주면서 "이제 1분간 타임아웃을 할 시간이구나. 내가 시간을 재고 끝나면 다시 방으로 들어오게 해 줄게."라고 말한다. 아이를 방 밖으로 데리고 가서 문을 좀 열어두어 교실에서 진행되는 상황을 들을 수 있게 한다. 실제놀이 부분에서는 놀이 공간 쪽에서 떨어진 곳에서 타임아웃을 한다.
3. 1분을 재고 아이에게 방으로 다시 들어오라고 중립적으로 말하고 더 이상의 설명은 하지 않는다.

주의 주기가 필요한 행동	• 계속되는 방해행동 • 눈을 굴리는 것 • 부적절한 성적인 발언 • 탁자에 발 올려놓기 • 책을 꺼내서 읽는 것 • 프로그램이나 또래들을 비하하는 것
즉각적인 타임아웃이 필요한 행동	• 욕하기 • 언어나 신체적 공격

어린이 회기는 처음에 부모 교실에 모인 후에 어린이 교실로 아이들을 데리고 오면서 시작된다. 회기 마무리 모임을 위해서 부모 교실로 다시 가면서 회기가 끝난다. 각 어린이 회기는 (처음과 마지막 회기는 제외하고) 세 부분으로 나누어진다.

- **과제 점검(10분)** 아이들은 지난 회기 때 받았던 숙제의 결과에 대해서 보고한다. 아이들이 숙제를 하게 되는 동기는 부모가 숙제를 강조하는 것과 다른 아이들의 성공사례를 듣는 것과 숙제를 한 것으로 별을 획득하는 것에서 온다(표 8.3 참조).
- **교육(20분)** 교육을 받는 것은 아이들이 자신들 세계의 핵심적 상황에 참여하도록 도와줄 수 있고 이어지는 집단과 가정에서의 실습을 위한 기초작업이 된다.
- **실제놀이(20분)** 이 부분은 회기 중 아이들이 가장 좋아하는 부분이다. 아이들은 사용하는 모듈에 따라서 어린이 교실이나 야외놀이 공간에서 놀게 된다.

과제 점검과 교육 부분은 교실 환경과 유사하다. 집단 지도자는 손을 드는 아이들에게만 발언권을 준다. 이 두 부분 중에 하는 아이들의 반응에 대해서는 구체적인 피드백을 주어서 아이들이 무엇을 올바르게 하고 있는지 알게 하고, 비생산적인 행동들은 없애도록 해 주어야 한다. 실수를 바로잡아주는 것은 아이를 그 순간 불편하게 만들 수도 있지만 그 아이와 다른 집단 구성원들에게 그 반응이 맞지 않다는 것을 확실히 알게 해 줄 수 있다. 과제 점검과 교육 부분은 가능한 한 짧게(회기에 계획했던 모든 내용을 다 포함하면서) 해서 가능한 실제놀이시간을 길게 하는 것이 바람직하다.

말로 설명해 주는 것은 아이들이 배우는 기술에 익숙해지도록 하는 데에 효과적일 수 있고, 특히 소크라테스식 문답을 사용할 때에 효과가 있다(제10장 참조). 그렇지만 교육을 하는 것만으로는 아이들의 행동을 바꾸기에 충분하지 않다. 아이들은 실제놀이 상황 부분에서 코치해 주면 지식을 더 쉽게 받아들인다. 그러나 대부분의 중요한 연습은 부모의 감독하에 집에서 숙제를 하는 동안 이루어질 것이라는 것을 기억하라.

스포츠 숙련도에 대한 노트

우리 집단의 어떤 아이들은 스포츠 경기에 대한 기본적인 규칙과 전략에 대해 절실히 배울 필요가 있다. 많은 아이들이 너무 오랫동안 거부당하다 보니 다른 또래들이 게임에 대해 아는 것들을 따라잡지 못했다. 소심한 아이들은 게임을 같이 하자고 해도 놀이에 끼어드는 것을 망설

일 것이다. 치료가 12회기로 한정되어 있기 때문에 어떤 게임을 하는 방법과 좋은 스포츠맨이 되는 방법을 둘 다 가르칠 수는 없다. 아이들은 보통 자신들의 놀이 수준에 익숙한 다른 아이들을 만날 수 있기 때문에 우리는 좋은 스포츠맨이 되는 것이 확실히 더 중요하다고 느낀다(다른 사람들과 어울리기를 원하는 남자아이들과 남자어른들의 일생의 과업).

치료를 18주까지 연장시킨다면 다양한 게임을 지도할 시간도 충분할 것이다. 이 경우에는 학교에서 쉬는 시간에 운동장에서 아이들이 자발적으로 하는 게임들을 먼저 가르쳐 주기를 권한다. 핸드볼, 고무줄놀이, 농구(완전한 팀보다는 소수로) 등이 그런 것들이다.

행동 통제 방법

부정적인 결과에 대한 제재보다는 보상 프로그램과 회기를 활성화시키는 정도가 더 중요하다. 보상은 (a) 교육 부분에서 별 주기 (b) 놀이 공간 활동에서 토큰 주기(6, 10, 11회기)의 두 가지 형태가 있다. 과제 점검과 교육 시간 동안 아이들은 의자에 조용히 앉아 경청하는 것, 말하기 전에 손을 드는 것, 수업에 참여하는 것, 숙제를 해 오는 것 등에 대해서 칠판에 별을 받게 된다. 전체 집단에 대한 보상도 가끔 준다(별 주기, 주의 주기, 타임아웃 등에 대해서는 표 8.3 참조, 토큰 주기에 대해서는 제13장의 표 13.1 참조).

잠재적 문제

거부적인 아이 1 : 추가 별로 더 크게 보상하기

한 4학년 남자아이가 프로그램에 참가하는 것을 거부했지만, 처음에는 어머니가 아이를 이길 수 있었다. 그러나 3회기쯤 되니까 아이가 점점 교육받는 시간에 또래들을 위협하고 겁을 주고, 타임아웃 하는 것을 거부하는 등의 문제를 일으키게 되었다.

이 아이는 수정된 '별 프로그램'을 하게 되었고, 적절한 행동이나 집단에게 좋은 기여를 했을 때와 학습한 사회적 요소를 사용했을 때에 별 10개(보통 한 회기당 받는 별 숫자)까지 얻을 수 있게 되었다. 숙제를 다 해오면 보너스로 별 5개를 더 받았다(별을 주기 전에 각 회기 시작 모임에서 그 어머니에게 숙제에 대해 물어보았다). 타임아웃을 해야 하는 공격적 행동(다른 아이들을 위협하거나 집단 지도자 말을 듣지 않는 것)에 대해서는 매번 별을 차감했다. 타임아웃을 거부하면 별을 또 하나 잃게 되는 것이다. 각 회기가 끝날 때 아이의 어머니는 별과 타임아웃을 기록한 종이를 집단 지도자로부터 건네 받았다. 별을 10개 이상 받으면 상으로 끝난 후에 패스트푸드 식당에서 식사하게 해 주었다. 총 70개의 별을 얻으면 CD 플레이어를 사주기로 했다.

모든 회기에서 부정적인 행동을 거의 하지 않고 수업방해를 덜하고, 집단 지도자를 잘 따라서, 아이는 별을 다 받게 되었다. 아이의 또래관계가 눈에 띄게 좋아졌다. 부드럽게 집단 게임을 하고, 다른 아이들을 칭찬하고, 아이들이 게임을 즐겁게 하도록 했고, 예의 바르게 부탁하고, 요구를 거절당해도 잘 받아들이게 되었다.

거부적인 아이 2 : 거부적인 아이와 따로 계약하기

세 번의 회기를 하는 동안, 한 6학년 남자아이의 어머니는 아이를 데리고 오기가 점점 힘들어졌다. 어머니는 집단 지도자에게 "왜 와야 하는지에 대해 아이에게 말해달라."고 요구했다. 집단 지도자는 기꺼이 아이에게 말하겠지만 예전 경험으로 볼 때 '왜 와야 하는지 아이에게 얘기하는 것'은 아마 별 도움이 안 될 것이라는 것을 지적했다. 아이를 만나는 약속은 집단 회기 바로 직전에 잡혀 있어서 어머니가 그날은 아이를 데려오기가 좀 더 쉬웠을 것이다.

개인 회기 중에 아이는 우리가 가르쳐 주는 것들이 자신을 '멍청이'처럼 느끼게 하고, 오고 싶지 않고, 집단 내의 다른 아이와 친구가 되고 싶지도 않다고 말했다. 집단 지도자는 아이가 매우 영리해 보이지만, 우리가 집단에게 무엇을 가르칠 때에는 모든 아이들이 다 알아야 하기 때문에 몇몇 아이들이 이미 알고 있는 것도 말해야 한다고 했다. 우리는 아이가 집단을 싫어하는 것은 별로 걱정하지 않았는데, 그것은 치과에 가는 것처럼 좋아하지는 않지만 도움이 되는 다른 것들이 있기 때문이다. 우리는 그것보다는 아이가 집이나 학교에서 우리가 말한 것들을 도움이 되도록 사용할 수 있을지가 걱정이었다. 아이에게 7회기가 끝난 후에 다시 점검해 보자고 했다. 아이는 교육받은 어떤 것을 사용할 수 있다면 마음을 바꾸겠다고 했다. 면담자는 아이에게 "열린 마음을 계속 가져주니 기쁘구나."라고 말하며 칭찬했다. 또 아이에게 집단 내의 다른 아이들을 좋아할 필요는 없다고도 말해 주었다. 아이의 다른 아이들에 대한 태도는 아주 좋았고(특히 이 아이가 다른 아이들을 좋아하지 않는다는 것을 생각해 보면), 계속 그렇게 했다. 아이는 집단 내에서 더 이상 문제를 제기하지 않았다.

신체 경계

거부당하는 아이들은 신체 경계 문제 세 가지 중 하나를 가지고 있을 수 있다. 3회기쯤 되면 여자아이들은 '둘씩 어울리기'를 시작할 것이다(회기마다 짝이 일정하지는 않을 것이다). 아이들 교실로 걸어가면서 한 여자아이가 다른 여자아이의 어깨에 팔을 올리는 것을 보게 될 수도 있다. 이것은 두 가지 이유에서 부적절하다. 첫째, 이런 것을 다루기가 편치 않은 다른 여자아이에게는 견디기 어려운 일일 수도 있다. 둘째, 이렇게 하는 것은 다른 여자아이들은 배제되었다는 것을 드러내게 된다. 서로 알아가는 초반에 남들을 제외시키는 것은 생산적인 행동이 아니다. 대신 아이들은 자신에게 잘 맞는 아이를 찾을 수 있도록 가능성을 열어 두는 것이 필요하다.

남자아이들은 아주 친한 친구라도 되는 것처럼 서로 거칠게 장난칠 수 있다. 아스퍼거장애 아이들은 다른 아이들이 좋아하든지 말든지 껴안거나 입맞춤을 하려고 하기도 한다(어떨 때는 이 아이들의 부모들이 하라고 격려를 해서). 모든 경우에 집단 지도자는 이러한 행동들을 중단시켜야 한다. 처음에는 짧은 비공식적인 집단 토론을 하고 그래도 안 되면 주의 주기와 타임아웃을 사용한다.

신체 경계에 대한 집단 토론의 임상사례

집단 지도자(두 아이가 신체 경계를 침범한 후에 집단에게) : 잘 모르는 사람의 몸을 만지는 건 괜찮을까요?

대여섯 아이들 : 아니요!

집단 지도자 : 맞아요. 사람을 어느 정도 알고 지내고 서로 좋은 친구가 될 때까지는 만지지 않습니다. 지금은 아직 아무도 서로 좋은 친구가 될 만큼 잘 알지 못하지요.

PART

III

회기의 내용

표 III.1에는 모든 어린이와 부모 모듈에 대한 개관이 나와 있다. 첫 번째 회기에서는 부모와 어린이 모두에게 기본적인 규칙을 세우고, 아이들에게 기초적인 전화하는 기술을 알려주고, 부모들이 서로 '인맥 만들기'를 하기 시작하고 아이들의 전화 통화를 감독하도록 한다. 아이들은 다른 아이들의 놀이 관심사가 무엇인지에 대한 정보를 알아내도록 교육을 받는다. 처음에는 집단의 구성원들과 연습을 하고(2~6회기에서의 과제) 궁극적으로는 놀이상대가 될 가능성이 있는 친구와 연습하도록 한다(4~12회기에서의 과제). 부모들은 아이들을 감독하는 능력을 기르기 위해서 적극적으로 듣는 기술을 배우고(2회기), 아이가 새로운 친구들을 만날 수 있는 이웃의 자원을 찾아보기 시작한다(4, 5회기의 과제). 아이들은 이미 다른 아이들이 하고 있는 게임에 어떻게 '끼어들기'를 시도해 볼 수 있는지 배우고, 거절당해도 받아들이는 것도 배우게 된다. 이런 기술들은 6~9회기까지 하게 되어 있는 이러한 '끼어들기' 과제에서 절정을 이루게 되는데, 이때에는 부모들이 아이들을 동네 공원에서 놀고 있는 아이들에게 데

표 III.1 부모와 어린이 회기 개관

회기	부모 유인물	부모 과제	어린이 교육	실제놀이
1	목표와 한계점	집단 내 통화(2~6) 야외용 장난감(2~6)	회기의 규칙 대화 주제들	중요하지 않은 승리(깃발잡기 게임)
2	양방향 대화, 적극적 경청	양방향 대화 감독하기	친구를 사귀는 장소와 시간, 양방향 대화	기본 집단에 들어가기(늑대 무리 게임)
3	친구를 만날 수 있는 곳	집단 외 통화(4~12), 이웃에서 놀이 장소 찾기(4, 5)	끼어들기	끼어들기(죄수 게임)
4	끼어들기		공개의 단계 거절당하기	집단에 들어가기, 거절당하기(축구)
5	끼어들기	끼어들기(6~9)	좋은 스포츠맨 규칙	끼어들기(매직 존슨 농구)
6	실내 게임	실내 장난감(7~9)	좋은 스포츠맨 규칙 놀이 끝내기	좋은 스포츠맨 정신(아이들이 게임 고르기)
7	놀이데이트	놀이데이트(8~12)	좋은 초대자 규칙	좋은 초대자 규칙(실내게임)
8	놀림에 대처하기	놀림을 우습게 만드는 연습하기(9, 10)	놀림을 우습게 만들기	좋은 초대자 규칙(실내게임)
9	아이에 대한 어른들의 불평	야외 시합용 장난감(10, 11)	'부당한' 어른들의 비난	좋은 초대자 규칙 부당한 비난(아이들이 야외 게임 고르기)
10	남자아이-여자아이의 차이점		좋은 승자 규칙	좋은 승자 규칙(아이들이 야외 게임 고르기)
11	물리적 싸움 줄이기	졸업 파티	싸움에 말리지 않는 방법	좋은 승자 규칙(아이들이 야외 게임 고르기)
12	사후평가	이제 어디로 갈 것인가	사후평가	졸업 파티

주 : 괄호 안의 숫자는 과제를 해 와야 하는 회기를 나타낸다(다음 회기 중에 보고함).

려가서 어울리게 한다. 이런 기술들을 어린이 회기 5~6회기에서 다루는 좋은 스포츠맨 규칙들로 뒷받침해 주어서, 다른 아이들이 노는 데에 합류한 후에 아이들이 행동을 통제하도록 해 준다.

7회기가 시작되면서 초점이 실내 게임과 놀이데이트로 옮겨진다. 아이들은 좋은 초대자가 되는 규칙을 배우고 부모들은 매주 한 번씩(8~12회기까지의 숙제) 다른 아이와 놀이데이트를 할 때에 어떻게 관찰하고 이 규칙들을 따르게 하는지에 대해 배운다. 놀림당하는 것을 견뎌내고 아이에 대한 어른의 불평들을 다루는 것에 대해서는 8~9회기의 부모와 어린이 회기에서 다루게 된다.

마지막으로 아이들에게 경쟁적인 게임을 할 때에 필요한 기술들(좋은 승자 규칙)을 소개하면서, 초점이 다시 야외경기로 맞추어진다. 부모들은 사회적 관계를 맺을 때의 남자아이-여자아이의 차이에 대한 것(10회기)과 물리적 싸움을 줄이는 것(11회기)에 대한 두 개의 교육 유인물을 받게 된다. 졸업식은 12회기의 끝에 치료 후 평가를 한 다음 하게 된다.

각 장의 '회기 진행하는 방법' 부분은 부모와 어린이 회기가 따로 구성되어 있다. 이렇게 하는 것은 집단 지도자가 이 책을 회기 중에 가져가서, 회기 개요 부분을 펼쳐 사용하면서 회기를 이끌어 가게 하려는 것이다. 숫자들은 집단 지도자들이 각 회기의 부분마다 따라야 하는 단계별 순서를 나타낸다. 제9~16장에는 집단 지도자를 위한 부모 유인물 지침(부모 과제도 함께 있을 수도 있음)이 들어 있어서 집단 지도자들이 명확하게 설명할 자료들을 덧붙일 수 있다.

우리는 치료가 잘 진행된 전형적인 **임상사례**들과 우리가 부딪혀 온 **잠재적 문제**에 대해서 각 부분의 끝 단계에 넣어서 집단 지도자들이 회기를 진행하는 동안 이런 사례들을 '끝까지 읽느라 헤맬' 필요가 없게 했다. 각주를 삽입하여 기억을 상기시키고 명확하게 해 두었다.

각 회기에는 부모 유인물과 (경우에 따라) 과제 용지가 있어서 부모들이 집에 가져가서 잘 기억할 수 있도록 나눠준다. 우리는 이 유인물들을 간단하게 만들고 (한 번에 전체 세트를 주는 것이 아니라) 한 번에 하나씩만 나눠줘서 부모들이 기억하고 싶을 때에 더 보기 쉽게 한다. 어린이 집단 지도자들은 부가적인 유인물을 하나 더 갖는다. 실제놀이시간 동안 한 게임을 소개할 때마다 게임 규칙들을 써 놓았다. 부모 유인물과 부모 과제 용지는 각 부모 회기 계획의 말미에 있다. 표 III.2는 전체 회기에 필요한 물품 목록이다.

표 III.2 모든 회기에 필요한 물품 목록

어린이 친구 만들기 훈련

물품 목록

부모 회기

1. 접이식 파일
2. 출석부(아이와 부모가 올 때에 각각 이름에 체크하도록)
3. 빈 이름표
4. 굵은 마커(이름표에 부모와 아이들이 이름을 쓰도록)
5. 사용할 유인물
6. 전화 배정표(어린이 이름, 부모 이름과 다른 집단 구성원들이 연락할 수 있는 집 전화번호가 적힌)
7. 어린이와 부모 회기 개요

어린이 회기

1. 파일 상자
2. 보상 기록지(각 아이에게 준 별과 토큰 숫자를 기록하기 위한)
3. 토큰 약 70개
4. 칠판에 별과 중요한 점들을 기록하기 위한 분필과 지우개

1회기

1. 결석 예정표(맨 위에 아이 이름이 있고, 각 회기의 날짜를 써서 올 수 없는 날짜에 부모가 체크하도록)

파티(12회기)

1. 수료증은 멋진 종이에 아이 이름을 넣어서 인쇄하고 집단 지도자가 서명한다.
2. 파티 장식과 접시와 컵 등을 준비한다.
3. 어린이 교실에 따로 탁자를 마련해서 음식과 음료를 올려놓도록 한다.
4. 어린이 교실에 확인을 거친 나이에 적절한 영화를 상영할 비디오와 모니터를 준비한다. 아이들이 가장 보고 싶은 영화에 대해 투표를 하게 한다.

CHAPTER

9

안내하기/무대 꾸미기

치료의 근거

많은 부모들이 자녀의 친구관계 문제의 원인에 대해, 아이의 또래관계를 개선시키는 방법에 대해, 그 과정에서 자신들의 역할에 대해 잘못된 생각을 가지고 프로그램을 시작한다. 주된 치료 가설은 충분한 정보를 주면 부모가 과제를 잘해 온다는 것인데, 이것이 치료적 변화를 일으키는 주된 수단이다.

아이들은 이 수업에서 무엇을 기대해야 하는지 알지 못할 수도 있다. 그렇기 때문에 불안해하거나 나쁜 행동을 할 수도 있다. 어린이에 대한 행동지침을 정하고 따르게 하면 아이들의 기대를 분명히 하고 배울 수 있는 기회를 증진시키게 될 것이다.

9.1 부모 지식의 중요성

Mize와 Pettit와 Brown(1995)에 의하면, 또래들이 선호하는 아이들을 기르는 부모들은 사회기술이 중요하고 수정할 수 있는 것이라 믿고, 부모들이 아이들에게 구체적인 형태의 지도를 해주어서 아이들이 사회성을 갖게 도와준다고 한다. 이런 부모들은 또래들에게 거부당하는 아이들의 부모와는 다르게 행동할 뿐만 아니라 그들과 다른 신념과 지식을 가지고 있다. DeAenlle은 아이가 실제로 당할 수 있는 사회적 문제 상황을 가상한 짧은 글을 부모들에게 보여주었다(1979, Parke, MacDonald, & Bhavnagri, 1988 인용). 각 상황에 대해서 아이에게 어떤 조언을 할 것인지를 부모에게 물어보았다. 인기 있는 아이들의 부모는 인기 없는 아이들의 부모에 비해 좀 더 구체적인 대답을 할 수 있었다. 그러므로 아이의 친구관계에 대한 부모의 지식을 바꾸는 것이 필요하다. 또래수용의 범주를 검토해 보는 것으로 시작해 보는 것이 좋겠다.

9.2 또래수용의 정의와 범주

수용(acceptance)이라는 것은 아이가 자신의 또래집단 내에서 얼마나 선호되느냐로 정의된다. 제2장에서 또래 지명 과정에 대해서 살펴보았다. 일반적인 분류 체계에서는 연속적인 사회적 상태를 다섯 범주로 나눈다(Dodge 등, 1990). (1) **평균**(average), 긍정적 사회적 선호도 점수(좋아하는 아이로 지명된 숫자가 싫어한다고 지명된 숫자보다 많은 경우)와 사회적 영향력 점수에서 반 평균 정도 받은 사람, (2) **인기 있는**(popular), 긍정적 사회적 선호도 점수와 사회적 영향력 점수에서 현저히 평균 이상인 사람, (3) **거부당하는**(rejected), 부정적 사회적 선호도 점수에서 현저히 평균 이상인 사람, (4) **무시당하는**(neglected), 사회적 영향력 점수에서 현저히 평균 아래인 사람, (5) **상반되는**(controversial), 사회적 영향력 점수는 평균 이상이면서 좋아하는 사람과 싫어하는 사람에 같이 지명된 사람. 이런 범주에 드는 아이들의 비율은 평균의 경우 37%와 52% 사이, 인기 있는 아이는 14~21%, 거부당하는 아이는 12~19%, 무시당하는 아이는 13~23%, 상반되는 아이는 2~19%로 다양하게 나타났다(Bukowski & Newcomb, 1985; Coie, Dodge, & Copoletti, 1982; Crick & Grotpeter, 1995; Wentzel & Asher, 1995).

또래수용 범주에 대한 연구

9.3 사회계측 범주의 맥락과 안정성

상반되는 범주를 제외하고는 여러 연구에서 이 범주들이 비교적 안정적으로 2년까지 유지된다는 것을 밝혀냈다(Howes, 1990; Parke 등, 1997). Coie와 Dodge(1983), Harrist, Zaia, Bates, Dodge, Pettit 등(1997)은 거부당한 상태가 무시당하거나 상반되는 상태에 비해 안정적으로 4년간 유지되는 것을 발견했다. 이것과 일관되게 Gresham과 Stuart(1992)도 가장 안 좋아한다는 평가가 검사-재검사 상관관계가 .60으로 가장 안정적으로 유지된다는 것을 밝혀냈다. Coie와

Kupersmidt(1983)는 교차 상황적 안정성을 보여주었는데, 아이들은 새로운 또래를 알게 되면 친숙한 또래와의 사회적 관계를 재빨리 재정립한다는 것이다.

또래수용의 어떤 범주는 안정성 문제가 있기는 하지만 이 범주들은 사회기술 프로그램에 들어온 다양한 아이들을 잘 나타낼 수 있는 유용한 빠른 분류법이다. 다음 부분에서는 각 범주의 특징들을 기술하였다.

9.4 인기 있는

Newcomb, Bukowski, Pattee(1993) 등은 메타 분석에서 사회계측상 인기 있는 아이들은 평균 정도로 수용되는 아이들에 비해서 공격, 혼란, 외로움, 고립감이 덜하고, 문제해결 능력, 긍정적 사회관계, 친구관계 기술 등이 낫다는 것을 보여주었다. 아이들에게 또래 사회계측 방법을 사용했을 때와 단순히 누가 인기 있는지 물었을 때(인기 있다고 분류)와는 결과가 달랐다. Parkhurst와 Hopmeyer(1998)의 연구결과에 의하면 가장 선호한다고 지명된 7학년과 8학년(중학교 1학년과 2학년) 아이들이 반드시 인기도가 높지는 않았다. 사회계측상 인기 있는 아이들은 친절하고 믿을 만하다고 또래들이 묘사한 반면에, 인기 있다고 분류된 아이들은 지배적이거나 공격적이거나 거만하다고 묘사했다.

9.5 무시당하는 대 고립된

연구자들은 사회계측상 (또래들에게) 무시당하는 아이들인지, 행동 관찰과 교사평가에서 (어른들이) 고립되어 있다고 분류하는 아이들인지 혼란스러워한다. 어떤 저자들은 겹쳐져 있다고 보고한다(Newcomb 등, 1993). 현재까지 가장 명확한 연구는 Harrist 등(1997)이 한 연구일 것인데, 자유놀이 중의 행동 관찰을 기반으로 유치원 아이들의 26%가 사회적으로 고립된 아이들이라는 것을 밝혀냈다. 모든 아이들에 대한 또래평가를 모아본 결과, 대부분의 사회계측상 무시당하는 아이들(70%)은 고립된 아이들로 분류되지 않는다는 것을 알아냈다. 고립된 아이들에 대한 군집분석 결과 세 집단이 드러났는데, 가장 문제가 많은 집단은 스스로를 고립시키는 군집에 속하는 아이들로 거부당하는 경향(59%)이 강했던 반면, 다른 군집에 속하는 대부분의 아이들(60~77%)은 평균이거나 인기 있는 편에 속했다.

Bell-Dolan 등은 고립되고 거부당하는 초등학교 여자아이들이 (고립되든 그렇지 않든) 무시당하는 여자아이들보다 (자기보고와 교사보고에서) 내재화 문제가 더 많다고 보고했다(1995). 자폐증, 아스퍼거 증후군, 주요 우울장애 같은 심각한 정신병리가 있는 아이들과 불안한 아이들이 아마 고립되고 거부당하는 쪽으로 분류될 것이다.

사회계측에서 무시당하는 부류의 아이들이 행동 관찰상 고립된 아이들보다는 예후가 나은 것으로 보인다. Bell-Dolan 등은 거부당하는 여자아이들이 심각한 적응 문제가 있다는 근거가 없다는 것을 밝혀냈다(1995). 다른 연구에서는 거부당하는 아이들이 학습에 대해 훨씬 긍정적인 관심을 보일 수 있다는 것을 알아냈다. 평균에 속하는 아이들과 비교했을 때, 사회계측상 무시당하는 6학년과 7학년 아이들이 학습의욕이 더 높고, 자기조절을 잘하는 학생이고 더욱 모범적이라고 교사들이 묘사하는 것으로 드러났다(Wentzel & Asher, 1995). 무시당하는 아이들은 새로운 집단에서는 힘차게 잘 시작할 수 있고 무시당하는 부류로 남아 있지 않을 수도 있다(Coie & Dodge, 1983; Coie & Kupersmidt, 1983). 어떤 무시당하는 아이들은 다른 아이들과 노는 것에 신경쓰지 않고 혼자 놀고 싶어 한다. 이런 아이들은 높은 수준의 단독 구성 놀이를 하지만 교사들은 충분한 사회성이 있다고 평가한다(Rubin, 1982).

결론적으로 고립은 전반적인 행동을 관찰해 보면 또래 사회계측치와 강한 연관이 없다. 거부와 고립이 같이 있는 것은 잠재적으로 심각한 사회 문제가 있는 것을 나타낼 수 있다. 고립되고 거부당하는 아이들은 자신들이 선택해서 고립된 것이 아니다(Rubin, Stewart, & Coplan, 1995). 처음 부모와 전화면담을 할 때, 교사나 부모의 행동 관찰상 고립된 아이가 충분히 학습 영역에서 잘하고 있고, 다른 아이들을 존중하고, 양질의 가까운 친구관계도 있지만 진짜 개인적 취향으로 고립되는 것인지에 대해 주의 깊게 살펴야 한다. 그냥 혼자 노는 것을 좋아하는 개인적 취향을 가진 아이들이라면 외로움이나 또래 혐오 같은 징후가 없으면 사회기술훈련이 필요하지 않을 수도 있다.

9.6 거부당하는

12~19%의 학령기 아이들이 같은 반 아이들로부터 거부당한다(Burleson, 1985; Kupersmidt, Griesler, DeRosier, Patterson, & Davis, 1995). 거부당한 아이들은 아이들이 다른 어떤 심리검사 항목에서 하는 것보다 더 많이 외로움을 호소한다(Asher & Wheeler, 1985). 거부당한 상태는 상대적으로 오래 가는 또래 반응이다(Coie & Dodge, 1983; Coie & Kupersmidt, 1983; Tremblay 등, 1988). 교실에서 또래들에게 거부당한 아이들은 친하지 않은 또래들과의 놀이집단에서도 45분짜리 첫 회기가 끝날 무렵에 비슷하게 거부당했다(Dodge 등, 1990). 거부당하는 상태는 후에 아이의 사회적 문제(Hymel, Rubin, Rowden, & LeMare, 1990; Michelson, Foster, & Ritchey, 1977; Tremblay 등, 1988), 비행(Roff, Sells, & Golden, 1972), 성인기 부적응(Cowen,

Pederson, Babigan, Izzo, & Trost, 1973)을 예견한다는 것을 보여주었다. Cowen과 동료들은 3학년 때 거부당한 상태가 자기보고, 학교기록, 지능지수같은 것들이 포함된 심리검사보다 생활 적응을 더 잘 예측한다는 것을 보여주었다.

거부당한 아이들은 자신의 또래들보다 좀 더 사회적으로 부적절하고, 공격적이고, 파괴적으로 보였다(Newcomb 등, 1993; Oden, 1986). 그러나 이것은 오해의 소지가 있는 것이, 거부당한 남자아이와 여자아이는 상당히 다르고, 거부당한 남자아이들 사이에서도 다른 중요한 행동 특징들 면에서 이질적이기 때문이다.

거부당한 남자아이들을 나누는 중요한 기준은 공격성이 있느냐, 없느냐이다. Bierman 등(1993)은 다양한 교사와 또래 측정을 사용했는데 여기서 공격적-거부당한으로 분류된 남자아이들의 거의 80%가 언어적 공격성과 규칙 위반을 포함하는 일관된 양상을 보였다(공격적-거부당한 아이들에 대한 더 자세한 내용은 제19장 참조). 교사용 코너스 부주의 평가점수가 올라가는 경향이 있었는데, 이것은 주의력결핍 과잉행동장애의 영향을 나타낸다. 비공격적-거부당한 남자아이들은 특이하고 미성숙한 습관과 행동이나 외모를 가지고 있어서 다른 아이들과는 다르다고 또래들이 보고했고, 이들 중 40%만이 일반적인 양상을 보였다(Bierman 등, 1993). Wentzel과 Asher(1995)는 공격적-거부당한 아이들은 문제 있는 학습 양상을 보이지만 비공격적-거부당한 아이들은 그렇지 않다고 보고했다.

Kupersmidt, DeRosier, Patterson(1995)에 의하면 여자아이들도 남자아이들에 견줄 만큼의 거부 비율을 보인다고 한다(2학년부터 5학년까지 1,271명 중 12% 대 15%). 대부분의 거부당하는 여자아이들은 물리적 공격은 사용하지 않지만, 여자아이들이 신체적 공격을 하면 남자아이들보다 훨씬 더 거부당하기 쉽다(Stormshak 등, 1999). 이것은 신체적 공격 행동이 상대적으로 여자아이들에게는 흔치 않기 때문일 것이다.

9.7 상반되는

상반되는 아이들은 어떤 아이들로부터는 '가장 좋아하는'으로 평가 받고, 다른 아이들로부터는 '가장 싫어하는'으로 평가 받아서 사회적 영향력 점수는 높게 받고 또래평가에서는 평균적인 사회적 선호도를 받게 된다(Coie 등, 1982). Dodge(1983)와 Newcomb 등(1993)은 이 아이들이 인기 있는 아이들이나 평균 정도로 수용되는 아이들보다 더 사회성이 좋지만, 적대적인 말을 하고 공격적으로 노는 경향이 있다고 보고했다. 교사들은 상반되는 평가를 받는 6학년과 7학년 아이들을 평균 정도로 수용되는 아이들에 비해서 규칙을 잘 지키지 않거나 독립적으로 배우려 하지 않고 싸움을 걸기 쉽다고 묘사했다(Wentzel & Asher, 1995). 상반되는 아이들은 거부당한 아이들보다는 친구가 많은데, 이것은 친구관계는 부정적 지명보다 긍정적 지명과 더 연관이 있기 때문이다(Bukowski, Pizzamiglio, Newcomb, & Hoza, 1996).

Johnstone, Frame, Bouman(1992) 등은 상반되는, 거부당하고−공격적인, 인기 있는 초등학교 남자아이들 집단에 대해서 신체적 매력, 운동 능력, 학습 능력 등에 대한 또래와 교사평가를 해 보았다. 그 결과 많은 면에서 상반되는 집단에 속하는 남자아이들이 거부당하고-공격적인 아이들보다 많은 자원을 가지고 있는 것으로 나타났다. 즉, 상반되는 아이들은 운동 능력 면에서는 인기 있는 남자아이들과 같은 또래평가를 받았고, 학습 능력 면에서는 거부당하고-공격적인 아이들과 비슷한 평가를 받았고, 신체적 매력 면에서는 다른 두 집단의 중간 정도의 평가를 받았다.

Crick과 Grotpeter(1995)는 상반되는 아이들이 다른 또래 상태 집단에 비해서 관계적 공격을 더 많이 사용한다고 했다. 그들은 관계적 공격을 측정하기 위해 학급에서 (a) 화가 나면 자신들 집단에서 다른 아이들을 거부하는 아이가 누구인지 (b) 자기 말을 듣지 않으면 더 이상 좋아하지 않을 거라고 아이들에게 말하는 아이가 누구인지 (c) 화가 나면 사람을 무시하는 아이가 누구인지 아이들에게 지명해 달라고 요청하였다. 관계적 공격이 효과가 있으려면 가해자를 좋아하는 아이들이 있어야 하므로, 사회계측상 상반되는 아이들 사이에서 이것이 더 만연한 것이다. 이 연구에서 여자아이들 사이의 관계적 공격과 남자아이들 사이의 물리적 공격이 매우 유사하다는 것도 알 수 있었다(Crick, 1995, 1996; Crick & Grotpeter, 1995, 1996).

상반되는 상태가 안정적으로 유지되는 것을 고려한다면 모순되는 결과가 있다. Parke 등(1997)은 상반되는으로 분류된 유치원에서 초등학교 2학년까지 아이들의 발달 궤도의 성별에 따른 차이를 보고하였다. 1학년 때 가장 상반되는 쪽으로 평가되었던 남자아이들은 2학년 때에는 거부당하는 것으로 평가된 반면에 1학년 때 가장 상반되는 쪽으로 평가되었던 여자아이들은 2학년 때에는 평균으로 평가되었다. Newcomb과 Bukowski(1984)는 상반된다고 분류된 5학년 남자아이와 여자아이들의 41%만이 한 달 뒤에도 그대로 유지되었고, 2년 연구기간 동안에는 한 명도 그 상태로 남아 있지 않았다고 보고했다. 그러나 한 장기추적 연구결과에서는 상반되는 범주에 속하는 것이 여자아이들에게는 예측력이 있다는 것이 밝혀졌다. Underwood, Kupersmidt, Coie(1996) 등이 226명의 여자아이를 추적한 결과 상반되는 상태에 있는 4학년 여자아이들이 10대에 임신하기 쉽다는 것을 알아냈다. 이 범주에 속하는 것은 좀 더 나이 든 여자아이들에게 더 의미가 있는 것 같다.

9.8 연구와 임상사례의 결과

친구관계 문제로 외래치료를 받기 위해 온 아이들이 보이는 양상은 다양하다. 대부분의 아이들은 사회계측상 거부당한 범주에 드는 남자아이들일 것이다. 그들은 보통 언어나 신체적 공격성을 보이거나 다양한 정도의 특이한 점들을 가지고 있다. 이 아이들의 또래 위상은 치료를 받지 않고서는 변화되기 쉽지 않다. 반대로 무시당하는 아이들과 고립된 아이들은 치료가 필요한 정도가 아주 다양하다. (불안, 우울, 수줍음, 자페스펙트럼장애 같은) 정신병리가 있으면 또래 문제가 지속되고 치료가 필요하다는 좋은 근거가 될 수 있으므로 진단을 위한 검사가 필요하다. 어떤 아이들은 충분한 사회기술이 있어도, 또래관계가 별로 필요하지 않아서 대부분의 시간을 혼자서 놀아도 아주 만족스러워할 수 있다. 이런 아이들에게는 이 치료가 필요할 것 같지는 않다.

아이가 보이는 양상에 상관없이 많은 부모들이 거부당한 아이들이 '크면서 괜찮아지거나' 새로운 친구들 사이에서는 받아들여질 것이라고 느낀다. 어떤 부모들은 아이가 거부당하게 하는 행동에 중점을 두기보다는 아이가 속한 또래집단을 탓할 수도 있다. 우리는 부모들이 방금 기술했던 몇몇 연구결과들을 잘 아는 것이 유용하다는 것을 발견했다(집단 지도자도 부모들이 질문할 경우를 대비하여 여기 나온 모든 연구를 잘 알아두는 것이 좋다).

관찰해 보면 또래 문제를 보이는 비율은 비슷하지만, 여자아이들은 남자아이들보다 훨씬 적게 사회기술훈련을 받기 위해 온다. 이것은 여자아이들 또래집단이 사회적인 서투름에 대해 훨씬 관대하기 때문이거나, 드러나는 신체적 공격보다는 관계적 공격을 사용하기 때문에 여자아이들의 또래 문제는 잘 드러나지 않아서일 수도 있을 것이다. 여자아이들은 치료를 시작하기도 전에 그만두기 쉽다. 사회성 문제가 있는 여자아이의 엄마들은 남자아이 엄마들에 비해 사회성 문제가 더 많다는 근거가 밝혀졌는데(Frankel, 2002a), 이것이 여자아이들이 적은 원인과 중도 탈락률이 높은 요인일 수 있다.

회기 진행하는 방법

지금까지

부모들과 사회성 결함에 중점을 두고 다루어 왔다. 부모들은 이 집단이 아이에게 어떤 영향을 미칠지에 대해 걱정한다. 어떤 부모는 다른 집단 구성원들과 자신의 자녀 사이에 나쁜 행동들이 파급될까 봐 걱정하고 다른 부모는 아이가 집단에서 낙제할까 봐 걱정한다. 부모들이 집단에 참여하도록 얼마나 잘 준비시켰는가에 상관없이, 집단은 부모들이 전에 경험했던 것과는 다르기 십상이다. 어떤 부모는 이것이 학교 교실과 비슷해서 교사들 곁에서 아이에 대해 특별히 주의할 점들을 얻고, 교과과정에도 영향을 주려 할지도 모른다. 다른 부모는 이 집단에서 기술을 가르치는 것보다는 느낌을 다루어 줄 것을 기대할 수도 있다. 그러나 대부분의 부모는 우리가 제공하는 구조에 금방 익숙해져야 한다.

이번 회기에는

이 회기의 목적은 참가자들의 기대를 잘 이끌어 다음 12회기 동안 좋은 결실을 맺는 길로 안내하는 것이다. 그러려면 부모와 아이들에게 치료에 대한 합리적인 기대를 갖게 하고 프로그램의 방법과 목표를 명확히 이해시켜야 한다. 부모들도 예외 없이 아이들보다 더 구체적인 설명이 필요할 것이다. (이어질 모든 회기의 분위기를 결정하는) 이 회기의 중대한 목적은 부모들이 자신의 자녀들이 얼마나 다루기 힘든지, 또는 얼마나 사회성이 부족한지 등에 대한 어떤 불평이나 부정적인 말도 하지 않도록 하는 것이다. 또한 부모들이 아이들의 또래관계를 개선시키기 위해서 자신들이 맡은 역할이 무엇인지 검토하고 예상하게 해 두어야 한다. 집단 지도자들은 가르쳐 줄 방법이 성공적이라고 검증된 것이라는 것과 계획된 교과과정에서 벗어나지 않게 할 것이라는 것을 설명하면서 부모들의 신뢰를 얻어야 한다.

아이들에게는 회기 중에 할 일이 있기는 하지만 좋은 시간을 갖게 될 것이고, 수업시간에 너무 어려운 건 없을 것이며, (수업을 방해하는 아이가 아니라) 치료자가 집단을 통제할 것이고, 다른 아이들과의 관계에 대한 것을 배우게 될 것이라는 것을 기대하고 오도록 해야 한다. 집단 지도자들은 참가자들끼리는 서로 친구가 되는 것을 권하지 말아야 하는데, 이럴 경우 아이들이 자신의 학교와 이웃에서 새로운 친구관계를 만드는 기술을 배운다는 집단의 초점을 벗어나게 되기 때문이다.

부모 1회기 계획

시작 모임

이 회기의 시작 모임에서 부모와 아이들이 주력해야 하는 것은 불가피하게 서로 간격을 두고 도착하는 참가자들을 기다렸다 다 함께 교육을 시작하는 것이다. 치료에 대한 긍정적인 분위기가 만들어질 기회를 갖기도 전에 비공식적으로 부모들이 서로 얘기하면서 너무 많은 시간을 보내는 것은 도움이 되지 않는다. 그 이유는 어떤 부모는 자녀에 대한 부정적인 경험을 '나누면서' 자신은 불안을 가라앉히고 지지를 받으려고 하기 때문이다. 또 다른 부모는 집단 지도자에게 특별 대접을 받기를 원할 수도 있다. 부모들이 이 집단은 긍정적인 것에 집중한다는 것과 아무도 특별히 다른 대접을 받지 않는다는 것을 배울 때까지는 계속 부모들을 바쁘게 해서 이런 행동들을 하지 않도록 해야 한다.

1. 부모들이 도착하기 전에 탁자 주위에 의자를 '말굽' 모양으로 배열해 놓는다(집단 지도자는 말굽의 트인 쪽에 앉는다). 전화 배정표와 결석 예정표를 탁자에 올려놓는다.
2. 참가자들이 도착하면 인사를 하지만 대화를 더 이어나가는 것은 피하고, 모두 도착하면 시작할 거라고 말해 준다.
3. 각 부모와 아이에게 크게 인쇄된 이름표에 이름을 써넣고 가슴의 잘 보이는 곳에 붙이게 한다. 집단 지도자도 이름표를 달아야 한다. 아이들이 장난스럽게 이름표를 사용하지 않도록 한다(즉, 진짜 이름 대신 지어낸 별명을 쓰는 것).
4. 참가자들이 도착하면 출석을 기록한다. 회기 진행을 하기로 예정된 시작 시간보다 10분 이상은 기다리지 않도록 한다.
5. 아이들이 줄을 서서 방 밖으로 나가면 회기를 공식적으로 시작한다.
6. 결석 예정표를 거둔다. 많은 참가자들이 회기를 빠질 것 같은 공휴일이나 다른 경우가 있는지 점검한다.
7. 전화 배정표가 정확한지 부모들과 점검한다. 필요하면 수정한다. 집단 상황에서 비밀유지의 범위에 대해 주의를 준다. 신원을 알 수 있는 어떤 것도 집단 내의 다른 사람과 공유해서는 안 된다.

잠재적 문제

늦게 와서 허둥댈 때

어떤 부모는 늦게 도착해서는 첫 회기에 오는 데에 맞닥뜨린 어려움 때문에 허둥지둥한다. 집단 지도자는 부모를 위로할 시간을 갖지 않을 것이다. 이렇게 하는 것은 '수업은 계속되어야 한다'는 좋은 선례가 될 것이다(부모들이 자신들의 문제 때문에 진행 중인 집단을 방해하지 않는다는 좋은 사회기술의 예가 되는 것은 말할 것도 없다).

부모들의 잡담

어떤 부모들은 (자신들에게) 흥미 있는 대화를 시작해서는 집단 지도자가 집단을 시작한 후에도 계속하려 한다. 계속하도록 내버려 두지 마라. 집단 지도자는 이 잡담을 중단시키고 모두가 자신에게 집중하도록 해야 한다.

여러 회기를 빠질 계획이 있을 때

초기면담을 할 때, 한 8살 남자아이의 부모는 이 수업에 열정적이었고, 12회기를 다 참여하겠다고 했다. 그러나 첫 회기가 시작되자 그들은 다음 수업 4번을 빠지겠다고 결석 예정표에 썼다. 집단 지도자가 이것을 알고는 부모를 따로 불러서 그렇게 하면 아이가 프로그램의 중요한 부분을 놓치게 된다고 조용히 말해 주었다. 집단 지도자가 모든 회기에 참여할 수 있을 때까지 시작을 미루는 게 어떻겠냐고 제안하자 부모는 꼭 오겠다고 말했다. 결국 그들은 빠지겠다고 했던 네 회기 중의 하나만 결석했다.

이름표에 웃긴 이름을 쓰는 아이

한 3학년 남자아이가 방긋 웃으면서 방금 지어낸 것이 분명한 별명을 자기 이름표에 썼다. 자신이 '학급 광대'가 되겠다는 의도가 명확했다. 집단 지도자는 그 아이의 부모에게 그 이름이 아이가 실제로 사용하는 이름인지 물어보았다. 부모가 '아니요'라고 대답하자 집단 지도자는 부모에게 아이가 진짜 이름을 쓰도록 도와주게 했다.

시작 안내

[아이들이 어린이 회기를 시작하기 위해서 간 후에, 부모들에게 도움이 되는 집단의 구조를 알려주기 위한 간단한 안내를 한다.]

1. 부모들이 자녀의 이름, 자신의 이름, 아이의 학년과 나이, 아이에 대해 자신이 가장 좋아하는 것 등에 대해 말하게 한다. 부모들이 부정적인 것들(아이의 진단명을 말하는 것 같은)을 말하면, 질문에만 답하도록 다시 초점을 맞추어 준다.[1]
2. 각 부모가 아이에 대해 좋아하는 것이 무엇인지에 대해 말하면 간단하게 요약해 준다(몇

---

1 이런 구조가 회기의 분위기를 아이들에 대해 불평하는 것에서 강점을 강조하는 쪽으로 바꾸어 놓는다. 진단이나 행동 기준에 대해 토론하거나 강조하지 않는다. 이 아이들은 '나쁜' 아이들이 아니다.

단어 이내로). 모든 부모가 다 하고 나면, 집단의 나이 범위를 요약해주고 이것 때문에 한 집단이 된 것이라고 말해 준다.

3. 프로그램에 대해 말해 준다. 800명이 넘는 아이들이 했고, 1989년에 시작되었고, 90%의 부모가 도움이 된다고 보고했고, 70%의 교사가 호전되었다고 보고했고, 처음에 자존감이 낮았던 아이들의 80%가 끝난 후에는 자존감이 향상되었다는 것 등에 대해 말해 준다.
4. 전후 데이터 수집에 대한 근거를 제시한다. 호전 정도에 따라 부모에게 피드백을 주기 위해서, 집단의 질이 유지되는지 추적관찰하기 위해서 프로그램의 변화를 평가하기 위해서라고 말해 준다.
5. 인기 있는/수용되는, 무시당하는, 거부당하는 등의 범주에 있는 아이들을 평가하는 방법에 대해 요약해 준다(전화 배정표를 보고 가장 좋아하는 아이와 가장 좋아하지 않는 아이를 지명하는 방법).
6. 또래들이 인기 있다고 써주는 아이가 반드시 가장 좋아하는 아이는 아니라는 것을 말해 준다. 또래들이 가장 좋아하는 아이는 친절하고 믿을 만한 반면에 인기 있는 아이는 지배적이거나 거만하게 보인다. 2학년까지 고립된 채로 남아 있는 아이들과 유치원이나 1학년에서 고립된 상태로 있는 아이들은 자존감과 친구관계 문제에 있어 특히 위태롭다. 또래거부를 당한 아이들은 치료받지 않으면 그 상태로 있기 쉽다. 그들은 자신들의 행동 때문에 거부당한다. 이 아이들은 같이 놀아도 재미가 없고 종종 또래들 사이에서 평판이 좋지 않다. 이런 아이들이 단짝친구를 가져도 우정의 질이 좋지 않기 마련이다.
7. 고립된 아이들과 거부당하는 아이들은 수용되고/인기 있는 아이들과 몇 가지 핵심 상황에서 접근법이 다르다는 것을 연구결과가 말해 준다. 집단 지도자들이 이러한 핵심 상황에서 각각 어떻게 행동해야 하는지 아이들에게 가르쳐 줄 것이다.
8. 아이가 거부당한다면, 그 아이는 학교에서 부정적인 평판을 가지고 있을 것이다. 어떤 아이는 평판을 망치는 어떤 행동을 하지 않는데도 나쁜 평판을 몇 달간 갖고 갈 것이다. 집단 지도자는 회기가 진행되면서 이것을 다루는 방법에 대해 부모들에게 알려줄 것이다.

부모 유인물

아래에 나오는 집단 지도자 지침에는 부모 유인물과 부모 과제(보통 형태의)에 대한 모든 정보와 집단 지도자가 덧붙여 해야 하는 말들이 나와 있다[대괄호([ ])나 굵은 글씨체로]. 목표와 한계점 유인물을 가지고 다닐 수 있다. 각 부분을 읽고 가끔 멈춰서 질문을 하라. 유인물을 소개할 때에 부모들은 모든 회기에 걸쳐서 특징적인 방식으로 참여하며 반응하기 시작할 것이다. 다음은 두 가지 전형적인 방식이다.

조용히 개념을 이해하는 방식

부모들은 주의 깊게 듣지만, 주제가 나왔을 때에 보통 질문을 하지는 않는다. 좀 더 지적인 부모들은 (종종 꽤 전문적인) 질문을 하기도 한다. 놀랍게도 이런 부모들은 대체로 자기 아이에 대해서는 질문을 하지 않는다. 이럴 때 연구에 대한 질문을 계속하거나 부모들 사이의 토론을 불러일으키는 것은 부모들에게 생산적이지 않을 것이다.

적극적으로 활동하는 집단

부모들은 과제를 해내는 방법에 대해 생각하고 있다는 것을 명백히 드러내는 적절한 질문을 한다. 몇몇 부모들은 세부적인 것까지 모두 예측하고 이해하려고 할 것이다. 과제의 각 부분을 점검 받을 때에는 분명한 설명을 요구할 것이다. 어떤 집단 지도자들은 좀 더 적극적으로 참여하는 것으로 보이는 이런 형태의 집단을 선호할 것이고, 반면에 다른 집단 지도자들은 이런 집단을 좀 더 도전적인 집단이라고 볼 수도 있다. 우리는 두 형태의 집단에서 결과에 차이가 있다는 것은 발견하지 못했고(실험으로 검증하지는 않았지만), 집단 지도자가 이런 차이점에 대해 걱정할 필요는 없다고 믿는다.

부모 유인물에 대한 집단 지도자 지침 – 1회기(목표와 한계점)

어린이 친구 만들기 수업의 목표

1. 자녀가 친구를 사귀고 유지하도록 돕기
2. 자녀가 자신에게 맞는 친구들을 찾기 위해 노력할 때 부모가 더 효과적으로 지원하도록 돕기
3. 자녀가 새롭게 사람들을 알아가고 가까운 친구관계로 발전시키는 능력을 부모가 더 효과적으로 지원하도록 돕기

방법

1. 자녀에게 친구들과 함께하고 싶은 게임을 가져오라고 할 것이다. 우리는 아이가 그것을 적절하게 사용하도록 지도할 것이다.

2. 각 회기마다 자녀에게 어려운 사회적 상황에 대처하는 방법에 대한 간단한 교육을 하게 되어 있다.
3. 자녀는 배운 기술을 연습하게 될 것이고 실습을 하면서 지도를 받게 될 것이다.
4. 자녀는 도움이 될 것 같은 상황에서 기술을 시험해 보기 위해서 매주 집에서 하는 과제를 받게 된다. [다음 회기를 위한 과제에 대한 세부사항들이 나와 있는 과제 유인물이 있고, 이 유인물 뒤에 나눠 줄 것이라는 것을 언급한다.]
5. 우리는 미리 짜여진 연속적인 회기들을 개발했다. 연구결과를 보면 대부분의 아이들은 우리가 만들어 놓은 순서대로 이 회기를 모두 하는 것이 필요하다.
6. 부모집단의 목적은 아이가 숙제를 하려는 노력을 어떻게 최상으로 지원할 것인지 제안해 주는 것이다. 부모집단은 '내 아이가 숙제를 하도록 하는 방법 교실'이지 '부모 지지 집단'이 아니다. [유인물을 소리 내어 읽기 때문에 처음에 많은 부모들이 이 집단이 지루하다고 생각한다는 것을 언급한다. 이것은 부모들이 필수 정보를 잘 흡수하도록 하기 위해서이다.]

수업의 한계 : 기대하지 말 것

1. 이 수업에 참여하면 자녀의 모든 문제가 다 해결될 것이라는 것[수업을 시작하기 전에 혹시 이렇게 생각한 부모가 있는지 물어본다(약간 웃음을 주려고).]
2. 자녀의 태도와 친구관계가 즉각 변할 것이라는 것
3. 규칙적이고, 즉각적으로 참여하고, 주어진 과제를 하려는 시도 없이도 자녀의 사회기술이 좋아질 것이라는 것[다음의 설명을 해 준다. 아이가 10분 늦으면 과제 점검을 놓치게 될 것이고, 20분 늦으면 회기의 교육 부분을 놓쳐서 놀이 부분에 어리둥절한 채로 들어가게 될 것이다. 또한 3회기 이상 빠지게 되면 아이의 친구관계가 개선될 가능성은 극적으로 떨어지게 된다. 빠진 회기 동안 나왔던 내용들을 '보충' 설명해 주는 기회는 없다는 것을 말해 준다. 부모들은 다음 회기에 숙제를 완료한 다른 부모들의 보고를 통해서 내용을 알아내야 한다.]
4. 자녀가 숙제를 자발적으로 하려는 노력을 적극적으로 장려하고 지원하지 않아도 아이의 사회기술이 좋아질 것이라는 것[부모들에게 회기 때 배운 것들을 반드시 가정과 학교에서 사용해야 한다는 것을 말해 준다. 부모가 자녀가 숙제를 하도록 하지 않는다면 아이의 친구관계가 호전될 가능성은 극적으로 떨어진다. 우리는 집단이 끝난 후에도 회기마

다 아이가 어떻게 했는지에 대해 부모들에게 피드백을 주지 않을 것이라는 것을 알려준다. 이것은 중요하지 않다. 대신 매주 집에서 아이가 기술들을 어떻게 사용했는지 부모들이 우리에게 피드백을 주게 될 것이다.]

5. 우리가 회기 계획을 변경할 것이라는 것. 이 회기들은 현재의 방식대로 했을 때에 대부분의 아이들에게 도움이 되었다.
6. 자녀가 이 수업에서 영원한 친구관계를 만들 것이라는 것. 이 수업의 목적은 학교와 집에서 시도해 보기 전에 새로운 것들을 먼저 시험해 보는 것이다.

부모들은 12회기가 끝나기 전에는 자녀가 집단 내의 다른 아이와 놀이데이트를 원할지라도 놀이데이트를 하지 않도록 주의해야 한다. [현재 같은 집단에 있는 가족들 사이의 어떤 사회적인 접촉도 포함해서라는 것을 말해 준다. 가족들끼리 저녁식사를 하거나 회기가 끝나고 바로 밖에서 함께 노는 것도 안 된다. 아이들은 그러고 싶을 수도 있다. 집단에 들어오기 전에 서로 알고 있었고, 같이 놀던 아이들이라고 해도, 12회기가 끝날 때까지는 그렇게 하지 않는 것이 우리의 방침이라고 부모들에게 말해 준다.]

잠재적 문제

집단 구성원들 사이의 회기 바깥에서의 사회적 접촉

우리는 처음에 집단 구성원들 사이의 놀이데이트나 다른 사회적인 접촉을 하지 않는 것이 좋다고(이 사례에서처럼 금지하는 것이 아니라) 제안했다. 회기에 놀이데이트가 나오기 훨씬 전에 (우리에게 상의하지 않고) 집단 내의 두 남자아이의 부모가 놀이데이트를 잡았다. 부모들이 흔히 하는 실수처럼 초대한 아이의 엄마는 언어소통이 잘 안 되는 가사도우미와 아이들을 내버려 두고 쇼핑하러 갔다. 아이들은 수영장에서 놀았고 말다툼을 하다가 한 아이가 다른 아이의 머리를 긴 시간 동안 물 속에 붙들고 있었다. 다음 회기에 왔을 때에, 이 남자아이들은 서로에게 화가 나서 서로 말도 안 하려고 했다. 부모들도 그 놀이데이트 사건 때문에 격분해 있었고 서로를 탓했다. 그 부모들은 우리가 이 사건을 해결하도록 수업시간(주제에 있는 항목들을 전체에게 가르치지 않는 시간)을 내어줄 것이라고 기대했다. 그 아이들과 부모들은 나머지 모든 회기 끝까지 화가 난 상태로 지냈다. 교실 외에서의 사회적인 접촉이 비생산적인 것은 다음과 같은 추가적인 이유가 있다.

1. 지리적으로 참여하기 어려운 아이와 부모들은 '소외감'을 느낄 수 있다.
2. 서로 좋아하지 않더라도 서로 친구가 되어야 한다는 불필요한 압박감을 아이들에게 줄 수 있다.
3. 누가 먼저 친구를 사귀는지 보겠다는 집단 구성원들 사이의 경쟁 분위기가 형성될 수 있다.
4. 일반적으로 같은 정신병리를 가진 아이들이 서로 좋지 못한 친구가 된다. 주의력결핍 과잉행동장애가 있는 아이들은 혼자일 때보다 짝을 지었을 때에 더 나쁜 행동을 한다. 자폐스펙트럼장애 아이들은 서로의 독특함을 '키워서' 더 두드러지게 보이게 만들 것이다.

과제 유인물 점검

이렇게 과제를 내어주면 전화 통화 기법이 자리를 잡게 된다. 서로 전화를 하기로 되어 있는 한 쌍의 부모들은 집에 가기 전에 전화 통화할 날짜와 시간을 정하게 된다(몇몇 부모들이 배워둘 필요가 있는 기초적인 인맥 형성기술). 어떤 부모는 자녀가 바로 첫 전화 통화에서 성공하기를 기대할 것이다. 집단 지도자들은 아이들은 자주 짧고 특별할 것 없는 전화 통화를 할 것이고, 보통 전화하는 데에 서툴 것이라고 예상함으로써 이러한 생각들을 바꿔 주어야 할 것이다. 부모들에게는 다음 회기들을 거치면서 이러한 상호작용들의 세밀한 부분들까지 발전시켜 나갈 것이라고 안심시킨다.

부모 과제를 위한 집단 지도자 지침(2~6회기까지 해 오기)

목표

1. 자녀에게 수업시간에 배운 대화기술을 연습할 기회를 주기
2. 자녀가 놀이집단에서 했던 게임들을 사회적으로 적절하게 사용하도록 도와주기

모든 회기의 끝에, 각 아이는 집단의 다른 아이와 전화 통화를 하는 과제를 받을 것이다. 통화할 아이와 그 부모와 함께 모여서 전화할 날짜와 시간을 정한다. [부모들에게 회기가 끝나고 집에 가기 전에 이렇게 할 것이라고 말해 준다.]

전화를 할 때에는,

1. 상대 아이의 부모와 약속한 시간에 자녀가 전화하도록 하는 것이 부모가 할 일이다. 통화를 하면서 배운 것을 사용하는 것은 자녀가 할 일이다.
2. 전화를 할 때에 허용되는 행동에 대한 규칙을 세워두도록 한다.

- 아이가 전화를 걸거나 받을 준비가 되어 있어야 한다.
- 통화할 때 무엇을 해야 하는지 아이가 이해하고 있어야 한다. 아이에게 어떤 일이 일어날지와 상대 아이에게 어떻게 해 주어야 하는지(전화에 대고 실없는 얘기는 하지 않고, 그냥 인사를 하고 상대 아이의 안부를 묻기)에 대해 암기하게 해서 확인한다.
- 전화하기 직전에 필요하다면 아이와 전화 통화 길이에 대해 합의한다.

3. 방에는 방해될 만한 것들이나 다른 사람이 없어야 한다. 자녀가 전화를 거는 쪽이면 전화가 연결되는지 본다. 전화를 받지 않는다면 20분간 기다렸다가 다시 전화하게 한다.
4. 자녀가 통화를 할 때에 다른 사람은 듣지 않게 한다. 그러나 아이가 과제를 진지하게 받아들이는지 확실해지면 천천히 그 방을 나온다. 부모는 통화가 끝날 때까지 통화 내용을 듣고 있어야 한다. 다음 주에 그것에 대해 보고하게 될 것이다.

["이번 주에는 아이들이 그냥 전화를 걸어서 5분 정도 통화를 하면서 적절하게 행동한다면 부모님들의 임무를 완료하는 것입니다. 전화 통화에 대한 기대치는 매주 올라갈 것입니다."라고 부모들에게 말해 준다. 아이가 전화를 너무 오래 하는 문제가 생길 거라고 예상하는 부모가 있는지 물어본다. 그렇다고 한다면, 그 부모에게 통화는 15분(또는 부모가 합리적이라고 생각하는 길이) 이내로 해야 한다고 아이에게 말하라고 한다. 통화 차단, 자동응답서비스, 자동응답기 등 전화 거는 아이의 통화 연결을 차단하는 것을 사용하는 부모가 있는지 물어본다.]

매번 친구 만들기 수업 전에,

아이가 잘 가지고 놀고, 놀이터 등에서 다른 아이들을 만났을 때 같이 가지고 놀고 싶어 할 장난감을 아이가 골라서 다음 시간에 가져오도록 한다. 장난감은 적어도 두 명이 함께 갖고 놀 수 있고, 거의 모든 사람이 놀이 방법을 아는 것이어야 한다. 우리는 집단 상황에서 아이가 다른 아이들과 더 적절하게 노는 방법을 가르칠 때 이것을 사용할 것이다. 좋은 장난감 : 농구공, 축구공, 소프트볼, 원반, 핸드볼, 테니스공 등

다음 종류의 장난감은 아이들이 가져오지 않도록 한다.
위험한/공격적인 장난감 : 무술 장난감, 물총, 물풍선
혼자 노는/각자 노는 장난감 : 책, 스케이트보드, 장난감총
너무 좋은 장난감 : 잃어버리거나 망가지면 아이가 속상해하는 비싼 장난감

아이들은 다른 아이들과 나눠 가질 어떤 것도 가져오지 않도록 한다 — 사탕, 미술도구, 다른 장난감 등

[각 부모가 장난감을 하나씩 생각해서 말하도록 한다. 이것은 회기 종결 모임에서 아이가 어떤 장난감을 가져올지 생각해 내지 못할 경우를 대비한 것이다.]

잠재적 문제

아이가 자동응답기나 자동응답서비스에 전화했을 때

전화기술이 발달하면서 이런 문제가 늘어나고 있다. 잠재적인 친구가 헤쳐나가야 할 이런 추가적인 번잡한 절차단계들에 대해서 어떤 아이들은 정이 안 간다고 느끼고, 또 다른 아이들은 멋지다고 느낀다. 이것을 피하기 위해서 집단 지도자는 전화 배정표에 있는 번호들은 반드시 아이가 직접 받을 수 있는 번호로 하도록 해야 한다.

발신번호 차단 때문에 전화를 하지 못할 때

한 아이가 과제를 위해 전화를 했는데 계속 통화 중이었다. 다음 회기 때 10분간 그 문제를 분석해 본 결과, 전화를 받는 집 전화의 발신번호 차단기능 때문에 전화를 할 수 없었던 것이 드러났다. 이렇게 되면 다음번 집단 내 통화에서도 같은 일이 생길 게 뻔했다. 잠재적인 친구가 비슷한 문제에 부딪힌다면 얼마나 어려울지 생각해 볼 일이다.

어린이 1회기 계획

어린이 교실로 가면서

어린이 교실로 가면서 아이들이 규칙을 잘 따르는 것을 칭찬한다. 조용히 함께 걷기, 뛰지 않기, 실내에서 공 튕기지 않기, 서로 치지 않기. 아이들이 자리에 앉으면, 칠판에 아이들 이름을

세로로 쓰고 회기 중에 줄 별을 그릴 공간을 남겨둔다.

교육

아이들이 핵심기술을 배우는 동안 재미(아이들의 '제일 중요한 동기')있을 것이라는 기대를 갖게 할 필요가 있다. 그러나 불가피하게 첫 번째 회기의 초점은 규칙을 정하고 순서를 유지하는 것이 되어야 한다. 행동 통제 기술에 대해서는 표 8.3을 검토하라.

1. 회기의 규칙을 알린다.
   - 해야 할 것 : 손을 든다
   - 하지 말아야 할 것 : 치료자가 말하고 있을 때 다른 아이와 친해지려고 하는 것. 아이들은 어른들에게 공손하지 못한 아이와 어울리는 것을 좋아하지 않는다.
   - 하지 말아야 할 것 : 누군가를 알기 전에 웃기려고 하는 것. 그들은 놀림을 당하고 있다고 생각할 수도 있다.
2. 별은 좋은 스포츠맨 정신을 보여줄 때, 숙제를 했을 때, 집단 지도자의 질문에 대답을 잘했을 때에 준다는 것을 말한다. 집단이 별을 많이 얻으면 12회기에서 더 멋진 파티를 할 수 있다는 것을 말해 준다.
3. "만약에 메리가 잘해서 추가적으로 별을 더 받으면 메리에게 도움이 될까, 집단에게 도움이 될까?"라고 묻는다. (답 : "양쪽 다입니다. 별을 추가적으로 더 받으면 파티가 더 좋아져서 전체 집단이 도움을 받는 것입니다.")
4. 파티는 12회기 중에 열릴 것이고, 선물도 받고, 피자와 음료도 먹고 마시고, 자신들이 고른 영화도 보고, '졸업'할 것이라고 말해 준다.
5. 각 회기의 절반은 이 방에서 모든 집단 토론이 끝날 때까지 있고 나머지 시간은 놀면서 보내게 될 것이라 말해 준다.
6. 좋은 의사소통의 요소들을 점검한다.
   - 해야 할 것 : 다른 사람에게 들릴 정도로 충분히 크게 얘기하고 적당한 신체적 거리를 유지한다.
   - 하지 말아야 할 것 : 자기 자랑하는 것, 실없이 행동하는 것, 너무 개인적인 것을 말하지 않도록 한다.
7. 집단 지도자는 바르지 못한 음성 크기(속삭이고 소리치는 것)와 부적절한 신체 경계(너무

가까이 가거나 너무 멀리 떨어지는 것)를 흉내 내어 보여주고, 이러면 다른 사람들이 어떻게 생각할지에 대해 아이들에게 물어본다.

8. 아이들을 옆에 있는 아이를 쳐다보게 하고 자기 소개를 하도록 하면서 좋은 의사소통의 요소를 가르친다. "옆에 앉은 사람에게 자기 이름, 나이, 다니는 학교를 말해 보세요."[2]
9. 바르게 한 것은 칭찬하고, '목소리를 좀 더 크게' 하는 것처럼 필요하다면 아이를 지도한다. '하지 말아야 할 것'을 어긴 아이들을 바로잡아 준다.

과제 내어주기

과제를 내어주는 것은 아이들이 실제놀이 활동을 해 보기 전에 한다. 집단 구성원들은 전화 걸기 과제에서 여러 주에 걸쳐서 '거는 사람'과 '받는 사람'을 번갈아 해보면서 양쪽 기술을 모두 연습하게 된다.

1. 각 아이가 집단 내의 다른 (동성의) 아이에게 전화하도록 한다. 아이들에게 이번 주 숙제는 상대방 아이가 그날 무얼 했는지 알아내서 다음 주에 집단에게 보고하는 것이라고 말해 준다.
2. 아이들에게 다음 주에 '물건을 가져올 것'이라고 말해 준다. 이것은 새로운 아이들과 친해지는 데에 사용할 야외용 장난감이다. 안내를 계속한다. 두 명 이상의 아이들과 함께 할 수 있는 야외용 장난감이어야 한다. 폭력적인 게임(총)이나 자극적인 게임[물총, 너프총(총알이 발사되는 장난감 총)]이나 혼자 하는 활동(책)은 안 된다. 잃어버리거나 부서질 수 있으므로 아끼는 장난감은 가져오지 않도록 한다. 교실을 돌면서 아이들 각자에게 다음번에 무엇을 가져올 것인지 묻는다.

잠재적 문제

소개하는 시간에 부정적인 인상을 주려는 시도

자기를 소개할 차례가 되자, 한 4학년 남자아이가 "내 소개하는 건 시간낭비예요. 사람들은 나에 대해 알고 싶어 하지 않아요. 아무도 날 좋아하지 않아요."라고 말했다. 집단 지도자가 "네

---

2 어떤 아이들은 회기의 이 부분을 할 때에 규칙을 어기는 경우가 있기 때문에 우선 집단 규칙을 정한 후에 소개를 한다.

학교의 모든 사람이 그렇게 생각한다고 확신해?"라고 묻자, 그 아이는 "내가 아는 세 명은 그런데, 나머지는 잘 모르겠어요."라고 대답했다. 집단 지도자가 "그 나머지들을 위해서 연습하자."라고 말했고 아이는 받아들였다.

지나친 자기노출

자기소개 시간에 11살 난 남자아이가 "난 학교에서 왕따당하는 애예요. 싸움질하는 아이고요." 라고 대답했다. 집단 지도자는 "서로 처음 알아갈 때에는 너에 대해서 너무 많이 말하지 않는 거야. 간단하게 너 자신에 대해서 말해서 다른 사람들이 듣고 싶게 하렴."이라고 대답했다.

자기도 모르게 남을 비난하는 것

아스퍼거장애가 있는 9살 남자아이가 다른 아이가 틀릴 때마다 지적했다. 집단 지도자는 그 아이에게 자신이 무엇을 잘못하고 있는지 알아내는 것이 아이가 할 일이라고 말해 주었다. 이런 행동이 지속되어서 타임아웃을 시행한 후에 아이는 다른 아이들의 실수를 지적하는 것을 멈추고 자신의 행동에 더 집중하게 되었다.

집단 내 통화하기 과제에 대해 부정적인 반응을 보이는 것

남자아이들은 보통 말할 것이 없을까 봐 걱정한다. 종종 남자아이들은 통화를 하기로 되어 있는 아이가 '엽기적'이라느니 '기괴하다'고 말하면서 과제를 피하려고 한다. 집단 지도자는 이렇게 답함으로써 이 말을 끝내 버렸다. "이건 그냥 숙제야. 학교에서 내어주는 숙제와 똑같다고.", "안 돼요! 난 걔한테 전화하기 싫어요!"라고 말한 집단 구성원들에게는 주의를 주고, 다음에는 타임아웃을 하게 했다.

너무 바빠 숙제할 시간이 없을 때

숙제를 내어준다는 말에 한 5학년 남자아이가 '일일 계획표'를 꺼내더니 커다란 목소리로 "못해요. 이번 주는 예약이 꽉 차 있어요."라고 선언했다. 아이의 어머니가 이 사실을 알고는 "계획표 좀 보자."라고 말하더니, 집단 과제를 할 충분한 시간이 있어야 한다는 집단 지도자의 주장을 지지하기는커녕, 아들에게 "맙소사, 너 진짜 이번 주는 바쁘구나."라고 말했다. 엄마에게 이 숙제와 계속 내어줄 숙제를 할 시간을 내는 게 필요하고, 그렇게 못한다면 이 집단에 참여해서 얻을 수 있는 게 별로 없을 것이라고 말해 주었다.

실제놀이

보통 첫 1시간 회기에서는 바깥에서 놀 시간이 조금밖에 없다. 아이들을 노는 공간까지 데려가고, 거기까지 가고 올 때의 규칙(뛰지 않고, 줄을 지어 걷고, 복도에서는 조용히 하기)에 대해 상의하고, 깃발잡기를 몇 분간 할 수 있는 충분한 시간이 있어야 한다. 이 경기의 중요한 핵심은 누가 경기에 이기는가에 집중하는 것보다는 모두가 재미있게 하는 것을 강조하는 것으로 초점을 바꾸기 시작하는 것이다.

아이들에게 야외 공간을 보여주고, 시간이 있으면 깃발잡기 게임을 빨리 한다.

1. 놀이 공간으로 갔다가 돌아올 때의 규칙에 대해 말해 준다(건물 내에서는 공 튕기지 않기, 조용히 걷고 함께 있기)
2. 명심하기 : 규칙을 어기면 주의를 한 번 주고 다음은 놀이 공간에서 타임아웃을 하게 된다(1분간 놀이시간을 놓치게 됨).
3. '깃발잡기 규칙'(p. 92)을 보라.
4. 놀이시간이 끝나면 아이들을 줄 서게 하고, 모두 줄을 서면 부모 교실로 돌아가게 한다.
5. 어떤 아이가 불리한 상황에 있으면(예 : 한 아이가 두 개의 번호를 맡아야 하는 상황), 아이를 칭찬하고 이런 불공평함을 잘 다뤄 준 데에 대해 별을 준다. 아이들에게 점수를 냈다고 별을 받지는 않는다는 것을 말해 준다. 아이가 점수를 내면, 지도자는 성공한 것을 알아는 주지만, 점수를 기록하거나 그 점수를 어떤 식으로든 갖고 있지는 않는다.

잠재적 문제

홀수의 아이들

깃발잡기의 한쪽 편이 인원이 더 많을 때, 인원이 적은 쪽의 한 아이는 두 번호를 맡게 될 것이다. 어른들은 절대 아이들과 함께 놀지 않는다고 말해 준다.

놀이를 하지 않겠다는 아이

8살 남자아이가 게임을 하다가 우연히 밀렸다. 그 아이는 울음을 터뜨리더니 가버렸다. 놀이 상황을 그만두고 나가 버려서 그 아이는 '자신의 자리를 잃고' 놀이에 포함되었던 상황을 나중에 다시 들어와야 하는 상황(더 어려운 상황)으로 바꾸어 버렸다. 이것은 아이들이 종종 곤란하다고 느낄 때 불편한 상황을 '벗어나는' 방법이다.

다친 곳이 없다는 것을 재빨리 확인한 후, 집단 지도자는 아이가 우는 것을 무시하고 즉각 게임으로 돌아가라고 지시했다. 그 아이는 즉시 다시 들어가서 우는 것을 멈췄다(아마도 아이는 경기에 열중해서 울고 있었다는 것조차 잊어버렸을 것이다). 의도치 않은 '밀치기'는 어떤 운동을 하더라도 흔히 생기기 때문에 그리 중요하게 다루지 않았다.

회기 마무리 모임

이 부분에서 중요한 것은 3단계에서 집단 지도자가 간단한 개별적인 주의를 주는 것이다. 회기의 이 부분에서 부모와 아이에게 적극적으로 개입함으로써 숙제가 중요하다는 메시지를 강조해 준다. 집단 지도자에게는 부모가 저항하는 패턴에 말려들기 전에 부모의 오류를 조기에 바로잡을 수 있는 기회가 된다.

1. 부모들과 아이들에게 "오늘 우리는 전화로 누군가와 대화하는 연습을 했습니다. 아이들이 좋은 전화 태도를 많이 보여주었습니다. 아이들이 노력한 데 대해서 큰 박수를 보냅시다."라고 말한다.
2. 어린이 지도자는 집단 내 전화 걸기 과제를 하나씩 읽어준다. 아이들에게 다음 주에 가져올 야외용 장난감에 대해서도 말한다.
3. 어린이 지도자와 코치는 각 부모와 아이에게 가서 다음 회기에 어떤 장난감을 가져올지 생각해 두었는지 확인한다(아이와 부모는 가이드라인에 맞는 장난감을 선택해야 한다).

잠재적 문제

짜증 내는 부모

한 어머니는 집단 내 전화를 배정하는 과정에서 짜증이 났는데, 그 어머니가 두 명에게 전화를 하는 과제를 받은 어머니와 함께 조정을 해야 했기 때문이었다. 이런 일은 그 회기에 집단 참가자가 홀수여서 '이중 임무'를 하도록 전화 과제를 줄 때에 일어날 수 있다. 그 어머니는 떠나려고 하면서 남편에게 "가서 나중에 상대방 어머니에게 전화합시다."라고 말했다. 집단 지도자가 개입하여 그 어머니에게 기다렸다가 지금 해야 한다고 말해 주었다.

부적절한 장난감

아스퍼거장애가 있는 한 4학년 남자아이는 다음 회기에 원반을 가져오기로 어머니와 동의했다. 그러나 아이는 자신의 개가 원반을 물어뜯었는데, 물어뜯긴 원반이라도 가져오는 게 괜찮을지 알고 싶어 했다. 집단 지도자는 이번 기회에 원반을 새로 사는 게 좋겠다고 말해 주었다.

어린이 친구 만들기 훈련

부모 유인물 – 1회기

목표와 한계점

어린이 친구 만들기 수업의 목표

1. 자녀가 친구를 사귀고 유지하도록 돕기
2. 자녀가 자신에게 맞는 친구들을 찾기 위해 노력할 때 부모가 더 효과적으로 지원하도록 돕기
3. 자녀가 새롭게 사람들을 알아가고 가까운 친구관계로 발전시키는 능력을 부모가 더 효과적으로 지원하도록 돕기

방법

1. 자녀들은 친구들과 함께 놀고 싶은 게임을 가져오게 될 것이다. 우리는 아이가 그것을 적절하게 사용하도록 지도할 것이다.
2. 각 회기마다 자녀들은 어려운 사회적 상황에 대처하는 방법에 대한 간단한 교육을 받게 될 것이다.
3. 자녀는 배운 기술을 연습하게 될 것이고 실습을 하면서 지도를 받게 될 것이다.
4. 자녀는 도움이 될 것 같은 상황에서 기술을 연습해 보기 위해서 매주 집에서 하는 과제를 받게 될 것이다
5. 우리는 미리 짜여진 연속적인 회기들을 개발했다. 연구결과를 보면 대부분의 아이들은 우리가 만들어 놓은 순서대로 이 회기들을 모두 하는 것이 필요하다.
6. 부모집단의 목적은 아이가 숙제를 하려는 노력을 어떻게 최상으로 지원할 것인지 제안해 주는 것이다. 부모집단은 '내 아이가 숙제를 하도록 하는 방법 교실'이지 '부모 지지 집단'이 아니다.

수업의 한계 : 기대하지 말 것

1. 이 수업에 참여하면 자녀의 모든 문제가 다 해결될 것이라는 것
2. 자녀의 태도와 친구관계가 즉각 변할 것이라는 것
3. 규칙적이고, 즉각적으로 참여하고, 주어진 과제를 하려는 시도 없이도 자녀의 사회기술이 좋아질 것이라는 것
4. 자녀가 숙제를 자발적으로 하려는 노력을 적극적으로 장려하고 지원하지 않아도 아이의 사회기술이 좋아질 것이라는 것

5. 우리가 회기 계획을 변경할 것이라는 것. 이 회기들은 현재의 방식대로 했을 때에 대부분의 아이들에게 도움이 되었다.
6. 자녀가 이 수업에서 영원한 친구관계를 만들 것이라는 것. 이 수업의 목적은 학교와 집에서 시도해 보기 전에 새로운 것들을 먼저 시험해 보는 것이다.

부모들은 12회기가 끝나기 전에는 자녀가 집단 내에 다른 아이와 놀이데이트를 원할지라도 놀이데이트를 하지 않도록 주의해야 한다.

어린이 친구 만들기 훈련

부모 과제 – 1회기에 받아서

2~6회기에서 해 오기

목표

1. 자녀에게 수업시간에 배운 대화기술을 연습할 기회를 주기
2. 자녀가 놀이집단에서 했던 게임들을 사회적으로 적절하게 사용하도록 도와주기

모든 회기의 끝에

각 아이는 집단의 다른 아이와 전화 통화를 하는 과제를 받을 것이다. 통화할 아이와 그 부모와 함께 모여서 전화할 날짜와 시간을 정한다.

전화를 할 때에는

1. 상대 아이의 부모와 약속한 시간에 자녀가 전화하도록 하는 것이 부모가 할 일이다. 통화를 하면서 배운 것을 사용하는 것은 자녀가 할 일이다.
2. 전화를 할 때에 허용되는 행동에 대한 규칙을 세워 두도록 한다.
    - 아이가 전화를 걸거나 받을 준비가 되어 있어야 한다.
    - 통화할 때 무엇을 해야 하는지 아이가 이해하고 있어야 한다. 아이에게 어떤 일이 일어날지와 상대 아이에게 어떻게 해 주어야 하는지(전화에 대고 실없는 얘기는 하지 않고, 그냥 인사를 하고 상대 아이의 안부를 묻기)에 대해 암기하게 해서 확인한다.
    - 전화하기 직전에 필요하다면 아이와 전화 통화 길이에 대해 합의한다.
3. 방에는 방해될 만한 것들이나 다른 사람이 없어야 한다. 자녀가 전화를 거는 쪽이면 전화가 연결되는지 본다. 전화를 받지 않는다면 20분간 기다렸다가 다시 전화하게 한다.
4. 자녀가 통화를 할 때에 다른 사람은 듣지 않게 한다. 그러나 아이가 과제를 진지하게 받아들이는지 확실해지면 천천히 그 방을 나온다. 부모는 통화가 끝날 때까지 통화 내용을 듣고 있어야 한다. 다음 주에 그것에 대해 보고하게 될 것이다.

매번 친구 만들기 수업 전에

아이가 잘 가지고 놀고, 놀이터 등에서 다른 아이들을 만났을 때 같이 가지고 놀고 싶어 할 장난감을 아이가 골라서 다음 시간에 가져오도록 한다. 장난감은 적어도 두 명이 함께 갖고 놀 수 있고, 거의 모든 사람이 놀이 방법을 아는 것이어야 한다. 우리는 집단 상황에서 아이가 다른 아이들과 더 적절하게 노는 방법을 가르칠 때 이것을 사용할 것이다.

좋은 장난감 : 농구공, 축구공, 소프트볼, 원반, 핸드볼, 테니스공

다음 종류의 장난감은 아이들이 가져오지 않도록 한다.
위험한/공격적인 장난감 : 무술 장난감, 대용량 물총, 물풍선
혼자 노는/각자 노는 장난감 : 책, 스케이트보드, 장난감총
너무 좋은 장난감 : 잃어버리거나 망가지면 아이가 속상해하는 비싼 장난감
아이들은 다른 아이들과 나눠 가질 어떤 것도 가져오지 않도록 한다—사탕, 미술도구, 다른 장난감 등

어린이 친구 만들기 훈련

깃발잡기 규칙

어린이 1회기

아이들을 집합시킨다

1. 칠판지우개나 다른 비슷한 크기의 물체를 '깃발'로 정하고 운동장 한가운데에 둔다.
2. 깃발잡기 하는 놀이 공간은 가로 10미터 세로 10미터의 정사각형 공간이다. 양쪽 편에 각각 1부터 전체 아이들 숫자의 절반까지 숫자를 쓴다. 양편이 같은 숫자만큼 되도록 한다.

편을 가른다

3. 아이들을 두 팀으로 나누고 각 아이들이 팀의 숫자 위에 서도록 한다. 아이들이 짝수가 아닐 때에는 한 아이가 두 숫자를 맡도록 한다(즉, "제프, 네가 4와 5를 맡을 거야.")

게임 규칙을 말해 준다

4. 점수 얻는 법
   • '깃발'을 잡아서 상대편 누구에게도 잡히지 않고 자기 편으로 돌아왔을 때
   • 상대편의 '깃발'을 잡고 있는 아이를 자기 편으로 돌아가기 전에 태그했을 때

게임을 시작한다

5. 집단 지도자가 번호를 하나, 둘, 또는 세 개까지 부른다(예 : "2번과 4번" 또는 "1번, 3번, 5번"). 종종 집단 지도자는 운동장에 없는 번호(예 : "24"나 "16")를 불러서 아이들이 계속 집중하는지 확인하고 경기를 더 재미있게 하도록 한다.
6. 아이들이 흔히 하는 실수인 단순히 '깃발'을 잡아서 바로 태그당하는 것을 피하기 위해서 집단 지도자는 아이들이 차례대로 천천히 움직이도록 해서 좀 더 '교묘하게' 움직이고 협동작업을 사용하면 좋다는 것을 알게 한다.

핵심 교육

7. 실제놀이 부분의 중간 즈음에 양 팀의 아이들 절반을 바꾸어 주어서 재미있는 것이 중요하지 점수를 내는 것이 중요한 것이 아니라는 개념을 집에까지 가져가도록 한다.

게임 마무리 보고

8. 이 부분이 끝나면 아이들을 모이게 해서 다음 질문들에 대한 보고를 하도록 한다.
   • 왜 계속 점수를 내지 않았을까? (답 : 점수는 중요한 게 아니다. 좋은 시간을 갖는 게 더 중요하다.)
   • 왜 내가 양쪽 팀 선수들을 바꿨을까? (답 : 아이들이 다른 아이들과도 놀도록 하기 위해서이다. 그렇게 하면 어떤 때는 상대팀 아이들이 같은 팀이 될 수도 있고, 자기 편으로 뽑아주는 게 그 아이들 손에 달렸을 수도 있기 때문에 상대 팀에게도 잘해 주게 된다.)

CHAPTER

10

대화기술

치료의 근거

친구가 되고 싶은 누군가를 처음 만났을 때에 누구라도 처음 해야 하는 일은 공통 관심사를 찾는 것이다. 이것은 대화를 나누는 것과 다른 사람의 말을 듣는 것과 연관되어 있다. 많이 거부당한 아이들은 활동을 같이하거나 장난감을 공유하는 것만큼 대화를 나누는 것도 잘하지는 못할 것이다. 그들은 대화를 독차지하려 하거나 흐름을 따라가지 못할 것이다. 이 회기의 주요 치료 가설은 아이들에게 유용한 정보를 공유하고 주고받는 방법을 가르치는 동시에 부모에게 자녀의 대화를 감독하는 방법을 가르침으로써, 잠재적 놀이상대와 공통 주제나 같이할 활동을 찾는 능력을 기를 수 있다는 것이다.

10.1 대화기술의 중요성

친밀감을 증진시키는 대화기술은 꽤 일찍 발달하며, 여자아이들이 남자아이들보다 더 빨리 발달한다(Buhrmester & Furman, 1987). 6세에서 7세만 되어도 아이들은 그냥 아는 사람에 대해 아는 것보다 자신의 친한 친구와의 유사점과 차이점에 대해 알게 된다(Ladd & Emerson,

1984). 아이들은 사춘기에 이르기 전에 친밀감을 조절하는 대화기술을 완전히 사용하게 된다. 사춘기 이전의 아이들도 자신의 친구관계의 친밀함을 평가하는 데에 있어서 사춘기 아이들과 다르지 않다(Burhmester, 1990; Bukowski & Hoza, 1989). Zarbatany, Hartmann, Rankin(1990)은 5학년과 6학년 아이들에게 또래활동에 대한 일기를 쓰게 했다. 그 결과 85% 이상의 활동이 어른들이 없는 상태에서 이루어졌다. 대부분의 시간은 또래들과 직접 이야기를 나누면서 보냈고, 다음은 '같이 시간 보내기'였고, 그다음은 등굣길과 전화로 대화를 나누는 것 순이었다. 그들은 대화를 하는 것이 관계와 소속감을 증진시키는 데에 도움이 된다는 것을 알아냈다.

10.2 대화를 나눌 때의 문제점

친구가 없는 아이를 괴롭히는 세 가지 문제가 있다. 그것은 친밀감 조절에 서툰 것, '사회적' 대화를 적게 하는 것, 정보를 알아내는 기술의 부족함이다. Dodge 등(1990)은 거부당하는 아이들은 사회적인 대화를 적게 한다는 것을 알아냈다. 무시당하는 아이들의 대화 형태에 대해서는 거의 알려진 것이 없고, 다만 이 아이들이 자신들의 가장 친한 친구들과도 우정을 적게 느낀다는 면에서는 거부당하는 아이들과 비슷하다는 것은 알려져 있다(Patterson, Kupersmidt, & Greisler, 1990). 우리가 임상 관찰한 바로는 고립된 아이들은 대화의 흐름을 따라가기 어려워하는 반면에 거부당하는 아이들은 대화를 공유하는 것을 어려워했다.

대화 문제에 대한 연구

10.3 친밀감 조절

효율적인 친밀감 조절이란 반복적으로 접촉하고 상대방이 받아들일 때에만 개인적인 공개를 늘리는 것으로 정의된다. Altman과 Taylor(1973)는 성인들 사이의 우정 발달단계를 기술하는 '사회적 침투 이론'을 만들어냈다. Furman(1987)은 Altman과 Taylor의 연구와 어린이들의 친구관계의 발달 사이의 유사점을 보여주었다. 이 이론에 따르면 아이들은 자신들의 관계의 단계에 따라 대화를 얼마나 친밀하게 할 것인지를 조절한다. 친밀감 조절을 잘 못하는 예는 아이가 만나자마자 다른 아이들에게 자신의 정신건강의학과 입원 경험이나 학교에서 말썽부렸던 이야기를 하는 것이다. 이것은 부정적인 행동을 강조한다는 점에서 부적절하기도 하고, 너무 빨리 사적인 것을 드러냄으로써 사회적 규범을 위반하는 것이다.

10.4 사회적 대화의 정의

사회적 대화란 친밀한 관계를 더 증진시킬 목적으로 긍정적인 정서를 가지고, 정보를 교환하는 것이라고 정의된다. 처음에 아이들은 무엇을 좋아하고 싫어하는지 말하는 것 같은 피상적인 정보 교환에 집중해야 한다. 아이들은 특히 부정적인 관점에서 서로를 평가하는 것을 피해야 하고, 서로에게 무엇을 해야 할지 말해 주는 것도 피할 필요가 있다(Doyle, Connolly, & Rivest, 1980; Furman, 1987). 많은 아이들이 이런 과정을 아주 일찍 배운다. 서로 알지 못하는 학령전기 아이들은 서로를 알아가기 시작하면서 상대방에 대해 더 많은 질문을 하고 자신에 대한 정보를 더 제공한다(Jormakka, 1976, Furman, 1987 인용). 반대로, Black과 Hazen(1990)은 거부당하는 아이들은 다른 아이들과의 대화에서 나온 정보들에 단단히 주의를 기울이지 않는다고 보고했다. 결과적으로 그들은 대화에 반응을 하지 않고 대화하는 동안 적절함을 유지하지 못한다(Asher, 1983; Putallaz, 1983).

10.5 대화 독점 대 정보 교환

여러 연구에서 우리가 관찰한 바와 같이 거부당하는 아이들은 또래들과의 대화를 독점하고 정보를 교환하고 알아내는 기술이 부족하다는 결과들을 뒷받침하고 있다. 거부당하는 아이들은 인기 있는 아이들과 비교했을 때에 친한 친구들과 이야기할 때에 대화를 독점하는 경향이 있다(Austin & Draper, 1984). 이것은 특히 주의력결핍 과잉행동장애 아이들에서 특징적이다. Kim(1999)은 주의력결핍 과잉행동장애 아이들은 대화 상대의 질문이나 요구에 반응하지 않고 자주 상대의 말에 끼어든다는 것을 알아냈다. Dishion, Andrews, Crosby(1995)는 지시하고 명령하는 것(대화 독점의 지표)과 관계 만족도는 음의 상관관계가 있으며, 특히 친구들에게 공격적인 남자아이들의 대화에서 두드러진다는 것을 발견했다.

Gottman, Gonso, Rasmussen(1975)은 수용되는 아이들은 거부당하는 아이들보다 정보를 알아내는 기술이 낫다는 것을 보여주었다(우리 프로그램에서는 이 기술을 **'양방향 대화'**라고 부른다). 정보를 알아내는 기술은 아이가 정보를 수집하는 모드를 취하게 해서 말하는 사람에게 더욱 집중하도록 해 주고, 상호작용을 만들고 유지하는 데 필요한 정보에 집중하도록 해 준다. 아이들도 또래가 적절한 개인적인 질문을 할 정도로 자신들에게 충분한 관심을 보일 때에 좋은 인상을 받기 쉽다.

Furman(1987)은 3학년 아이들에서 이런 과정을 관찰했다. 처음 서로를 알게 된 아이들은 자신에 대한 정보를 공유하고, 그들의 놀이친구에 대한 질문을 했다. 서로 잘 모르는 아이들은 아는 아이들보다 반감과 명령을 드러내는 말을 덜 사용했다. Furman에 의하면 여자아이들은 남자아이들보다 자신에 대한 정보를 더 잘 공유하고, 반면에 남자아이들은 정보를 공유하는 것보다 놀이에 더 관심이 많았다. 이것을 다른 관점에서 보면, 여자아이들과 남자아이들은 자신들이 상호작용을 유지하는 방법에 가장 적절한 정보를 수집하고 있는 것이다. 이 나이 또래의 여자아이들은 남자아이들보다 말하는 것을 통해서 상호작용을 유지하는 반면에 남자아이들은 여자아이들보다 놀이를 통해서 상호작용을 유지한다(Frankel, 1996). Gottman(1983)은 '죽이 맞아서' 나중에 친구가 되는 아이들은 자신의 놀이상대에게 더 많이 물어보고, 자신에 대한 정보를 더 많이 주고, 첫 세 번의 놀이데이트에서 공통되는 활동을 만들어냈다고 했다.

10.6 일상적인 말, 수다떨기, 농담하기

또래 문화라는 것은 현재 유행하는 게임과 장난감에 대해 아는 것이다. 아이들은 어른들의 도움 없이, 때로는 어른들이 반대해도 또래 문화를 나눌 수 있었다. 이론적으로 또래 문화에 담겨 있는 기술, 지식, 사회적 목적은 아이들의 행동과 가치를 이끌어 준다(Zarbatany 등, 1990). 많은 부모들은 이런 종류의 대화가 친구관계를 증진시킨다고 느낀다. 농담하기, 수다떨기, 최신 유행 알기 등은 다른 아이들을 더 잘 알게 되는 데에 도움이 된다. 그러나 개인적인 성질의 정보 교환은 없기 때문에 친밀감을 더욱 증진시키는지에 대해서는 의문이 생긴다.

Parker와 Seal(1996)은 이러한 대화 도구와 이것들이 친구관계의 형성과 유지에 미치는 영향에 대한 연구를 하였다. 그들은 8세에서 15세 사이의 216명의 어린이들이 한 달간 합숙 캠프에 있으면서 생기는 친구관계의 변화를 관찰하였다. 그들은 캠프에 참가하면서 유지되는 다섯 가지 형태의 친구관계를 찾아냈는데, 이것은 다른 의사소통 방식과 연관되어 있었다.

1. **같은 친구 유지** 이런 패턴을 보이는 아이들은 웃기는 농담이나 다른 아이들과 있는 아이에 대해 거의 모르고, 다른 아이들의 비밀을 말하지 않는 편이었다. 이 집단에 속하는 여자아이들은 정직하게 보였다.
2. **친구 숫자 증가** 이 집단은 험담하거나, 일러바치거나, 싸움을 걸거나, 나서거나, 자랑하는 것을 제일 적게 했다.
3. **친구 바꾸기** 이 집단에 속하는 남자아이들은 대화에 참여하는 피상적인 접근법일 수도 있는 웃긴 농담을 제일 많이 알고 있는 것으로 평가되었다. 이 집단에 속하는 아이들은 다양한 의리 규범을 어겼다. 그들은 험담을 하고, 고자질하고, 남을 깎아내리고, 남들을 부

려먹고, 싸움을 걸고, 비밀을 지키지 못했다. 이 집단의 여자아이들은 정직하지 못한 편이었다. 연구자들이 이 집단을 문제 있는 집단으로 꼬리표를 붙이지는 않았지만(그들은 언제든 충분한 숫자의 친구들을 가지고 있었고 새로운 친구를 사귈 수도 있었다), 그들은 친구가 있는 네 집단 중에서 가장 외로운 아이들이었다. 안정적인 친구관계가 있어야 외로움이 줄어들기 때문이다. 이 집단은 개인적인 정보 교환 대신 '웃긴 농담'과 정이 안 가는 행동을 사용해서 얕은 친구관계를 만드는 것에 익숙해진 것이다.

4. **친구 숫자 감소** 이런 아이들은 농담도 하고, 다른 아이들과 수다도 떨고, 배려도 하고, 싸움도 걸지 않았지만, 항상 잘난 체했다. 이것은 마치 지지적인 행동과 무례함을 섞어 놓은 것에다 부정직함을 뿌려놓은 것처럼 보인다. 이 집단에 속하는 여자아이들은 정직하고 남을 배려하고 웃긴 농담을 아는 것으로 평가되었다. 연구자들은 친구 숫자가 감소한 것은 이런 아이들이 신중하게 친구를 고르거나, 캠프가 끝날 무렵에는 친구관계가 오래가지 않을 것이라는 것을 알고는 새로운 친구관계를 시작하지 않으려 했기 때문이었을 것으로 생각했다. 남자아이들은 친구를 고르지 않기 때문에, 이런 패턴은 여자아이들에게 좀 더 전형적인 것으로 보인다(제18장 참조). 지금의 맥락으로 볼 때, 자랑하는 것은 대화를 독점하는 한 형태일 수 있다.
5. **친구가 없는 아이들** 이것은 명백히 가장 문제가 있는 집단이다. 많은 아이들이 캠프에 참가하는 어떤 시점에서는 친구가 없는 것이 흔하지만, 친구가 없는 아이들은 어느 시점에서든 단 한 명의 친구도 사귀지 못했다. 이런 아이들의 외로움에 대한 자가보고 점수가 가장 높았던 것으로 보아 이런 친구관계의 상태를 자신이 선택한 것은 아니다. 다른 아이들은 이 아이들이 쉽게 화내고, 터무니없는 것들을 얘기하고, 놀리면 형편없게 반응하고, 믿음직스럽지 못하고, 무디고, 비협조적이라고 인식했다. 이런 특징들은 부정적인 정서, 비난, 대화 독점을 한다는 근거로 해석되었다.

10.7 대화기술 중재와 또래수용 증진

적극적 경청을 가르친 많은 사회기술 중재법들이 참가자들의 또래수용을 증진시키는 데에 성공적이었다(Bierman & Furman, 1984; Gresham & Nagle, 1980; Hepler & Rose, 1988; Oden & Asher, 1977; Tiffen & Spence, 1986). 이 연구들에서 선별된 아이들은 학급에서 가장 인기가 없는 아이들이었다. 추적연구에서 이들의 또래수용의 호전이 지속되는 것으로 나타났다(Oden & Asher, 1977). 우리의 임상적 경험에 의하면 놀이데이트 전에 아이들이 **'양방향 대화'**를 배워

두는 것은 매우 중요하다. 아이들은 놀이데이트를 하기에 앞서 전화 통화를 하면서 공통적인 활동을 정할 수 있다("우리 모이면 뭘 할까?").

Bierman(1986a)은 대화기술을 배운 아이들과 대조군을 비교해 보았다. 가르친 기술은 자신에 대한 정보 공유하기, 남들에 대해 물어보기, 조언과 제의하기, 초대하기 등이었다(명령 받고 요구당하는 대신). 대화기술을 훈련한 집단이 훨씬 더 목표기술을 잘 사용하는 것으로 나타났다. 더 중요한 것은 인기가 없는 아이들도 대화기술을 사용했을 때에 긍정적인 또래평가를 받을 가능성이 높아진다는 상관 분석 결과가 나왔다는 것이다. 기술 사용 빈도와 긍정적 또래평가(특히 후자)는 또래 사회계측상의 호전과 유의미한 연관관계가 있었다.

10.8 연구와 임상사례의 결과

많은 부모들이 자녀가 사회적 신호를 잘 알아차리지 못한다고 불평한다. 사회적 대화를 다루지 못한다는 것을 이것보다 더 잘 보여주는 것은 없을 것이다. 대화기술은 프로그램의 전 연령대 아이들이 친밀감을 전달하는 통로이다. 단짝친구들 사이의 대화는 부정적인 말과 행동에 대해 화답할 때를 제외하고는 일방적이다. 정보 교환하기, 친밀감 조절하기, 진지해지기, 경청하기, 농담하지 않기 등의 대화기술은 친구관계를 유지하는 데에 중요한 것들이며 험담하기, 일러바치기, 남을 깎아내리기, 남을 부려먹기, 싸움 걸기 등은 하지 않아야 한다.

회기 진행하는 방법

지금까지

집단 지도자는 부모와 아이들이 회기에서 해야 할 것들에 익숙해지는 것에 중점을 두었다. 아이들은 회기의 규칙을 따르고, 잠재적 친구나 지인과의 첫 대화에 진지하게 임하고 야외에서의 상호작용에 필요한 적절한 장난감을 가져오도록 교육 받았다. 부모들은 자녀가 숙제를 잘 해 오도록 도와주면서 자녀들의 긍정적인 면을 알아차리고 강조하도록 지도 받았다.

이번 회기에는

이 회기에서는 '처음' 해 보는 것이 세 가지가 있다. 회기에 늦게 오는 것에 대해서 처음으로 부모가 책임을 지게 되고, 아이가 수업에 가져오는 장난감을 처음으로 검사하고, 가정에서 숙제를 하면서 부딪혔던 문제들에 대해서 처음으로 부모가 도움을 받게 된다(집단 내 통화와 야외용 장난감). 이 회기에 새로 나오는 내용은 전화 통화를 훈련 방법으로 더 완전하게 사용하게 해 준다. 아이들은 양방향 대화법을 배우고 부모들은 아이들이 이 기술을 연습하고 일반화하는지 전화 통화를 관찰하도록 교육 받는다.

부모 2회기 계획

시작 모임

회기를 시작하면서 부모와 아이들의 시작 모임의 주된 초점은 가져온 장난감을 점검하는 것이다. 이렇게 점검하는 목적은 첫째, 가져온 장난감들이 회기의 목적을 전달할 수 있는지 확인하는 것이고, 둘째, 아이가 소유한 장난감이 친구관계를 발전시키는 데에 방해가 되기보다는 확실히 촉진시킬 수 있는 것인지 평가하기 위해서이다. 회기를 시작하기 5분 전에 참가자들은 도착해야 하고, 모든 참가자가 왔는지에 상관없이 회기는 정시에 시작한다.

1. 부모들이 도착하기 전에 의자가 '말굽' 모양으로 배열되어 있는지 확인한다. 전화 배정표와 결석 예정표를 탁자에 올려 놓는다.
2. 아이들이 들어오면 장난감을 점검해서 부적절한 장난감을 가져온 경우에 부모가 갖고 있게 한다.[1]
3. 부모와 아이가 이름표에 굵은 글씨로 이름을 쓰게 하고 가슴의 잘 보이는 곳에 달게 한다.
4. 출석을 확인한다.

잠재적 문제

털어놓기/아이의 평판을 손상시키기

한 어머니가 집단 지도자에게 큰 목소리로 이야기하기 시작했다(아이가 바로 옆에 서 있는데). "이번 주는 진짜 힘들었어요. 월요일에는 선생님에게 무례하게 굴고 화요일에는 학교에서 쪽

1 **위험한/공격적인 장난감** : 무술 장난감, 대용량 물총, 물풍선, **혼자 노는/각자 노는 장난감** : 책, 스케이트보드, 장난감총, **너무 좋은 장난감** : 잃어버리거나 망가지면 아이가 속상해하는 비싼 장난감

지를 받았어요. 오늘은 학교에서 집에 오는 버스에서 문제를 일으켰어요.” 이에 대한 효과적인 반응은 부모의 말을 끊고, 부모가 아무리 좌절하고 ‘털어놓는’ 것이 필요하다고 느끼더라도 이 자리는 그런 것을 말하는 자리가 아니라고 말해 주는 것이다. 그리고 부모가 상담을 받도록 의뢰해 주기를 원하는지 물어본다.

부적절한 장난감

한 어머니가 아들에게 야외용 장난감으로 찰흙을 주면서 “이걸 공처럼 던질 수 있어.”라고 말했다. 집단 지도자는 아이에게 찰흙을 부모에게 넘겨 주라고 했다. 다른 예로는 너프 총, 나치 기념품, 주머니 칼, 바람 빠진 공 등이 있었다. 이런 것들도 같은 방식으로 처리했다.

너무 급할 때

한 부모는 일을 마치고 바로 와야 해서 집에 들러서 아이가 장난감을 가져올 시간이 없었다. 그 어머니는 장난감을 갖고 늦게 오는 것보다는 제시간에 오는 게 나을 거라 느꼈다고 말했다. 집단 지도자는 제시간에 오는 게 우선이라는 것에 동의하면서 수업 참석 전날 밤에 공을 차 트렁크에 미리 넣어둘 것을 제안했다.

친구 사기 1

한 11살 난 남자아이가 자기 돈으로 껌을 사서 모두에게 주려고 가져왔다. 이 아이에게는 흔치 않은 관대한 행동이어서 집단 지도자는 아이들이 모두 껌을 입에 잘 물고 있는다면 나눠 먹어도 좋다고 말했다. 이것은 심각한 판단 오류라는 게 드러났다. 껌을 씹고 껌에 대해 얘기하는 것이 수업 진행에 방해가 되었다. 결국 그 아이가 풍선을 불어대면서 집단을 흐트러뜨리기 시작했고, 집단 지도자가 껌을 뱉으라고 하자 그 아이는 매우 화가 났다. 급기야 놀이 공간에서 돌아오는 길에 다른 남자아이 하나가 그 아이에게 자기에게 껌을 하나 팔라고 계속 요구했다(집단 지도자는 이것을 중지시켰다). 이때부터 부적절한 장난감 외에 다른 것들도 어린이 회기에 가져오지 않도록 금지되었다.

친구 사기 2

한 8살짜리 남자아이가 사탕을 한 가방 가져왔다. 이 아이는 교육 시간 내내 사탕을 조금씩 몰래 꺼내먹기 시작했고, 다른 아이들이 이것을 알아차리게 되었다. 놀이 공간에서 활동을 할 때에 또래들이 사탕을 좀 달라고 하기 시작했다. 이 남자아이는 또래들을 가려가며 사탕을 나눠주기 시작했다. 사탕은 즉시 수거되었고, 아이의 어머니에게 회기가 끝날 때에 돌려주었다. 아이의 부모는 아이가 예전에도 친구를 사려고 사탕을 '뇌물'로 학교에 가져간 적이 있다고 말해주었다. 어머니는 이 방법이 성공적이지 못했고, 사탕을 줄 때에만 친하게 지낼 것을 약속하는 또래들에게 이용당하고 아들이 항상 실망한다는 것도 말했다.

물건 가져와서 발표하기

아스퍼거장애가 있는 한 2학년 남자아이가 봉제 동물 인형을 '보여주고 발표하기'위해서 가져왔다. 그 동물 인형은 그 아이의 나이에 걸맞지 않는 것이었는데, 아이의 부모가 이렇게 하라고 시킨 것이었다. 집단 지도자는 어머니에게 이 치료의 목적은 기술을 바탕으로 관계를 발전시키는 것이지, 가진 걸 보여주는 자리가 아니라고 말해 주었다.

과제 점검

과제 점검은 항상 부모 회기의 첫 부분에 한다. 집단 내 통화하기는 과제 완료 비율이 높기 때문에 교실의 한쪽 끝에서 시작해서 순서대로 해 나가는 것이 효과적이다. 부모들에게 이 첫 번째 전화에서 아이들이 유창하게 대화하는 것을 기대하지 않아야 된다는 것을 상기시켜 줄 필요가 있다.

이번 회기가 숙제를 안 했다고 고백하고 다른 사람들의 동조를 구하는 부모를 처음 만나는 시간이 될 수도 있다. 다음번에 숙제를 해 올 방법을 찾기보다는 변명하는 일에 집단의 시간을 써가면서 말이다. [뒤에 나오는 '아무도 집에 없었다'(p. 102)를 보라.]

탁자를 돌면서 아이들이 가져온 장난감과 다른 집단 구성원들에게 한 전화 통화를 검토한다.[2]

돌아가면서 부모들에게 다음 주에 아이들이 가져올 야외용 장난감이 무엇인지 물어본다.

야외용 장난감을 가져오는 과제의 가치에 대해서 이야기한다. 아이가 자기 동네 놀이터에 가져갈 수 있는 유용한 것을 찾아낼 수 있다. 놀이터에는 보통 장난감이 없어서 좋은 야외용 장난감을 가져가면 다른 아이들을 자석처럼 끌어당길 수 있을 것이다. 이렇게 하는 데에 더 나은 장난감들이 있다. 공은 두 명 이상의 아이들이 쉽게 공유할 수 있다(그리고 공을 혼자 갖고 노는 건 지루하다). 다른 장난감들은 처음에는 다른 아이들의 관심을 강하게 끌 수 있을지도

2 전화 통화 지침을 기억하라. 방해되는 것, TV, 형제들이 방에 없어야 한다. 전화 약속을 어겼을 때는 상대방 아이가 얼마나 실망했을지 지적하고 다음번에는 잘 되도록 부모가 어떻게 할 것인지 묻는다.

모른다(예 : 너프 총 같은 것). 그러나 5분만 지나면 아이들은 누가 다음번에 사용할 것인지를 두고 싸우고 있을 것이다.

성공적인 통화의 임상사례

임무 완수

한 2학년 남자아이의 어머니는 집단 내 통화가 계획대로 되었다고 보고했다. 어머니는 아이가 2~3분 동안만 통화했다고 걱정했다. 집단 지도자는 그렇게 했으면 과제를 완수한 것이고 다음 주는 좀 더 복잡해질 것이라고 안심시켜 주었다.

'죽이 맞아서' 놀이데이트를 하려고 할 때

한 5학년 여자아이의 어머니는 딸이 집단 내의 다른 여자아이와 20분 동안이나 통화를 하고는 통화를 한 것에 대해 너무 기뻐하는 것처럼 보였다고 보고했다. 아이는 충동적으로 상대방 여자아이에게 놀이데이트를 하자고 했다. 어머니는 딸에게 수업을 듣는 동안에는 놀이데이트를 할 수 없다고 딸에게 적절하게 알려주었다.

잠재적 문제

아무도 집에 없었다

한 3학년 여자아이의 부모는 딸이 약속한 시간에 전화를 걸도록 하는 걸 잊어버렸다. 집단 지도자는 상대방 어머니에게 아이가 이것에 대해 어떻게 느꼈는지 물어보았다. 그 어머니는 딸이 무척 실망했다고 했다. 다른 부모들에게 전화 통화하는 것을 기억하는 방법이 있는지 제안해 달라고 했다. 한 엄마가 자신은 항상 금요일 밤에 통화했다고 말했다. 다른 엄마는 자신의 엄마가 알려준다고 말했다. 집단 지도자는 통화하는 걸 잊어버린 어머니에게 다음 번에는 어떻게 기억할지에 대해 말하게 했다. 초점은 다음번에 어떻게 다르게 할 것인가이지, 문제가 된 어머니가 변명을 하게 하거나, 다른 사람들이 과제를 못한 것이 이해할 만하다거나 받아들일 만하다고 말하도록 만드는 게 아니다.

불안해하는 아이

한 2학년 여자아이는 배정된 사람에게 말하는 것이 너무 두려웠다. 이 여자아이가 전화를 걸자 상대방 여자아이의 아빠가 전화를 받았고, 이 아이는 전화를 끊어버렸다. 이것을 보고 아이의 엄마가 대신 전화를 걸어주고, 상대방 여자아이와 연결되도록 해 주었다. 어떤 부모들은 불안해하는 아이가 전화를 하기 직전에 통화 예행연습을 한다. 부모가 상대방 아이가 되어서 역할극을 해 보는 것은 처음 전화 통화를 할 때에 생기는 불안을 극복하는 데에 특히 효과적이었다.

좋은 시간에 약속을 잡지 못했을 때

한 2학년 남자아이는 전화 거는 것을 거부하고 대신 TV를 보고 싶어 했다. 엄마는 잘못된 계획을 세웠다는 것을 깨닫고 아이가 좋아하는 프로그램을 하는 시간에는 통화 약속을 잡지 않기로 했다. 이런 상황에서 대안은 TV 프로그램을 녹화해서 전화 통화를 마치고 나서 보게 하는 것이 가장 좋다.

'과도한 계획'/'과도한 지도'

아스퍼거장애를 가진 한 1학년 남자아이의 어머니는 통화할 때에 말할 문장을 하나하나 말해 주었고, 아이는 단지 엄마가 방금 말한 것을 따라하기만 했다. 집단 지도자는 아들이 이 과제를 독립적으로 해 보게 해야 한다고 엄마에게 말했다. 통화하기 전에 아들과 통화를 연습해 보는 것은 받아들일 만했지만 통화를 위해 '대사'를 써주거나 '대화를 먹여주는 것'은 허용될 수 없는 것이었다.

부모에게 너무 어려운 과제

네 아이를 둔 어머니는 전화를 계획대로 하려고 했는데, 아이들을 돌보느라 과제를 할 수가 없었다고 말했다. 그 어머니는 숙제가 어떻게 되어 가는지 보려고 잠깐 들여다봤지만, 실제로 전화 통화를 관찰할 수는 없었다. (남편은 거의 도와주지 않거나 개입하지 않고 있는 상태였다.) 집단 지도자는 다음번 통화는 좀 더 잘 관찰할 수 있는 시간대에 잡을 수 있겠냐고 물었다. 어머니는 할 수 없다고 말했다. 집단 지도자는 매주 배운 것을 집단 밖으로 가져가서 일반화시키는 주체는 바로 부모라고 답해 주었다. 만약 어머니가 집에서 이루어지는 과제를 잘 관찰할 수 없다면, 아이는 회기에서 연습한 것을 실제에 적용할 수 없을지 모른다고 했고, 어머니의 답변은 "할 수 있는 한 최선을 다해 보겠다."였다. 그 뒤로 그 어머니는 대부분의 과제를 해 왔다.

부모 유인물

유인물에는 세 가지 주요 목표가 있다. 첫 번째 목표는 부모들이 남들 앞에서 아이의 단점을 절대 말하지 않도록 하는 것이다. 대신 자녀가 좋은 놀이상대라는 것을 보여주어야 한다. 두 번째 목표는 전화 통화를 할 때에 양방향 대화를 하는지 충분히 관찰하도록 부모를 교육시키는 것이다. 세 번째 목표는 부모에게 적극적 경청기술을 '조율'하게 해서 부모-자녀 대화를 증진시키는 것이다. **적극적 경청**이란 부모가 최소한의 말만 해도 아이가 정보를 부모와 나누도록 하는 기술을 말한다. 적극적 경청을 잘하는 것은 아이의 친구관계에 부모가 적절하게 개입할 수 있는 방법이다. 부모들은 학교와 이웃에서 무슨 일이 있는지에 대해 아이와 정기적으로 적극적 경청 시간을 가져야 한다. 순응도를 높이기 위해서 유인물에서는 부모가 집에 가는 길에 즉시 적극적 경청을 해 볼 것을 제시하고 있다.

1. 부모들에게 아이들이 어린이 회기 동안 대화기술을 배우고 있다고 말해 준다. 다음 숙제에서 부모들은 아이가 어떻게 전화 통화를 시작하고 끝내는지보다는 대화의 내용에 중점을 두어야 한다.
2. 부모들에게 새로운 관계에서의 첫 번째 할 일은 공통 관심사를 찾아서 함께 무엇을 할 수 있는지 알아내는 것이라고 말해 준다. 이것은 양방향 대화이지 인터뷰가 아니다(인터뷰는 동등한 사람들 사이에서 하는 것이 아니다).
3. 회기 유인물을 검토한다.

부모 유인물에 대한 집단 지도자 지침 – 2회기(대화하기)

목표

1. 아이들이 양방향 대화기술을 익히도록 돕기
2. 부모와 아이들이 서로 의사소통하도록 돕기

(a) 대화라는 것은 두 아이가 서로 즐거울 수 있는 방법을 말하고 배우는 것이다. [지금 어린이 회기에서 아이들이 배우고 있는 것이 이것이라고 말해 준다.]

- 해야 할 것

  서로에 대한 정보 교환

  교환(trade)이란 중요한 사실을 받고 중요한 사실을 주는 것을 의미한다. 질문에 대답을 하고 나면 교환이 계속 진행되도록 질문을 해야 한다.

알아내야 할 중요한 사실

어떤 활동을 좋아하는지? (함께 모여서 무엇을 할지 알기 위해서) 무엇을 하기 싫어하는지?(상대방과 시간을 보낼 때에 피할 수 있도록)

- 하지 말아야 할 것

대화를 독점하지 않기 다른 사람도 말하게 한다. 묻는 것에 대한 사실만 말하고 다른 사람에게도 말할 기회를 준다.

너무 개인적인 얘기하지 않기 자신이나 상대방을 불편하게 만들 정보를 주지 않는다.

면접관이 되지 않기 자신에 대해서는 말하지 않고 질문만 하지 않는다. 남들이 필요한 정보를 충분히 준다.

[부모들의 질문을 받기 위해 잠깐 멈춘다. 부모들이 양방향 대화를 확실히 이해했는지 확인한다. 부모들에게 다음 몇 번의 전화 통화 동안 이것을 관찰하게 될 것이라고 말해 준다. 부모들은 질문하고 듣는 것이 진행되고 있는지 알 수 있을 정도로 충분히 가까이에서 통화를 듣고 있어야 한다.]

(b) 자녀와의 대화를 증진시키는 방법

- 격려해야 할 것
    - 아이가 집단이나 다른 곳에서 배운 새로운 기술을 시도할 때 아이를 칭찬한다(개별적으로).
    - 놀이데이트를 결정할 때 아이가 참여하도록 해서 함께 선택하게 한다.
    - 아이 앞에서는 다른 어른, 교사, 아이들에 대해 말하거나 행동할 때 정중하게 한다.
    - 아이가 자신의 친구관계에 대해 말하고 싶어 하면 잘 들어준다.*
- 말려야 할 것
    - 아이의 단점을 남들 앞에서 말하는 것
    - 아이가 싫어하지만 접근하기 쉬운 아이들과 함께 놀게 하는 것
    - 아이 앞에서 다른 어른이나 다른 아이의 단점에 대해 말하는 것
    - 부모가 말하고 싶을 때 아이가 말하도록 재촉하는 것

[부모들 질문을 받기 위해 여기서 잠시 멈춘다.]

부모 과제

1. *오늘 집에 가면서 차의 라디오를 끄고 아이와 경청하는 기술을 연습한다. 처음에는 조용히 있으며 아이가 말을 하는지 기다려 본다. 만일 아이가 말을 안 한다면 회기 중에 일어난 일에 대해 물어본다. 부모들은 학교 등 밖에서 무슨 일이 있었는지 점검하는 정기적인 경청 시간을 가져야 한다. [다음 주에 어떻게 되어 가는지 물어볼 것이라고 말해 준다.]
2. 아이는 전화로 집단 구성원과 양방향 대화를 연습한다. 부모는 멀리 떨어져서 아이가 질문을 하고 질문에 대답을 하는지 듣는다. 그렇게 하지 않는다면 아이에게 과제를 상기시켜 준다. 아이들은 전화 통화를 시작하고 끝내는 방법을 모를 수도 있다—이것은 다음 주에 다룰 내용이다. [부모들에게 전화 통화의 중요성을 더 키워 주기 위해서 '큰 거래'를 하라고 말해 준다. 두 번째 통화는 대화할 내용이 더 많아야 하기 때문에 부모가 아이가 말할거리를 생각하도록 도와줄 수 있다. 이런 것을 하기에 가장 좋은 시간은 통화 바로 직전이다. 그러나 내용을 써 주지는 말아야 한다. 그렇게 하면 자발성이 떨어질 것이다. 예를 들어 통화하는 동안 아이가 부모가 말하는 것을 받아 적으면서 "천천히 해요, 난 그렇게 빨리 쓸 수는 없어요."라고 말하는 게 들렸다.]
3. 야외용 장난감을 가져온다(비가 오면 실내용 장난감을 가져온다).

잠재적 문제

아이가 도움을 받을 수 있을지 확신 못하는 어머니

주의력결핍 과잉행동장애가 있는 2학년 남자아이의 어머니가 아이들이 '사회적 단서를 알아차리는 방법'을 배우게 되는지 물어보았다. 집단 지도자는 우리는 아이들에게 사회적 단서를 알아차리는 방법은 가르치지 않고, 사람들 사이의 예의에 대한 규칙을 가르친다고 대답해 주었다. 아이들은 이 규칙들을 지킬 때에 사람들이 기분이 좋고 긍정적인 방법으로 자신들에게 반응한다는 것을 배우게 된다.

운동 못하는 아이

한 1학년 남자아이의 엄마는 스포츠를 강조하는 것에 대해 걱정했다. 어머니는 아이가 조직화된 운동경기를 하는 데 서툴다고 말했다. 또 아이가 다음 회기에 운동경기를 한다면 참가하지 않을 것이라고 말한다고 보고했다. 집단 지도자는 핸드볼 같은 비공식적인 운동장 경기는 아이들, 특히 남자아이들이 만나고 상호작용하는 주된 수단이라고 대답했다. 이것은 아이가 어떤 종목을 잘하는가와는 상관이 없다. 예를 들어, 핸드볼을 할 때는 줄을 서서 기다리는 데 대부분의 시간을 보낸다. 그런데 줄을 서서 기다리지 않으면 다른 남자아이들 근처에 가지 못할 것이다(기다리면서 옆에 있는 아이에게 말을 할 수 있다). 이 수업에서는 아이들을 이런 상황에 노출시켜서 정보에 근거한 선택을 하도록 할 것이다.

회기 마무리 모임의 끝에, 그 어머니는 자신의 걱정이 기우였다는 것을 확실히 알았다. 그 아이는 가져온 농구공을 만족스럽게 튕기며 놀이 공간에서 돌아왔다.

어린이 2회기 계획

어린이 교실로 가면서

1. 아이들이 어린이 회기를 진행하는 교실로 줄지어 갈 때 집단 지도자는 집단의 규칙을 강조하기 시작한다. 부모집단 지도자는 부적절한 장난감을 부모의 문제로 취급한다.[3]
2. 어린이 교실로 가는 동안 함께 걷기, 조용히 하기, 뛰지 않기, 실내에서는 공을 튕기지 않기, 남을 건드리지 않기 등의 규칙을 잘 지킨 아이들을 칭찬한다. 아이들이 자리에 앉으면 칠판에 한 줄로 아이들의 이름을 쓰고 이름 옆에 별을 그릴 공간을 둔다.

과제 점검

이번이 첫 번째 과제 점검 시간이다. 여기에는 두 가지 목적이 있다. 첫째는 숙제를 해 온 아이에게 보상을 주기 위해서이고(칠판에 그리는 별을 받는다), 둘째는 해 오지 않은 아이들에게 또래 압력을 주기 위해서이다. 이 아이들은 다른 아이들이 숙제를 어떻게 해 왔는지 들어야 한다.

허니문 효과(새로운 상황에서 아이들이 최고의 행동을 하는 것)는 보통 2회기까지 지속되지

3 어린이 회기에서 부적절한 장난감을 제외시키면 부모가 그러라고 하지 않는 한 아이들은 같은 실수를 반복하지 않는다.

않는다. 아이들은 두 가지 면에서 행동이 나빠진다. 나이가 좀 있는 남자아이들은 종종 익숙하지 않은 상황에서의 긴장을 빈정댐으로써 처리하려고 한다. 이런 것이 시작될 때에 주의 주기와 타임아웃으로 단호하게 다루지 않으면 다른 아이들에게도 파급될 수 있다. 몇몇 아이들이 시도할 수 있는 또 다른 방해 행동은 잡담하는 것이다(표 10.1 참조).

1. 아이들이 가져온 장난감을 점검한다.
2. 집단 내 통화에 집중한다. 돌아가면서 각 아이가 누구와 통화를 했고, 상대방 아이에 대해 알게 된 것이 무엇인지 말하게 한다.

표 10.1 잡담하는 아이들과 집단 지도자가 그들을 다루는 방법

잡담의 예 : "학교에 이런 애가 있었어요. 걔는 모든 걸 다 하고 싶어 했어요. 그 애가 다른 아이들의 공을 빼앗아 갔어요. 모두 그 애한테 화가 나서는……"

어떤 아이들은 잡담을 하고 싶어 한다(때로는 회기 내용과 관련이 있고 때로는 관련이 없는). 이 이야기들을 전부 다 들어주면 시간을 다 써버리게 되고, 집단의 시간을 독점하고 본질적으로는 일방적인 대화를 연습한 아이에게 보상을 주는 셈이다. 한 아이에게 잡담하는 것을 허락하게 되면 다른 아이들도 이렇게 하고 싶어 할 것이다. 이것을 차단하는 방법을 찾아보라.

몇 가지 제안이 있다.

1. 이야기를 중단시키고 아이에게 이야기를 건너뛰어서 직접적으로 관계가 있는 부분만 이야기하게 한다. 아이에게 이야기의 마지막으로 가라고 하거나, 이야기를 요약해서 이야기가 어떻게 끝나는지 말하라고 하거나, 과제를 한 얘기 같은 중요한 부분으로 가라고 말해 준다.
2. 전혀 관계없는 얘기라면 아이를 중단시키고 이렇게 말한다. "그건 우리가 지금 말하고 있는 주제는 아닌 것 같구나. 놀이 공간에 좀 더 빨리 가려면 우리가 얘기하던 주제로 돌아가야겠다."
3. 부적절한 얘기라면(예 : 다른 아이들을 때린 얘기 같은 것), 아이를 중단시키고 그 이야기는 집단의 초점에 맞지 않기 때문에 듣고 싶지 않다고 말해 준다. 그럼에도 아이가 계속 이야기를 한다면(이것은 주로 부정적인 관심을 끌기 위한 부적응적인 시도 때문일 것이다), 타임아웃을 준다.

허용할 만한 숙제보고의 임상사례

아이들은 자신과 통화한 아이에 대해 알게 된 한두 가지 좋은 점을 보고한다. 예를 들면 다른 아이가 (a) 새로운 비디오 게임을 막 샀다는 것, (b) 시험에서 좋은 성적을 받았다는 것, (c) 새 반려동물을 얻었다는 것 등이 될 수 있다. 집단 지도자는 아이가 알게 된 것을 반복해서 말하면서(몇 개의 단어만 사용하여) 숙제를 완수한 것을 인정해 준다.

잠재적 문제

일러바치기

한 2학년 여자아이가 집단 내의 다른 여자아이가 전화를 걸었더니 집에 없었다고 보고했다. 결과적으로 이 아이는 수없이 전화를 걸어야 했다. 이 여자아이는 상대방 아이가 집에 없었다는 것을 계속 강조하면서 그 아이가 곤경에 빠지기를 기대했다. 집단 지도자는 '일러바침'의 요소를 무시하고 그 여자아이에게 계속 전화를 했던 것은 잘한 것이었다고 말해 주었다(숙제를 해오지 않은 것에 대해서는 부모 회기에서 다룬다).

부모가 잡담을 지지할 때

회기가 끝날 무렵에 한 격분한 부모가 어린이 집단 지도자에게 "우리 딸이 그러는데, 당신이 수업시간에 아이 말을 끊고 학교에서 일어난 일을 말하지 못하게 했다면서요."라고 말했다. 집단 지도자는 그 부모에게 이것은 아이들이 사회적 상황을 다루는 기술을 배워야 하는 수업이라고 말했다. 우리가 할 일은 집단 구성원들에게 문제를 피할 수 있는 기술을 제공하는 것이다. 학교에서 일어난 일에 대해 말하는 것은 회기의 내용과 맞지 않고 대화를 독점하는 것과 비슷하다.

교육

또래수용을 개선시키는 대화기술은 관계를 발전시키는 초기단계에 특히 필요하다. 양방향 대화를 연습하면서 아이들은 '사회적 단서를 놓치는' 경향을 부분적으로 다루게 될 것이다. 소크라테스식 문답법을 사용한다(이 방법을 어린이 회기에 적용하는 방법은 표 10.2 참조).

1. 친구를 잘 사귈 수 있는 어떤 장소와 시간이 있다는 것을 말해 준다. 다음이 나오도록 소

표 10.2 어린이 회기에서 소크라테스식 문답법 사용하기

소크라테스식 문답법은 아이들이 상황에 대한 규칙을 찾아낼 때에 사용한다. 아이들이 규칙을 만드는 것처럼 보이지만 사실은 집단 지도자가 회기 계획상의 모든 규칙이 나오게 하는 것이다. 토론이 끝날 때쯤이나 시간이 없을 때에는 집단 지도자가 아이들이 찾아내지 못한 규칙을 말해 준다.

특정 상황에서 이 교육법이 유용한 이유는 다음과 같다.

1. 아이들이 서로를 가르치는 것이 더 활발하고 생동감 있는 학습 방법이다.
2. 자신들이 찾아낸 것이기 때문에 아이들이 더욱 만족감을 느낄 수 있다.
3. 자기 또래들이 찾아낸 것이기 때문에 그 규칙이 아이들에게 더 유용하게 느껴진다.
4. 주제가 너무 감정이 실리는 것이 아니고, 가르칠 규칙이 몇 가지 정도일 때에 잘 맞는다.

규칙을 만들어내고 규칙의 중요함을 설명하는 데에 아이들이 적극적으로 참여하게 한다. 회기 계획에 있는 규칙들을 가르칠 원형으로 삼는다.

1. 어떤 아이가 규칙을 약간 바꾸어 말하면, 그것을 받아들이고 아이를 칭찬한다. 회기 계획 중에 그 규칙을 다시 말한다. 집단에게 "그 규칙을 지키는 게 왜 좋은 생각일까?"라고 묻는다.
2. 아이가 틀린 것을 말하면 간단하게 "아니, 그건 ……의 규칙이 아니야."라고 말하고 다른 아이에게 질문한다. 틀린 규칙을 바로잡아 주지 않으면, 어떤 아이들은 그 아이가 말한 것이 옳다고 믿을 수도 있다.
3. 아이의 부적절한 행동에 대한 이유에 대해 아이와 '논쟁'하려 들지 마라.

크라테스식 문답법을 사용한다.

좋은 장소 : 놀이터, 학교 식당, 학교 가는 버스 안, 점심 먹기 위해 줄 서 있을 때, 방과 후 학교 운동장, 스카우트 모임과 모둠활동 전후

나쁜 장소 : 교실, 경기가 진행되는 야구 필드, 횡단보도, 화장실

좋은 시간 : 방과후, 수업 시작 전, 점심시간, 모둠활동 후, 전화할 때

나쁜 시간 : 교사가 말하고 있을 때, 다른 아이가 접근하려 하고 있을 때

2. 대화라는 것은 두 사람이 말하면서 서로 즐겁게 하는 방법을 배우는 것이라고 말해 준다.
3. "탐정들은 무얼 하지? 어떤 아이가 미스터리라면 어떻게 할까?"라고 질문한다. 공통 관심사 찾기를 탐정놀이처럼 설명한다.

4. 이 대화에서 잘못된 것이 무엇인지 물어본다. "여보세요. 나 방금 닭 먹었어. 그리고 닌텐도 했어. 그다음 영화를 봤어. 어, 10분 다 됐네. 좋아. 안녕." 아이들에게 이것이 대화였는지 물어본다. (답 : 아니다. 한 사람만 얘기를 했다. 이 사람은 대화 독점자다. 공을 독차지하는 것과 똑같다.) 아이들에게 상대방이 어떻게 생각하겠는지 물어본다. (답 : 말하는 사람이 이기적이고 자기한테만 관심이 있다.)
5. 다음 과제는 정보 교환이다.

   - 해야 할 것

     서로에 대한 정보를 교환한다. 교환이라는 것은 중요한 사실을 주고 중요한 사실을 얻는 것이다. (a) 그 애들은 무얼 하는 걸 좋아하나? 같이 모여서 무엇을 할지 알려면 이것을 먼저 알아둘 필요가 있다. (b) 그 애들은 무얼 하는 걸 싫어하나? 그 아이와 어울릴 때 이것을 피할 수 있도록 알아둘 필요가 있다. 만약 내가 상대의 질문에 답을 하면 나도 교환이 계속되도록 질문을 해야 한다.

   - 하지 말아야 할 것

     대화를 독점하지 않기 : 다른 사람도 말하게 하라. 묻는 것에 대한 사실만 말하라. 필요한 정보를 얻을 수 있도록 충분히 정보를 주어라.

     면접관이 되지 않기 : 자신에 대해서는 말하지 않고 질문만 하지 마라.

     너무 개인적인 얘기하지 않기 : 다른 아이들을 처음에 알게 되면 좋아하는 것과 싫어하는 것 정도만 알면 된다. 처음에 자신에 대해서 너무 상세하게 얘기하면 남들이 나와 얘기하고 싶어 하지 않을 수도 있다.
6. 정보 교환하는 시범을 보여주고 아이들이 연습하게 한다. 아이들을 둘씩 나눈다. 옆에 앉은 아이와 '정보 교환'을 하게 해서 상대 아이가 하고 싶어 하는 것을 알아내고, 자신이 하고 싶은 것을 상대방에게 말하는지 본다.

이번에 아이들이 얼마나 진지하고 어른스럽게 행동했는지 짚어 준다. 누군가를 알게 될 때에 진지하게 대하면 상대가 더 나와 이야기하고 싶어진다. 아이들에게 너무 사적인 얘기는 하지 않아야 된다는 것을 상기시켜준다.

잠재적 문제

부적절한 만남의 장소

아스퍼거장애가 있는 한 5학년 남자아이가 화장실에서 친구를 사귈 수 있을 거라고 제안했다. 그 아이는 옆의 칸으로 들어가서 자신이 만나고 싶은 사람에게 말을 걸 거라고 말했다. 집단 지도자는 다른 아이들에게 이게 좋은 생각인지 물어보았다. 그들은 모두 "아니요."라고 말했다. 집단 지도자는 화장실은 사생활이 필요한 곳이라고 설명해 주었다.

과거의 나쁜 행동 떠벌리기

주의력결핍 과잉행동장애와 품행장애가 있는 한 6학년 남자아이가 "한 번은 내가 이 녀석들이랑 학교 뒷골목에 들어갔어요. 우리가 잡혔으면 야단이 났을 텐데, 우리는 멋진 시간을 보냈고, 걔들은 내가 멋지다고 생각했어요."라고 말했다. 집단 지도자는 집단에게 "이런 일을 하면 뭐가 문제일까?" 하고 묻고는 다른 아이들에게서 적절한 반응을 이끌어냈다. 자신의 나쁜 행동을 자랑하려는 아이가 이것이 괜찮은 행동이었다고 계속 고집을 부린다면, 주의를 주고 다음에는 타임아웃을 받게 한다.

집단 방해

한 4학년 여자아이가 관계없는 '잡담'을 해서 옆에 앉은 여자아이를 웃게 만들었다. 주의를 한 번 받고도 이런 행동을 계속해서 타임아웃을 하게 되었다. 회기에서 타임아웃을 준 것은 처음이었기 때문에 아이는 충격을 받은 것 같았다. 집단의 다른 아이들도 깜짝 놀라서 즉시 수업에 더 집중했다.

과제 내어주기

1. 정보 교환 : 다른 집단 구성원의 관심사를 알아내기 위한 전화 통화. 각 아이들이 집단 내의 다른 아이(동성)와 전화하도록 배정해 준다.
2. 자기 물건 가져오기 : 농구공, 축구공, 소프트볼, 원반, 핸드볼, 원반 발사기 등

실제놀이

거부당하는 아이들은 게임을 하며 노는 것을 못해 보았다. 아무도 같이하자고 하지 않거나 스

스로 같이하는 것을 거부해서이다. 어쩌다 게임을 하게 되면 잘한다는 것을 남들에게 보여주고 싶어 하거나 다음번 기회가 언제일지 모르기 때문에 억눌렸던 것들을 한 번에 모두 표출하려고 할 수도 있다. 그들은 게임에서 모든 걸 다 하려고 할 수도 있다(다른 사람은 못하게 하고). 그들은 TV에서 형편없는 스포츠맨 정신만 보고 본받을 만한 스포츠맨 정신을 못 보았기 때문에 너무 공격적으로 경기를 할지도 모른다. 그들은 처음에는 실수로 다른 아이의 발을 걸 수도 있지만 나중에는 고의로 그럴 수도 있다. 그들은 코트에 나가기도 전에 서로의 손에 있는 공을 탁 쳐서 빼앗을 수도 있다. 또, 다른 아이의 얼굴에 공을 던지는 시늉을 해서 놀라는 반응을 보고 비웃을 수도 있다. 집단 지도자가 이것을 계속 허용하게 되면 아이들은 시간이 갈수록 점점 더 난폭해질 것이다.

친구관계 치료에 의뢰된 대부분의 아이들은 집단 내에서 적절하게 어울리며 독립적으로 놀 수 있는 충분한 기술이 없다. 특히 경쟁적인 놀이에서 그럴 것이다. 프로그램의 이 시점에서 경쟁적인 게임을 하게 되면 공격성이 커지기 쉽다. 아이들이 무엇을 할 것인지를 결정하게 하면 우왕좌왕하고 말다툼을 하다가 보통 지배적인 아이들이 결정하게 될 것이다. 그러므로 실제놀이 시간에 강조하는 접근법은 모든 면에서 구조와 지침을 주어서 아이들이 스스로 마음대로 조정하지 못하도록 하는 것과 특정 기술을 배워서 능숙하게 사용하도록 가르치는 것이다. 만약 구조가 이 수준 아래로 내려가면, 상황이 급격히 통제불능 상태가 되고 만다.

'늑대 무리'는 경쟁할 기회는 거의 없으면서 매우 협동을 요하는 놀이이다. 이것은 빠르게 진행되고 아이들이 몇 가지 규칙과 간단한 전략만으로 팀에 합류하는 경험을 할 수 있다. 이것은 아이들에게 다른 아이들이 하고 있는 게임에 끼어드는 방법을 가르치는 멋진 전주곡이다(제11장 참조).

임상사례 : 모여 있는 동안 '늑대들'이 고안해낸 전략

1. 늑대들을 두 집단으로 나누어서 사슴을 잡기 위해 함께 일하도록 한다.
2. 늑대들은 한 아이를 쫓아가는 척한다. 실제 목표가 되는 '사슴'이 나중에 안심을 하면 한 늑대가 다른 늑대들에게 미리 정해둔 신호를 주어 목표 사슴을 쫓아가게 한다.
3. 집단 지도자는 '늑대들'에게 잡기 '쉬운 사슴'을 골라서 너무 많은 힘을 들이지 않고도 '늑대 무리'의 크기를 키우도록 지도할 것이다.
4. 어떤 '사슴'은 다른 모든 '늑대들'보다 훨씬 더 빨리 달리면 이 지도자는 '늑대들'이 번갈아 가며 사슴을 쫓아 사슴을 지치게 만들라고 제안해 준다.

회기 마무리 모임

1. 아이들이(집단으로서) 회기 중에 한 일에 대해 칭찬해 주는 것으로 시작한다. 부모들에게는 "오늘 우리는 탐정놀이와 정보 교환을 연습했습니다. 또 누군가를 처음 만났을 때에 진지하게 대하는 것에 대해서도 연습했습니다. 아이들이 예의 바르고 진지한 모습을 많이 보여주었습니다. 우리 모두 아이들에게 큰 박수를 보냅시다."
2. 지난 회기에서처럼 집단 내 통화 배정을 하나씩 읽어주지만 부모들이 즉시 서로 통화 약속을 잡는 것을 중지시키고 계속 말한다. "이번 주에 모두 해야 할 중요한 일은 전화상으로 정보를 교환하는 것입니다. 다음 주에 사용할 야외용 장난감도 가져오십시오."
3. 이 시점에서 코치와 부모집단 지도자와 어린이집단 지도자는 방을 돌면서 각 부모와 아이가 다음 주에 어떤 장난감을 가져올지 합의하게 한다.

어린이 친구 만들기 훈련

부모 유인물-2회기

대화하기

목표

1. 아이들이 양방향 대화기술을 익히도록 돕기
2. 부모와 아이들이 서로 의사소통하도록 돕기

(a) 대화라는 것은 두 아이가 서로 즐거울 수 있는 방법을 말하고 배우는 것

해야 할 것

서로에 대한 정보 교환

교환이란 중요한 사실을 받고 중요한 사실을 주는 것을 의미한다(탐정놀이).

질문에 대답을 하고 나면 교환이 계속 진행되도록 질문을 해야 한다.

알아내야 할 중요한 사실

무엇을 하는 걸 좋아하는지?—함께 모여서 무엇을 할지 알기 위해서

무엇을 하기 싫어하는지?—상대방과 시간을 보낼 때에 피할 수 있도록

하지 말아야 할 것

대화를 독점하지 않기—다른 사람도 말하게 한다. 묻는 것에 대한 사실만 말하고 다른 사람에게도 말할 기회를 준다.

너무 개인적인 얘기하지 않기—자신이나 상대방을 불편하게 만들 정보를 주지 않는다.

면접관이 되지 않기—자신에 대해서는 말하지 않고 질문만 하지 않는다. 남들이 필요한 정보를 충분히 준다.

(b) 자녀와의 대화를 증진시키는 방법

격려해야 할 것	말려야 할 것
아이가 집단이나 다른 곳에서 배운 새로운 기술을 시도할 때 아이를 칭찬한다(개별적으로). 놀이데이트를 결정할 때 아이가 참여하도록 해서 함께 선택하게 한다. 아이 앞에서는 다른 어른, 교사, 아이들에 대해 말하거나 행동할 때 정중하게 한다. 아이가 자신의 친구관계에 대해 말하고 싶어 하면 잘 들어준다.	단점을 남들 앞에서 말하는 것 아이가 싫어하지만 접근하기 쉬운 아이들과 함께 놀게 하는 것 아이 앞에서 다른 어른이나 다른 아이의 단점에 대해 말하는 것 부모가 말하고 싶을 때 아이가 말하도록 재촉하는 것

(다음 페이지에 계속)

부모 과제

1. *오늘 집에 가면서 차의 라디오를 끄고 아이와 경청하는 기술을 연습한다. 처음에는 조용히 있으면서 아이가 말을 하는지 기다려 본다. 말을 안 한다면 아이에게 회기 중에 일어난 일에 대해 물어본다. 부모들은 학교 등 밖에서 무슨 일이 있었는지 점검하는 정기적인 경청 시간을 가져야 한다.
2. 아이는 전화로 집단 구성원과 양방향 대화를 연습한다. 부모는 멀리 떨어져서 아이가 질문을 하고 질문에 대답을 하는지 듣는다. 그렇게 하지 않는다면 아이에게 과제를 상기시켜 준다. 아이들은 전화 통화를 시작하고 끝내는 방법을 모를 수도 있다—이것은 다음 주에 다룰 내용이다.
3. 야외용 장난감을 가져온다(비가 오면 실내용 장난감을 가져온다).

어린이 친구 만들기 훈련

늑대 무리 규칙

어린이 2회기

아이들을 집합시킨다

1. 아이들을 '한무리'로 모이게 한다.

편을 가른다

2. 한 아이를 '늑대'로 정하고, 나머지는 모두 '사슴'이다(첫 번째 늑대는 사슴 한 마리 정도는 잡을 수 있을 정도로 빨라야 한다).

게임 규칙을 말해 준다

3. 늑대가 사슴을 잡으면, 그 사슴은 또 하나의 늑대가 되어서 '늑대 무리'의 구성원이 된다. '늑대 무리'에 속한 모든 늑대들은 다른 사슴들도 늑대로 바꾸기 위해서 함께 일한다.
4. '단독 늑대'는 없다. 늑대 무리가 다음에 쫓을 사슴을 선택하고(집단 지도자가 지도해 주거나 도와주면서) 늑대들은 지정된 사슴만 잡을 수 있다.
5. 늑대들은 크게 5부터 카운트다운해서 사슴이 곧 시작될 추격을 준비하게 해 준다.

게임을 시작한다

6. 사슴이 '숲'으로 뛰어 나가게 한다(놀이 공간의 범주 내에서 도망간다).
7. 늑대들과 작전회의를 해서 다음에 어떤 사슴을 잡을 것인지 선택하게 하고 지정한 사슴을 잡을 전략을 세우게 한다.

핵심 교육

8. 모든 '늑대들'이 다음에 잡기로 되어 있는 특정 '사슴'에 집중하면서, 작전회의에서 만든 계획을 잘 따르고 있는지 지속적으로 감시하고 확인한다.
9. 한 아이가 무리를 지배해서 모든 '사슴 선택'이나 전략을 세우지 않게 한다.
10. 모든 늑대들이 함께 일하지 않는다면 게임을 중단시키고 늑대들을 작전회의로 돌아가게 하고 규칙과 게임 계획을 점검하게 한다.

핵심 교육과 게임 마무리 보고

11. 아이들에게 이 게임에서 어떻게 성공했는지 물어본다. (답 : 이 게임에서 잘하는 유일한 방법은 힘을 모아 한 팀이 협동하는 것이다.)

CHAPTER

11

'끼어들기'/평판/지역사회 자원 사용하기

치료의 근거

놀고 있는 아이들 틈에 끼어들려는 시도부터 누구를 친구로 선택하느냐에 이르기까지, 거부당하는 아이는 사회적 실수를 범한다. 치료의 가설은 놀이할 때에 다른 아이들 사이에 끼어드는 사회적 예의범절을 아이들에게 가르치고 부모들이 아이가 적당한 친구들을 선택할 수 있는 사회적 관계망을 만들도록 가르치면 궁극적으로 또래집단 내에서 아이의 평판이 개선될 것이라는 것이다.

11.1 아이들의 사회적 관계망 형성의 장애물

이웃과 접촉해서 사회적 관계망을 발전시키는 것은 점점 어려워지고 있다. 예전에는 아이들이 노는 소리로 활기찼던 동네의 거리는 조용하기만 하다. 범죄가 두려운, 특히 빈곤층 지역에 사는 부모들은 아이들이 또래들을 더 쉽게 만날 수 있는 집 앞에서 놀지 못하게 한다(Cochran & Davila, 1992). TV 프로그램 시청에 많은 시간을 보내게 된 것도 아이들이 놀 수 있는 시간을 줄여놓았다. 학령기 아이들은 주당 평균 27시간 동안 TV를 본다(Bryant & DeMorris, 1992).

> 아이가 TV를 얼마나 보든지, 미국 문화에서 TV의 침투는 바깥에서 노는 아이들의 숫자가 줄어들었다는 것을 의미하며 이것은 한 가족이 자기 집에서 TV를 없애거나 제한하더라도 마찬가지이다(Bryant & DeMorris, 1992, p. 182).

이런 면에서는 아이들을 동네 학교에 보내는 것이 도움이 될 수 있다. 동네 학교에 다니게 되면 공통적인 경험을 하게 되므로 아이들이 친구관계를 발전시킬 수 있고, 부모와 아이들이 공통의 사회적 관계망으로 연결될 수 있고, 좀 더 친밀한 또래관계의 도약판이 될 수도 있다(Bukowski 등, 1996; Rubin & Sloman, 1984). 그러나 많은 부모가 동네 학교를 버리고 집에서 상당히 먼 학교에 아이들을 데리고 가야 한다고 생각한다. 우리 환자들을 대상으로 한 설문에서 아이들의 절반 미만만이 동네 학교를 다니는 것으로 나타났다. 이 말은 학교 일에 부모가 적게 관여하고, 아이가 방과 후 학교에 머무는 시간이 줄어들고, 학교에서 또래를 만나는 것이 현저히 줄어든다는 뜻이다. 그러므로 부모의 학교 선택이 아이의 또래관계망 형성을 더 어렵게 만들 수도 있다.

학교 내의 요인들도 또래 접촉을 더욱 어렵게 만든다. 수년간 학급 인원수가 크게 늘어났다. 인원이 많은 학급의 아이들이 적은 학급의 아이들보다 친구 숫자가 적었다(Epstein, 1983). 지난 20년에 걸쳐 주중에 아이들이 숙제하느라 보내는 시간은 꾸준히 늘어났고, 또래와 보낼 시간은 줄어들었다.

아이들이 놀 수 있는 환경이 줄어들고 아이들의 사회적 관계망이 분열되었기 때문에 아이의 사회적 관계망을 만드는 데에 부모의 역할이 더욱 중요해졌다.

11.2 아이들이 사회적 관계망에 접근하기 쉽게 만들기

아이들이 또래들을 만나지 못하기 때문에 부모의 사회적 관계망에 자신의 아이와 비슷한 연령대의 아이가 있는 오가기 쉬운 거리에 사는 다른 부모를 포함시키는 것이 더욱 중요해졌다(Ladd, 1992; Rubin & Sloman, 1984). 부모가 받는 가치 있는 사회적인 지지도 가정 밖의 다른 어른과의 친구관계로부터 받는 것 같다. 부모의 친구관계의 숫자는 그 자녀들의 친구관계망의 크기와 상관관계가 있었다(Homel, Burns, & Goodnow, 1987).

앞에서 지적했듯이 많은 가족들이 친구관계를 끌어내는 자원으로서 학교를 잘 사용할 수 없다. 이것은 많은 부모가 자녀를 동네 바깥의 학교로 보내지만, 자녀를 친구와 놀게 하려고 오갈 때 15분 이상씩 운전하고 싶어 하는 부모는 거의 없기 때문이다. 그러므로 동네에서 접근

가능한 친구들을 찾아내야 한다. Bryant (1985)는 7세에서 10세까지 연구대상자들이 보고한 대부분의 친구관계는 도보 가능한 거리나 자전거로 갈 수 있는 거리 내에 있었다는 것을 알아냈다.

11.3 거부당한 아이들에게서 발견되는 문제점

거부당하는 아이의 행동이 사회적 관계망을 만들어내는 것을 더 어렵게 만들 수 있다. 예의를 지키지 않는 것(Dodge, Coie, & Brakke, 1983)은 의심할 여지 없이 또래 거부와 뒤따르는 부정적인 평판의 원인이 된다. 일단 아이가 부정적인 평판을 얻게 되면, 사회적 관계망에서 단절되어 있기 때문에, 이후에 또래 예의범절을 배우는 것이 더 힘들 수도 있다. 사회적 관계망에서 단절되어 있을수록 거부당하는 아이들이 또래 예의범절을 알지 못하게 될 수 있다(Erwin, 1993; Ladd & Asher, 1985). 또래 사이에서 부정적으로 평판이 나는 것은 두 가지 이차적 영향이 있다. (a) 이것은 기존의 사회적 관계망을 또래들과 더 친밀한 놀이 경험을 하는 자원으로 사용하는 것을 불가능하게 한다. (b) 이것은 아이를 언어적 괴롭힘(놀리기)과 신체적 괴롭힘(괴롭히기)의 표적이 되게 만들 수 있다.

거부당하는 아이들의 사회적 관계망에 대한 연구

11.4 부정적 평판의 효과

1학년과 3학년 사이에 인지적 능력이 더욱 발달하면서 아이들은 평판의 미묘한 면까지 구별하기 시작한다(Frankel, 1996; Peevers & Secord, 1973). Rogosch와 Newcomb(1989)은 상이한 사회적 상태에 있는 1학년, 3학년, 5학년 사이의 평판의 요소에 대한 정보를 얻기 위해 자유면담을 수행했다. 아이들은 거부당하는 아이들의 평판에 대해 많은 방법으로 일관되게 기술했다. 이러한 기술들은 '미움받는', '남을 거부하는', '고약하거나 심술 맞은', '유치한' 등이었다. 판별함수 분석에 근거하여 연구자들은 거부당하는 아이들의 평판(서술어에 근거한 정확분류 비율 70.6%)은 인기 있는 아이들(27.8% 정확)이나 무시당하는 아이들(30% 정확)보다 더 강하다는 것을 알아냈다. 게다가 이러한 서술어들은 학년이 올라가면서 더욱 두드러졌는데, 1학년에서 정확분류 비율 40%였던 것이 5학년에서는 92%까지 상승하였다.

또래들 사이의 부정적인 평판은 시간이 지나도 유지되고(Coie, Dodge, & Kuperschmidt,

1990), 아이가 갈등을 해결하는 능력에 부정적인 영향을 주는데, 이것은 아이가 사용하는 기술이 제한적이기 때문이기도 하지만, 또래들이 그렇게 예상하거나 탓을 돌리기 때문이기도 하다. Putallaz와 Gottman(1986)은 거부당하는 아이들이 적절한 상호작용을 시도하더라도 선호되는 아이가 같은 시도를 했을 때보다 또래들로부터 긍정적인 피드백을 받기 어렵다는 것을 알아냈다. Hymel(1986)은 규칙위반을 한 후에 선호되는 2학년, 5학년, 10학년 아이들은 자주 '유리한 해석'을 또래들로부터 받았지만 거부당하는 아이들은 그렇지 못했다고 보고했다.

11.5 빗나간 친구들의 영향

거부당하는 아이들의 부모들은 자녀가 누구와 어울리는지에 관심을 더 기울여야 한다. 학교에서 사귀는 친구는 사회계층 범주 내에서 형성되는 경향이 있다. 평균 정도로 선호되는 아이들은 평균 정도로 선호되는 아이들과 친구가 되는 경향이 있고, 인기 있는 아이들은 범주를 넘어서는 경향이 있고(주로 평균적으로 선호되는 아이들에게), 거부당하는 아이들은 친구가 적거나 거의 없다(Kupersmidt, DeRosier, & Patterson, 1995; Ladd, 1983). 그러나 거부당하는 아이가 사귄 몇 안 되는 친구들이 문제일 수 있다. 반사회적 행동 수준이 높은 아이들은 서로를 찾아내는 경향이 있고, 그렇게 되면 궁극적으로는 약물 사용 같은 비행을 저지를 가능성이 높아지고(Dishion, Capaldi, Spracklen, & Li, 1995), 남들에게 공격적인 행동을 할 가능성이 높아진다(Grotpeter & Crick, 1996). 말썽을 일으키는 남자아이들이 서로 친구가 되면 자신들의 혼란과 행동 문제(Berndt & Keefe, 1995; Dishion, French, & Patterson, 1995)와 반사회적 행동(Patterson, 1986; Patterson, Dishion & Banks, 1984)이 더 커진다. Vitaro, Tremblay, Kerr, Pagani, Bukowski(1997) 등은 중등도로 말썽을 일으키는 남자아이들이 공격적인 친구들이 있으면 그런 친구들이 없는 중등도의 말썽을 일으키는 아이들보다 나중에 비행을 저지를 위험성이 높다는 것을 밝혀냈다. 여자아이들은 이런 면에서 남자아이들보다 단짝친구의 영향을 더 많이 받는다(Berndt & Keefe, 1995). Dishion, Capaldi, Spracklen, Li(1995) 등은 206명의 범죄율이 높은 지역 학교의 아이들을 4학년, 5학년, 12학년에 평가하여 자료를 모았다. 규칙 위반과 약물 사용에 대한 적극적인 또래 지지는 고등학교로 진학하는 동안 약물 사용의 즉각적인 상승과 연관이 있었다. 부모의 감시가 효과적이지 못한 것도 아이들이 빗나간 또래관계망에 관련되는 것과 강한 연관이 있었다. Dishion, Capaldi, Spracklen, Li(1995)는 그들의 연구에서 둘이 짝을 이룬 단짝친구의 72%가 구속된 상태가 유사하다는 것을 알아냈다. 그들은 이렇게 지적했다.

> 청소년기가 시작될 때 반사회적인 남자아이들은 반사회적 또래집단으로 뭉치는 경향이 있다. 이 젊은이들의 친구관계가 발전되면서 더욱 만족스럽고, 더욱 안정적이고, 어쩌면 결국에는 더욱 부적응적일 수 있는 빗나간 또래관계망이 형성될 수 있다. (p. 149)

Sabongui, Bukowski, Newcomb(1998) 등은 229명의 6학년 아이들의 사회계측상의 변화를 6개월에 걸쳐 학교에서 측정했다. 그들은 아이의 인기도는 아이의 성격과 함께 그 아이 친구들의 사회계측 상태에 의해서도 결정된다는 것을 발견했다. 여기서 시사하는 바는 사회계측상 평균이거나 잘 수용되는 아이와 관계를 맺으면 거부당하거나 무시당하는 아이들의 사회계측 상태가 호전될 수 있을 것이라는 것이다. 그러므로 또래 문제에 대한 효과적인 치료에는 아이가 어울리는 소집단을 좀 더 수용되는 아이들과 가까이하게 하고(Putallaz & Gottman, 1981), 반사회적인 행동을 하는 또래들과는 멀리하는 것으로 바꾸는 것이 포함되어야 한다.

11.6 연구와 임상사례의 결과

거부당하는 아이들은 또래들 사이에서 부정적인 평판을 가지고 있다는 추가적인 부담을 가지고 있는 경우가 자주 있다. 부모들이 친구관계를 만들어가는 데에 노력을 집중하기 위해서는 이것을 찾아내는 훈련을 받아야 한다. 또한 부모들은 거부당하고/당하거나 반사회적 행동이 있는 다른 아이와의 바람직하지 못한 친구관계를 자녀가 걸러낼 수 있도록 도와주어야 한다. 행동이 바르고 보통 15분 이내의 거리에 사는, 지리적으로 가까운 아이들과 친구관계를 발전시키는 것이 중요하다. 특히 아이가 학교에서 평판이 나쁘다면 동네의 이웃들과 친구관계가 가능한지 타진해 보아야 한다.

회기 진행하는 방법

지금까지

이 시점에서는 거의 모든 부모들이 가정에서의 과제에서 자신들의 역할을 하고, 회기 중에는 제대로 질문을 하고 의견도 말하면서 프로그램을 따르고 있어야 한다. 부모와 아이들은 대화의 기능과 과정에 중점을 두기 시작했다.

이번 회기에는

부모집단에서는 자녀들과의 대화, 특히 적극적 경청(예 : 회기를 마치고 집에 가는 길)을 검토할 것이다. 아이들은 전화 통화를 시작하고 끝내는 방법을 배울 것이고 처음으로 치료 프로그램에 참가하지 않는 아이에게 전화를 걸어야 하는 과제를 받을 것이다. 아이들이 '양방향'으로 말하는지 부모가 전화 통화를 관찰하는 것은 아이들이 이 기술을 확실히 굳히도록 하기 위해서 앞으로 대여섯 회기 동안 계속할 것이다. 부모 회기의 주요 주안점은 부모들이 가장 걱정하는 집단 내에 있지 않는 아이에게 전화를 거는 것이 될 것이다. 이 첫 번째 집단 외 통화는 성공이 보장되도록, 아이를 좋아하고 전화 통화가 가능한 누군가와 하는 것이 이상적이다.

이 회기에서 또래들 사이에 끼어드는 기술(끼어들기)을 가르치기 시작한다. 부모에게는 자녀가 사용할 수 있는 사회적 자원을 생각해 보게 하고, 자녀가 다른 아이들이 노는 데에 끼어들 시도를 할 수 있는 마땅한 장소를 동네에서 찾아보도록 한다. 또한 부모가 자녀가 적당한 친구를 고르는 것을 돕게 한다.

부모 3회기 계획

시작 모임

아이들이 들어오면 장난감을 점검한다. 장난감이 제외 목록에 포함된 것이면 부모가 그 장난감을 보관한다.[1]

부모와 아이가 각자 이름표에 굵은 글씨로 이름을 쓰게 하고 가슴의 잘 보이는 곳에 달게 한다.

출석을 기록한다.

과제 점검

이번 회기에는 과제가 세 개밖에 없기 때문에 집단 지도자는 각 부모와 과제를 점검할 때에 여유 있는 속도로 할 수 있다.

1. 지난 주에 집에 가면서 어떤 일이 있었는지 점검한다(부모의 적극적 경청 과제).

---

1 **위험한/공격적인 장난감** : 무술 장난감, 대용량 물총, 물풍선, **혼자 노는/각자 노는 장난감**-책, 스케이트보드, 장난감총, **너무 좋은 장난감** : 잃어버리거나 망가지면 아이가 속상해할 비싼 장난감

2. 가져온 장난감과 다른 집단 구성원에게 한 전화 통화를 점검한다. 양방향 대화가 오갔는지 물어본다—아이가 질문을 하고 질문에 대답을 했는지? [방해되는 것들, TV, 형제들이 방에 없어야 한다는 것을 명심하도록 한다. 전화하기로 한 약속을 못 지켰을 때에는 상대방 아이가 얼마나 실망했을지 지적해 주고 다음번에 전화 통화를 잘하기 위해서 어떻게 할 것인지 그 부모에게 물어본다.]
3. 아이들은 때때로 집단 내 통화를 갑자기 끊어버릴 것이다. 부모들에게 우리는 한 번에 한 가지 기술만 가르치고, 이번 핵심은 전화를 시작하거나 끝내는 것보다는 양방향 대화였다는 것을 말해 준다.[2]

과제를 잘 수행한 임상사례

지난번 모임 후 집으로 가는 길의 대화

한 부모가 지난번 모임 후에 집으로 차를 운전해 가는 동안 라디오를 껐다고 보고했다. 딸이 놀라서 물었다. "왜 꺼요?" 그 어머니는 집단 지도자가 그러라고 했다고 말해 주었다. 잠깐 침묵이 흐른 후에 아이는 자신의 집단에 대해서 얘기하기 시작했다.

양방향 대화를 실행시킨 부모

한 3학년 남자아이의 어머니가 아들이 집단 내 통화를 하면서 질문만 하고 대답을 하지 않는다는 것을 알아차리고는 아이에게 상대방도 질문을 하도록 해 주라고 상기시켜 주었다. 상대방 아이의 부모는 그 시점에서 통화가 '일방적'인 것에서 '양방향'으로 진행되었다고 말했다.

잠재적 문제

완벽한 전화 통화를 기대하는 어머니

한 3학년 남자아이의 어머니는 집단에서 자기 아들이 얼마나 어색했는지 세세히 얘기하고 전화 예절을 하나도 모른다는 것을 강조했다. 집단 지도자는 이 보고를 중단시키고 통화기술이 나아지도록 가르치는 건 좋은 일이지만 이번 주의 교육은 단지 대화를 '주고받는 것'을 발전시

---

2 전화 통화를 점검해 보면 보통 모든 아이들이 통화를 진지하게 했다는 것을 알 수 있다. 집단 지도자는 이것을 제3의 부모가 보고한 후에 지적해야 한다.

키는 것이라고 지적해 주었다. 아이가 그걸 했다면 이번 주 임무는 달성한 것이다.

회기에 대해 불평하는 아이

회기를 마치고 집에 가는 길에 부모가 대화를 좀 더 잘 들어주면 때로는 '불만 접수처'의 문이 열리게 될 것이다. 한 부모는 "우리 애가 또 와야 되냐고 물었어요."라고 말했다. 이 아이는 오기 싫어해서 처음 두 회기를 오면 보상을 줄 것이라고 제안 받은 아이였다. 그런 다음 그 어머니는 다른 사람들도 이런 경험을 했는지 집단에 물어보았다. 다른 10조의 부모들 중 단지 1조만이 비슷한 경험을 했다고 말했다. 집단 지도자는 대략 20% 정도의 아이들이 회기에 오지 않으려고 한다는 것을 지적했다. 이 내키지 않는 아이들을 계속 오게 만드는 가장 큰 요인은 부모들이 이 프로그램을 지지하는 말을 하기 때문이다. 우리 경험으로는 오고 싶어 하는 아이들만큼이나 마지못해 오는 아이들도 결과가 좋다. 핵심 프로그램에 참여하면 결과가 좋을 것이라는 기대를 가지고 과제를 완수해 오는 것이다.

부모 유인물과 과제 내어주기

유인물에서는 7회기부터 시작될 놀이데이트 과제를 하는 데에 필요한 놀이 자원을 검토한다. 모든 부모들이 이런 자원을 가지고 있을 것이므로, 대략적인 검토 정도만 필요할 것이다. 이 유인물을 점검하다 보면 부모들이 종종 나중의 회기의 과제, 특히 놀이데이트에 대한 구체적인 질문들을 하게 된다. 집단 지도자는 부모들이 가져야 할 자원에 계속 집중하도록 하고, 이런 질문들에 대한 논의는 나중 회기로 미루어야 한다.

부모는 자녀가 중요한 사회기술을 치료 상황 외에서 반드시 사용하도록 하는 동시에 아이의 사회적 관계망을 다시 세워야 한다. 좋은 기술을 사용해도 평판이 나쁜 아이의 또래 선호도가 즉시 바뀌지는 않을 것이다. 집단 외의 아이에게 전화를 걸기 시작하면서 다음 몇 회기에 걸쳐서 부모는 학교에서 또래들의 반응 속에서 부정적인 평판의 조짐이 있는지 알아내도록 교육 받는다(아이들이 생일파티에 초대하지 않거나, 전화를 다시 해 주지 않거나, 아이와 전화로 말하는 것을 즐거워하지 않거나, 절대 놀이데이트를 할 수 없을 것 같을 때).

부모가 자녀의 평판이 부정적이라는 것을 알아낸다면, 자녀에게 '주목 받지 않는 상태'를 유지해서 이 평판이 사라지도록 하라고 지도 받는다(또래들로부터 더 이상의 부정적인 반응들을 일으키지 않으면서). 대신 치료의 초점을 새로운 사회적 상황에서 자녀를 잘 모르는 또래들과 친구가 되는 것에 두게 될 것이다. 이것이 잘되려면 부모가 감독을 잘해야 한다.

1. 각 부모에게 자녀가 이미 놀고 있는 다른 아이들 틈에 끼어드는 방법을 배우고 있다고 말해 준다. 다음 주에는 부모가 가정이나 학교에서 이런 것들을 하도록 돕기 시작할 것이다. 아이가 학교에서 평판이 나쁘다면, 이 기술을 연습할 다른 상황을 찾아야 한다.
2. 부모 유인물을 점검한다.

부모 유인물에 대한 집단 지도자 지침 – 3회기(부모가 자녀의 친구관계를 지지하는 방법)

목표

1. 부모가 자녀의 친구관계를 도울 수 있는 방법 점검하기
2. 미래의 놀이상대를 위해 필요한 자원 개발하기

장기연구에서 보면 아이가 두 명이나 세 명과의 친한 친구관계가 있으면 아이의 향후 적응이 더 나아진다. 이웃에서 친구를 사귀는 것이 가장 좋다. 자녀가 친한 친구를 사귀고 유지하는 기술은 주로 비공식적인 일대일 놀이데이트에서 발전하지, 팀이나 스카우트처럼 조직적인 활동을 통해서가 아니다. [부모에게 아이들은 지금 이미 놀고 있는 다른 아이들 사이에 끼어드는 방법을 배우고 있다고 말해 준다. 다음 주에는 부모가 가정과 학교에서 이렇게 하도록 도와주게 될 것이다. 우리의 목표는 (a) 아이가 집단놀이에 끼어들고 계속 놀 수 있는 기술을 가르치는 것과 (b) 끼어든 집단을 놀이데이트를 위한 실마리를 만들어내는 데에 사용하는 것이다. 우리는 부모들이 자녀들이 행동이 바른 아이들을 만나도록 돕는 것에 관심이 있다. 연구결과를 보면 나쁜 행동을 하는 아이를 친구로 사귀는 것보다는 친구가 아예 없는 편이 더 낫다.]

부모가 도울 수 있는 방법(이것 모두를 갖추어야 한다)

[여기서 각 번호를 할 때마다 부모가 어떤 자원도 없다면 문제를 해결하도록 도와준다.]

1. 집에서 아이가 친구와 놀 수 있는 적당한 장소, 형제들이 침범하는 것이 문제라면 이를 최소화할 수 있는 장소[3]
2. 자녀도 좋아하고 다른 아이도 같이 즐거워할 것 같은 상호적인 활동이나 게임. 보드 게임은 포함될 수 있지만 비디오 게임이나 TV는 포함되지 않는다. [우리는 비디오 게임이나 컴퓨터나 TV는 허용하지 않는다는 것을 말해 준다. 집에 사용할 수 있는 보드 게임이나,

3 수입원이 제한적인 부모들은 집에 적당한 장소가 없을 수도 있다(많은 사람들이 한 아파트나 집에 같이 살고 있을 수 있다).

캐릭터 모형이나, 블록 등이 있는지 물어본다. 가끔 컴퓨터나 비디오 게임을 선호하는 남자아이들이 보드 게임을 버리게 되면서 파손되어 버린다. 이런 보드 게임들은 이제 새것으로 교체해야 한다.]

3. 아이들이 초대받을 수 있는 잠재적인 놀이상대가 있는 곳(스카우트, 팀, 학교). 부모는 앞으로의 회기에서 이것들 중 하나에 의지해야 할 필요가 있을 것이다. [부모가 공원이나 다른 방과 후 자원이 없다고 말한다면, 이번 주말에 동네 주변을 차로 돌면서 자녀가 함께 놀았을 때에 편안하게 느낄, 자녀보다 1살 이상 어리지 않은 아이들이 놀고 있는 공원을 찾게 한다. 많은 공원이 하루 중 시간대와 주중의 요일에 따라서 특성이 다르다. 부모가 다른 날에 같은 공원에 가서 더 일이 잘될 수도 있다. 학교에서 자녀의 평판이 부정적이라면, 이 기술을 연습할 동네의 장소를 찾아야만 한다.]
4. 일대일 놀이데이트를 위한 시간 가용성—자녀는 일주일마다 최소 2~3시간까지 잠재적 놀이데이트를 할 시간이 있어야 한다. [장기적인 연구에서 스카우트, 팀, 수업 같은 활동이 사회 적응에 유익하다는 어떤 결과도 보여주지 못했다(그것들은 새로운 사람을 만나는 것에는 유용하다). 금요일과 일요일 오후 사이에 적어도 2시간을 빼 놓아서 아이들이 놀이데이트를 할 수 있도록 하는 것이 수많은 계획된 활동에 휘말리는 것보다 훨씬 중요하다.][4]

부모 과제

1. 이전 회기처럼 다른 집단 구성원에게 전화를 한다. 전화를 끊을 때 적절히 하는지 점검한다. 아이들에게 대화가 잠시 중단되는지 잘 듣고 있다가 전화를 끊어야겠다고 말하라고 한다. [부모가 점검한다. 전화를 끊는 것은 두 부분으로 되어 있다. (a) 대화가 중단되는 것을 알아차린다(모두가 말할 것이 없어졌을 때), 그리고 이렇게 말한다. (b) "자, 이제 전화 끊어야겠다. 학교에서 만나자." 등]
2. 자녀는 집단에 없는 아이와 전화상으로 양방향 대화를 하게 된다. 접근하기 쉽고 그 부모와 통화 약속을 할 수 있는 아이(예 : 사촌이나 가족 친구네 아이)가 그 대상이다. 오늘 집에 가기 전에 누구로 할 것인지 결정한다. 이 아이와 놀이데이트는 잡지 않도록 한다. [부모에게 가장 좋은 접근법은 아이가 집단 내 통화를 먼저 하면서 통화를 시작하고 끝내는

4 시간 가용성은 아이들에게 빡빡한 활동을 잡아놓거나 주말에 '가족 시간'을 지키고 싶어 하는 중산층 부모들에게는 쟁점이 될 수 있다.

것을 연습한 다음 집단 내에 있지 않은 아이에게 전화하도록 하는 것이다.] 아이를 선택하는 기준('최고의 기준')은 다음과 같다.

(a) 상대방 아이는 같은 나이와 성별이어야 한다.

(b) 자녀의 평판에 따라 누구에게 전화할지 결정한다. 부모는 자녀의 평판이 나쁜 환경에 속한 아이에게 전화하지 않도록 해야 한다. 이 첫 번째 집단 외 통화는 성공이 보장되어야 한다. 아이를 좋아하고 전화 통화가 가능한 누군가와 하는 것이 좋다.

(c) 각 부모와 얻어낸 '최고의 거래'를 따른다. 부모가 누군가를 생각해내서 회기가 끝날 때에 아이에게 제시한다. 만약 아이가 더 좋은 생각을 갖고 있다면 아이의 생각대로 해도 된다. 집단 외 통화에 대한 최고의 기준은 같은 성별의 아이, 1년 이내의 나이 차이, 한동안 얘기를 안 해서 더 잘 알고 싶어 할 아이와 하는 것이다. 이전에 이런 통화를 해 본 적이 없다면, 한동안 못 본 같은 나이의 친척과 해 볼 수 있다.

(d) 아이는 양방향 대화를 해야 한다. 질문 목록을 주는 것은 인터뷰하게 만들 수 있고 아이가 자발성을 잃어버리기 때문에 안 하는 것이 좋다. 부모들은 아이가 통화 직전에 가능한 질문들에 대해 검토하도록 준비시키거나 실제로 아이와 전화 통화 예행연습을 해 볼 수 있다.

(e) 전화를 건 표면상 이유, 우리가 받은 숙제가 뭐였느냐(아이들이 학교에서 같은 반일 때), 새학기에 어느 학교로 갈 거냐, 축구 팀에 들었느냐 등의 질문들로 통화를 시작하고 정보 교환하기에 들어간다. 어떤 아이들은 전화하는 상대방 아이에게 친구 만들기 수업 때문에 전화 통화하는 거라고 말한다. 그러나 어떤 아이들은 '실험 대상'이 되는 것을 좋아하지 않을 수 있고 이것 또한 통화가 작위적이라는 것을 보여주게 된다. 그러나 가장 중요한 것은 전화를 끝까지 하는 것이다.

(f) 부모들은 잘 들어야 한다. 상대방 아이가 전화를 받아서 기뻐했는지(친척에게 한 게 아니라면)? 아이들이 함께하고 싶은 것을 생각해냈는지? 두 가지 질문에 다 "예"라면 통화한 아이는 잠재적 놀이데이트 상대 명단에 올라간다.

3. 이전 회기에서처럼 집에서 야외용 장난감을 가져온다.
4. 동네에서 자녀가 동년배들(또는 1살 이내로 어린 아이들)이 놀고 있는 곳에 합류할 장소가 있는지 둘러본다.
5. 다른 필요한 자원들을 추가한다 — 놀 장소, 상호적인 장난감, 아이 시간표에 자유시간 두기.

잠재적 문제

놀이데이트를 위한 통화

3학년 남자아이의 부모가 자기 아들이 놀이데이트 하고 싶어 하는 아이와 통화해도 되는지 물었다(집단 외 통화로). 집단 지도자는 혹시 그 부모의 자녀가 놀이데이트를 할 때 문제가 있었던 적이 있는지 물어보았다. 그 어머니는 그렇다고 했다. 집단 지도자는 그 아이에게 전화하는 것은 7회기에서 놀이데이트를 다룰 때까지 미루든지 이번에는 그냥 정보를 얻기 위해서만 전화하도록 하고 놀이데이트 잡는 것은 연기하라고 말해 주었다.

우리는 일반적으로 부모들이 너무 일찍부터 놀이데이트를 잡는 것은 말린다(자녀가 전화 통화를 성공적으로 한 것 때문에 의욕에 차 있다고 하더라도). 이것은 준비된 지도감독이 없는 놀이데이트로 아이의 잠재적인 새로운 친구관계를 위태롭게 만들 위험성이 크기 때문이다.

전화 통화를 불편해할 때

4학년 아이의 어머니가 자기 아들이 전화 통화하는 것에 대해 너무 불안해한다고 말했다. 첫 번째 집단 외 통화는 아이가 자주 놀고 지난 주에도 만났던 이웃 아이와 하기로 결정했다.

통화할 사람이 아무도 없을 때

한 아이가 자기는 아무도 전화할 사람이 없다고 주장해서 관례대로 사촌과 하라고 권유해 주었다. 그 가족은 휴일 동안 이 사촌을 방문할 예정이었다. 집단 지도자는 이번 방문 동안 같이 무엇을 할 것인지 계획을 세우기 위해서 전화 통화를 사용할 수 있을 것이라고 제안했다.

나이 차이가 많이 날 때

한 어머니가 자기 아이보다 4살 많은 아이를 선택해도 되는지 물어보았고, 다른 부모도 나이 많은 아이는 '사회기술이 훨씬 낫다'는 생각을 근거로 나이 많은 아이를 제안했다. 부모들의 생각은 이 나이 많은 아이가 '내 아이를 가르친다'는 것이었다. 집단 지도자는 이 제안을 반대하면서 가르치는 것은 회기 중에 할 것이고, 과제는 부모가 자녀가 잠재적인 친구와 연습하도록 계속 가르치는 것이라고 말해 주었다.

낯선 사람을 만나는 것에 대한 걱정

2학년 남자아이의 어머니는 아들이 공원에서 어머니가 잘 모르는 아이들과 만날까 봐 걱정했다. 집단 지도자는 이것에 대해 두 가지 답을 말해 주었다. 첫째, 우리의 계획은 어머니의 지도감독하에 다른 아이들의 놀이에 합류하는 것을 연습시키는 것이었다. 이렇게 만난다고 친구관계를 맺어야 할 필요는 없다. 둘째, 학교에서 아이가 평판이 나쁘다면 전략적으로 새로운 곳에서 친구를 찾아야 한다는 것이었다.

어린이 3회기 계획

과제 점검

과제가 지난 회기에 점검했던 것과 비슷하다고 해도, 아이들의 대화기술은 전화 통화하는 동안 부모가 감독하는 과정을 통해서 더 나아졌다. 아이들은 정보를 얻어내는 기술이 더 나아졌고 통화를 더 길게 하게 되었다. 많은 아이들이 숙제 얘기를 하면서 신나 할 것이다.

1. 다른 집단 구성원에게 전화한 것을 검토한다. 돌아가면서 각 아이들이 누구에게 전화를 했고 그 아이에 대해 무엇을 알아냈는지 말하게 한다.
2. 정보 교환에 대해 점검한다. 정보를 받고 정보를 주고, 왔다갔다 하는 것을 탁구나 테니스 경기에 비유한다.

성공적인 양방향 대화의 임상사례

임무 완료

- 한 5학년 여자아이가 열심히 보고했다. "우리는 공통점을 일곱 가지나 여덟 가지 찾아냈어요. 우리는 반려동물, 밖에서 노는 것, 책 읽는 것을 좋아하고 같은 TV 쇼도 좋아해요."
- 아스퍼거장애를 가진 한 6학년 남자아이는 "그 애가 멋지다는 걸 알았어요. 우리는 같은 것들을 좋아하는데, 농구와 컴퓨터예요."라고 말했다.

잠재적 문제

엄격한 통화 시간 제한

아스퍼거장애가 있는 한 3학년 남자아이는 전화 통화는 정확히 10분이어야 한다고 생각했다. 그 아이는 탐정 역할을 하긴 했지만, 이런 말들로 통화를 중단시키곤 했다. "5분 남았어.", "2분 남았어.", "시간 다 됐어. 안녕." 집단 지도자는 이것을 흉내 내어 보이고 집단에게 무엇이 잘못되었는지 물어보았다. 흥미롭게도, 집단 지도자가 이 행동을 중립적으로 연기하는 것을 보고는 그 남자아이가 스스로 자신의 실수를 알아차렸다. 회기 마무리 모임에서 어린이 집단 지도자는 그 아이의 부모에게 전화를 하기 전에 아들에게 정보를 주고받는 것이 필요하지 전화 통화의 길이는 중요하지 않다는 것을 상기시켜 주라고 얘기했다.

'남자에 빠진' 경우

한 6학년 여자아이가 집단 내의 다른 여자아이들에게 자신은 남자 친구를 사귀는 것에 관심이 있다고 말했다. 집단 내의 다른 여자아이들과는 달리 그 아이는 집단 내의 남자아이들에게 통화를 하고 싶어 하고 놀이데이트도 남자아이들과 하기를 원했다. 이것은 다른 여자아이들을 대하는 것에서 손을 떼는 방법일 수도 있고 남자아이들과의 관계를 지배하고 싶어서일 수도 있다. 집단 지도자는 오직 여자아이들에게만 전화를 하도록 배정해 주었고 그 여자아이의 엄마에게 남자아이가 대화의 주제가 되지 않도록 잘 관찰해야 한다고 경고해 주었다. 수업시간에 남자아이들에 대해서 상의하게 되면 '대화 독점자'가 되어 버리므로 그렇게 하지 못하게 한다(다른 여자아이들은 남자아이들에 대해 얘기하는 것을 원하지 않을 수도 있으므로).

과제 내어주기

아이들은 자신들의 대화기술을 가지고 '관심사'를 얻기 위해서 집단 구성원들과 두 번의 전화 통화를 했다. 이제는 이 상황을 모르는 집단 외의 아이에게 기술을 적용하기 시작한다. 상대방 아이는 말을 할 필요도 없고, 친절하게 대할 필요도 없고, 전화를 걸 때에 집에 있을 필요도 없기 때문에 이번 통화는 더욱 어려울 것이다. 이 첫 번째 통화는 말하기 편안한 누군가와 하게 해서 아이들이 나중에 집단 외의 아이들과 통화할 때에 자신감을 얻도록 해 준다.

1. 집단 내에 없는 아이와 전화하면서 양방향 대화 하기 : 집단 외 통화는 한동안 얘기하지 않았

고 더 잘 알고 싶어 하는 누군가와 해야 한다. 그러나 첫 번째 통화는 함께 말할 때에 편안할 만한 누군가에게 해야 한다(접근하기 쉽지만 말하지 않았던 누군가, 가령 몇 년간 못 본 예전 학교 친구). 각 아이들에게 누구와 할 것인지 구체적으로 정하게 한다. 다음 주에 이 아이와의 공통된 관심사가 무엇인지 얘기하게 될 것이라고 말해 준다.

2. 통화를 하는 표면상의 이유가 필요하다. 숙제를 알아내는 것, 상대방 아이가 새학기에 어느 학교로 가게 되는지, 축구팀에 들었는지 같은 것들로 통화를 시작하는 것이 가장 좋고, 그다음에 정보 교환을 시작한다. 그러나 일단 통화를 하라!
3. 전화 통화를 시작하고 끝내는 규칙

   시작 : 내가 누구인지 얘기를 하고 상대방 아이와 얘기하고 싶다고 한다. 자동응답기가 전화를 받는다면 메시지를 남긴다[내가 누구이고, 누구와 통화하고 싶은지(상대방 아이의 이름), 나의 전화 번호].

   끝 : 전환하는 말("숙제하러 가야겠다.", "밥 먹을 시간이야.", "방 청소 좀 해야겠다.", "나중에 얘기하자." 등을 말하고 "조만간 보자, 안녕.")

   교실을 돌면서 각 아이들에게 어떻게 통화를 시작하고 끝낼 것인지 말하게 한다.
4. 집단 내 통화를 위해서 전화 상대를 배정해 준다.
5. 다음 회기를 위해서 야외용 장난감을 다시 가져오라고 말한다.

잠재적 문제

'남자에 빠진' 경우

적대적 반항장애가 있는 한 5학년 여자아이가 남자아이들에게 전화하고 싶다고 말했다. 집단 지도자는 나이가 같거나 더 어린 다른 여자아이에게 전화하는 것이 과제라고 답해 주었다. 남자아이에게 전화하는 것은 숙제를 해 온 것으로 인정되지 않을 것이다.

교육

이미 놀고 있는 아이들 집단에 합류하는 것('끼어들기')에 대한 공식적인 교육이 시작된다. 이 단계들을 간결하게 보여주고 아이들이 소크라테스식 문답법을 통해서 단계들을 어렵게 모으도록 하지 않는다(대부분의 아이들은 합류하는 단계를 모를 것이기 때문에).

끼어들기

- 해야 할 때 : 다른 아이들이 놀고 있을 때, 점심시간에, 수업 시작 전에, 방과 후에 끼어들기를 시도한다.
- 하지 않아야 할 때 : 아이들이 작업을 하고 있을 때나 교사 (또는 다른 어른들) 말씀을 듣고 있을 때에는 같이 놀려고 하지 않아야 한다.
- 해야 할 것 : 가까이에서 집단을 쳐다본다(불쑥 끼어들지 않고 그 아이들이 하는 것에 관심이 있다는 것을 보여준다), 아이들이 무엇을 하고 있는지, 참여하는 규칙이 무엇인지(번갈아 가며 하는지, 줄을 서는지?)를 지켜본다. 아이들이 게임하는 것을 도와주며 합류한다. 지켜보는 집단이 너무 거칠게 놀면 다른 집단을 찾아본다.
- 하지 말아야 할 것 : 질문하기(어떻게 돌아가는지 모르겠다면 다른 아이들을 방해하지 마라). 자기자신이나 자기의 느낌에 대해 말하지 마라(아무도 관심이 없다). 반대하거나 비판하지 마라(외부인은 그렇게 할 권리가 없다). 광대짓을 하거나 우스꽝스럽게 하지 마라(이것은 노는 것을 진지하게 원하지 않는다는 것을 보여주고 산만하게 만들 것이다).[5]

임상사례 : '끼어들기' 보여주기

집단 지도자 : 첫 번째로 할 일은 눈을 사용하는 것입니다. 우선 놀고 싶은지 결정하세요. 지켜보는 아이들이 규칙에 따라 놀고 있나요? 너무 거칠게 놀고 있나요? 거칠게 놀지 않는 아이들을 찾고 싶을 수도 있겠지요.

집단 지도자 : 그 아이들에게 합류하고 싶다고 결정하면 그 아이들이 놀이하는 걸 도와주기 시작하세요. 만약에 공이 밖으로 튀어나오면 먼저 공을 만져도 '괜찮은지' 확인하세요. 이렇게 물을 수 있겠지요. "얘들아, 내가 이거 대신 주워 줄까?" 기둥을 발로 찬다거나 경기장 밖에 있으면서 공을 아래위로 튕기면서 다른 아이들을 산만하게 만드는 소음을 만들지 말아야 합니다. 참고 기다려야 합니다. '끼어들기'까지는 시간이 좀 걸릴 수도 있습니다.

집단 지도자 : 기다리던 아이가 "나 너무 오래 기다리는 거 아니야?"라고 말한다면 어떨까요? [집단 지도자는 괴롭고 실망스러운 몸짓을 과장해서 표현한다.]

[아이들이 조용히 있는다.]

---

5 이 규칙들은 Garvey(1984, p. 164~165)에서 가져온 것들이다. 끼어들기에 대한 더 많은 논의는 제12장을 참조하라.

집단 지도자 : 답은 "내가 조바심 내거나 짜증난 것이 다른 아이들에겐 아무 문제도 아니라는 겁니다." 어떤 학교는 "모두가 놀지 않으면 아무도 놀지 못한다."는 규칙이 있기는 하지만, 어떤 아이들은 놀이 하는 중간에 걸어 들어가서는 "나도 할 거야."라고 말하거나 교사에게 말해서 아무도 못 놀게 해서 '다른 아이들을 인질로' 잡아둡니다. 이러면 다른 아이들이 멀어집니다.

잠재적 문제

(끼어들기) 기술을 비하하는 것

"우리 학교에서는 게임에 참가하려고 기다릴 필요가 없어요. 우린 그냥 바로 걸어 들어가요." 그 남자아이는 배운 기술을 사용하면서 놀이시간을 '낭비'할 필요가 없다고 거듭 말했다. 집단 지도자는 이 남자아이에게 우리가 가르치는 기술을 시도해 볼 필요는 있다고 지적했다. 이런 방해가 되는 행동을 멈출 때까지 주의 주기와 타임아웃을 사용했다.

실제놀이

아이들이 스스로 게임을 준비하려면 보통 시간이 많이 걸릴 것이다(게다가 마음대로 휘두르거나 불공정한 팀을 만들지 않고 어떻게 해야 하는지도 모를 것이다). 그러므로 간단한 규칙이 있는 경기를 미리 준비해 두는 것이 아주 쓸모가 있다. 재빨리 또래들을 장악하고 지배하는 아이들에게 보상이 돌아가지 않도록 집단 지도자가 아이들에게 규칙을 빨리 가르치고 구조를 정한다. 이렇게 하면 집단 지도자가 미리 계획한 활동 중에 일어나는 일들을 더 잘 통제할 수 있어서 끼어드는 방법을 아이들에게 더 잘 가르쳐 줄 수 있다.

끼어들기는 '포로' 게임을 하면서 연습한다.

임상사례 : '끼어들기' 규칙 지도하기

집단 지도자[경기장 선 바깥에 물러서 있는 아이에게] : 좋아. 너는 지금 막 늦게 왔고, 다른 아이들은 이미 놀고 있어. 먼저 무얼 해야 되지?

아이 : [침묵]

집단 지도자 : 게임과 규칙을 알아내 봐. 무슨 게임이지?

아이 : 포로 게임이요.

집단 지도자 : 각 팀에 아이들이 몇 명이나 되지?

아이 : 저쪽은 4명이고 저쪽은 3명이요.

집단 지도자 : 누가 더 잘하지?

아이 : 저쪽이요.

집단 지도자 : 공이 방금 이리 날아왔어. 어떻게 해야 되지?

아이 : 공을 잡아서 애들에게 던져줘요.

집단 지도자 : 그렇게 해 봐[아이가 공을 던져 넣어준다]. 어느 쪽이 더 도움이 필요할까?

아이 : 저쪽이요[맞는 편을 가리킨다 — 선수가 더 적은 지고 있는 편].

집단 지도자 : 누구에게 같이하자고 해야 하지? 그리고 언제 물어봐야 하지?

아이 : [공을 들고 있는 아이를 가리킨다.] 게임이 잠깐 멈췄을 때요.

잠재적 문제

다른 아이들을 거부하는 경우

놀이를 하고 있는 아이들에게 기다리는 아이가 "나도 해도 될까?"라고 물었을 때에 "아니"라고 말하지 않도록 지도해 주어야 한다. 올바른 대답은 "그래.", "잠깐 기다려." 또는 "다음번에/이 게임 끝나면 같이할 수 있어." 등이다. 아이들에게는 다른 아이들이 같이 놀도록 흔쾌히 허락해 주면 학교에서나 이웃에서 또래들 사이의 평판이 좋아질 것이라고 조언해 준다.

역할극을 거부할 때

대부분의 아이들은 약간의 극적인 위엄을 가지고 소개하면, 선 밖에서 기다리는 것 같은 '가장하는' 면에 잘 따를 것이다. 그러나 어떤 아이들은 "이거 하고 싶지 않아요. 이건 따분해요."라고 말할 것이다. 이에 대한 답으로 집단 지도자는 "이게 바로 네가 해야 하는 활동이야."라고 말한다. 계속 거부할 때에는 주의 주기와 타임아웃을 하게 된다.

다니는 학교에 원칙이 적용되지 않을 때

아스퍼거장애가 있는 6학년 아이가 '끼어들기' 원칙을 배우고 나서 이렇게 말했다. "우리 학교에서는 아이들이 공격적이어서 난투극을 많이 벌여요. 우리 학교 애들은 서로를 알아갈 때에 난투극 벌이는 걸 좋아해요." 집단 지도자는 이렇게 대답해 주었다. "너의 이번 주 과제는 학교에서 좀 좋은 아이들과 어울릴 수 있는지 보는 것이지 그 아이들과 '난투극을 벌이는 것'은 아니란다."

참여를 거부할 때

놀이 공간으로 이동하면서 6학년짜리 남자아이가 "나 놀고 싶은 기분이 아닌데."라고 말하면서 투덜댔다. 코치와 집단 지도자는 아이를 쳐다보지 않았고 이 말도 무시했다. 집단이 놀이 공간에 도착했을 때에 그 아이는 팔짱을 끼고 집단 지도자에게 놀이를 하지 않겠다고 말하려고 했다. 코치와 집단 지도자는 계속 이것을 무시했다. 그 아이는 집단 지도자가 집단에게 게임 규칙을 말하고 있을 때에 배구 코트에 앉아 있었다. 집단 지도자는 그 아이에게 일어서서 가까이 오라고 말했다. 그 아이는 일어서서 가까이 왔지만, 게임이 시작되자마자 다시 코트에 앉아 버렸다. 집단 지도자는 일어서라고 말했다. 아이는 말을 듣긴 했지만 게임을 시작하지는 않았다. 잠시 게임이 진행된 후에 그 아이는 참여하기 시작하더니 시간이 다 되어서 게임이 끝나 버리자 실망했다.

강요의 도구가 된 장난감 1

어떤 아이는 자신의 장난감으로 모두의 놀이를 조정하려 할 것이다. 일이 자기 뜻대로 되지 않으면, 자기 장난감을 가지고 가버리려고 할 것이다("내가 제일 먼저 하지 않으면 난 그만두고 공 갖고 갈 거야."). 어떤 아이는 타임아웃을 받았을 때에 이렇게 하려고 할 것이다. 이 경우 집단 지도자는 그 아이에게 타임아웃을 하는 동안에도 장난감을 게임에 계속 사용할 것이라고 말해 준다. 모든 경우에 집단 지도자는 한 번 장난감이 놀이에 사용되면 그건 모두의 장난감이라고 말해 준다.

강요의 도구가 된 장난감 2

한 아이가 다음 주에는 자신의 장난감을 선택해서 놀아야 한다고 주장했다. 집단 지도자는 집단 구성원들이 가져오는 모든 장난감을 계획된 야외활동에서 다 사용하는 건 불가능할 것이라고 대답했다. 매주 집단 지도자가 놀이에 사용될 도구를 뽑게 될 것이다.

회기 마무리 모임

1. 아이들을(집단으로서) 칭찬하면서 시작한다. "오늘 우리는 통화를 시작하고 끝내는 것과

다른 아이들이 놀고 있는 데에 끼어드는 걸 연습했습니다. 많은 아이들이 참을성을 가지고 이 기술을 배우려고 노력했습니다. 우리 모두 아이들에게 큰 박수를 보냅시다."

2. 집단 내 통화 배정을 지난 회기에서처럼 하나씩 읽어주지만 부모들이 즉시 서로 전화 약속을 잡는 것은 중지시킨다.
3. 계속해서 "이번 주에 모두가 해야 할 중요한 일은 집단 내에 없는 아이에게 전화를 거는 것입니다. 부모님과 통화할 사람을 정하십시오."
4. 코치와 집단 지도자가 같이 각 부모와 아이들이 집단 외의 어떤 아이와 전화를 할지 점검한다. ('최고의 계획'과 첫 번째 선택한 아이가 집에 없을 때를 대비해 '예비' 통화도 협상한다.) 집단 외 통화에 대해 협상하는 것은 다른 숙제에 대해 협상하는 것보다 시간이 더 걸릴 수 있다. 어떤 부모는 자녀에게 전화하라고 한 상대방 아이를 자녀가 싫어한다는 것을 알아차리지 못할 수도 있다. 아이들은 자신을 좋아하지 않는 누군가를 선택하거나(예 : 절대 다시 전화해 주지 않는) 부모가 생각하기에 행동이 나쁜 아이를 선택할 수도 있다. 부모는 이유를 말하지 않고 대안을 제시해 주어야 한다.

잠재적 문제

반에서 가장 인기 있는 아이에게 전화하기

주의력결핍 과잉행동장애가 있는 한 2학년 남자아이에게 집단 지도자가 집단 외 전화를 누구에게 걸 거냐고 물어보았다. 아이가 다른 남자아이 이름을 말하자, 그 어머니가 그 애는 아들 반에서 가장 인기가 많은 아이라고 말했다. 집단 지도자는 좀 더 접근하기 좋은 다른 아이를 찾아보는 게 필요하겠다고 말했다. 약간 주저하다가 그 아이는 어머니의 제안을 받아들였다.

부모의 '마지막 일침'

회기를 마치고 떠날 때에 한 부모가 집단 지도자에게 다가오더니 이렇게 요구했다. "난 우리 애들이 전화번호 알아내는 방법을 선생님이 좀 말해 줬으면 좋겠어요." (또는 반대로 "우리 애가 집단 밖으로 전화하는 걸 원하지 않으면 어떡하죠?" 또는, "우리 아들이 왜 이게 너무 하기 어렵다고 하는지 알겠어요. 동네에 아무도 없어요.") 이런 경우에 집단 지도자는 주어진 대로 과제를 수행하도록 부모가 최대한의 노력을 다하고, 다음 부모집단에서 모두가 도울 수 있도록 이 쟁점에 대해 얘기해 보자고 제안한다.

어린이 친구 만들기 훈련

부모 유인물 – 3회기

부모가 자녀의 친구관계를 지지하는 방법

목표

1. 부모가 자녀의 친구관계를 도울 수 있는 방법 점검하기
2. 미래의 놀이상대를 위해 필요한 자원 개발하기

장기연구에서 보면 아이가 두 명이나 세 명과의 친한 친구관계가 있으면 아이의 향후 적응이 더 나아진다. 이웃에서 친구를 사귀는 것이 가장 좋다. 자녀가 친한 친구를 사귀고 유지하는 기술은 주로 비공식적인 일대일 놀이데이트에서 발전하지, 팀이나 스카우트처럼 조직적인 활동을 통해서가 아니다.

부모가 도울 수 있는 방법(이것 모두를 갖추어야 한다)

1. 집에서 아이가 친구와 놀 수 있는 적당한 장소, 형제들이 침범하는 것이 문제라면 이를 최소화할 수 있는 장소
2. 자녀도 좋아하고 다른 아이도 같이 즐거워할 것 같은 상호적인 활동이나 게임. 보드 게임은 포함될 수 있지만 비디오 게임이나 TV는 포함되지 않는다.
3. 아이들이 초대받을 수 있는 잠재적인 놀이상대가 있는 곳(스카우트, 팀, 학교). 부모는 앞으로의 회기에서 이것들 중 하나에 의지해야 할 필요가 있을 것이다.
4. 일대일 놀이데이트를 위한 시간 가용성 – 자녀는 일주일마다 최소 2~3시간까지 잠재적 놀이데이트를 할 시간이 있어야 한다.

부모 과제

1. 이전 회기처럼 다른 집단 구성원에게 전화를 한다. 전화를 끊을 때 적절히 하는지 점검한다. 아이들에게 대화가 잠시 중단되는지 잘 듣고 있다가 이제 끊어야겠다고 말하라고 한다.
2. 당신의 자녀는 집단에 없는 아이와 전화상으로 양방향 대화를 하게 된다. 접근하기 쉽고 그 부모와 통화 약속을 할 수 있는 아이(예 : 사촌이나 가족 친구네 아이)가 그 대상이다. 오늘 집에 가기 전에 누구로 할 것인지 결정한다. 이 아이와 놀이데이트는 잡지 않도록 한다.
3. 이전 회기에서처럼 집에서 야외용 게임을 가져온다.
4. 동네에서 자녀가 동년배들(또는 1살 이내로 어린아이들)이 놀고 있는 곳에 합류할 장소가 있는지 둘러본다.
5. 다른 필요한 자원들을 추가한다 – 놀 장소, 상호적인 장난감, 아이 시간표 자유시간 두기.

어린이 친구 만들기 훈련

'포로' 게임 규칙

어린이 3회기

아이들을 집합시킨다

1. 미리 아이들에게 코치와 집단 지도자가 아이들을 밖으로 데리고 나가서 '끼어들기'를 연습하기 위해서 경기장 바깥에서 기다리게 할 것이라고 말해 준다.
2. '끼어들기' 위해서 기다릴 때에 시작하지 않는다고 불평하지 말고 웃긴 행동이나 방해되는 행동을 하지 말라고 말해 둔다.
3. 들어가기 위해 기다리고 있는 아이들은 공이 경기장 밖으로 나오면 공을 잡아서 '다른 아이들이 게임을 하도록' 도와줄 수 있다.

편을 가른다

4. 배구 네트 양쪽에 같은 수의 아이들을 배정한다.

게임 규칙을 말해 준다

5. 배구공을 잡은 아이는 반대편에 있는 아이의 이름을 부른 다음 공을 높이('포물선처럼') 네트를 넘어 치거나 던져서 상대편 아이가 공을 잡을 기회를 준다.
6. 이름이 불린 아이나 같은 편의 누군가가 공을 잡으면, 그 아이는 경기장 안에 남아 있는다. 그렇지 않으면 그 아이는 경기장 밖으로 나가 있는다('포로').
7. 한쪽 팀에 한 명만 남으면 그 아이는 '탈옥'이라고 외칠 수 있다. 그런 다음 그 아이가 공을 반대쪽으로 던진다. 상대편에서 아무도 그 공을 못 잡으면 자기 편의 모든 포로가 다 풀려나게 된다.
8. 마지막 선수가 공을 못 잡으면 그 편이 지게 된다.

게임을 시작한다

9. 모든 아이들과 같이 게임을 시작한다.
10. 한 아이를 나오게 해서 늦게 와서 이미 진행 중인 게임을 지켜보는 아이인 것처럼 한다(늦게 온 아이와 포로들을 섞어 놓지 말 것).

핵심 교육

11. 이것이 누구의 게임인지(놀이하는 아이들)와 놀이를 하는 아이들만이 새로운 아이들을 끼워줄 수 있다는 것을 강조한다(아이들은 게임에 들어가서 "나도 할래!"라든가 게임 규칙이

(다음 페이지에 계속)

나 게임에 들어가는 법을 바꾸려 하지 않아야 한다).

12. 기다리는 아이에게 "누가 이기고 있는지", "어느 팀에 아이들이 더 많은지", "어느 편에 끼어들려고 해야 하는지" 등의 질문을 하고(답 : 지는 편, 아이들이 적은 편), "언제 끼워 달라고 말해야 하는지"(한 게임이 끝났을 때, 또는 게임 중간이나 점수가 난 다음 잠깐 쉴 때) 물어본다.
13. 질문에 정답을 말하면 게임에 끼어들게 한다.

게임 마무리 보고

14. 최종적으로 끼어들기 위한 두 가지 전략을 아이들에게 말해 준다. (a) 아이들이 끼어들려고 기다리고 있는데, 게임이 끝나서 들어가지 못하면 다음번에 아이들이 놀이를 할 때에 끼워 달라고 말할 수 있다고 말해 준다. (b) 놀이하던 아이들이 흩어지면 "점심 시간[또는 쉬는 시간이나 내일]에 이 놀이 할래?"라고 물어볼 수 있다.

CHAPTER

12

'거절' 받아들이기/성별과 나이 문제

치료의 근거

어떤 거부당하는 아이들은 그들을 달가워하지 않는다는 것을 분명히 밝혀도 계속 또래들 놀이에 끼어들려고 노력한다. 이렇게 하면 그들이 다른 아이들이 원하는 것을 신경 쓰지 않는다는 걸 보여주기 때문에, 나중에 더욱 환영 받지 못하게 된다. 부모는 아이가 부정적인 평판을 받고 있는 상황(예 : 학교)에서 친구를 사귀어 보라는 압박을 주면서 문제를 악화시킬 수 있다. 교사 또한 또래들이 왜 거부하는지 이해하지 못한 상태에서, 거부당하는 아이를 놀이에 끼워주라고 강요하면서 문제를 복잡하게 만든다. 치료 가설은 아이들에게 거절당하는 것을 받아들이도록 가르치면 이런 일에 더 적합한 접근을 하게 되고 후에 끼어들기 시도를 쉽게 성공시킬 수 있다는 것이다. 아이들이 놀이에 성공적으로 참여할 수 있는 방법에 대해 부모를 교육하면 부모가 에너지를 집중해서 아이들이 친구관계를 맺는 기술을 갖도록 이끌어 줄 수 있을 것이다.

12.1 놀고 있는 아이들 사이에 끼어들기

Ladd와 Price(1993)에 따르면 쉬는 시간에 학교 운동장에서 가장 중요한 측면은 아이들이 마음대로 놀이상대를 선택할 수 있다는 것이다. 아이들은 놀고 있는 아이들 집단을 자유롭게 드나들며 놀 수 있다. Serbin, Marchessault, McAffer, Peters, Schwartzman(1993)은 6학년과 7학년 아이들을 하루에 2번씩 15분간의 쉬는 시간 동안 촬영했다. 그들은 아이들이 놀이에 참여하는 데에 평균 60%의 시간을 사용하고(여자아이들 54%, 남자아이들 66%), 평균 11%의 시간만을 혼자 보낸다는 것을 관찰했다. 놀이시간의 약 70%를 집단 내에서 보냈다. 따라서 아이들은 놀이집단에 잘 들어갈 수 있어야 한다.

놀이집단에 성공적으로 들어가는 것은 단순히 함께 놀게 되는 것뿐만 아니라 그 집단 아이들의 마음에 들어서 다음번에 집단에 초대받게 되는 것과 이어진다. 부적절하게 끼어들기 시도를 하는 아이는 결국 거부당하게 될 것이다. 강제로 끼어든 아이들(예 : 억지로 같이 놀라고 하는 어른을 데려오는 것)이나, 마구잡이로 들어가서 게임을 휘두르려는 아이들은 결국에는 사회적인 상태가 더 나빠질 것이다.

12.2 거부당하는 아이들의 문제

아이가 이미 놀이를 하고 있는 아이들 무리에 들어가야 하는 상황은 교사들과 치료자들도 인정하는 가장 도전적인 상황 중 하나이다(Dodge, McClaskey, & Feldman, 1985). Ladd(1983)는 쉬는 시간에 3학년과 4학년 아이들을 관찰했다. 그는 인기 있는 남자아이와 평균 정도의 남자아이들은 거부당하는 남자아이들과 모든 여자아이들에 비해서 집단놀이를 더 많이 한다는 것을 발견했다. 반면 인기 있는 여자아이들과 평균 정도의 여자아이들은 거부당한 여자아이들과 모든 남자아이들에 비해 더 높은 수준의 사회적 대화를 하는 것으로 관찰되었다. 동성의 수용된 아이들과 비교했을 때 거부당하는 남자아이들은 목적 없이 배회하며 보내는 시간이 더 많았고, 거부당하는 여자아이들은 다른 아이들 근처에서 혼자 놀면서 보내는 시간이 더 많았다. 거부당하는 아이들은 많은 다른 놀이상대를 찾았던 반면 인기 있는 아이들과 평균 정도로 수용된 아이들은 같은 놀이상대에게 계속 집중하는 경향이 있었다. 이것은 다른 아이들이 놀고 있는 틈에 끼어드는 것이 거부당하는 아이들에게는 특별히 어렵다는 생생한 증거이다(Dodge, 1985; Putallaz & Gottman, 1981).

놀고 있는 아이들 사이에 끼어들기에 대한 연구

12.3 성공적인 들어가기와 성공적이지 못한 들어가기의 차이점

놀고 있는 아이들 무리에 성공적으로 끼어들려면 놀고 있는 아이들에게 긍정적인 피드백을 받아서 들어오라고 허락할 때까지 다른 아이들이 노는 것을 기다리고 지켜보는 것 같은 위험도가 낮은 방법부터 시작한다(Dodge, Schlundt, Schocken, & Delugach, 1983; Garvey, 1984). 다음은 사회적 들어가기에 대한 예의범절 규칙들이다.

- **하지 말아야 할 것** : 정보를 얻기 위한 질문을 하지 마라(일이 어떻게 돌아가는지 모르겠다면, 하고 있는 사람들을 방해하면 안 된다). 자신에 대해 말하거나 집단이나 그 집단의 활동에 대한 자신의 느낌을 말하지 마라(그 순간에 그들은 그것에 관심이 없다). 진행 방식에 반대하거나 비판하지 마라(외부인은 그렇게 할 권리가 없다).
- **해야 할 것** : 그 집단의 준거 기준이나 초점을 확실히 이해한다(그들은 소꿉 장난을 하고 있나?). 활동에 참여하는 체계를 이해한다. 적절한 말을 하면서 진행되고 있는 활동에 끼어들거나, 원래 그 집단을 잘 아는 구성원이었던 것처럼 다른 아이들과 발맞추어 행동하기 시작한다. 집단에 완전히 들어가기 전까지는 제안을 하거나 방향을 수정하려는 시도 같은 것은 하지 않는다(Garvey, 1984, p. 164~165).

수용된 아이들은 아이들이 노는 것에 조용히 주의를 기울이고(Putallaz, 1993), 적절한 말을 하고, 먼저 놀고 있는 아이들에게 지지적이고("걔가 맞아. 이번엔 그 애 차례야.") (Coie & Kupersmidt, 1983; Dodge, 1983; Tryon & Keane, 1991), 놀고 있는 아이들 각자에게 직접 말을 하는 경향이 있다(Black & Hazen, 1990). 거부당하는 아이들은 정보를 묻고, 반대하고, 자신을 넣어 달라고 요구하면서("내가 대신 들어갈게.") 이미 진행되고 있는 게임을 방해하는 경향이 있거나 그렇지 않으면 이미 놀고 있는 아이들을 어지럽히고 비난한다(Coie & Kupersmidt, 1983; Dodge, 1983; Putallaz, 1983; Putallaz & Gottman, 1981; Tryon & Keane, 1991). Putallaz와 Gottman은 거부당하는 여자아이(테리)가 자기 자신의 감정에 주의를 끌려고 노력하다가 놀이를 하고 있는 다른 여자아이들로부터 무시당하는 다음의 예를 보여주었다.

재닛 : 좋아, 난 다시 이걸 할래.

테리 : 이거 재밌지 않니?
재닛(베라에게) : 너 이거 다시 할래?
베라 : 난 이거 할래.
테리 : 이 방 멋지지 않니?
재닛(베라에게) : 너 이거 가져도 돼.
테리 : 이 탁자 멋지지 않니?
재닛(테리에게) : 네 거 골라.(p. 993)

거부당하는 아이들과 수용된 아이들 간의 차이는 들어가려는 시도가 실패한 직후에 분명해진다. 아이들이 들어가려는 시도를 하면 대략 절반 정도가 거절당한다(Corsaro, 1981). 거부당하는 아이들은 자신을 거절한 집단에 억지로 들어가려고 하는 반면에, 수용된 아이들은 다른 놀이집단을 찾아서 들어가기를 시도한다.

거부당하는 아이들과 수용된 아이들은 끼어들기를 시도하는 장소도 달랐다. Dodge, Schlundt, Schocken, Degulach(1983)는 거부당하는 남자아이들은 운동장보다 교실에서 좀 더 친근하게 또래들에게 접근하려는 경향이 있었는데, 이것은 인기 있는 남자아이들이 쓰는 전략과는 정반대이다. 이렇게 교실에서 접근을 하면 거절당하기 쉬울 뿐 아니라, 받아들여지더라도 양쪽 아이 모두가 교사에게 곤란해지고 나중에 또래들에게 거부당하게 된다.

12.4 또래들 사이에 들어가기에서 성별 차이

또래 들어가기에 관한 실험연구에서 Borja-Alvarez, Zarbatany, Pepper(1991)는 아이가 들어가기를 시도하는 것과 더불어 놀이하는 아이들의 행동을 관찰했다(이 경우에는 보드 게임). 그 결과, 남자아이들은 여자아이들에 비해 또래 들어가기 상황에서 훨씬 더 어려움을 겪는 것으로 나타났다. 여자아이들은 대체로 남자아이들에 비해 구경꾼을 자신들이 하는 게임을 하자고 초대하는 경향이 있었던 반면에, 남자아이들은 (성공적인 들어가기를 하려면 적절한 말을 해서 놀고 있는 아이들의 관심을 얻어야 하는) 놀이 중에 구경꾼을 무시하는 경향이 있었다. 또한 들어가기 위해 기다리는 여자아이들이 남자아이들에 비해 들어와도 좋다는 초대에 좀 더 즉각적인 반응을 보였다. 놀고 있는 아이가 인기가 있을 때에 또래 들어가기가 좀 더 쉬워질 수 있다. Tryon과 Keane(1991)은 인기 있는 남자아이들은 놀이를 할 때에 들어오려는 남자아이들이 있으면 같이 놀고 싶은지 물어보았으나, 반대로 거부당하는 남자아이들은 들어오려는 남자아이들에게 무엇을 하라고 명령하는 경향이 있다("여기 서 있어.", "우리가 끝날 때까지 기다려!")는 것을 관찰했다.

일부 결과들은 우리의 임상적 경험과는 반대였다. 일반적으로 여자아이의 부모들은 자신의 딸이 여자아이들 집단으로부터는 거의 완전히 배제되지만, 가끔 남자아이들 집단에는 쉽게 들어간다고 보고한다. 연구결과와 우리 부모보고가 차이가 나는 것은 여자아이들은 보통 보드게임을 하지 않기 때문에 연구에 참여한 여자아이들은 연구가 끝난 후에 계속 그 놀이를 하는 것에 별 관심이 없었기 때문일 수 있다. 또한 앞서 보았던 것처럼 자연스러운 상황에서 여자아이들은 자유시간 동안 대화에 더 참여하는 경향이 있는 반면에, 남자아이들은 게임을 하는 경향이 있다. 좀 더 자연스러운 연구에서는 우리 집단 부모들을 관찰한 것과 일관된 결과가 나왔다. Eder와 Hallinan(1978)은 11세와 12세의 여자아이들은 동년배 남자아이들에 비해 자신들의 상호작용에 낯선 여자아이를 끼워주지 않는 경향이 있다는 것을 알아냈다.

12.5 나이 어린 또래들에 끼어들기

또래 들어가기에 실패한 아이들에게 임시 해결책 하나는 조금 어린아이들의 놀이집단에 끼어들기를 시도하는 것이다. 학령전기 아이들에 대한 것이긴 하지만, 이 방법이 기대할 만한 접근법이라는 근거가 있다. Furman, Rahe, Hartup(1979)은 어린이집에서 상호작용이 가장 적은 4살 아이들(아마도 사회계측상 범주들이 다양하게 섞여 있는)을 선별해서 동년배 또는 나이가 더 어린 아이들과 짝을 지어 4~6주에 걸쳐 10회의 놀이 회기를 하도록 했다. 나이가 더 어린 아이들과 짝이 되었던 아이들의 상호작용 비율은 정상화된 반면(거의 모든 아이들이 호전되었다), 동년배와 짝이 되었던 아이들은 거의 효과가 없었다.

많은 거부당하는 아이들이 스스로 이런 현상을 발견할 가능성이 있다. 평균적인 아이들과 인기 있는 아이들을 비교했을 때, 거부당하는 아이들은 나이가 어린 친구들 비율이 더 많았다(George & Hartmann, 1996). 그러나 적절한 지도가 없으면 많은 거부당하는 아이들은 이런 어린 놀이친구들에게 우두머리 행세를 해서 좀 더 적절한 기술을 발달시킬 수 있는 상황을 충분히 활용하지 못할 수도 있다.

12.6 협동 게임 대 경쟁 게임

남자아이들이 쉬는 시간에 참여하려고 하는 대부분은 경쟁적인 게임을 하는 상황이다. 연구결과에 따르면 거부당하는 남자아이들은 특히 이런 상황을 어려워한다고 한다. 거부당하는 아이들은 관계가 지속되려면 게임하는 상대와의 상호작용이 순탄해야 한다는 생각 없이, 게임의 목적을 "무슨 수를 써서라도 이기는 것"으로 규정하는 것 같다(제13장의 사회적 목표에 대한 논의 참조; Ladd & Mizen, 1983; Renshaw & Asher, 1983). 경쟁적인 요소가 많은 게임(즉, 팀으로 하는 게임)은 협동 게임에 비해 이러한 "무슨 수를 써서라도 이긴다."는 접근법이 더 나오기 쉽다(Gelb & Jacobson, 1988).

거부당하는 아이들은 경쟁적인 놀이를 할 때보다 협동적인 놀이를 할 때 처신을 더 잘한다. 공격적이고(Gelb & Jacobson, 1988; Tryon & Keane, 1991) 거부당하는 아이들에게서 이러한 결과를 볼 수 있었다(Markell & Asher, 1984). 거부당한 남자아이들은 경쟁적인 게임에서와는 다르게 협동적인 게임에서는 규칙을 적게 깨는 경향이 있었다(Gelb & Jacobson, 1988). 매일 함께 협동 과제에 참여하면서 거부당하는 아이들이 잘하는 것을 본 후 평균 정도 아이들의 이들에 대한 선호도가 올라갔다(Conoley & Conoley, 1983). 어린이 친구 만들기 훈련의 초기 회기가 잘 되게 하기 위해서 아이가 경쟁적인 상황에서 자신의 사회적 목적을 재평가하는 것을 배울 때까지는 경쟁 게임을 피하고 협동 게임에 주력하게 한다. 그러면서 아이들은 집단에 들어가는 기술을 배우고, 일단 협동적인 게임을 하기 때문에 긍정적인 상호작용을 더욱 쉽게 유지할 수 있다.

12.7 이성친구 대 동성친구

거부당하는 아이들을 이성의 놀이집단에 들어가도록 격려해야 할까? 이성친구는 초등학교 아이들 사이에서는 흔치 않다(Gottman, 1986; Maccoby, 1986; Maccoby & Jacklin, 1987). Howes(1988)는 이성 간의 친구관계는 1세에서 6세를 지나면서 감소한다는 것을 발견했다. Kovacs, Parker, Hoffman(1996)은 남녀 차이 없이 3학년과 4학년 아이들의 소수에서만(13.5%) 이성 간의 친구관계를 맺는다는 보고를 했다고 밝혔다. 4학년에서 6학년 아이들은 '패거리' (또래 지명을 해서 소규모 하위집단 아이들의 66% 이상이 각 구성원을 단짝이라고 지명하고 지명 받았을 때 패거리로 정의)를 이루는 아이들 중에 이성 간의 친구관계는 없다고 보고했다(Hallinan, 1980).

극단적인 관점을 가진 Carter와 McCloskey(1984)는 이성 간의 우정은 사회적 규범을 위반하는 것이고, 사회적 배척을 받는 원인이 될 수 있다고 명시했다. Ladd(1983)는 사회적 능숙함이 떨어지는 아이들이 더 성적 경계를 어기는 경향이 많다고 주장했다. 이러한 주장에 대한 부분적인 뒷받침으로 남자아이들이 여자아이들에 비해 이성친구와 어울리는 것에 대해 더 놀림을 많이 받는다고 보고했다(Langlois & Downs, 1979). Gottman(1986)은 이성친구 관계는 집에서는 지속될 수 있지만, 학교에서는 숨긴다고 주장했다. 이와 유사하게, Frankel(1996)은 남자아이들은 여자아이들과의 단짝관계를 집에서 놀이데이트를 하면서 유지할 수는 있지만, 학교에서 쉬는 시간에 집단놀이를 하면서는 유지할 수 없다는 것을 관찰했다(이것은 Kovacs 등도 1996년에 발의함).

후속연구(Kovacs 등, 1996)는 이러한 견해를 완전히 뒷받침해 주지는 않았다. Kovacs 등은 이성 간의 친구관계를 보고한 아이들에서 두 가지 패턴을 찾아냈다. 하나의 패턴은 이성친구를 유일한 친구나 단짝친구로 사귀는 거부당한 아이였다. 이것은 Ladd(1983)의 견해와 일치했다. 그러나 이성 단짝친구만 있는 아이들은 단짝친구가 아예 없는 아이들에 비해 사회적으로 더 능숙했다. 다른 패턴은 이성친구를 친한(그러나 단짝은 아닌) 친구로 보고한 인기 있는 아이들이었다. 이 아이들도 또한 이성친구가 없는 인기 있는 아이들에 비해 사회적으로 더 능숙하다고 평가 받았다. 다른 연구에서는 이성친구가 수용되고 인기 있는 아이들의 사회적 능숙도에 중요한 기여를 할 수 있다는 것을 보여준다. 10~12세까지의 캐나다 남자아이들은 공동체 활동에 더 많이 참여할수록, 팀 스포츠를 적게 할수록, 여자 친구들이 있을 때 다른 남자아이들과 더 친밀했다(Zarbatany, McDougall, & Hymel, 2000).

이성 간의 친구관계를 결정하는 다른 요인들도 상세히 기술되어 있다. Kovacs 등은 이성 간의 친구관계는 이성 형제의 숫자나 아이의 자존감과는 유의미한 상관관계가 없다고 보고했다. 이성 간의 친구관계는 백인보다는 아프리카계 미국인에서 더 흔했지만 이것은 주로 아프리카계 미국인들이 전반적으로 친구관계를 더 많이 보고하기 때문이다. Bukowski, Gauze, Hoza, Newcomb(1993)은 공통 관심사가 이러한 이성의 친구관계에 영향을 준다는 것을 보여주었다. 대근육을 쓰는 놀이를 선호하는 4학년과 6학년 여자아이들은 남자 친구를 사귀는 경향이 있었던 반면에 대근육을 쓰는 놀이를 거부하는 남자아이들은 여자 친구들을 더 사귀는 경향이 있었다. 또한 이성친구 관계는 동성친구가 싫어서라기보다는 특정 이성친구를 좋아하기 때문에 만들어진다.

요약하면 이성친구 관계가 사회적 유능함에 도움이 되는 효과는 있지만, 친구가 없는 아이들은 공적인 장소에서 동성들이 노는 집단에 끼어들게 해야 한다는 것은 분명하다.

12.8 아이들이 또래집단에 들어갈 때 부모의 역할

부모는 자녀가 또래들 사이에 들어가는 접근법에 중요한 역할을 할 수 있다. 거부당하는, 무시당하는, 그리고 평균 정도 아이들의 부모들은 각각 자녀들에게 새로운 친구를 사귀는 법을 가르치는 방법과 놀이집단에 자녀가 끼어들려고 할 때에 지도하는 방법 등이 다를 것이다. Russell과 Finnie(1990)는 무시당하는 아이들의 부모는 인기 있는 아이들의 부모에 비해서 자녀가 집단에 잘 들어가도록 충분한 지시를 할 가능성이 적다는 것을 발견했다. Finnie와 Russell(1988)은 수용된 아이들의 어머니들은 자녀가 또래들의 기준 방식을 사용하도록 하고, 그것을 방해하지 않으면서 놀이에 들어가도록 자녀들의 끼어들기를 지도한다는 것을 알아냈다. 대조적으로 거부당하는 아이들의 어머니들은 또래활동을 방해하는 경향이 있었고, 자녀가 놀이에 끼어들도록 돕기 위해서 좀 더 침습적이고 적대적인 방법을 사용했다. 그러므로 부모에게 성공적으로 또래집단에 들어가는 방법을 세부적인 것까지 알려주는 것이 중요하다.

12.9 연구와 임상사례의 결과

이전 연구는 친구가 없는 아이들에게 다른 아이들의 놀이집단에 들어가는 방법에 대해 가르치는 것이 중요하다는 것을 뒷받침해 준다. 예의범절의 규칙을 따르면 놀이집단에 잘 수용되는 데 도움이 된다. (a) 집단의 기준 방식과 그 집단이 활동을 어떻게 구성했는지 이해하는 동안 기다리고 지켜본다. (b) 알아낸 것을 바탕으로 적절한 말을 만든다. 그리고 (c) 다른 사람들에게 지지적으로 대한다.(거부당하는 아이가 이미 놀이를 하고 있다면 끼어들려고 시도하는 다른 아이들을 배려해야 한다. 즉, 끼어들려고 하는 아이들을 알아차리고 들어오게 해야 한다.) 거절당하는 것은 심지어 수용된 아이들 사이에서도 매우 흔하다는 연구결과가 있다. 이것을 실패로 보기보다는 오히려 적절하게 행동할 기회로 보고, 미래에 시도를 할 때에는 거절당할 확률이 적어지도록 한다. 처음에 집단에 들어가는 기술을 습득할 때 약간 어린 또래들(1살 이내로 어린 정도)이 도움이 될 수 있다는 강력한 지표가 있다. 부모가 부적절한 또래 접근을 계속하도록 하는 역할을 할 수 있기 때문에 자녀가 성공적으로 다른 아이들이 노는 데에 끼어드는 방법을 배우는 부모교육이 필요하다.

연구에 따르면, 이성 간의 친구관계는 유지되어야 하지만 친구가 없는 아이들은 동성친구관계를 발달시키는 데 가장 중점을 두어야 한다. 이것은 대부분의 집단 놀이는 동성 또래들 사이에서 이루어지기 때문이다.

회기 진행하는 방법

지금까지

아이들은 성공적으로 또래들 사이에 들어가기 위한 규칙을 배우기 시작했다. 부모들은 이런 일을 할 장소에 중점을 두기 시작했고, 집과 이웃을 아이들이 또래들과 놀 수 있는 장소로 바라보기 시작했다. 부모들은 후에 놀이데이트를 하는 데에 사용할 수 있도록 자녀가 전화 통화와 대화기술을 연마하도록 계속 도와주었다.

이번 회기에는

이번이 처음으로 부모와 아이들이 집단 외 통화에 대해 보고하는 시간이다. 과제 점검에서 이 과제를 강조할 것이다. 놀이 초점은 이미 놀고 있는 다른 아이들 틈에 끼어들기와 들어가기를 시도했다가 거부당하는 경험을 수용하는 것을 배우는 것이 될 것이다. 부모는 앞으로 있을 놀이데이트에 초대할 사람에 초점을 맞추기 시작해야 한다.

부모 4회기 계획

시작 모임

아이들이 들어오면 아이들의 장난감을 점검한다. 장난감이 제외 목록에 포함된 것이면 부모가 그 장난감을 보관한다.[1]

과제 점검

목표는 앞으로 놀이데이트에 부를 수 있는 아이들을 찾아서 매주 집단 외의 다른 아이에게 통화를 하는 것이다.

1. 네 가지 과제(야외용 장난감을 포함하지 않고)가 있어서 모두를 깊이 있게 점검할 시간이 충분하지 않다. 집단 전체에게 "지난 회기에 집으로 가면서 자녀와 즐거운 대화를 하신

1 **위험한/공격적인 장난감** : 무술 장난감, 대용량 물총, 물풍선, **혼자 노는/각자 노는 장난감** : 책, 스케이트보드, 장난감총, **너무 좋은 장난감** : 잃어버리거나 망가지면 아이가 속상해할 비싼 장난감

분이 있으면 그것에 대해 말해 주시겠어요?"라고 물으며 과제를 점검한다. 하지만 이것은 시간이 너무 많이 소요되기 때문에 모든 사람에게 질문하지는 않는다.

2. 집단 내 통화를 하는 동안 했던 양방향 대화에 대해 각 부모에게 매우 간결하게 묻는다. 집단 외 통화에서 좀 더 세부적인 내용으로 들어간다. 질문을 하고 질문에 대답하는 식의 양방향 대화를 했는가?[2] 다시 말해 상대방 아이가 전화를 받고 흥미 있어 하거나 즐거워했는가? 아이들이 얘깃거리가 있었는가? 다른 아이의 정서는 매우 중요하다. 만약 학교에서 아는 사이인데, 그 아이가 전화상에서 자녀에게 무례하게 굴었다면 그것은 아이의 평판이 나쁘다는 표시일 것이다. 부모들로부터 이런 부정적인 경험을 들으면, 집단에게 다음과 같이 말한다. "평판이 나쁜 아이가 모든 행동을 바르게 하기 시작해도, 다른 아이들이 이것을 알아차리고 아이를 피하지 않게 될 때까지 두세 달은 걸릴 것입니다. 아이가 성급히 친밀해지려는 노력을 너무 열심히 하고 억지로 하려고 하면, 확실히 실패하게 될 것입니다. 이 경우 '조용히 지내는 것'이 가장 좋은 방법입니다. 그리고 아이들이 자녀를 모르는 장소를 찾아서 기술을 연습해야 합니다. 아는 아이들과 해서 확실히 실패하는 것보다는 다른 아이들에게 끼어들 기회를 갖는 것이 낫습니다."
3. '끼어들기' 과제를 할 동네 공원에 대해 물어본다.(만약 찾지 못했다면 이번 주에 다시 찾아봐야 한다. 필요하다면 좋은 공원이 어디 있는지 집단의 다른 부모에게 도움을 구한다.)[3] 부모들에게 다음 회기를 하고 나면 자녀들이 동네에서 놀고 있는 다른 아이들 틈에 '끼어들기'를 시도할 준비가 되어 있을 거라고 말해 준다.
4. 다음 집단 외 통화—부모에게 집단 외 통화를 걸어 놀이친구로 초대할 가능성이 있는 아이를 알아보라고 한다('최적의 기준')—아마도 예전에 함께 놀았지만 한동안 못 봤던 아이[4]

---

2 집단 내 통화보다 집단 외 통화를 잘하는 것이 더 중요하다. 이것은 집단 구성원에게 전화를 하는 것은 아이의 선택이 아니라 연습을 위한 목적이기 때문이지만, 아이가 통화한 집단 외의 아이에 대해서는 더 알고 싶어 할 수 있기 때문이다.

3 끼어들기 나쁜 장소 : ⓐ 휴가철의 해변–도처에서 온 아이들은 지속적인 친구가 되기에 적절하지 않기 때문이다. ⓑ 어른이 감독하고 있는 아이들(예 : 생일파티)–그 어른이 방해가 될 수 있다. ⓒ 도서관, 서점–조용히 해야 하기 때문이다.

4 아이들이 집단 외 통화를 할 수 없었다면, 가까운 친구나 사촌을 선택해서 딱딱한 분위기를 깨고 성공하게 한다. 만약 약간 아는 아이와 통화를 해서 잘 되었다면, 이번 주에는 다른 아이를 선택해서 놀이데이트 후보자 명단을 늘리도록 한다. 매번 통화를 할 때마다 '최적의 기준'에 다가갈 수 있는 '최고의 거래'를 계속해야 한다.

과제를 잘 수행한 임상사례

성공적인 집단 외 통화의 예

부모들은 보통 '주고받기' 대화를 하는지 잘 감독한다. 한 어머니는 3학년 아들에게 다른 아이도 말하게 하라고 귓속말로 도와주었다. 다른 어머니는 5학년 딸에게 "질문을 해야 해."라고 적힌 쪽지를 건네주었다.

- 한 4학년 남자아이는 다른 남자아이와 함께 학교 과제를 공동으로 하게 되었다. 이 아이는 상대방 아이에게 전화해서 학교 과제에 대한 이야기를 하기 전에 자기 질문을 했다.
- 한 3학년 여자아이는 한동안 본 적이 없는 여자아이들과 인디언 가이드 모임(YMCA 어린이 프로그램 중 하나)에서 모일 예정이었다. 모임 전에 그 아이는 곧 만날 여자아이들 중 한 명에게 전화했다.
- 한 5학년 여자아이는 학교와 걸스카우트에서 평판이 좋지 않았다. 엄마는 아이의 유치원 명단에서 오랫동안 같이 놀지 않았던 한 여자아이를 골랐다. 그 아이 가족은 100km 정도 떨어진 곳으로 이사를 한 상태였고 그 전화 통화는 성공적이었다.

형식적인 집단 내 통화 후 좋은 집단 외 통화

집단 내의 4학년 남자아이 두 명이 약 2분 동안 서로 대화를 했다(10분 미만의 전화 통화는 허락했었다). 그런 다음 각자 집단 외의 남자아이와 성공적인 통화를 해 나갔다. 집단 지도자는 집단 외 통화를 잘하는 것이 더 중요하기 때문에 이것은 완벽하게 성공한 것이라고 강조했다.

부재중 상태 피하기

한 2학년 남자아이의 어머니는 아들이 길 건너 이웃에게 전화를 2번이나 시도했지만 실패했다고 보고했다. 어머니는 다시 상대방 어머니에게 직접 전화를 걸어서 상대방 아이가 집에 있는 시간에 아들이 전화를 하도록 약속을 잡았다. 아이들은 그제서야 전화로 서로 이야기할 수 있었다.

보상 늘리기

3학년 남자아이의 어머니는 아이가 학교에서 자신이 좋아하는 다른 남자아이들 전화번호 3개를 알아오면 3달러씩 준다고 보고했다.

잠재적 문제

감독되지 않는 집단 외 통화

주의력결핍 과잉행동장애가 있는 5학년 남자아이를 둔 한 어머니는 자신이 집에 없어서 통화를 감독하지 못했는데, 아들이 집단 외 통화를 해서 놀이데이트를 잡았다고 말했다. 집단 지도자는 상대방 아이가 전화를 어떻게 받았는지, 그리고 아이가 양방향 대화를 하는지 보기 위해서 부모가 그 자리에 있어야 한다고 지적했다. 그 아들이 억지로 놀이데이트를 하자고 한 것이고 상대방 아이는 그것이 좋은 생각이 아니라고 생각한 건 아닌지? 아들은 별로 하고 싶지 않은데, 상대방 아이가 놀이데이트를 하자고 우긴 것인지? 매우 중요한 정보임에도 불구하고 대화의 본질은 알 수 없었다. 그 엄마는 이후의 모든 전화 통화를 감독하겠다고 동의했다.

감독을 피하려는 아이

한 5학년 여자아이는 집단 외 통화를 할 때 사생활을 보장해 달라고 했다. 그 엄마는 딸이 실제로 전화 통화를 했는지도 확실히 모르겠다고 했다. 집단 지도자는 딸이 예전에 엄마의 감독하에 통화를 하면서 여러 번 적절한 통화를 했다면 사생활을 요구하는 것은 합리적인 것이라고 말했다. 집단 지도자는 엄마가 통화가 어떻게 진행되는지 들어야 하고, 딸에게 지금 시점에서는 감독되지 않는 통화는 완전한 숙제로 인정되지 않는다는 것을 말해 줄 수 있다고 강조했다.

부모가 감독하지만 통제되지 않을 때

한 6학년 남자아이는 대여섯 명의 다른 남자아이들에게 전화했다. 통화를 하면서 그 아이는 모든 아이들에게 놀이데이트를 하자고 우겼다. 그 엄마는 이것이 적절하지 않다는 것을 알고는 있었지만 어떻게 그만두게 할지를 몰랐다고 보고했다. 집단의 다른 엄마가 아이에게 놀이데이트를 할 수 있는 날짜를 정해 주라고 제안했다(3주 후에).

나쁜 때에 전화하기 1

한 5학년 여자아이는 집단 외 통화를 마지막 순간까지 미루었다. 그러다가 집에 자기 손님이 와 있을 때에 전화 통화를 했다. 집단 지도자는 예의범절을 위반한 것을 지적하고, 숙제를 다 할 때까지 좋아하는 TV 쇼를 못 본다고 말하든지 해서 다음 주에는 일찍 숙제를 하도록 하라고 엄마에게 제안했다.

나쁜 때에 전화하기 2

한 2학년 여자아이는 상대방 여자아이가 세 명의 친구들과 놀고 있을 때에 전화를 걸었다. 이런 상황에도 불구하고 이 여자아이는 양방향 대화를 계속했다. 그 엄마는 만약 다시 이런 일이 생긴다면 딸에게 더 나은 시간에 다시 전화약속을 잡도록 하겠다고 말했다.

어색한 대화

한 5학년 여자아이(사회적으로는 3학년 정도의 기능을 하는)는 한 해 동안 말해 본 적이 없는 다른 여자아이에게 전화했다. 그 아이는 "무슨 놀이 좋아하니?"와 "어떤 영화 좋아해?" 같은 질문을 인터뷰를 하듯이 불쑥 묻기 시작했다. 상대방 여자아이는 이전에 함께했던 경험으로 봤을 때, 그 딸이 이미 이런 정보들을 알고 있을 것이라고 생각했기에 이를 좋게 받아들이지 않았다고 엄마는 말했다. 이것에 대해 잠깐 생각해 본 후, 엄마는 전화 통화를 덜 형식적이고 덜 불편하게 하기 위한 전략을 만들어냈다. 지난번에 딸과 전화를 한 아이와 함께 무엇을 했는지 딸이 기억하게 하고, "지난 한 해 동안 어떻게 지냈니?"와 "너 아직 브리트니 스피어스 좋아해?"와 같은 질문을 하는 예행연습을 시키는 것이었다.

'남자에 빠진' 경우

5학년 여자아이를 둔 한 어머니는 딸이 다른 여자아이와 집단 내 전화 통화를 했는데 그 여자아이가 방과 후에 남자아이들과 키스하는 것을 주제로 대화했다고 항의했다(집단 지도자와 개별적으로). 그 딸은 이것에 대해 이야기하는 것을 원하지 않았고, 그 엄마도 회기 중에 이 얘기를 꺼내서 상대방 여자아이의 엄마를 불편하게 만들고 싶지 않았다. 집단 지도자는 그 딸에게 "남자아이들에 대해 얘기하는 건 우리 숙제가 아니야."라고 말하게 하라고 어머니에게 제안했다. 과제 점검을 하면서 상대방 여자아이의 엄마에게는 딸의 전화 통화를 좀 더 자세히 감독해 달라고 요구했다.

부모 유인물

이번 회기의 유인물은 평균 정도와 인기 있는 아이들이 놀고 있는 아이들 무리에 끼어들 때 사용하는 특별한 '예의범절 규칙'을 부모들에게 교육하는 것이다. 이것은 5회기에 내어줄 '끼어들기' 과제를 감독할 때 부모들이 충분한 근거를 가지고 있어야 하기 때문이다. 이것으로 부모들은 자녀가 다음 주에 해야 할 과제를 수행할 장소를 이번 주에 동네에서 찾아볼 때, 무엇을 살펴봐야 하는지에 대한 명백한 기준을 세울 수 있을 것이다.

부모 유인물에 대한 집단 지도자 지침 – 4회기(아이들이 새로운 사람을 사귀는 방법)

목표

아이들이 배운 집단에 들어가는 전략을 부모에게 알려주기

연구를 통해 인기 있고 수용되는 아이들이 다른 아이들의 놀이집단에 성공적으로 들어가는 방법들이 밝혀졌다. 이 전략들은 자주 거부당하는 아이들의 전략과는 많이 달랐다. [부모들에게 수용되고/인기 있는 아이들이 하는 방법을 자녀들에게 가르칠 것이라고 말한다. 집단 지도자 옆에 앉아 있는 부모를 활용해서 어른들이 어떻게 능숙하게 새로운 사람들을 만나는지 보여준다. "당신이 파티에 있다고 가정합시다. 아는 사람은 아무도 없고 사람들은 두세 명씩 모여서 이야기를 하고 있습니다. 먼저 당신은 관심이 있다는 것을 보여줄 수 있을 정도로 충분히 가까운 거리로 걸어가서, 얼마나 재미있는지 대화의 수준이 어떤지를 들어봅니다(옆에 앉아 있는 부모와 편안한 거리를 보여주고, 다음 대사를 말하면서는 이 부모만 바라본다). 당신은 끼어들어도 되는지 보고 있고, 어떻게 말을 할지 생각해내고 있습니다. 받아들여졌다는 걸 어떻게 알 수 있을까요? 다른 사람들이 말하면서 당신을 쳐다보기 시작하거나, 질문을 하거나, 직접 말을 겁니다(말을 할 때 그 부모에게서 시선을 돌려 집단의 나머지 사람들을 향한다). 이렇게 하지 않는다면, 그 사람들은 아마도 자신들의 대화에 외부사람이 들어오는 걸 원하지 않는 겁니다. 당신이 그 대화가 마음에 들지 않거나, 말을 할 수 없거나, 그 사람들이 당신을 쳐다보지 않으면 다른 집단에게로 걸어가십시오. 아무도 마음 상하지 않을 것입니다. 사람들과 어울리게 되면, 대화가 잠시 중단될 때를 기다렸다가 도움이 되는 말을 합니다. 인기 있고/수용되는 아이들도 이렇게 합니다. 나이가 어린 아이들은 놀이를 통해서, 나이가 든 아이들은 대화를 통해서. 무시당하는 아이들은 관심이 있다는 것을 보여줄 만큼 가까이 다가가지 않습니다. 거부당하는 아이들은 불쑥 끼어들어서 공을 가져가 버려서 다른 아이들을 화나게 만듭니다."]

집단에 들어가기 위해 해야 할 것과 하지 말아야 할 것

1. 언제, 어디서
   - 해야 할 것 : 아이들이 놀고 있을 때, 점심시간 동안, 수업시작 전과 후에 끼어들기
   - 하지 말아야 할 것 : 아이들이 공부할 때나 교사(또는 다른 어른) 말을 듣고 있을 때 같이 놀려고 하기 [거부당하는 아이는 잘못된 시간과 장소에서 친구를 사귀려고 노력한다. 만약 자녀가 학교에서 거부당했다면 아이는 아마도 평판이 좋지 않을 것이다. 당분간은 자녀에게 학교에서 친구를 만들라고 격려하지 말고 오히려 새로운 아이들과 기술을 연습하게 한다.]
2. 어떻게
   - 해야 할 것 : 가까이 있는 집단을 지켜보고('불쑥 끼어' 들지 않고 관심이 있다는 것을 보여준다) 그들이 무엇을 하는지(소꿉놀이, 농구), 참여하는 규칙이 무엇인지(돌아가면서 하는지, 줄을 서서 하는지?) 이해하기
   - 해야 할 것 : 다른 아이를 칭찬하기(대단하다, 멋진 시도였어 등)
   - 해야 할 것 : 게임하는 것을 도와주면서 참여하기. 활동을 잠깐 멈출 때를 기다려 그 게임을 안다는 것을 보여주는 말하기(너희 팀에 사람 하나 더 필요하지 않니?).
     [어느 쪽에 들어가려고 해야 할까? — 이기는 쪽 아니면 지는 쪽? 거부당하는 아이들은 이기는 편을 택하는데 그쪽은 아이가 들어가서 할 일이 별로 없다. 또한 그들은 '무슨 수를 써서라도 이기는' 전략을 써서 놀이에 들어가는 반면에 수용되고/인기 있는 아이들은 이기는 것보다는 지속적인 관계를 유지한다는 생각으로 놀이를 한다.]
   - 하지 말아야 할 것 : 정보를 얻기 위해 질문하지 않기(일이 어떻게 돌아가는지 모르겠다면 다른 사람들을 귀찮게 하지 않는다), 자기 자신이나 자신의 감정에 대해 언급하지 않기(그 순간에 그들은 그것에 관심이 없다), 새로운 아이들을 만날 때는 진지하게 대하기(우스꽝스럽게 행동하면 실제로는 놀이에 대한 관심이 없는 것처럼 보인다)
     [아이들은 사이드라인에서 지켜보면서 게임을 방해하지 않고 게임의 구조를 알아내야 한다.]
   - 하지 말아야 할 것 : 반대하거나 비난하거나 어떻게 하라고 말하지 않기(외부인은 그렇게 할 권리가 없다)
3. '아니'라는 대답을 받아들이기 — 평균적으로 아이들의 50% 정도가 이런 말을 듣는다. [이것은 '거부'가 아니라 거절당한 것이다. 이것을 정중하게 받아들인다면, 다음번에는 받아들

여질 확률이 높아질 것이다.]

4. 성공적인 집단에 들어가기는 오직 아이만 할 수 있다. 부모가 직접 도와주려고 시도하면 보통 성공하지 못하거나 역효과를 낼 것이다. [부모들은 멀리서 바라보기만 해야 한다고 말해 준다.]
5. 아이는 다음 회기 이후에 아이들 무리에 끼어들기를 하게 될 것이다.

부모 과제

1. 이전 회기처럼 다른 집단 구성원들에게 전화하기
2. 집단 외의 새로운 사람과 탐정놀이 하기
3. 이전 회기처럼 집에서 야외용 장난감 가져오기
4. 자녀와 동년배이거나 1살 정도 어린 아이들이 있는 동네 놀이터를 차로 돌며 찾아보기. 다음 회기가 끝날 때까지는 아이와 이것에 대해 상의하지 않는다.

잠재적 문제

거절당하는 것에 대한 느낌 이야기하기

아스퍼거장애를 가진 3학년 아이의 아버지는 "거절당하는 것에 대한 아이의 기분에 대해 이야기해야 할까요?"라고 질문했다. 집단 지도자는 이렇게 대답했다. "우리는 기분보다는 무엇을 할지에 중점을 둡니다. 해야 할 것에 중점을 두게 되면 아이들이 성공률이 높은 행동을 배울 수 있습니다. 아이들의 기분에 중점을 두게 되면 당장 해야 할 과제를 못하게 되고, 그런 감정들을 더 증폭시킬 수 있습니다. 한 번에 하나에만 집중하는 아이들을 둬서 참 다행이지요."

어린이 4회기 계획

과제 점검

1. 집단 내 통화와 집단 외 통화를 점검한다. 각 아이들에게 누구와 통화했는지, 통화를 해서 상대 아이에 대해 무엇을 알아냈는지에 대해 이야기하게 한다. 정보 교환과 통화 시작과 끝을 어떻게 했는지 확인한다.

2. 집단 바깥의 새로운 아이에게 전화한다(놀이데이트에 초대할지도 모르는 아이라고 말해 준다. 그러나 아직은 놀이데이트를 잡으면 안 된다). 각 아이들에게 누구로 할 것인지 정하라고 한다. 다음 주에 공통 관심사를 말해야 한다.
3. 통화에 대한 '이유 대기'에 대해 얘기를 나눈다. 숙제 알아내기, "새학기에 어느 학교에 가니?", "몇 시에 축구연습/게임을 하니?" 등을 말하고 정보 교환에 들어간다. 가장 중요한 목적은 통화를 끝까지 하는 것이다.
4. 공개 수준 : 아이들에게 이렇게 말한다. "어떤 사람을 막 알기 시작하면, 공통으로 좋아하는 것과 안 좋아하는 것들을 찾아내야 해. 그리고 어떤 비밀은 지키는 게 좋아. 너무 빨리 너무 개인적인 걸 말하게 되면 네가 겨우 알게 된 아이들이 좋아하지 않을 거야." 아이들에게 그러한 사례들을 토론하도록 한다.

과제를 잘 수행한 임상사례

정보 교환 보고의 예

"그 아이는 축구를 좋아하고 나도 좋아해요. 그렇지만 우리는 둘 다 축구팀은 아니에요.", "그 아이가 좋아하는 스포츠는 농구고, 우리는 모두 같은 농구팀에 있어요." 집단 지도자는 아이가 너무 사적인 얘기를 하지 않은 것을 칭찬했다.

통화 종결의 예시

"그 아이[상대방 남자아이]가 저녁 먹으러 가야 했어요."

아스퍼거장애가 있는 한 3학년 남자아이 : "나는 얘기하면서 저녁을 먹으면 좀 위험하다고 생각해서 '이제 저녁 먹으러 가 봐야 되겠다, 안녕'이라고 말했어요."

한 3학년 여자아이 : "음, 나 지금 사촌네 집에 가 봐야 해."

집단 지도자는 친구들에게 전화 통화를 더 이상 할 수 없는 이유를 설명한 것에 대해 칭찬했다. 가장 마지막에 할 수 있는 말은 "나중에 통화하자." 또는 "학교에서 보자." 정도가 될 수 있다.

거절당하는 이유	다음에 할 것
(a) 이전에 그들에게 했던 것들(그들을 거부했거나, 선생님께 혼나게 만든 것 등)	남이 당신을 대했으면 하는 방식으로 남들을 대한다.
(b) '끼어들기'규칙을 위반했다.	다음번에는 규칙을 지킨다.
(c) 다른 아이가 너무 인기 있고, 너무 운동을 잘하고, 내가 관심 있는 것에 관심이 없다.	다른 아이를 선택한다.
(d) 다른 아이가 새 친구를 사귀고 싶어 하지 않는다.	다른 아이를 선택한다.
(e) 그들이 내가 하려던 것을 오해했다.	다른 식으로 말한다, 예를 들어 그들이 '아니'라고 거절하면, 나는 그들의 팀이 두 명 모자란다는 것을 지적한다.
(f) 내가 너무 거칠게 놀아서 다른 아이들을 다치게 했다.	다른 아이들을 조심하고 그들이 다쳤을 때 걱정해 준다.
(g) 그들이 그 순간에는 나와 놀고 싶지 않았다.	나중에 다시 시도해 본다.

잠재적 문제

지나친 차단

한 5학년 여자아이는 "그 애가 내 새로운 단짝친구"이기 때문에 오직 그 특별한 여자아이와만 통화하겠다고 말했다. 집단 지도자는 숙제는 다른 여자아이와 통화하기이고, 숙제를 하는 것은 중요하다고 말하면서 이것을 단념시켰다. 집단 지도자는 첫 번째 선택한 아이가 안 되면 다음 주에 다른 누구와 통화를 할 수 있는지 그 아이에게 물었다.

교육

지난 회기는 집단에 들어가는 단계에 집중했다. 이 회기에서도 계속해서 집단에 끼어들기를 연습하고, 거절 당하는 것을 어떻게 보고 다루어야 하는지 아이들에게 가르칠 것이다.

1. 이번 주에는 '끼어들기' 연습을 할 것이라고 말하고 다음을 아이들과 검토한다.

   적절한 말을 해서 활동에 끼어들거나 다른 아이들과 보조를 맞추어 행동하기 시작한다

(공이 밖으로 나오면 대신 공을 주워서 다시 던져준다). 활동을 잠깐 쉴 때나 시작하기 전을 기다린다. 같이 놀자고 할 때, 그 게임을 알고 있다는 것을 보여주는 말을 한다("나도 깃발 잡기 할 수 있을까?", "너희 편에 한 명 더 필요하지 않니?"). 한동안 어울려 놀 때까지는 어떻게 하라고 하거나 제안하지 않는다.

2. 또래들은 바로 그때는 놀고 싶지 않을지 모르지만 나중에는 놀고 싶어 할 수도 있다. 집단에게 이렇게 묻는다. "10개의 다른 놀이집단에게 같이 놀자고 하면 다른 아이들이 몇 번이나 '아니'라고 할까?" (답 : 5번 — 요청하는 총수의 1/2 정도)
3. 아이들에게 거절당한 이유를 생각해 보게 한다. 소크라테스식 문답법을 사용한다. 158쪽의 표에 있는 이유들이 반드시 다 포함되도록 한다.[5]

과제 내어주기

1. 집단 내 통화와 집단 외 통화를 하면서 정보 교환하기
2. 야외용 장난감 가져오기

실제놀이

이 부분에서는 교육 부분에서 나왔던 새로운 아이디어를 연습해 보기 위해서 아이들이 끼어들고 거절당하게 한다. 동시에 두 게임을 진행하게 해서, 거절당한 뒤에 다른 놀이집단을 찾는 연습을 더 실감나게 한다. 놀고 있는 아이들이 '아니'라고 말하지 않게 하는데, 이것은 이런 상황에서 호감도 높은 아이들이 하는 것처럼 다른 아이들을 초대하는 것을 아이들에게 가르치기 위해서이다.

1. 축구/농구(규칙 종이를 본다)
2. '아니'라는 대답을 받아들이기

---

5 어떤 아이들은 "걔들이 심술 맞아서 그래요."라고 말할 것이다. 이것이 사실이더라도 아이들의 행동이 현재에도 영향을 주지만 미래에 아이들의 놀이집단에 들어가려는 시도에도 영향을 줄 수 있다는 것을 보여주는 것이 더 교육적이다. 집단 지도자는 이렇게 계속 질문한다. "다른 아이들이 '아니'라고 말하도록 이 아이가 한 행동은 뭐였을까?"

회기 마무리 모임

부모들에게 "오늘 우리는 다른 아이들이 놀고 있는 게임에 '끼어들기'를 해 보았습니다. 많은 아이들이 끼어들기 위해 끈기 있게 기다렸습니다. 아이들 모두에게 큰 박수를 보냅시다."라고 말한다.

지난 회기처럼 집단 내 통화를 위해 아이들을 하나씩 배정해 주지만, 부모들이 그 자리에서 통화 약속을 잡으려고 하면 멈추게 한다. 이어서 "이번 주에 모두가 해야 할 중요한 일은 집단 밖의 아이에게 전화를 하는 것입니다. 부모님과 누구에게 전화할지 상의해서 결정하십시오." 라고 말한다.

각 아이와 부모가 누구에게 전화할지를 결정하는지 확인한다.

어린이 친구 만들기 훈련

부모 유인물 – 4회기

아이들이 새로운 사람을 사귀는 방법

목표

아이들이 배운 집단에 들어가는 전략을 부모에게 알려주기

연구를 통해 인기 있고 수용되는 아이들이 다른 아이들의 놀이집단에 성공적으로 들어가는 방법들이 밝혀졌다. 이 전략들은 자주 거부당하는 아이들의 전략과는 많이 달랐다.

집단에 들어가기 위해 해야 할 것과 하지 말아야 할 것

1. 언제, 어디서
   해야 할 것 : 아이들이 놀고 있을 때, 점심시간 동안, 수업시작 전과 후에 끼어들기
   하지 말아야 할 것 : 아이들이 공부할 때나 교사(또는 다른 어른) 말을 듣고 있을 때 같이 놀려고 하기
2. 어떻게
   해야 할 것 : 가까이 있는 집단을 지켜보고('불쑥 끼어'들지 않고 관심이 있다는 것을 보여준다) 그들이 무엇을 하는지(소꿉놀이, 농구), 참여하는 규칙이 무엇인지(돌아가면서 하는지, 줄을 서서 하는지?) 이해하기
   해야 할 것 : 다른 아이를 칭찬하기(대단하다, 멋진 시도였어 등)
   해야 할 것 : 게임하는 것을 도와주면서 참여하기. 활동을 잠깐 멈출 때를 기다려 그 게임을 안다는 것을 보여주는 말하기(너희 팀에 사람 하나 더 필요하지 않니?)
   하지 말아야 할 것 : 정보를 얻기 위해 질문하지 않기(일이 어떻게 돌아가는지 모르겠다면 다른 사람들을 귀찮게 하지 않는다), 자기 자신이나 자신의 감정에 대해 언급하지 않기(그 순간에 그들은 그것에 관심이 없다), 새로운 아이들을 만날 때는 진지하게 대하기(우스꽝스럽게 행동하면 실제로는 놀이에 대한 관심이 없는 것처럼 보인다)
   하지 말아야 할 것 : 반대하거나 비난하거나 어떻게 하라고 말하지 않기(외부인은 그렇게 할 권리가 없다)
3. '아니'라는 대답을 받아들이기 – 평균적으로 아이들의 50% 정도가 이런 말을 듣는다.
4. 성공적인 집단에 들어가기는 오직 아이만 할 수 있다. 부모들이 직접 도와주려고 시도하면 보통 성공하지 못하거나 역효과를 낼 것이다.
5. 아이는 다음 회기 이후에 아이들 무리에 끼어들기를 하게 될 것이다.

(다음 페이지에 계속)

부모 과제

1. 이전 회기처럼 다른 집단 구성원들에게 전화하기
2. 집단 외의 새로운 사람과 탐정놀이하기
3. 이전 회기처럼 집에서 야외용 게임 가져오기
4. 자녀와 동년배이거나 1살 정도 어린 아이들이 있는 동네 놀이터를 차로 돌며 찾아보기. 다음 회기가 끝날 때까지는 아이와 이것에 대해 상의하지 않는다.

어린이 친구 만들기 훈련

축구 규칙

어린이 4회기

아이들을 집합시킨다

1. 아이들에게 처음에는 끼어들려고 하다가 '거절' 당하고 두 번째부터는 (다른 놀이집단과) 함께 놀게 되는 것이 계획이라고 말해 준다.
2. 동시에 두 게임을 하기 위해 아이들을 두 집단으로 모은다(하나는 약식 축구를 하고 다른 하나는 농구나 핸드볼을 하는 것처럼).

편을 가른다

3. 집단 지도자가 각 팀에 들어갈 아이들을 선택한다.
4. 아이들의 운동 능력에 따라서 두 팀을 가능한 한 비슷하게 나누고, 첫 번째 골키퍼를 선정한다(한곳에 가만히 있어야 되기 때문에 골키퍼를 하려는 아이는 거의 없다).

게임 규칙을 말해 준다(축구)

5. 최소 두 명의 아이들 간에 계속 공을 패스하도록 한다.
6. 아이들은 부딪히기, 신체적 공격, 다른 아이를 향하여 직구 차기, 무모하게 공을 향해 뛰어들기 등을 하면 안 된다(이런 행동들에는 주의 주기와 타임아웃을 준다).
7. 점수를 기록하지 말고 아이들도 기록하지 않도록 지시한다.
8. 점수를 낸 후에 지나치고 부적절한 축하를 하면 타임아웃을 받는다—아이들이 월드컵/프로 축구선수의 행동을 흉내 내는 것이라고 불평하더라도.

게임 시작하기

9. (축구를 안 하는 걸 더 좋아하는) 두세 명의 아이들로 두 번째 게임(핸드볼이나 농구)을 시작한다. 놀고 있는 아이들에게 이것은 팀이 없는 비공식적인 게임이라고 말해 준다.
10. 축구 게임을 시작한다. 각 팀의 아이들에게 정기적으로 그리고 스스로 골키퍼를 교대하게 한다. 자발적으로 하지 않으면 그렇게 하도록 도와준다.
11. 근접해서 축구 게임을 감독한다. 한 선수가 점수를 획득하지 못하면, 게임을 중단시키고 팀원에게 그 아이가 다음 골을 넣도록 할 방법을 찾아내게 한다.
12. 패널티 : 공을 독차지하거나 점수를 기록하려고 할 때=2분의 타임아웃/공격, 과도한 부딪침, 위험한 플레이=5분 타임아웃

(다음 페이지에 계속)

핵심 교육

13. 사이드라인에 서 있는 아이들에게 게임을 보고 있다가 공이 튕겨서 밖으로 나가면 선수들에게 공을 돌려주라고 지도한다('아이들이 게임하는 것을 도와주기').
14. 사이드라인에 서 있는 아이에게 이런 질문들을 한다. "누가 이기고 있니?" 또는 "어느 팀에 아이들이 많니?" "어느 팀에 들어가려고 해야 하니?" (답 : 지고 있는 팀, 또는 아이들이 적은 팀), "언제 끼워 달라고 해야 하지?" (답 : 게임이 끝났을 때, 게임의 쉬는 시간이나 득점 후에)
15. 그 아이가 축구에 넣어달라고 하지만 개입하여 누군가가 거절하는 것처럼 하고, 다시 다른 게임(농구나 핸드볼)을 하는 곳에 가서 게임을 지켜보다가 언제 넣어달라고 해야 할지를 알아낸 후에 성공적으로 끼어들도록 한다. 방금 끼어들려고 했지만 거절당했다고 말하면서 농구/핸드볼 게임을 하는 아이들 중에 둘을 나오게 한다. 그 아이들을 축구 게임에 데려가 게임을 지켜보다가 성공적으로 놀이에 참여하게 한다.
16. 처음 두 아이가 끼어들고 나서, 두 명의 아이를 더 나오게 해서 방금 게임에 넣어달라고 했는데 거절당했다고 말하며 '끼어들기' 과정을 반복해서 모든 아이들이 '끼어들기'를 연습하고 축구와 농구/핸드볼 게임을 두루 돌게 한다.

CHAPTER

13

좋은 스포츠맨 규칙/사회적 목표 재조정하기

치료의 근거

다른 아이들의 놀이에 참여하기 위해 적절한 단계를 거치는 것은 좋은 놀이친구가 되는 시작 단계일 뿐이다. 아이들이 좋은 스포츠맨 정신을 가지면 놀이친구들이 더 좋아하게 될 것이다. 어떤 아이들은 다른 아이들보다 더욱 일관되게 좋은 스포츠맨 정신을 지키고 어떤 아이들은 '망각'하는 것 같다. 좋은 스포츠맨 정신이란 일련의 목표와 우선 사항이라고 볼 수 있다. 초등학교 2학년이나 3학년쯤 되면, 분명히 자신의 목표를 정하고, 그 목표를 이루기 위한 방법을 생각해낼 수 있다. 치료의 가설은 아이들이 또래관계를 만족스럽게 이어가기 위해 필요한 상호작용을 우선적인 목표로 삼을수록 더 좋은 놀이친구가 된다는 것이다.

13.1 사회적 목표의 정의와 성질

아이들이 또래들에게 접근하는 방식은 아이가 그 상호작용을 통해 얻고자 하는 목표에 따라 결정된다고 생각해볼 수 있다. 사회적 목표는 아이들이 서로 다른 사회적 상황 속에서 작전상 얻으려 하거나 또는 피하려고 하는 목표라고 정의할 수 있다. 사회적 목표는 상황 특이적이라는 연구결과가 있다(McFall, 1982; Renshaw & Asher, 1983). 예를 들어, 적대적 목표는 첫 만남에서는 찾아볼 수 없지만 갈등 상황에서 드러나게 된다. 사회적 목표는 기술, 지식, 그리고 남들의 의도가 지닌 속성과 함께 아이들의 가치와 행동을 이끌어 준다(Erdley & Asher, 1996; Zarbatany 등, 1990 참조).

좋은 스포츠맨 정신이란 게임의 결과보다는 게임을 같이하는 동료와의 관계의 중요성을 부각시키는 일련의 사회적 목표들이라고 정의할 수 있다. 좋은 스포츠맨 정신은 특히 경쟁 게임에서 중요하다. 과제 완성도를 높이기 위한 경쟁(즉, "이번 게임에서는 좀 나아졌어.")은 사회적 비교가 동기가 되는 경쟁(즉, "난 너보단 낫다.")과는 구분된다. 초등학교 3학년 아이들의 또래 지명(Tassi & Schneider, 1997)에서 과제 완성도는 수용 및 친사회적 행동과 연관이 있었던 반면, 사회적 비교는 거부당하는 것과 공격적으로 보이는 것과 연관이 있었다. 따라서 좋은 스포츠맨 정신이란 남들을 배려하면서 기술을 완성하고 자신의 능력을 연마하기 위해 경쟁의 규칙을 잘 지키는 것을 포함하는 일련의 목표와 우선 사항이다.

사회적 목표가 지닌 영향력에 대한 연구

13.2 또래평가 예측에 사회적 목표 사용하기

행동의 일관성을 보면 사회적 목표가 있는지 알 수 있다. 그러나 사회적 목표를 평가하기 위해 설계된 질의응답 형식에 대한 반응이 드러나는 행동과 연관성이 있다는 것을 보여주는 것이 좀 더 설득력이 있다. Melnick과 Hinshaw(1996)는 6~12세 사이의 주의력결핍 과잉행동장애가 있는 남자아이들과 대조군 아이들을 면담하여, '푸스볼' 게임을 하기 직전에 그들의 사회적 목표를 비교해 보았다. 많은 아이들이 다른 사람들의 호감을 받기 바란다고 보고했지만 사회적 목표가 '협동하고 싶다'였던 아이들에게는 또래 선호도가 양의 상관관계를 보였고, '말썽도 두렵지 않다'는 아이들에게는 음의 상관관계를 보였다. 단짝친구들과 갈등을 피하려는 사회적 목표를 기준으로 단짝친구가 많은 아이들과 적은 아이들이 구별되었다(Fonzi, Schneider, Tani, & Tomada, 1997; Rose & Asher, 1999).

13.3 다른 형태의 아이들과 상황의 사회적 목표

연구자들은 이제 서로 다른 상황에 처한 아이들이 각각 중요시 여기는 사회적 목표에 대한 목록을 만들기 시작했다. 경쟁적인 경기를 하는 동안 거부당하는 아이들은 게임 상대와의 상호작용이 원만하게 되어서 관계가 유지되는 것은 고려하지 않고 "무슨 일이 있어도 이기는 것"에 높은 우선순위를 두었다(Ladd & Mize, 1983; Renshaw & Asher, 1983). 공격적인 남자아이들은 앙갚음을 하거나, 남을 나쁘게 보이도록 하거나, 자신을 강하게 보이게 하거나, 자신들을 보호하는 것을 가장 우선시하는 목표로 삼았다(Erdley & Asher, 1996; Lochman, Wayland, & White, 1993). Erdley와 Asher(1996)는 내성적인 아이들은 무엇보다도 적대적인 의도를 가진 아이들에게서 멀리 떨어지는 것을 우선적 목표로 삼는다는 것을 발견했다. 다른 아이의 의도가 불분명한 상황(남의 과제를 망치는 것)에서 공격적인 아이들과 내성적인 아이들 모두가 적대적 의도가 있다고 생각하는 경향이 있었고, 이 두 가지 특징이 없는 아이들은 돌발적인 의도라고 생각하는 경향이 있었다(Erdley & Ashed, 1996). 뒤따른 반응도 달랐는데, 공격적인 아이들은 앙갚음을 우선시했고, 내성적인 아이들은 피하는 것을 우선시했다.

Melnick과 Hinshaw(1996)는 경쟁적인 경기에 앞서, 주의력결핍 과잉행동장애가 있는 고도로 공격적인 남자아이들은 낮은 공격성향을 보이는 주의력결핍 과잉행동장애 남자아이들과 대조군 남자아이들에 비해 "문제를 일으키는 것을 두려워하지 않는다."와 "규칙을 어기거나 다른 아이들을 놀리더라도 재미있게 노는 것"을 훨씬 중요하게 여긴다는 것을 알아냈다. 반대로 고도로 공격적인 주의력결핍 과잉행동장애 남자아이들이 '공명정대한 경기'를 선택하는 비율은 공격성이 없는 주의력결핍 과잉행동장애 남자아이들과 대조군 남자아이들보다 더 낮았다(1996, p. 177). 이런 맥락에서 주의력결핍 과잉행동장애보다는 공격성이 더 직접적으로 또래 문제와 연관되어 있다는 것을 여기에서 알 수 있다.

아이들의 사회적 상태에 따라 아이가 친사회적 목표를 우선시할 것인지 반사회적 목표를 우선시할 것인지가 달라지며(Erdly & Asher, 1996), 아이가 자신의 목표를 얼마나 성공적으로 이룰 것인지 느끼는 정도에 일부 달려 있다. Crick과 Ladd(1990)는 거부당하는 3학년과 5학년 아이들은 평균 상태의 또래들과 비교했을 때 현실적 보상을 얻는 목표에 더 집중하고 관계를 증진시키는 목표에는 덜 집중한다는 것을 알아냈다(Renshaw & Asher, 1983과 비교). Crick과 Ladd(1990)는 이것은 거부당하는 아이들 스스로가 관계를 좋게 만드는 자신의 능력을 의심하기 때문이라고 가정했다(즉, "나는 그냥 경기에서 이기는 것에만 집중하는 게 좋겠어. 어차피 아무도 나랑 친구가 되고 싶어 하지 않을 테니까."). 이 가설과 관련하여 Perry, Perry, Rasmussen(1986)은 공격적인 아이들은 공격적이지 않은 아이들에 비해 공격성이 이후에 또래들의 부정적인 행동을 감소시킬 것이라는 확신을 더 가지고 있다는 것을 발견했다.

13.4 사회적 목표 변경에 초점을 둔 치료

사회적으로 거부당하는 아이들은 협동 게임보다 경쟁요소가 많은 경기를 할 때에 "무슨 수를 써서라도 이긴다."는 사회적 목표를 세우는 경향을 보인다(12.6절 참조; Gelb & Jacobson, 1988). Conoley와 Conoley(1983)는 사회계측상 평균 정도의 아이들이 거부당하는 아이들과 매일 경쟁적인 과제보다는 협동적인 과제를 함께한 후에 거부당하는 아이들을 더 좋아하게 되었다고 했다. 경쟁적 상황에서도 이것이 일반화되었다는 근거는 없었는데, 아마 문제가 더 많은 상황에서는 사회적 목표를 바꾸려 하지 않았기 때문일 것이다.

두 연구에서 사회적 목표의 방향을 바꾸는 것이 거부당하는 아이들에 대한 강력한 치료라는 것을 보여주었다. Oden과 Asher(1977)는 아이들에게 자신도 재미있고, 경기하는 상대방도 또한 재미있어야 한다는 것을 가르치는 데에 집중했다. 짧은 치료였지만(6번의 25분 회기) 이 지도의 긍정적인 효과는 1년 후의 추적연구에서도 그대로 유지되었다. Hupp과 Reitman(1999)은 좋은 스포츠맨 정신에 입각한 태도를 장려하고 나쁜 스포츠맨 정신은 억제하기 위해 주의력결핍 과잉행동장애가 있는 8~10세 사이 세 명의 남자아이에게 토큰 시스템을 적용해 보았다. 이 프로그램은 좋은 스포츠맨 정신과 경기 운영 능력이 향상되는 효과가 있었다. 또한 아이들의 농구에 대한 관심도 증가했다.

13.5 연구와 임상사례의 결과

또래수용은 경쟁적인 사회적 목표보다는 관계 증진을 우선시하는 것과 관련이 있다. 거부당하는 아이들은 현실적인 보상을 얻는 목표에 좀 더 우선권을 부여하며, 때로는 명령이나 위협 같은 공격적인 전략을 쓰기도 한다. 아이들의 사회적 목표를 수정하는 것은 가능하다. 이를 시행한 연구결과, 짧고 간단한 수업만으로도 긍정적이고 영구적이며 일반화할 수 있는 결과를 얻을 수 있었다. 거부당하는 아이들에게 관계 증진과 관련된 목표를 달성할 수 있다는 자신감을 더 갖게 하면, 그들도 이러한 목표에 우선순위를 더 두게 될 것이다.

4회기에서는 '아이들이 게임을 하도록 도와주면서' 다른 아이들의 놀이에 끼어드는 것에 초점을 맞추었다. 이 사회적 목표의 함의는 게임은 놀고 있는 아이들 것이며 그들은 다른 아이를 끼워 주지 않을 충분한 이유가 있을 수 있다는 것이다. 그러나 사회적 목표는 상황 특이적이며, 아이들은 '모두가 재미있게 하기' 같은 목표를 더 우선시하는 행동 방식의 결과로 더욱 만족스럽고 지속적인 관계를 유지하도록 해야 한다.

회기 진행하는 방법

지금까지

부모들은 세 번의 집단 외 통화를 감독하면서 자녀가 양방향 대화를 연습하도록 돕고, 전화를 즐겁게 받은 아이들 중에 놀이데이트가 가능할 것 같은 명단을 만들기 시작했다. 아이들은 '끼어들기'와 끼어들려는 시도가 거절당했을 때에 할 일을 연습했다. 부모들은 자녀가 '끼어들기'를 할 수 있는 동네의 장소를 물색했다. 부모들도 아이들이 집단에 성공적으로 끼어드는 방법과 거절을 다루는 방법을 배웠다.

이번 회기에는

또래집단과의 관계 유지를 가장 우선시하는 것으로 사회적 목표를 수정하기 위해, 아이들은 좋은 스포츠맨 규칙을 배운다. 부모들은 이 회기에서 처음으로 자녀가 '끼어들기' 과제 하는 것을 돕는 방법을 구체적으로 교육 받는다. 아이들이 이전의 우선적인 사회적 목표에서 벗어나도록 토큰 시스템을 소개한다.

부모 5회기 계획

시작 모임

아이들이 들어오면 장난감을 살펴보고, 장난감이 제외 목록에 포함된 것이면 부모가 보관한다.[1]

과제 점검

1. 4개의 과제가 있어서(야외용 장난감은 제외하고) 모두를 깊이 있게 검토할 만큼 시간이 충분하지 않다. 부모들에게 다음 사항에 집중해 달라고 말한다. (a) 집단 외 통화, (b) 집단 내 통화와 집단 외 통화에서 사용한 양방향 대화, (c) '끼어들기' 과제를 위해 찾아낸 동네 공원, (d) 형식적인 "집단 내 통화는 했나요? 잘 되었습니까?" 같은 질문(이것보다

---

1 위험한/공격적인 장난감 : 무술 장난감, 대용량 물총, 물풍선, 혼자 노는/각자 노는 장난감 : 책, 스케이트보드, 장난감총, 너무 좋은 장난감 : 잃어버리거나 망가지면 아이가 속상해하는 비싼 장난감

더 자세히 묻지 않는다)

2. 집단 외 통화에 대한 조사 : 상대방 아이의 대답을 들을 때 자녀가 말하고 잠시 멈추었는가? 상대 아이가 전화를 받고 관심을 보이거나 재미있어 했는가? 아이들은 말할거리가 있었는가? 이번 주 과제로 자녀가 누구에게 전화할 수 있는가?[2]
3 '끼어들기' 과제를 위한 이웃 자원 : 각 부모에게 지난 주에 공원에 가서 자녀와 동년배이거나 약간 어린 아이들이 모여 노는 것을 보았는지 묻는다.

'끼어들기'를 위해 동네 공원을 찾은 임상사례

- 한 부모는 집 앞 길 건너에 공원이 하나 있었다.
- 다른 가족은 동네 공원을 차로 돌면서 어떤 연령대의 아이들이 있는지 직접 보았다. 부모들은 대여섯 번 공원을 다시 찾아가서 적당한 연령대의 아이들이 주로 토요일 오후에 논다는 것을 알아냈다.
- 또 다른 부모는 팀 연습 전과 후를 노렸다.

과제 내어주기

'끼어들기' 과제 수행을 위해서 부모는 많은 준비를 해 왔다. 지난 2주간 장소를 물색하고, 아이들이 거부당하는 것에 대한 부담감을 줄이고, 그리고 오늘 바로 아이들이 집단에 들어가는 것을 감독하는 단계를 배웠다. 보통 이 시점에서 부모들은 별로 질문할 것이 없을 것이다.

부모 과제에 대한 집단 지도자 지침—6~9회기에 해 오기

목표

1. 자녀가 놀이집단에 들어가는 능력 길러주기
2. 자녀가 새로운 친구를 사귀도록 도와주기

연구결과에 의하면 놀이집단에 들어가기 위한 아이들의 시도 중 50% 이상이 거절당한다고 한다. 이것은 거부당한 것이 아니다. 수용되고/인기 있는 아이들도 이런 일을 경험하지만, 그 아이들은 거절당할 경우 다른 집단을 찾아간다. 거부당하는 아이들은 다른 아이들에게 자신을

---

2 '최적의 기준'은 놀이상대로 초대될 가능성이 있지만 전에 통화한 적이 없는 아이, 또는 예전에 같이 놀았지만 한동안 못 본 아이이다.

놀이에 넣어 달라고 강요하는 경향이 있다. 무시당하는 아이들은 끼어들기를 시도할 만큼 다른 아이들에게 가까이 다가가지 않는다. [부모에게 이것을 자녀들에게 가르쳤다고 말해 준다.]

자녀들은 동성이면서 동년배이거나 약간 어린 아이들 집단에 들어가는 시도를 해야 한다. 어린 아이들 집단(한 살 이상 어리지 않아야 한다)에 끼어드는 시도를 하는 것도 도움이 될 수 있다.

1. 연구결과에서 보면 또래 문제가 있는 아이들의 경우 조금 어린아이들과 같이 노는 것이 장기적으로는 이득이 있을 수 있다.
2. 아이들은 자신보다 조금 어린아이들에게 받아들여질 가능성이 높다.

이 회기 마지막에서는

1. 자녀들과 의논하여 언제 어디서 아이들의 놀이집단에 들어가는 것을 시도할 것인지 결정한다. 나이가 있는 아이들(4학년 이상)의 경우 학교/수련회를 선호할 것이다. 쉬는 시간, 수업 전후, 방과 후 활동시간, 놀이터 등이 좋은 장소이다. 되도록 빨리 하도록 한다(당장 내일, 혹은 이번 주말이 가장 좋다). [나쁜 장소에 대해 다시 한 번 검토해 본다. (a) 휴가철의 해변 — 도처에서 온 아이들은 지속적인 친구가 되기 적절하지 않을 수 있다. (b) 어른이 감독하고 있는 아이들(예 : 생일파티) — 그 어른이 방해가 될 수 있다. (c) 도서관, 서점 — 조용히 해야 하기 때문이다. 좋은 장소 : (a) 동네 공원, (b) 방과 후의 비구조적인 프로그램, (c) 팀 연습 전이나 후, (d) 스카우트 모임 전이나 후, (e) 교회나 절. 아이들은 오랜 시간 다른 아이들과 어울리거나 다른 아이들의 초대를 받을 필요가 없다. 그저 아이들 집단 근처에 가서 지켜보다가 적당한 때에 끼어들기를 시도한다. 부모들은 언제 어디서 이 끼어들기를 시도해야 하는지 아이에게 알려주어야 한다.]
2. 장난감을 가져가면 분위기를 좋게 만드는 데에 도움이 될 수 있다. 아이가 여기에 가져왔던 야외용 장난감만 사용한다.

'끼어들기' 과제를 수행할 때

1. 자녀에게 규칙을 상기시킨다. (a) 끼어들기 전에 우선 지켜본다. (b) 다른 아이들을 칭찬하거나 아이들이 게임을 쉴 때까지 기다렸다가 끼어들기를 시도한다. (c) 만약 아이들이 거절한다면 아무 말도 하지 않고 다른 아이들에게 간다. (d) 끼어들 때는 진지하게 행동한다. [아이가 부끄러워하거나 불안해할 경우에는 이번 주 과제로 1단계만 해도 된다.]

2. 자녀는 이것을 반드시 혼자서 해야 한다. 어떤 식으로든 아이가 끼어들게 도와주면 안 된다. 나이 어린 아이들(1학년에서 3학년까지)의 경우, 다른 아이들이 볼 수 없도록 멀리서 아이를 지켜볼 수 있다(이 경우 잡지를 가져와서 읽는 척한다). 나이가 든 아이들의 경우는 부모가 없는 상태에서 과제를 수행하는 것을 더 선호할 수도 있다(그러나 아이가 평소 자신과 어울리지 않던 아이들 사이에 끼어들어야 한다). [나이가 있는 아이들의 부모는 아침에 아이가 학교에 가기 전에 과제에 대해 상기시켜 주고, 나중에 자세한 것을 듣는다.]
3. 아이들이 자신보다 나이가 많은 아이들 틈에 끼어들지 않도록 하고, 과제를 수행할 때 다른 또래친구나 형제자매를 데려가지 않도록 한다.

아이가 과제를 수행한 후

1. 자녀가 과제 수행에 대해 얘기하기 시작하면, 아이가 과제를 수행하려 했던 어떤 시도나 아이가 하기로 했던 어떤 상의도 칭찬한다.
2. 자녀가 집단에 받아들여지지 않았을 경우에는 이런 말로 아이를 격려한다. "안됐구나, 하지만 다음번에는 잘될 거야." 또는 "네가 정말 힘들었겠구나."

어떤 식으로든 아이를 비난하거나 다른 방식으로 해 보라고 말하는 것은 금물이다.

잠재적 문제

예전의 행동 방식에 대한 걱정

아스퍼거장애가 있는 5학년 남자아이의 어머니는 아이가 다른 아이들이 노는 데 불쑥 끼어드는 습관이 있다는 걱정을 했다. 그 어머니에게 이제 막 아들과 해야 하는 '끼어들기' 과제를 하기 전에 아이가 이전 회기들에서 적절한 단계에 대해 배웠다는 것을 알려주고 안심시켰다.

어린이 5회기 계획

과제 점검

1. 집단 내 통화와 집단 외 통화를 점검한다. 각 아이들은 누구와 통화했는지, 통화를 통해 상대방에 대해 무엇을 알아냈는지 이야기한다.
2. 아이가 통화에서 너무 지나치게 개인적이거나 깊은 이야기를 하지 않았는지 살펴본다. 정보 교환이 어떻게 이루어졌는지, 통화를 어떻게 시작하고 끝맺었는지 살펴본다. 통화를 통해 찾아낸 공통 관심사를 각자 발표하도록 한다.

교육

지난 세 회기는 아이들이 또래집단에 들어가기 위한 규칙을 지키도록 유도하는 것이 얼마나 쉬운지 보여주었다. 이 방법들은 많은 아이들이 이전에는 해 본 적이 없는 개별적인 단계들이었다. 일단 게임에 들어간 후에는 아이가 우선시하는 사회적 목표가 놀이친구들이 게임을 즐기는 것을 방해할 수 있다. 개별적인 단계들과는 별개로 아이들은 놀이를 하는 동안 자신의 행동을 제어하는 규칙을 배울 필요가 있다.

교육 부분에서 아이들은 '좋은 스포츠맨 규칙'을 사용해서 자신들의 사회적 목표를 재평가하게 될 것이다. 소크라테스식 문답법으로 알려주고 실제놀이 부분에서 실습을 함께하면 (토큰 보상과 함께) 빨리 배우게 된다.

1. "다른 아이들이 노는 데에 끼어든 후에 제대로 행동하지 않으면 어떻게 될까?" 하고 물어본다.
2. 좋은 스포츠맨 규칙을 알려주면서, 놀이하는 동안 다른 아이들을 칭찬하는 말을 생각해내도록 한다("좋은 시도였어.", "잘했어." 등). 회기 중에 연습한다.
3. 남들에게 이런 칭찬을 받으면 기분이 어떤지 아이들에게 물어본다.

소크라테스식 문답법을 사용하여 좋은 스포츠맨 규칙을 소개한다.

좋은 스포츠맨 규칙[이 규칙의 틀을 잘 기억한다.]

- **다른 아이의 행동을 칭찬한다.** 예를 들어, 좋은 시도였어, 잘했어, 하이파이브 같은 것. 어떤

것에 진짜 뛰어난 아이들도 자주 다른 아이들을 칭찬한다.

- 다른 아이들이 해 주기 바라는 것을 말한다. 심판노릇 을 하지 않는다(심판노릇=심판처럼 다른 아이들에게 하지 말라고 하거나 '더블 드리블', '반칙', '속임수'를 지나치게 부르는 것)
- 지루하면 다른 활동이나 대결을 하자고 제안한다.
- 다른 아이들도 즐겁게 게임하게 한다(예 : 운동장에서 자신의 자리를 지키며, 다른 아이들 앞으로 뛰어들거나 공을 쫓아 모든 곳을 헤집고 다니지 않는다).
- 경기가 끝날 때에는 상대편 아이들에게 좋은 게임이었다고 말해 준다.

4. 회기의 실제놀이 부분에서 토큰을 받게 된다고 아이들에게 말해 준다. 좋은 스포츠맨 규칙을 잘 지키면 토큰을 받게 된다. 즉, 다른 아이의 행동을 칭찬하고("좋은 시도였어." "멋진 샷이야."), 심판같이 굴지 않고, 지루해지면 활동을 변경하자는 제안을 하거나, 다른 아이들도 재미있게 경기하도록 했을 때이다. 토큰은 별처럼 세어서 마지막 파티를 위해 사용된다.

임상사례 : 좋은 스포츠맨 규칙 설명하기

집단 지도자 : 지난주에 우리는 '아니'라는 대답을 받아들이는 것을 연습했고, 이번 주에는 좋은 스포츠맨이 되는 연습을 할 거야. 경기 전이나 경기를 하는 동안 할 수 있는 칭찬에는 어떤 것이 있을까?

여러 아이들 : "잘했어.", "좋은 시도였어.", "너 정말 풋볼 잘하는구나.", "경기가 끝난 후에는 '좋은 경기였어'라고 말할 수 있어요."

집단 지도자 : 좋은 말들이야. 경기가 끝난 후 떠벌리는 아이들이 있다면 어떨까? 만약에 그 아이들이 "내가 점수를 제일 많이 냈으니까 내가 최고의 농구선수지?" 라고 말한다면?

아이 : 우린 자랑하는 거 싫어해요.

집단 지도자 : 아무도 자랑하는 걸 좋아하지 않아. '심판노릇'하는 건 뭐지?

아이 : 항상 "더블 드리블이야.", "반칙이야.", "금을 넘어갔어." 같은 걸 얘기하는 아이들이요. 그러니까 다른 아이들이 잘못한 것 지적하느라 시간을 다 보내는 거죠.

집단 지도자 : 그런 식으로 '심판'노릇을 하려고 하면 어떻게 될까? 다른 아이들은 어떻게 할 것 같니?

아이 : 이래라저래라 하는 게 싫으니까 화가 나요.

집단 지도자 : 맞아. 그러면 다른 아이들이 화가 나겠지. 그리고 '심판하는 것'은 그 아이들이 할 일이 아니지. 지루해진다면 게임을 어떻게 바꾸지? 다른 아이들에게 "이제부턴 이런 식으로 하는 거야." 하고 말할 거니?

다른 아이들 : "아니요. 내가 대장이 아니잖아요.", "그러면 아이들이 안 좋아할 거예요."

집단 지도자 : 나가서 놀면서 이런 것들을 전부 연습할 거야. 이번에는 숙제로 동네에서 놀고 있는 아이들 틈에 '끼어들기'를 할 거야. 그 아이들은 너희들과 같은 나이거나 조금 어린 친구들이면 될 거야. 방과 후나 학교 수업 시작 전이나 공원에서 할 수 있어.

과제 내어주기

1. 전에 친하게 지낸 적이 없는 아이들 집단에 끼어들기를 시도한다.[3] '끼어들기'를 시도할 아이들은 동년배이거나 조금 어린 아이들 집단이어야 한다. 꼭 실제로 게임에 들어가야만 숙제를 완수한 것은 아니다. '그럭저럭' 아는 아이들과 '끼어들기'를 한다.
2. 집단 외 통화와 집단 내 통화(누구와 통화할지 정해 준다)
3. 야외용 장난감 가져오기

잠재적 문제

과제 바꾸기/무효로 만들기

아이들이 이렇게 물을 수 있다. "내가 이미 아는 아이들이랑 숙제하면 어떨까요?" 혹은 "나보다 나이 많은 아이들이랑 하는 건 어때요?" 이런 반응들에 대해 집단 지도자는 본래 과제에 대해 반복해서 설명해 준다.

아이들이 말하는 과제를 하지 못한(안 한) 이유의 예

"나는 우리 반 아이들을 다 알아요(부모는 아들이 혼자 논다고 한다)." "내가 모르는 아이는 없어요.", "우리 학교는 방과 후에 친구들과 같이 놀면 안 되게 되어 있어요."

집단 지도자는 아이가 내어놓은 딜레마에 대한 해결책을 찾아내지는 않는다. 아이들이 말하

---

3 적어도 아이들에게 거절당한 후 다른 친구들을 찾아갈 수 있는 기회를 제공한다는 점에서 '시도해 보는 것'이 실제로 끼어들기에 성공하는 것보다 더 중요하다.

는 이유는 결국 과제를 하기 싫은 아이들의 핑계일 뿐이기 때문이다. 그 대신 회기 마무리 모임 때 아이의 부모 앞에서 과제를 수행할 방법에 대해 토론한 것을 설명한다.

지나치게 놀이상대를 고를 때

한 5학년 여자아이는 과제를 할 수 없었는데, 그 이유는 "방과 후에 학교에 남아 노는 아이들을 좋아하지 않아서"였다. 집단 지도자는 이렇게 대답했다. "'끼어들기' 연습을 하려면 아이들이 있는 곳으로 가야 하는데, 어디에 갈 수 있을까? 좋은 아이들이 있는 곳을 말해 보렴."

실제놀이

이번 회기에 토큰이 처음 출연한다. 표 13.1에 토큰 주는 지침이 나와 있다. 실제놀이를 시작하기 바로 직전이 토큰 시스템에 대해 설명할 좋은 기회다. 집단 지도자와 코치들이 실제로 토큰을 나누어 주어야 아이들이 변화된 방법을 완전히 파악할 것이기 때문에, 너무 많이 설명할 필요는 없다.

처음에 개별적으로 토큰을 받으면 아이들이 놀라거나 혼란스러워할 수 있다. 이것은 부분적으로는 아이들이 처음의 사회적 목표에 지나치게 집중하고 있기 때문이다. 몇 번 토큰을 받고 나면 아이들은 코치나 집단 지도자를 '투명인간'처럼 취급하게 된다. 이것은 아이들이 게임을 하기 시작했고, 같이 게임하는 아이들에게 집중하기 시작했다는 신호다.

아이들은 간단하게 끼어들기 연습을 하지만 대부분은 '매직 존슨 농구'를 하면서 좋은 스포츠맨이 되는 연습에 집중하게 된다.

회기 마무리 모임

1. 아이들이 이번 회기에서 한 것들에 대해 (집단으로) 칭찬해 준다. "오늘 우리는 '끼어들기'와 좋은 스포츠맨 되기를 연습했습니다. 아이들이 매우 친절하고 배려심 있는 행동을 많이 보여주었습니다. 우리 모두 아이들에게 큰 박수를 보냅시다."
2. 지난 회기에서 한 것처럼 집단 내 통화를 한 명씩 배정해 준다. 부모들이 즉시 서로 통화 약속을 잡으려고 하면 멈추게 한다.
3. "이번 주에 모두가 해야 할 중요한 일은 알맞은 장소에 가서 예전에 한 번도 어울려 본 적이 없는 아이들 사이에 '끼어들기'를 해 보는 것입니다. 어디에서 이것을 할지 부모님과 상의해서 결정하십시오."

표 13.1 토큰 주는 방법 – 어린이 5 · 6 · 10 · 11회기

토큰 보상을 주는 주요 목적

1. 아이들이 교육 받은 기술을 사용하게 한다.
2. 아이들의 관심을 게임과 보상으로 나눈다. 그렇게 하면 아이들이 처음의 비생산적인 사회적 목표를 유지할 수 없게 된다. 예를 들어 아이가 좋은 스포츠맨 정신을 발휘해서 토큰을 받을 생각을 하면서 '무슨 수를 써서라도 이기는' 사회적 목표에도 집중하기는 어렵다.

토큰의 조건

토큰은 특별한 것으로 해서(동전이나 포커칩을 사용하지 않는다) 아이들이 집에 있는 칩과 섞어서 부풀리고 싶은 유혹이 생기지 않도록 해야 한다. 그러나 너무 독특하면(우리는 엽전처럼 가운데에 구멍이 있는 플라스틱 토큰을 사용했다) 다 없어져 버릴 것이다.

토큰을 주어야 할 때

1. 좋은 스포츠맨 규칙과 관련된 모든 행동에 대해서 토큰을 준다.
2. 다른 것들에 대해서는 토큰을 주지 않는다, 예를 들어 눈맞추기나 다른 사람 이름 불러주기 같은 것들은 좋은 스포츠맨 정신에 집중하는 것을 흐트러뜨리기 때문이다.

토큰 주는 방법

1. 농구 심판처럼 아이들이 게임하는 중간에 들어갔다 나왔다 한다.
2. 토큰을 줄 때는 아이들이 게임에 집중하는 데에 잠깐만 방해가 되도록 해야 한다.
3. 아이에게 토큰을 주면서 토큰을 받는 이유를 간결하게 말한다. (예 : "지금 막 점잖게 행동해서", "하이파이브를 해 주어서")
4. 아이가 바람직한 일을 한 후 토큰을 바라보거나 요구할 때는 주지 않는다(그러나 그런 행동에 대한 칭찬은 한다). 어떤 아이들은 토큰을 얻으려는 욕구만으로 코치 앞에서 '연기'를 하기 시작하여 진행 중인 게임의 다른 양상에 집중하지 못할 것이다.
5. 아이가 토큰을 받지 못한 것에 대해 언쟁을 하려 하면 주의를 주고, 그래도 언쟁을 계속하려는 경우 타임아웃을 준다.

보고하기

1. 게임이 끝날 때 각 아이의 토큰을 합해서 집단이 얻은 토큰의 숫자만 구한다. 아이들이 함께 세도록 한다.
2. 아이들 간에 비교를 한다거나 누가 제일 많이 얻었는지 알려주는 것은 피해야 하는데, 이것은 비생산적인 경쟁을 불러일으키기 때문이다.

4. ‘끼어들기’ 과제를 수행할 장소와 집단 외 통화에 대해 각 부모와 아이가 의논을 한다. 4학년 이상이면 부모가 안 보는 장소에서 하는 것도 가능하다. 먼저 아이의 의견을 물어본다. 아이가 부모가 동의할 만한 답을 내놓지 않으면, 부모의 생각을 묻고, 집단 지도자는 아이가 그중 가장 마음에 드는 것을 고르게 한다.

임상사례 : 학교에서 평판이 좋지 않은 여자아이와의 협상

집단 지도자[아이의 엄마 앞에서 아이에게] : 집단 외 통화를 위해 누구에게 전화할 거니?

아이 : 도린이요.

집단 지도자[엄마에게] : 도린이면 괜찮나요?

엄마 : 예. 도린은 유치원 때부터 알던 아이인데, 그 후론 못 봤어요.

집단 지도자[아이에게] : ’끼어들기’ 시도는 어디서 해 볼 거니?

아이 : 학교에서 쉬는 시간에 해 볼 거예요. [부모 회기에서 엄마는 아이가 학교에서 평판이 좋지 않다고 얘기했다.]

집단 지도자[엄마에게] : 그렇게 하는 거 괜찮을까요?

엄마 : 우리 집 길 건너에 있는 공원은 어떻겠니?

아이 : 난 학교에서 항상 그렇게 한다구요.

집단 지도자 : 내 생각에 이제 새로운 곳으로 진출해서 새로운 친구들을 만날 때인 것 같구나. 원한다면 학교에서 연습해도 되지만, 숙제를 한 것으로 인정받으려면 공원에서 시도해 봐야 해. 그냥 시도만 해도 된다는 걸 기억해. 아이들이 ‘아니’라고 거절해도 넌 숙제를 다 한 것으로 인정받는 거야.

아이 : 좋아요.

잠재적 문제

부모가 ‘끼어들기’ 규칙을 지키지 않을 때

한 5학년 여자아이의 어머니는 집단 지도자가 적절하지 않은 장소라고 했음에도 불구하고 ‘끼어들기’ 과제를 위한 장소로 서점을 골랐다. 그 어머니는 동네 서점이야말로 아이가 ‘끼어들기’ 과제를 하기에 좋은 장소 기준에 딱 맞다고 고집했다. 어머니의 고집을 꺾을 수 없었던 집단 지도자는 회기 마무리 모임까지 기다렸다가 그 딸에게 정말 서점에서 ‘끼어들기’를 하고 싶었는지 물었다. 아이는 머뭇거리며 "그렇다."고 대답했다. 그러나 집단 지도자가 다른 아이들이 서점에 모여서 집단활동을 하는지 물어보자 "아니"라고 대답했다. 그런 후에 집단 지도자는 숙제할 장소를 공원으로 정하도록 했다.

어린이 친구 만들기 훈련

부모 과제 – 5회기에 받아서

6~9회기에 해 오기

목표

1. 자녀가 놀이집단에 참여하는 능력 길러주기
2. 자녀가 새로운 친구를 사귈 수 있도록 도와주기

연구결과에 의하면 놀이집단에 들어가기 위한 아이들의 시도 중 50% 이상이 거절당한다고 한다. 이것은 거부당한 것이 아니다. 수용되고/인기 있는 아이들도 이런 일을 경험하지만, 그 아이들은 거절당할 경우 다른 집단을 찾아간다. 거부당하는 아이들은 다른 아이들에게 자신을 놀이에 넣어 달라고 강요하는 경향이 있다. 무시당하는 아이들은 끼어들기를 시도할 만큼 다른 아이들에게 가까이 다가가지 않는다.

자녀들은 동성이면서 동년배이거나 약간 어린 아이들 집단에 들어가는 시도를 해야 한다. 어린 아이들 집단(한 살 이상 어리지 않아야 한다)에 끼어드는 시도를 하는 것도 도움이 될 수 있다.

1. 연구결과에서 보면 또래 문제가 있는 아이들의 경우 조금 어린아이들과 같이 노는 것이 장기적으로는 이득이 있을 수 있다.
2. 아이들은 자신보다 조금 어린 아이들에게 받아들여질 가능성이 높다.

이 회기 마지막에서는

1. 자녀들과 의논하여 언제 어디서 아이들의 놀이집단에 들어가는 것을 시도할 것인지 결정한다. 나이가 있는 아이들(4학년 이상)의 경우 학교/수련회를 선호할 것이다. 쉬는 시간, 수업 전후, 방과 후 활동시간, 놀이터 등이 좋은 장소이다. 되도록 빨리 하도록 한다(당장 내일, 혹은 이번 주말이 가장 좋다).
2. 장난감을 가져가면 분위기를 좋게 만드는 데에 도움이 될 수 있다. 아이가 여기에 가져왔던 야외용 장난감만 사용한다.

'끼어들기' 과제를 수행할 때

1. 자녀에게 규칙을 상기시킨다. (a) 끼어들기 전에 우선 지켜본다. (b) 다른 아이들을 칭찬하거나 아이들이 게임을 쉴 때까지 기다렸다가 끼어들기를 시도한다. (c) 만약 아이들이 거절한다면 아무 말도 하지 않고 다른 아이들에게 간다. (d) 끼어들 때는 진지하게 행동한다.
2. 자녀는 이것을 반드시 혼자서 해야 한다. 어떤 식으로든 아이가 끼어들게 도와주면 안 된다.

(다음 페이지에 계속)

나이 어린 아이들(1학년에서 3학년까지)의 경우, 다른 아이들이 볼 수 없도록 멀리서 아이를 지켜볼 수 있다(이 경우 잡지를 가져와서 읽는 척한다). 나이가 든 아이들의 경우는 부모가 없는 상태에서 과제를 수행하는 것을 더 선호할 수도 있다(그러나 아이가 평소 자신과 어울리지 않던 아이들 사이에 끼어들어야 한다).

3. 아이들이 자신보다 나이가 많은 아이들 틈에 끼어들지 않도록 하고, 과제를 수행할 때 다른 또래친구나 형제자매를 데려가지 않도록 한다.

아이가 과제를 수행한 후

1. 자녀가 과제 수행에 대해 얘기하기 시작하면, 아이가 과제를 수행하려 했던 어떤 시도나 아이가 하기로 했던 어떤 상의도 칭찬한다.
2. 자녀가 집단에 받아들여지지 않았을 경우에는 이런 말로 아이를 격려한다. "안됐구나, 하지만 다음번에는 잘될 거야." 또는 "네가 정말 힘들었겠구나."

어떤 식으로든 아이를 비난하거나 다른 방식으로 해 보라고 말하는 것은 금물이다.

어린이 친구 만들기 훈련

매직 존슨 농구 규칙

어린이 5회기

아이들을 집합시킨다

1. 아이들에게 남을 칭찬하거나, '하이파이브'를 해 주거나, 어떤 것이라도 '좋은 스포츠맨이 되는 규칙'을 따르거나, 남을 배려하는 사람에게 토큰을 줄 것이라고 말해 준다.

편을 가른다

2. 지단 지도자가 운동 능력이 대략 비슷한 두 명과 세 명의 선수들을 골라서 편을 가르고 시작하게 한다.
3. '끼어들기'를 하려는 나머지 아이들을 사이드라인에 있게 한다.

게임 규칙을 말해 준다

4. 보통의 농구 게임 규칙을 사용하는데, 단지 다른 점은 협동적인 팀 플레이를 우선적으로 강조한다는 것이다. 다음 행동을 하면 주의 주기와 타임아웃을 받는다.
   - 공을 빼앗거나 시도하는 것
   - 공격적인 신체 접촉(예 : 그냥 막는 게 아니라 남을 쳐서 반칙을 하거나, 다른 아이들을 겁먹게 하는 지나친 철통 방어)
   - 점수를 낸 후의 지나친 축하
   - 점수를 내기 전에 최소 한 번은 공을 패스해야 한다.

게임을 시작하고 행동을 감독하고 통제한다

5. 과도하게 '공을 독차지'하는 아이들은 어느 쪽으로든 투구할 기회를 잃게 된다(그들은 단지 리바운드, 드리블, 그리고 공을 남에게 패스할 수만 있다).

핵심 교육

6. 아이들에게 어느 팀이 가장 도움이 필요한지, 그리고 '끼어들기' 위해서 언제 누구에게 물어봐야 하는지 생각해 보게 한다. 그런 다음 끼어들게 한다.
7. 토큰은 좋은 스포츠맨 규칙과 관련된 어떤 행동을 했을 때 받을 수 있다. 눈 맞추기나 다른 사람 이름 불러주기 같은 것들은 좋은 스포츠맨 정신에 집중하는 것을 흐트러뜨리기 때문에 토큰을 주지 않는다. 토큰 주는 방법은 다음과 같다.
   (a) 농구 심판처럼 아이들이 게임하는 중간에 들어갔다 나왔다 한다.

(다음 페이지에 계속)

(b) 토큰을 줄 때는 아이들이 게임에 집중하는 데에 잠깐만 방해가 되도록 해야 한다.

(c) 아이에게 토큰을 주면서 토큰을 받는 이유를 간결하게 말한다. (예 : "지금 막 점잖게 행동해서", "하이파이브를 해 주어서")

(d) 아이가 바람직한 일을 한 후 토큰을 바라보거나 요구할 때는 주지 않는다(그러나 그런 행동에 대한 칭찬은 한다). 어떤 아이들은 토큰을 얻으려는 욕구만으로 코치 앞에서 '연기'를 하기 시작하여 진행 중인 게임의 다른 양상에 집중하지 못할 것이다.

(e) 아이가 토큰을 받지 못한 것에 대해 언쟁을 하려 하면 주의를 주고, 그래도 언쟁을 계속하려는 경우 타임아웃을 준다.

게임 마무리 보고

8. 게임이 끝날 때 각 아이의 토큰을 합해서 집단이 얻은 토큰의 숫자만 구한다. 아이들이 함께 세도록 한다. 아이들 간에 비교를 한다거나 누가 제일 많이 얻었는지 알려주는 것은 피해야 하는데, 이것은 비생산적인 경쟁을 불러일으키기 때문이다.
9. 아이들에게 좋은 시간을 보냈는지 묻는다. 왜 좋은 시간을 보냈는지 묻는다. (답 : 왜냐하면 다른 모든 아이들이 즐거운 시간을 보내도록 노력했고, 모든 사람이 똑같이 공을 던질 기회를 가졌고, 다친 사람도 없고, 난폭 행위로 겁먹은 아이도 없었기 때문이다.)

CHAPTER

14

좋은 스포츠맨 규칙/긍정적 표현하기

치료의 근거

아이들에게 다른 아이들의 무리에 합류하는 적절한 단계를 단계를 밟도록 훈련하고 부모들에게 아이가 처음에 집단에 끼어드는 것을 감독하도록 가르쳐 주는 것은 치료 외 상황에서도 이를 활용하는 데에 도움이 될 것이다. 그러나 아이가 놀이에 참여한 후에도 다른 아이들이 함께 있는 것을 계속 즐거워하도록 하기 위해서는 아이들의 상호작용 기술을 계속 발전시켜야 한다.

14.1 또래들에 대한 긍정적 표현의 중요성

긍정적인 상호작용은 집단에 들어가는 순간부터 시작되고(Dodge, Pettit, McClaskey, & Brown, 1986; Tryon & Keane, 1991), 아이들이 갈등을 피할 수 있게 해 준다. Hartup, Glazer, Charlesworth(1967)는 4살 난 어린이집 아이들은 구조화되지 않은 놀이를 할 때에 부정적인 강화인자(불순응, 비난, 공격, 방해하기)의 세 배에서 다섯 배에 달하는 긍정적인 강화인자(승락, 애정, 순종)를 쏟아낸다는 것을 발견했다. 그들은 또한 갈등이 시작되는 시점에서 긍정적인 어조를 사용하면 갈등을 줄일 수 있다고 했다. Hartup과 Laursen(1993)에 따르면, 아이들은 갈등이 있고 나서도 정서적 강도가 낮고 화해를 한 경우에는 계속 상호작용을 이어 나간다고 한다. 반면에 강경한 입장을 보이고, 강한 정서가 형성되고, 불공평한 결과가 있는 경우에는 두 아이들 사이에 더 이상의 상호작용은 없어진다.

긍정적 표현과 또래 위상에 대한 연구

14.2 거부당하는 아이들의 부정적 성향

자주 칭찬하고 동의한다는 말을 하는 것은 다른 아이들의 호감을 얻는 데에 필수적이다. Hartup과 Laursen (1993)은 아이들에게서 관찰되는 긍정적 강화율은 또래 지명에서 '가장 선호되는' 비율과는 양의 상관관계가 있었지만 싫어하는 아이로 지명되는 비율과는 상관관계가 없다는 것을 알아냈다. 이와 비슷하게 부정적 강화율은 '가장 싫어하는' 아이로 지명되는 비율과는 상관관계가 있었지만 '가장 선호되는' 아이로 지명되는 비율과는 상관관계가 없었다. Putallaz와 Gottman(1981)은 게임에서 양자 간의 상호작용을 하는 동안 인기 있는 2, 3학년 아이들은 거부당하는 2, 3학년 아이들보다 서로 간에 의견 충돌이 적다는 것을 발견했다. 의견 충돌이 일어날 경우, 인기 있는 아이들은 해당 게임의 규칙을 말하고 상대 아이가 받아들일 만한 대안을 제시하는 경향이 있는 반면("네가 이렇게 하면 안 되게 되어 있고, 먼저 이렇게 해야 맞아." 즉, '멈추기'를 하고 그다음 '진행'하라는 표현을 한다), 거부당하는 아이들은 관련된 규칙 없이 의견이 다른 이유만 말하는 경향이 있다(예 : "그렇게는 못해!" 즉, '멈추기' 표현만 한다).

14.3 연구와 임상사례의 결과

거부당하는 아이들은 다른 아이들과 함께 자신들의 활동을 짜야 할 때에 시간을 다루는 기술이 매우 부족하다. 이런 상황에서는 평소에 하던 것보다 훨씬 긍정적으로 또래들과 상호작용을 해야 하는데, 이와는 반대로 거부당하는 아이들은 또래들을 비난하는 것 같은 부정적인 행동을 더 많이 한다. 심판노릇은 친구가 없는 아이들이 또래들을 칭찬하는 것은 잊어버리고 규칙을 어겼다는 것을 충동적으로 지적하는 행동이다. 따라서 아이들이 자신들의 부정적인 행동들(심판노릇)을 알아내서 좋은 스포츠맨 정신('하이파이브' 해주기와 다른 칭찬들)으로 바꾸게 하는 것이 필수적이다.

회기 진행하는 방법

지금까지

아이들은 다른 아이들의 놀이집단에 끼어들려고 할 때나 끼어들고 나서 다른 아이들을 배려하는 것에 집중해 왔다. 아이들은 놀이를 하면서 상대방에게 긍정적으로 행동하고 말하고, 놀이에 들어가기 전에 자신들의 사회적 목표의 우선순위를 조정하는 연습을 시작했다.

이번 회기에는

이번 회기에서는 처음으로 부모와 아이들이 다른 아이들의 놀이에 '끼어들기'를 시도한 결과를 보고하게 된다. 이제는 성공적으로 다른 아이들의 놀이에 끼어든 후에 상호작용을 계속 유지하는 기술에 중점을 둔다. '끼어들기' 과제를 수행할 장소 선택이 제대로 되지 않았다면 다른 장소를 선택하도록 부모들을 도와주어야 할 것이다. 아이들은 이번 회기의 실제놀이 부분에서 토큰 보상 시스템의 도움을 받아 긍정적인 상호작용(칭찬하기)을 유지하는 데에 집중하게 된다.

부모 6회기 계획

시작 모임

아이들이 들어오면 장난감을 점검한다. 장난감이 제외 목록에 포함된 것이면 부모가 보관한다.[1]

과제 점검

부모들은 일반적으로 회기 대부분의 시간을 자녀가 최초로 시도한 '끼어들기'에 대해 검토하고 다음 시도에 대한 의견들을 나누는 데에 보낸다(이번 회기의 유인물은 시간이 많이 걸리지 않는다). 30~80% 사이의 부모들이 '끼어들기' 과제가 성공적이었다고 보고할 것이라고 기대한다(그리고 그 기쁨을 함께 축하할 준비를 해야 한다).

---

1 **위험한/공격적인 장난감** : 무술 장난감, 대용량 물총, 물풍선, **혼자 노는/각자 노는 장난감** : 책, 스케이트보드, 장난감총, **너무 좋은 장난감** : 잃어버리거나 망가지면 아이가 속상해할 비싼 장난감

1. 세 가지 과제(야외용 장난감을 제외하고)가 있어서 모두를 자세히 검토할 충분한 시간이 없다. 부모들에게 다음에 집중해 달라고 말한다. (a) '끼어들기' 과제와 그것보다는 덜 집중해서 (b) 집단 외 통화(문제가 있었던 경우에만 자세히 말한다) (c) "집단 내 통화를 했나요? 잘 되었나요?" 같은 의례적 질문 (이것보다 더 자세히 묻지 않는다. 이번 회기가 마지막 집단 내 통화 과제가 나가는 회기이다.)
2. '끼어들기' 과제에 대한 성공담을 먼저 들어본다. 그 후에 다른 부모들의 보고를 듣는다. 아이들이 어디에서 끼어들기를 시도했는지? 부모가 직접 지켜볼 수 있었는지, 아니면 나중에 자녀에게서 자세한 것을 들었는지? 부모들이 대충 말하는 것을 허용하지 않고 자세한 부분까지 검토하도록 해서, 집단 지도자가 자녀를 관찰하는 것이 얼마나 중요하다고 생각하는지 부모들이 알게 한다.[2]
3. 각 부모들에게 돌아다니며 질문한다. (a) "집단 외 통화는 어땠나요?" (b) "집단 내 통화는 잘 되었나요?"(여기서는 "예, 아니요"로만 대답한다) (c) 다음 집단 외 통화를 할 때에 놀이친구로 초대할 가능성이 있는 아이를 부모가 파악하게 한다. 끼어들기 과제를 할 때에 만났던 누군가가 적절할 것이다. 그러면 그 아이와 놀이데이트를 시작할 수 있는데, 지금부터 2주 이후로 잡는다.

과제를 잘 수행한 임상사례

- 한 어머니는 6학년 아들이 집 밖을 보다가 스케이트보드를 타는 아이를 발견하고, 밖으로 나가서 그 아이와 스케이트 보드를 탔다고 보고했다.
- 한 어머니는 3학년 아들이 공원에서 아이들이 원반을 던지고 노는 것을 옆에서 지켜보며 기다렸다고 했다. 원반이 너무 멀리 날아가자 그 아들이 대신 주워 줘도 되냐고 물었다. 아이들이 "좋아"라고 말하고 함께 놀자고 했다.
- 한 어머니는 5학년 아들이 새로 간 학교에서 쉬는 시간에 다른 아이들이 노는 데 '끼어들기'를 시도했다는 것을 아들에게 들었다고 했다. 처음에는 거절당했지만, 아이는 이미 끼어들기 시도의 50%가 실패한다는 것을 알고 있었기 때문에 예의 바르게 물러났다고 했다(게다

---

2 **나쁜 장소** : (a) 휴가철의 해변—도처에서 온 아이들은 지속적인 친구가 되기 적절하지 않을 수 있다. (b) 어른이 감독하고 있는 아이들(예 : 생일파티)—그 어른이 방해가 될 수 있다. (c) 도서관, 서점—조용히 해야 하기 때문이다. **좋은 장소** : (a) 동네 공원, (b) 방과 후의 비구조적인 프로그램, (c) 팀 연습 전이나 후, (d) 스카우트 모임 전이나 후, (e) 교회나 절

가 그리 마음 상하지 않고). 아이는 나중에 다시 시도했고, 이번에는 받아들여졌다고 했다.

- 한 어머니는 적대적 반항장애로 진단받은 3학년 딸이 남자아이들 무리에 합류하는 것을 지켜보았다. 어머니는 한동안 딸이 놀게 내버려 두었다가, 옆으로 데리고 나와서 과제는 여자아이들 사이에 끼어드는 것이라고 일깨워 주었다. 그러자 놀랍게도 그 딸은 여자아이들 무리에 끼어들었다. 어머니는 의견충돌도 없었고, 나중에 딸이 동성친구들 사이에 쉽게 끼어들 수 있어서 기뻤다.
- 한 3학년 여자아이의 어머니는 딸의 발레 수업이 시작되기 전에 여자아이들이 서성거리고 있는 것을 보았다. 한 여자아이가 슬라이드를 했고, 그 딸이 "멋지다!"라고 말하면서 그 아이를 칭찬하자 그 딸과 다른 대여섯 명의 아이들이 함께 슬라이딩 연습을 했다.
- 한 2학년 남자아이의 어머니는 학교 수업이 시작되기 전에 아들이 학교 운동장에서 다른 아이들이 핸드볼 하는 것을 지켜보는 것을 보았다. 그 아들은 아이들을 응원했고 재빨리 놀이에 들어갈 수 있었다.

잠재적 문제

잘못된 장소

한 3학년 남자아이의 부모는 아이를 해변으로 데려가서 '끼어들기'를 시도하게 했다. 아이는 모래에서 놀고 있는 한 형제를 발견하고 '끼어들었다'. 그러나 그 형제의 아버지가 오더니 집에 갈 시간이라고 했다. 집단 지도자는 해변이 얼마나 '끼어들기'를 시도하기에 어려운 장소인지 지적하고, 다른 부모들에게 다음 주에 과제를 시도해 볼 지역 공원을 이 부모에게 알려주게 했다.

특별한 도움이 필요한 아이

주의력결핍 과잉행동장애가 있는 한 4학년 남자아이의 부모는 아들이 끼어드는 것은 문제가 아닌데, 그 관계를 유지하는 것이 문제라고 했다. 이것은 사실 아이가 올바른 방법으로 끼어들지 않았기 때문에 일어나는 일이다. 집단 지도자는 어머니에게 아들이 먼저 옆에서 기다렸냐고 물어보았다. 어머니는 아니라고 대답했다. 그 아들은 그냥 아이들 틈에 들어가서 같이 놀아도 되냐고 물었던 것이다. 집단 지도자는 다음번에는 어머니가 아이들이 노는 근처에서 아들과 함께 기다리다가, 아들이 게임 규칙이 무엇인지, 누가 이기고 있고 누가 지고 있는지 같은 정보를 말할 수 있으면 끼어들게 하라고 덧붙여 말했다.

과제 수행을 두려워하는 아이

부끄럼이 많은 한 3학년 남자아이는 숙제하는 것을 두려워했다. 집단 지도자는 이번이야말로 어머니가 아이를 '조율'해서 이것을 적절하게 만들 기회라고 말했다. 집단 지도자는 모든 아이들이 이번 주 과제로 해야 할 것은 다른 아이들이 노는 곳에 가까이 다가가는 것이라고 말했다(옆에서 기다리는 것). 이번 주 과제는 그 정도가 될 것이다.

포기하는 부모

한 5학년 여자아이의 어머니는 딸이 학교에서 끼어들기를 했다고만 말하고 자세한 것은 말할 수 없다고 말했다고 했다. 그 엄마는 이전 회기에서 딸이 학교에서 평판이 나쁘다고 보고했음에도 불구하고, 이것을 과제를 완수한 것으로 받아들였다. 집단 지도자는 그 어머니에게 소프트볼 연습을 하기 전에 딸이 '끼어들기'를 시도하게 하라고 했다. 어머니는 연습을 위해 딸을 좀 더 일찍 데리고 가겠다고 하면서도, 딸이 과제를 수행하는 것을 또 거부할까 봐 걱정된다고 말했다. 집단 지도자는 회기 마지막에 좀 더 시간을 들여 그 어머니와 딸이 '끼어들기'를 위한 장소로 학교 외의 다른 곳을 선택하는 것에 동의하도록 도왔다. 집단 지도자는 그 딸에게 학교에서 '끼어들기'를 시도한 것은 숙제를 한 것으로 간주되지 않는다고 알려주었다.

부모 불순응 1

한 5학년 남자아이의 어머니는 자신의 아들이 그냥 숙제를 했다는 것만 말하고 과제로 무엇을 했는지 말하지 않으려 한다고 했다. 이 어머니는 이전 회기에서 아들이 야구 연습 전에 '끼어들기'를 시도하려고 했고, 그것을 확실하게 하기 위해 아들을 좀 더 일찍 데려가려고 했다고 말했다. 그 엄마는 이런 계획들을 다 세웠지만, 그냥 아들을 야구 연습하는 데에 내려주고는 바로 가버렸다고 보고했다. 그녀는 왜 자신이 '함께 시간을 보내지' 못했는지에 대해 변명을 했다. 집단 지도자는 그 어머니에게 다음 과제에서는 꼭 아들을 감독하겠다는 약속을 받았다.

부모 불순응 2

한 어머니는 아들이 다른 아이들의 주변에서 기다리기만 하고 끼워달라고 하지 않자, 그리로 걸어가서는 아들 대신 다른 아이들에게 요구를 해서 아들이 끼어드는 것을 도왔다. 집단 지도자는 다른 부모들은 어떻게 생각하는지 물었다. 여러 부모들이 다음번에는 아들이 혼자 과제를 수행하는 것이 필요하다는 의견을 내놓았다.

과제 내어주기

다음 주에는 놀이데이트에서 좋은 초대자 행동을 하는 교육을 시작한다. 이 회기에서는 부모들에게 놀이데이트에 사용하면 좋은 장난감과 게임, 나쁜 장난감과 게임에 대해 지도할 것이다. 이 유인물(다음 회기에 사용할 실내용 장난감을 가져오는 것)을 살펴보는 데에는 10분도 걸리지 않을 것이고 보통 문제될 것도 없다.

야외용 장난감은 세대를 거쳐도 변하지 않는 경향이 있는 데에 반해, 실내용 장난감은 계속 진화하고 있다. 새로운 장난감들이 항상 개발되고 있다. 가져온 장난감이 부모 과제 유인물에 있는 기준에 맞지 않을 때, 집단 지도자가 쓸 수 있는 좋은 방법은 일단 아이가 장난감을 가져오게 하고 어린이 집단 지도자가 그것이 놀이의 질에 어떤 영향을 줄지를 살펴보게 하는 것이다. 만약 그 장난감이 협력을 하는 말을 많이 주고받으면서 상호적인 놀이를 하게 만들고, 쉽게 공유할 수 있는 것이라면 사용하게 한다. 장난감이 배타적이거나 지배하는 방식으로 사용된다면, 아이에게 다른 것을 가지고 놀게 하고, 부모에게(회기 마지막에) 이 장난감은 다음 번 회기들에도 가져오지 않도록 하고 놀이데이트에도 사용하지 않도록 안내한다.

7~9회기를 위한 부모 과제로 넘어간다(이 회기에는 부모 유인물이 없다).

부모 과제에 대한 집단 지도자 지침 – 7~9회기에 해 오기

목표

1. 자녀가 단짝친구가 될 만한 상대를 찾도록 돕기
2. 자녀가 비공식적인 일대일 놀이데이트를 하는 동안 가지고 있는 게임을 사회적으로 적절하게 사용하도록 돕기

지금, 그리고 각 회기 마지막에

1. 지난번처럼 집단 내에 없는 아이들과 전화 통화 과제를 할 약속을 계속 잡는다. [알림 : 다음 번에는 아이들이 놀이데이트에서 좋은 초대자가 되는 것을 연습할 것이기 때문에 실내용 장난감이 필요하다.]

매번 친구관계 집단 모임 전에

2. 다음 시간에 자녀가 잘할 수 있고 집에서 다른 아이와 함께하고 싶어 할 것 같은 장난감을 선택해서 가져오도록 한다. 이것은 두 명의 아이들이 할 수 있고 아이들 사이의 상호작용을 증진시키는 것이어야 한다. 예를 들어, 보드 게임, 액션 피규어, 젠가(Jenga), 만칼라(Mancala), 사목게임(Connect Four), 배틀쉽(Battleship), 쏘리(Sorry), 파르치시(Parcheesi, 북아메리카의 윷놀이), 또는 우노(Uno) 같은 것들. 이것을 사용해서 자녀가 일대일 상황에서 다른 아이들과 더욱 적절하게 노는 방법을 배우게 할 것이다.

제외되는 실내 게임

놀이데이트에 적합하지 않은 게임들

집착류 : 자녀가 너무 빠져 있어서 다른 누구와 놀고 있다는 것을 신경 쓰지 않게 되는 게임. 비디오와 컴퓨터 게임들은 항상 이 범주에 든다. 비디오 게임과 컴퓨터 게임은 보통 많은 남자아이들의 놀이데이트의 작은 부분을 차지하지만, 우리 집단의 아이들은 일단 이런 게임을 시작하면 활동을 다른 것으로 바꾸기 어려운 경향이 있다.

거래류 : 포켓몬 카드. 아이들은 카드를 교환해 놓고는 나중에 그 거래가 공정하지 못했다고 후회한다. 이런 활동들은 도처에서 감정을 상하게 하는 데 기여한다.

도발적인 게임 : 물총, 발사되는 것들, 무술 장난감이나 도구들

혼자 또는 따로 노는 활동 : 책읽기, 그림 그리기나 미술이나 공작, TV나 비디오 보기

두 명 이상이 필요한 놀이 : 트위스터, 클루

[부모들에게 우리는 한 번에 한 아이만 초대하는 놀이데이트에 집중할 것이라고 말해 준다.]

우리 회기에 맞지 않는 게임들

[부모들에게 더 긴 놀이데이트에는 이런 것들이 좋을 수도 있지만, 우리 회기 중에는 충분한 시간이 없다고 말해 준다.]

대부분 아이들이 잘 모르는 것 : 던전 & 드래곤, 매직 카드, 이것들은 모두가 아는 게임이 아니고 같이 놀 수 있는 사람이 제한된다.

많은 아이들에게 너무 복잡한 것 : 자녀가 체스나 매스터마인드 게임을 가져오고 싶어 하면 먼저 집단 내에 누가 게임하는 방법을 아는지 알아보아야 한다. 알지 못한다고

하면 가져오지 않아야 한다. 다른 아이들에게 게임 방법을 가르쳐 주는 것은 다른 아이들과 친한 친구관계를 만드는 좋은 방법이 아니다. 가르치는 아이가 지배하기 마련이다.

준비하는 데에 시간이 너무 걸리는 것 : 자녀가 게임을 준비하느라 시간을 다 보내버리고 정작 회기 중에 게임을 시작하지 못할 수 있다. 모노폴리가 그런 경우이다.

잠재적 문제

한 가지 관심사에 너무 열심일 때

초기면담에서 한 3학년 여자아이의 어머니는 딸이 바비 인형 놀이에 푹 빠져 있어서 친구가 다른 놀이를 하고 싶다고 해도 바비 인형 놀이만을 고집한다고 보고했다. 집단 지도자는 아이가 손님이 놀고 싶어 하는 것으로 쉽게 놀이를 전환할 수 있다는 게 확실해질 때까지, 놀이데이트나 회기 중에 바비를 금지하라고 그 엄마에게 말했다.

어린이 6회기 계획

과제 점검

1. 집단 내 통화와 집단 외 통화를 간단하게 검토한다. 모든 아이들에게 누구와 통화했는지 물어본다.
2. 정보 교환과 전화 통화를 시작하고 끝내는 방법에 대해 간단히 점검한다.
3. 친숙하지 않은 아이들 집단에 '끼어들기'를 시도한 것을 검토한다. 질문 : 어디서 '끼어들기'를 시도했는지? 다른 아이들은 무슨 게임을 하고 있었는지? 어떻게 끼워달라고 요청했는지? 어느 편에 들어갔는지(이기고 있는 쪽 또는 지고 있는 쪽)? 그 아이들은 어떻게 했는지[게임에 들어오게 했는지]? [들어가는 것을 거절당했을 때, 덧붙여 묻는다] 그다음 어떻게 했는지?[3]

3 거절당하는 것과 거절당했을 경우 다른 아이들에게 끼워달라고 하거나 혹은 같은 아이들에게 나중에 다시 물어보는 것을 일반적인 것으로 여기게 하는 것은 중요하다.

아이들의 '끼어들기' 보고의 임상사례

- 한 2학년 남자아이가 핸드볼을 잘한다고 말했다. 그 아이는 핸드볼을 하려는 아이들과 함께 기다리다가 성공적으로 '끼어들었다'. 집단 지도자가 "재미있었니?"라고 묻자 아이는 "예"라고 대답했다.
- 한 4학년 남자아이는 방과 후에 남자아이 둘이서 카렘스(Karems)를 하고 있는 것을 보고 끼어들었다고 보고했다. 그 아이는 근처에 서서 게임이 끝나기를 기다렸다가 이긴 아이에게 자기도 함께 놀아도 되는지 물었다. 그 아이는 함께 놀게 되었다.
- 아스퍼거장애가 있는 한 2학년 남자아이는 '샤크텍(Shark Tag)' 놀이를 하고 있는 아이들에게 끼어들었다. 아이는 처음에는 이 놀이를 할 수 있을지 걱정했지만, 아이들이 서로를 '문다'고 표현하는 것이 사실은 그냥 태그하는 것이라는 것을 알아낼 때까지 옆에서 기다렸다. 이 아이는 끼워달라고 하기 전에 이것을 알아낸 것이다.

거절당하는 것을 다루는 아이들의 예

- 한 3학년 여자아이는 이렇게 보고했다, "그 애들이 '아니'라고 말했어요. 나는 알겠다고 한 후에 그네를 좀 타다가 나중에 다시 친절하게 끼워달라고 했어요. 그러니까 애들이 같이 놀게 해 줬어요." 집단 지도자는 "'아니'라는 말을 듣고 잘 대처했구나. 네가 기다렸기 때문에 다음 번에 요청했을 때에 성공하게 된 거야."
- 한 2학년 여자아이는 줄넘기를 하고 있는 여자아이들에게 다가가 끼워달라고 했다가 거절당했다고 했다. 그때 다른 여자아이가 다가와서 둘은 함께 끼워달라고 부탁했다. 이번에는 놀고 있던 여자아이들이 "그래"라고 말했다.
- 한 5학년 남자아이는 "저는 배구를 하고 있는 아이들에게 끼워달라고 했는데, 그 애들은 '싫다'고 했어요. 그래서 다른 집단에 갔더니 그 애들은 '좋다'고 했어요."라고 말했다. 집단 지도자는 이렇게 대답했다. "처음에 성공하지 못하면 다시 시도하는 거야."
- 한 3학년 남자아이는 놀고 있던 두 남자아이들 사이에 끼어들기를 시도했다고 말했다. 한 명은 "좋아"라고 했지만 다른 한 명은 "아니"라고 했고, 아이는 끼어들지 않았다. 집단 지도자는 한 아이는 좋다고 했지만 다른 한 아이가 싫다고 했을 때 물러난 아이의 행동을 칭찬하고, 그 아이들의 의견을 존중했던 만큼 다음 번에 그 아이들에게 끼어들고 싶을 때에는 더 쉽게 성공할 수 있을 것이라고 말해 주었다.

- 한 5학년 남자아이는 "그 애들은 '안 돼, 우리는 지금 경기하고 있는 중이야'라고 말했어요. 그래서 난 그냥 가버렸어요."라고 말했다. 집단 지도자는 "너한테 경기 도중이라서 끼워줄 수 없다고 이유를 말해 주었다니 참 좋은 애들이구나. 그럼 그 친구들에게 언제 다시 돌아가서 물어보면 좋을까?"라고 물었고 아이는 "경기가 끝날 때요."라고 대답했다.

잠재적 문제

이 부분에서 부딪히는 유일한 문제는 아이들이 과제를 수행하지 않았다고 하거나 혹은 했다고 이야기했지만 실제로는 하지 않은 경우이다. 부모보고와 비교해 보면 때때로 아이들이 말하는 것과 부모의 말이 다를 때가 있다. 항상 그렇지는 않지만 보통 아이들은 과제를 수행했다고 할 것이고 부모들은 아이가 하지 않았다고 할 것이다. 어린이 회기에서는 숙제를 잘해 오도록 하기 위해서 오직 또래 압력만을 사용한다(집단 내의 다른 아이들이 성공했다고 보고하는 것을 듣는 것). "너무 바빴어요."나 "학교 숙제가 너무 많았어요." 같은 핑계는 무시하고 회기 마무리 모임에서 부모가 있는 자리에서 다시 다룬다.

교육

1. 놀이를 하는 도중에 다른 아이들을 칭찬하는 말을 아이들에게 나열해 보라고 한다. 자신들이 생각해 낸 것들을 연습해 보게 한다.
2. 소크라테스식 문답법을 사용해서 아이들에게 지난 회기에 나왔던 좋은 스포츠 규칙을 떠올리게 한다. 여기 나오는 다섯 가지 규칙에 대한 틀을 기억한다.
   (a) 다른 아이의 행동을 칭찬한다. 예를 들어, "좋은 시도였어.", "멋진 샷이야!", "하이파이브" 어떤 것에 진짜 뛰어난 아이들도 자주 다른 아이들을 칭찬한다.
   (b) 다른 아이들이 해 주기 바라는 것을 말한다. 심판노릇하지 않는다(심판노릇=하지 말아야 할 것을 말해 주거나 반칙/벌칙 부르기 등).
   (c) 지루하면 다른 활동이나 대결을 하자고 제안한다.
   (d) 다른 아이들도 즐겁게 게임을 하게 한다(예 : 운동장에서 자신의 자리를 지키며, 다른 아이들 앞에 뛰어들거나 공을 쫓아 모든 곳을 헤집고 다니지 않는다). 누가 즐거워야 할까? (답 : 모두)
   (e) 경기가 끝날 때에는 자기 편과 상대 팀 아이들에게 좋은 게임이었다고 말해 준다.

과제 내어주기

1. 친숙하지 않은 아이들 집단에 끼어든다. 각 아이에게 어디에서 이것을 할 것인지 말하게 한다. (주의 : 집단 내 통화는 더 이상 과제로 주지 않는다.)
2. 실내용 장난감을 다음 시간에 가져온다. 보드 게임, 젠가, 만칼라, 사목게임, 배틀쉽, 쏘리, 파르치시, 또는 우노. 비디오 게임이나 트레이딩 카드, 매직 카드, 혹은 쏠 수 있는 것은 안 된다. 아이들이 각자 무슨 장난감을 가져올 것인지 말하게 한다.
3. 집단 외 통화

실제놀이

이 부분에서는 하나의 게임만 골라서 좋은 스포츠맨 정신에 집중하도록 한다. '끼어들기' 연습은 아이들이 숙제로 했기 때문에 더 이상 하지 않는다.

1. 아이들에게 축구나 농구를 하게 한다(안내지 참조).
2. 아이들에게 이건 '우호적인' 게임이라고 말해 준다. 점수를 기록하지 않고 모두가 참여한다.
3. 집단 지도자는 규칙 위반에 대해서는 즉각 주의를 준다. 심판처럼 구는 경우와 다른 아이들이 참여하지 못하게 하는 경우(예 : 공을 독점하기)
4. 규칙을 따른 것에 대해 토큰을 사용한다.

좋은 스포츠맨 정신의 임상사례

- 점수를 낸 팀 구성원에게 '하이파이브'를 해 준다.
- "좋은 시도였어.", "멋진 샷이야!" 라고 말한다.
- 다른 아이들에게 공을 패스해 준 아이들

잠재적 문제

토큰을 받지 못한 것에 대한 논쟁

한 5학년 남자아이가 다른 남자아이에게 심드렁한 어조로 '나이스 캐치'라고 말하고는 집단 지도자를 살펴봤다. 집단 지도자는 아이를 칭찬해 주었지만 토큰을 주지는 않았다. 그러자 그 아이는 "내가 '나이스 캐치'라고 말했는데, 토큰 안 받아요?"하고 물었다. 집단 지도자는 "좋은 칭찬이었으니까 계속하렴." 하고 반복해서 말해 주었다.

회기 마무리 모임

1. 부모들에게 알린다. "오늘 우리는 다른 아이들을 칭찬하는 연습을 했습니다. 아이들이 좋은 스포츠맨 정신을 많이 보여주었습니다. 우리 모두 아이들에게 큰 박수를 보냅시다."
2. "이번 주에 모두가 해야 할 중요한 일은 어떤 장소에 가서 전에 같이 놀아본 적이 없는 아이들 틈에 '끼어들기'를 시도하는 것입니다. 지금 부모님과 함께 어디서 끼어들기를 하면 좋을지 의논하고 결정해 보세요. 여러분은 또 집단 외 통화로 새로운 사람에게 전화를 걸어서 양방향 대화를 해서 함께할 게임을 찾아내야 하고, 다음 주에 실내용 장난감을 가져와야 한다는 걸 기억하십시오."
3. 돌아다니면서 실내용 장난감, 집단 외 통화, 끼어들기를 할 장소에 대해 각 아이들과 의견을 나눈다. 아이가 4학년 이상이라면 부모가 안 보는 곳에서 끼어들기를 하도록 허용한다(다만 아이가 원래 놀던 집단에 끼어드는 것은 안 된다).

잠재적 문제

과제 수행 거부

한 5학년 남자아이는 이전에도 어머니가 지켜보는 가운데서는 '끼어들기' 과제를 하지 않겠다고 거부하고, 부모가 지켜보지 않는 학교에서 과제를 수행한 것은 자세히 말해 주지 않으려고 했다. 집단 지도자는 아이에게 어떤 방식으로 과제를 수행할지 선택하게 했다. 엄마가 지켜보는 앞에서 하거나(멀리 떨어진 거리에 있으면서) 아니면 엄마에게 숙제한 것을 말해야 숙제를 한 것으로 인정될 것이다. 아이는 엄마에게 자세히 말하는 것을 선택했고 이것을 지켰다.

토큰 시스템에 난입한 부모

아스퍼거장애가 있는 한 5학년 남자아이는 자신은 토큰을 훨씬 더 많이 받을 만했는데, 하나밖에 받지 못했다고 울면서 아빠에게 말했다. 그 아빠는 아이가 힘들어하는 것이 걱정이 되어서 집단 지도자에게 이 상황을 설명해 달라고 요구했다. 집단 지도자는 토큰 시스템의 목적은 집단 참가자들 간에 비교하고 경쟁하는 것이 아니라는 것을 말해 주었다. 그 아빠와 아들은 이 설명을 받아들일 수 있었다.

집단 지도자와 부모 사이를 '이간질'하는 아이

한 6학년 남자아이는 회기가 끝난 후 자신의 엄마에게 회기 중에 '끼어들기' 연습을 시켜 주지 않아 '끼어들기'를 할 수 없었다고 일렀다. 그 엄마는 어린이 집단 지도자에게 이것이 사실이냐고 아이 앞에서 물었다. 집단 지도자가 그 엄마에게 그것은 사실이 아니며 아이가 회기 동안 강도 높은 연습에 참여했다는 것을 말했고 아이는 그동안 바닥만 내려다보고 있었다.

어린이 친구 만들기 훈련

부모 과제 – 6회기에 받아서

7~9회기에 해 오기

목표

1. 자녀가 단짝친구가 될 만한 상대를 찾도록 돕기
2 자녀가 비공식적인 일대일 놀이데이트를 하는 동안 가지고 있는 게임을 사회적으로 적절하게 사용하도록 돕기

지금, 그리고 각 회기 마지막에

1. 지난번처럼 집단 내에 없는 아이들과 전화 통화 과제를 할 약속을 계속 잡는다.

매번 친구관계 집단 모임 전에

2. 다음 시간에 자녀가 잘할 수 있고 집에서 다른 아이와 함께하고 싶어 할 것 같은 장난감을 선택해서 가져오도록 한다. 이것은 두 명의 아이가 할 수 있고 아이들 사이의 상호작용을 증진시키는 것이어야 한다. 예를 들어, 보드 게임, 액션 피규어, 젠가, 만칼라, 사목게임, 배틀쉽, 쏘리, 파르치시, 또는 우노 같은 것들. 이것을 사용해서 자녀가 일대일 상황에서 다른 아이들과 더욱 적절하게 노는 방법을 배우게 할 것이다.

제외되는 실내 게임

놀이데이트에 적합하지 않은 게임들

- 집착류 : 자녀가 너무 빠져 있어서 다른 누구와 놀고 있다는 것을 신경 쓰지 않게 되는 게임. 비디오와 컴퓨터 게임들은 항상 이 범주에 든다. 비디오 게임과 컴퓨터 게임은 보통 많은 남자아이들의 놀이데이트의 작은 부분을 차지하지만, 우리 집단의 아이들은 일단 이런 게임을 시작하면 활동을 다른 것으로 바꾸기 어려운 경향이 있다.
- 거래류 : 포켓몬 카드. 아이들은 카드를 교환해 놓고는 나중에 그 거래가 공정하지 못했다고 후회한다. 이런 활동들은 도처에서 감정을 상하게 하는 데 기여한다.
- 도발적인 게임 : 물총, 발사되는 것들, 무술 장난감이나 도구들
- 혼자 또는 따로 노는 활동 : 책읽기, 그림 그리기나 미술이나 공작, TV나 비디오 보기
- 두 명 이상이 필요한 놀이 : 트위스터, 클루

[부모들에게 우리는 한 번에 한 아이만 초대하는 놀이데이트에 집중할 것이라고 말해 준다.]

(다음 페이지에 계속)

우리 회기에 맞지 않는 게임들

[부모들에게 더 긴 놀이데이트에는 이런 것들이 좋을 수도 있지만, 우리 회기 중에는 충분한 시간이 없다고 말해 준다.]

- **대부분 아이들이 잘 모르는 것 :** 던전 & 드래곤, 매직 카드, 이것들은 모두가 아는 게임이 아니어서 같이 놀 수 있는 사람이 제한된다.
- **많은 아이들에게 너무 복잡한 것 :** 자녀가 체스나 매스터마인드 게임을 가져오고 싶어 하면 먼저 집단 내에 누가 게임하는 방법을 아는지 알아보아야 한다. 알지 못한다고 하면 가져오지 않아야 한다. 다른 아이들에게 게임 방법을 가르쳐 주는 것은 다른 아이들과 친한 친구관계를 만드는 좋은 방법이 아니다. 가르치는 아이가 지배하기 마련이다.
- **준비하는 데에 시간이 너무 걸리는 것 :** 자녀가 게임을 준비하느라 시간을 다 보내버리고 정작 회기 중에 게임을 시작하지 못할 수 있다. 모노폴리가 그런 경우이다.

어린이 친구 만들기 훈련

매직 존슨 농구 규칙

어린이 6회기

아이들을 집합시킨다

1. 아이들에게 남을 칭찬하거나, '하이파이브'를 해 주거나, '좋은 스포츠맨 규칙'이나 '좋은 승자 규칙'을 따르거나, 어떤 식으로든 남을 배려하는 사람에게 토큰을 줄 것이라고 말해 준다.

편을 가른다

2. 집단 지도자가 양쪽을 운동 능력이 엇비슷하고 선수 숫자가 같도록 편을 가른다.

게임 규칙을 말해 준다

3. 보통의 농구 게임의 규칙을 사용하는데, 단지 다른 점은 협동적인 팀 플레이를 우선적으로 강조한다는 것이다. 다음의 행동에는 주의 주기와 타임아웃을 준다.
   - 공을 빼앗거나 시도하는 것
   - 공격적인 신체 접촉(예 : 그냥 막는 게 아니라 남을 쳐서 반칙을 하거나, 다른 아이들을 겁먹게 하는 지나친 철통 방어).
   - 점수를 낸 후의 지나친 축하
   - 점수를 내기 전에 최소 한 번은 공을 패스해야 한다.

게임을 시작하고 행동을 감독하고 통제한다

4. 과도하게 '공을 독차지'하는 아이들은 어느 쪽으로든 투구할 기회를 잃게 된다(그들은 단지 리바운드, 드리블, 그리고 공을 남에게 패스할 수만 있다).

핵심 교육

5. 토큰은 좋은 스포츠/승자 규칙과 관련된 어떤 행동을 했을 때에 받을 수 있다. 눈 맞추기나 다른 사람 이름 불러주기 같은 것들은 좋은 스포츠맨 정신에 집중하는 것을 흐트러뜨리기 때문에 토큰을 주지 않는다. 토큰 주는 방법은 다음과 같다.
   (a) 농구 심판처럼 아이들이 게임하는 중간에 들어갔다 나왔다 한다.
   (b) 토큰을 줄 때는 아이들이 게임에 집중하는 데에 잠깐만 방해가 되도록 해야 한다.
   (c) 아이에게 토큰을 주면서 토큰을 받는 이유를 간결하게 말한다. (예 : "지금 막 점잖게 행동해서", "하이파이브를 해주어서")
   (d) 아이가 바람직한 일을 한 후 토큰을 바라보거나 요구할 때는 토큰은 주지 않는다(그러나

(다음 페이지에 계속)

그런 행동에 대한 칭찬은 한다). 어떤 아이들은 토큰을 얻으려는 욕구만으로 코치 앞에서 '연기'를 하기 시작하여 진행 중인 게임의 다른 양상에 집중하지 못할 것이다.

(e) 아이가 토큰을 받지 못한 것에 대해 언쟁을 하려 하면 주의를 주고, 그래도 언쟁을 계속 하려는 경우 타임아웃을 준다.

게임 마무리 보고

6. 게임이 끝날 때 각 아이의 토큰을 합해서 집단이 얻은 토큰의 숫자만 구한다. 아이들이 함께 세도록 한다. 아이들 간에 비교를 한다거나, 누가 제일 많이 얻었는지 알려주는 것은 피해야 하는데, 이것은 비생산적인 경쟁을 불러일으키기 때문이다.
7. 아이들에게 좋은 시간을 보냈는지 묻는다. 왜 좋은 시간을 보냈는지 묻는다. (답 : 왜냐하면 모두 다른 아이들이 즐거운 시간을 보내도록 노력했고, 모든 사람이 똑같이 공을 던질 기회를 가졌고, 다친 사람도 없고, 난폭 행위로 겁먹은 아이도 없었기 때문이다.)

CHAPTER

15

단짝 만들기/놀이데이트

치료의 근거

친한 친구관계를 맺는 가장 좋은 방법은 서로 좋아하는 두 아이들끼리 자주 놀이데이트를 잡고 노는 방법이다. 앞에서 언급했듯이, 놀이데이트는 두 아이가 둘 중 한 아이의 집에서 놀기로 하는 약속이다. 성공적인 놀이데이트를 하는 가장 효과적인 방법은 놀이데이트를 부모와 아이가 같이 협력해서 하는 것이다(Frankel, 1996). 친구가 없는 아이들은 친구관계를 만드는 데에 놀이데이트를 효과적으로 사용할 수 없을 수도 있다. 그러므로 이런 아이들과 그 부모들은 놀이데이트를 어떻게 하는지에 대해 훈련을 받아야 한다.

우리는 '초대자'의 역할을 놀이데이트에 손님으로 초대한 아이를 존중하는 예의범절의 규칙을 모아놓은 것이라고 정의한다. 초대자의 사회적 역할은 놀이데이트를 성공시키는 데에 도움이 된다. 부모와 아이들 모두 좋은 초대자의 행동에 대해 어떤 생각을 가지고 있다. Ladd와 Hart(1992)가 보고한 사례에서 보면 부모들은 아이들을 집으로 초대했을 때에, 자신의 자녀가 초대자 역할을 하게 한다고 했다. 부모들은 자녀가 초대한 놀이상대의 필요와 바람에 관심을 가져서 손님이 좋은 시간을 보내게 되기를 기대한다. 치료의 가설은 이러한 초대자 예의범절에 대한 규칙을 알고 사용하는 것은 갈등을 피하고 같이할 수 있는 활동을 찾아내는 데에 유용한 수단이 될 수 있다는 것이다. 아이에게 초대자 역할을 하게 하면 아이가 좀 더 조화로운 놀이데이트를 하게 될 것이고 부모들은 이러한 놀이 경험들을 좀 더 효과적으로 지도해 줄 수 있는 방법을 명확히 알게 될 것이다.

15.1 친구관계의 단계에 대한 정의

이 장에서는 친구관계의 3단계를 **친구**, **편애하는 소수**, **단짝친구**로 정의한다. 친구는 집에 놀이데이트 하러 오라고 초대할 가능성이 있는 사람이다. 친구들은 보통 학교 운동장이나 점심 먹는 식당 같은 공적인 장소에서 사회적인 접촉을 하게 된다. **단짝친구**는 가깝고, 상호적이고 궁극적으로 신뢰가 있는 관계이다.

여자아이들이 남자아이들에 비해서 단짝친구를 사귀기 쉽다(Doyle, Markiewicz, & Hardy, 1994). 그러나 Benenson(1990)과 Cairns, Perrin, Cairns(1985) 등은 차이가 없다고 보고하였다. 이것은 남자아이들의 사회적 관계를 너무 단순화한 것일 수도 있다. 보통 서로서로 단짝인 몇몇 단짝친구를 사귀는 (패거리 또는 우정 모임) 여자아이들과는 달리 남자아이들은 다른 수준의 친구관계인 **편애하는 소수**를 사귀면서 그중에서 하나나 둘을 단짝친구로 삼는다(Berndt & Hoyle, 1986; Frankel, 1996). 남자아이들의 단짝친구가 유지되는 정도는 여자아이들보다 덜하지만, 남자아이들의 편애하는 소수는 여자아이들의 우정 모임과 비슷하게 유지될 수도 있다.

15.2 단짝친구 관계의 중요성

단짝친구 관계를 맺는 것은 아마도 중기 아동기의 가장 오래가는 사회적 결과물일 것이다. 하나나 둘의 단짝친구가 있는 것은 이후의 적응에 매우 중요하다. 가치 있는 단짝친구라는 것은 친밀하고, 다정하고, 믿음직하고, 만날 수 있는 친구를 말한다(Furman, 1985). 아이들이 4학년보다 훨씬 일찍 단짝친구를 사귄다고 보고하기는 하지만, 친한 친구관계는 4학년 정도가 되어야 안정적으로 된다(McGuire & Weisz, 1982). 78~89%의 초등학교 연령의 아이들이 단짝친구를 가진다(Kovacs 등, 1996; Malik & Furman, 1993; Putallaz & Gottman, 1981). Bryant(1985)의 연구결과에 의하면, 7~10세 아이들의 72%가 '인생에서 가장 중요한 사람 10위'에 친구를 꼽았고, 45%가 10위 중 적어도 3명 이상의 친구들을 꼽았다.

단짝친구는 스트레스 받는 일의 영향을 완화시켜 주고(Brown, Bhrolchain, & Harris, 1975; Miller & Ingham, 1976), 부모의 이혼에서 생기는 스트레스를 덜어주고(Lustig, Wolchik, &

Braver, 1992), 외로움을 느끼지 않게 해 준다(Parker & Asher, 1993; Renshaw & Brown, 1993). 단짝친구가 있으면 자존감이 향상되고 불안과 우울 증상이 감소한다(Bagwell 등, 1998; Bishop & Inderbitzen, 1995; Buhrmeister, 1990). 단짝친구가 있으면 아이들이 또래들에게 괴롭힘당하는 것을 막을 수도 있다(Hodges, Boivin, Vitaro, & Bukowski, 1999). 단짝친구가 있는 아이들은 좀 더 이타적이고 감정을 표현하는 기술이 더 낫다. 단짝친구는 사회적 숙련도를 발전시킬 수도 있을 것이다. Asher와 Renshaw(Gottman, 1983 인용)는 단짝친구가 있는 아이들이 또래들에게 수용되었으며 단짝친구가 없는 아이들에 비해서 사회적 숙련도가 더 높다는 것을 보고했다.

사회적 숙련도가 뛰어난 것, 이타심, 감정을 잘 표현하는 기술 등이 단짝친구가 생기는 전제조건이 된다는 것은 타당하다. 또한 일련의 연구에서는 단짝친구가 후에 이러한 능력이 생기게 하는 역할을 한다는 것을 뒷받침해 준다. 단짝친구들은 서로에게 대인관계 기술을 가르쳐 준다. 아는 사람들과의 갈등은 미래의 사회적 상호작용을 방해할 수도 있지만, 단짝친구 사이의 갈등과 그 해결과정은 후에 사회적 문제해결 척도가 향상되는 결과와 연관이 있었다(Nelson & Aboud, 1985).

15.3 단짝친구의 질적인 문제

Parker와 Asher(1993)는 3학년에서 5학년 사이의 아이들 중 거부당하지만 단짝친구가 있는 아이들은 그 친구관계의 질이 낮다는 것을 발견했다. 이런 아이들은 수용되면서 단짝친구가 있는 아이들에 비해서 외로움을 더 많이 보고하는 경향이 있었다. 이것은 아마도 이런 아이들은 단짝친구도 거부당한 아이 중에서 찾는 경향이 있어서일 것이다(Nangle 등, 1996). 5학년과 6학년 아이들을 대상으로 설문을 한 결과 George와 Hartmann(1996)은 77%의 거부당한 아이들이 적어도 한 명 이상의 상호적인 친구가 있다고 보고한다는 것을 알아냈다. 그러나 이런 상호적인 친구들은 수용된 아이들의 상호적인 친구들과 비교했을 때에, 나이가 더 어리고 같은 학교에 다니지 않는 경향이 있었다.

15.4 놀이데이트의 보급과 중요성

놀이데이트라는 용어는 근래에 우리 사회분야에 소개된 말이다(Ladd, 1992; Parke & Bhavnagri, 1989). Newson과 Newson(1976)은 72%의 중상류층 어머니들이 자녀가 친구를 집으로 불러서 노는 것이 '거의 매주'라고 보고한다고 했다. Lougee와 Kenniston(1975, Gottman

이 보고, 1983)은 6세에서 8세 사이의 남자아이의 55%와 여자아이의 90%가 자신의 친구들이 집에 와서 논다고 보고했다고 밝혔다. Ladd와 Hart(1992)는 81%의 부모가 자녀들을 위해서 놀이데이트를 잡는다고 보고했다.

놀이데이트는 아이의 친구 숫자를 늘리고 또래들의 부정적인 영향에 대한 감수성을 줄이는 데에 상당히 중요할 수 있다. 또래들을 집으로 초대하는 부모의 아이들은 자신들의 집과 그 또래들의 집에서 놀이데이트를 더 많이 하고(Ladd, Hart, Wadsworth, & Golter, 1988), 더 넓은 범위의 놀이친구와 좀 더 지속적인 놀이상대가 있으며(Ladd & Golter, 1988), 좀 더 가깝고 좀 더 안정적인 친구관계를 맺는다(Krappman, 1986, Ladd & Hart가 인용, 1992). Steinberg(1986)는 맞벌이부부 자녀들의 경우 친구의 집에서 노는 아이들은 밖에서 노는 아이들보다 또래 압력을 덜 받는다고 보고했다.

놀이데이트 과정에 대한 연구

놀이데이트 과정에 대한 대부분의 공식적인 연구들은 학령기 이전 아이들과 그 어머니들을 대상으로 한 것이었다. 우리는 이 문헌과 저자가 처음 아이들을 직접 관찰하고 비공식적인 인터뷰를 한 것을 합해서 이 장에 나오는 중재법을 개발하는 데에 사용했다. 분명히 이 분야에 대해 더 많은 연구가 이루어진다면 이 회기를 개선하는 데에 큰 도움이 될 것이다.

15.5 부모의 사회적 관계망, 대인관계 기술, 놀이데이트

또래들이 서로 만나기 어렵기 때문에 부모들이 쉽게 왕래할 수 있으면서 자녀들과 비슷한 연령대의 아이들을 둔 다른 부모들과 사회적 관계망을 형성하는 것이 더욱 중요해지고 있다(또래관계망에 대한 더 많은 것들은 제18장 참조; Ladd, 1992; Rubin & Sloman, 1984). 부모의 친구관계의 숫자와 자녀들의 친구관계망의 크기 사이에 상관관계가 있다는 것이 밝혀졌다(Homel 등, 1987). 그러나 반대로 아이들의 친구관계가 부모의 친구관계를 만들었을 수도 있다. 우리의 최근 설문조사 결과를 보면 친구관계에 문제가 없는 아이들의 어머니들은 거부당하는 아이들의 어머니들보다 아이 중심의 활동들을 통해서 자신의 친구들을 더 잘 사귀었다(Frankel, 2002a).

놀이데이트의 개시에 대한 연구들에서 4세와 5세 아이들의 놀이데이트를 개시하는 사람은 대부분(82%) 어머니였다(Ladd & Golter, 1988; Ladd & Hart, 1992). 놀이데이트 개시는 부모가 일을 하는 것이나 아이들을 어린이집에 맡기는 것과는 상관관계가 없었다. Ladd와 Hart(1992)의 연구에서는 놀이데이트의 빈도가 16일 중에 약 9.5회라고 했다. 그러나 이 빈도는 호손 효과(Hawthorne effect : 주목 받고 있다는 사실 때문에 대상자의 업적이 향상되는 현상) 때문에 부풀려졌을 것이다. 이 기간 동안 연구에 직접 참여하지 않은 아이들의 개시 빈도는 평균 1.8회였으므로, 실제 빈도수는 주당 1~2회 정도일 것이다.

어머니들의 대인관계 기술은 아이들의 사회적 능숙함과 연관이 있는 것으로 나타났다(Prinstein & La Greca, 1999). 거부당하는 아이들의 어머니들은 다른 어머니들에게서 긍정적인 정서를 덜 끌어내는 경향이 있는데(Ladd, 1992), 이것은 이 어머니들이 자녀들의 잠재적인 놀이상대의 부모들과 기능적인 사회적 관계망을 형성할 능력에 결함이 있다는 것을 시사한다. 어머니의 가장 친한 친구관계의 질과 아이의 인기와 아이의 단짝친구 관계의 질과는 상관관계가 있었다(Doyle 등, 1994). 이것은 치료의 두 번째 목표는 부모, 특히 어머니들에게 자녀의 친구관계를 발전시키기 위해 필요한 기술을 교육시켜야 한다는 것을 말해 준다. 이 치료를 받으면서 어머니들은 자녀들의 경험을 통해서 자신의 친구관계를 향상시키는 방법을 배우거나 적어도 자녀의 친구 부모와 더 좋은 관계를 맺는 방법을 배울 수 있을 것이다.

15.6 성공적인 놀이데이트

훌륭한 대인관계 기술과 지지적인 사회적 관계망이 있는 부모들은 놀이데이트를 잡는 것이 더 쉬울 것이다. 그러나 지속적인 단짝친구 관계를 만드는 핵심 고리는 자주 성공적인 놀이데이트를 하는 것이지 공동체 활동을 하다가 자주 우연히 친구를 접촉하게 되는 것이 아니다. 성공적인 놀이데이트를 하면 지속적으로 서로 즐거운 교환이 일어나고(Gottman & Parkhurst, 1980), (항상은 아니더라도 보통은) 뒤이어서 초대받은 손님이 서로 놀이데이트에 초대하게 된다.

두 개의 주목할 만한 관찰연구에서 Gottman(1983)은 놀이데이트를 하는 아이의 행동을 관찰하였다. Gottman은 놀이데이트의 상호작용이 흔히 정보 교환(서로 관심이 있는 게임 찾기=공통 기반 활동)과 현재 정해진 공통 기반 활동에 대한 상호적인 놀이 사이에서 왔다 갔다 한다는 것을 발견했다. Gottman은 '죽이 맞는' 아이들은 더 효율적으로 공통 기반 활동을 찾고 이행한다고 보고했다. 아이들이 이런 것을 찾아내기 위해 사용한 주요 도구는 '양방향 대화'였다. Gottman 등(1975)은 수용되는 아이들이 거부당하는 아이들보다 이 기술을 더 잘 사용한다는 것을 보여주었다. 우리의 임상 경험에서 보면 아이들은 놀이데이트를 하기 전에 전화 통화로 공통 기반 활동을 정할 수 있고("우리 모이면 무슨 놀이 할까?") 만나서 놀 때에 최대 2시간까지 그 활동을 할 수 있다.

15.7 놀이데이트에서 부모의 지도감독의 성질

Ladd와 Hart(1992)에 의하면 적어도 한쪽 부모가 감독하는 놀이데이트가 85% 이상이다. 연구에서는 부모의 지도감독의 성질이 중요하다고 한다. Ladd와 Golter(1988)는 놀이에 참여한 어머니들은 자녀의 사회적 발달을 방해할 수 있는 반면에, (놀이에 끼어들지 않고) 주위에서 지도감독을 한 어머니들은 자녀가 좀 더 최적의 사회화 효과를 얻는 데에 도움을 주었다고 했다. 그들은 주위에서 지도감독을 받은 학령기 이전 아이들이 어머니가 직접 놀이에 참여했던 아이들보다 더 호감을 준다는 것을 알아냈다.

많은 거부당하는 남자아이들의 부모들은 계속 문제가 발생해도, 자녀의 놀이를 불충분하게 감독한다(Ladd & Golter, 1988; Ladd 등, 1992). 거부당하는 아이들의 어머니들은 자녀가 갈등을 다루는 기술과 행동 규칙을 가르치지 못하고/못하거나(Kennedy, 1992), 자녀가 놀이를 강압적으로 지배하도록 내버려 둘 수도 있다(Ladd, 1992). 우리의 임상 경험에서 보면 부모들은 갈등이 있다는 것을 알지만 자신들이 중재해야 한다고 생각하지 않거나 적절하게 중재하는 방법을 모른다.

15.8 비디오 게임과 놀이데이트

비디오 게임은 근래에 남자아이들의 문화에 만연해 있는 활동이어서 놀이데이트에서 다룰 필요가 있다. Van Schie와 Wiegman(1997)이 초등학교 어린이들을 대상으로 한 설문에서 비디오 게임을 하는 데에 보낸 시간과 친사회적 행동 사이에는 음의 상관관계가 있다는 것이 밝혀졌다. 초등학교 남자아이들 사이에서 비디오 게임을 하는 것은 인기와는 상관관계가 없는 것으로 나타났는데(Sakamoto, 1994), 이것은 비디오 게임을 자주 하지 않는 아이들이 또래에게 수용되는 데에 불이익을 받지 않는다는 것을 의미한다.

11세에서 16세까지 남자아이들의 대부분(77.2%)이 비디오 게임을 하지만, 이 중 약 10%의 아이들만 중독의 범주에 들어간다(Phillips, Rolls, Rouse, & Griffiths, 1995). 우리 치료 프로그램을 하기 이전에 부모들이 보고하는 아이의 놀이데이트에서 행동은 종종 이 장면과 일치한다. 거부당하는 남자아이들은 손님이 지겨워해도 계속 비디오 게임을 선택할 것이다("난 다음 단계까지 가야 해." 같은 말을 하거나 친구를 완전히 무시하면서).

거부당하는 아이들은 게임에 너무 빠져들어서 게임 도중 더 쉽게 말다툼을 하게 된다. 그들은 손님보다 자신들이 더 잘 아는 게임을 고를 것이고 자신들의 유리한 점을 이용해서 손님을 쥐고 흔들면서 손님이 게임을 잘 못하면 비난할 수도 있다. 또한 폭력적인 주제의 비디오 게임은 그렇지 않은 게임에 비해서 적어도 일시적으로 공격성을 증가시킬 수 있다(Schutte, Malouff, Post-Gorden, & Rodasta, 1988).

15.9 연구와 임상사례의 결과

적어도 한두 명의 단짝친구를 사귀는 것은 스트레스에 대한 완충제 역할을 하고, 사회적 능숙함을 향상시킨다. 놀이데이트는 흔하다. 규칙적으로 놀이데이트를 하는 아이들은 놀이데이트를 거의 하지 않는 아이들에 비해서 더 폭넓은 범위의 놀이친구를 갖는 경향이 있다. 처음 몇 번의 놀이데이트가 누가 단짝친구가 될 것인지 결정하는 데에 특히 중요하다. 갈등을 피하고 공통 기반 활동을 찾아내는 것이 핵심이다. 어머니들이 놀이데이트의 개시와 지도감독에 핵심적인 역할을 한다. 치료는 어머니들이 자녀의 놀이데이트를 적절히 지도감독하고 중재하도록 돕는 것과 더불어 자녀의 잠재적 친구의 부모들과 관계망을 형성하는 것에도 초점을 맞추어야 한다. 아이가 초대자 역할을 맡게 하는 것이 갈등을 제거하는 데에 도움이 되고, 부모의 지도감독을 명확히 해 주며, 친구관계를 증진시킨다. 아이들의 친구관계 문제에 대한 영향은 명확히 연구되어 있진 않지만, 우리는 부모들이 우리 프로그램 중의 놀이데이트에 비디오 게임을 사용하는 것을 금지한다.

회기 진행하는 방법

지금까지

아이들은 '끼어들기' 과제를 통해서 동네에서 새로운 놀이친구를 만났다. 아이들은 처음에는 집단 내의 다른 구성원과 그다음에는 친구가 될 가능성이 있는 이웃 아이들과 전화를 하면서 양방향 대화기술을 발전시켰다. 전화 통화를 통해서 아이들은 자신들과의 대화를 잘 받아주는 아이들을 선택했다. 부모들에게는 놀이데이트에 초대할 수 있는 손님(과 그들의 전화번호) 명단을 놀이데이트를 잡을 때에 사용하도록 가지고 있게 했다.

이번 회기에는

이번 회기에서는 이 모든 요소들이 합쳐진다. 아이들은 집에서 가져온 실내용 게임을 사용해서 '좋은 초대자 규칙'에 대한 훈련을 받게 될 것이다. 부모들은 자녀와 놀이데이트 초대를 어떻게 조정하고 놀이데이트를 어떻게 준비하고 감독하는지에 대해 배우게 된다.

부모 7회기 계획

시작 모임

아이들이 집 안에서 할 수 있는 게임을 가져오는 것은 이번이 처음이다. 가장 흔한 문제는 부모들이 과제가 실내용 장난감을 가져오는 것으로 바뀐 것을 잊어버려서(그리고 대신 야외용 장난감을 가져와서) 생긴다. 주의력결핍 과잉행동장애가 있는 남자아이들은 종종 폭력적인 장난감을 가져온다. 아스퍼거장애가 있는 아이들은 부적절한 장난감(봉제동물인형, 풍선, 자신들이 만든 물건, 마술 도구 등)을 가져오는 경향이 있다. 이런 장난감들이 부적절하다는 것을 부모들에게 교육하는 것이 이 치료의 중요한 부분이다.

1. 부모들이 오면 실내용 장난감을 점검한다.
2. 체스나 매스터마인드는 지난 주에 집단의 아이들이 게임 방법을 아는지를 알아본 경우에만 허용된다.
3. 제외 목록의 장난감은 부모들이 가지고 있게 한다.[1]

잠재적 문제

금지된 장난감을 가져오는 경우 1

한 부모가 우리가 알려주었는데도 불구하고 자신의 아들이 6발이 발사되는 '너프 총'을 가져오게 했다. 그 어머니는 예전에 아들이 그 장난감으로 엄청난 주목을 받았던 것 때문에 자신을 얻은 것 같았다. 집단의 모든 아이들이 즉시 그 '너프 총'을 살펴보려고 모여들었다. 아이들이

---

1 집착하는 장난감, 수집한 카드, 물총, 발사되는 것들, 컴퓨터 게임, 비디오 게임, 책, 미술과 공예재료, 마술 카드, 던전 & 드래곤, 모노폴리, 클루, 트위스터

부모 교실을 떠난 후에 집단 지도자는 '너프 총'이 뭐가 문제인지 물었다. 집단의 다른 부모들은 다음과 같이 말했다. "그 장난감은 다른 애들이 쉽게 망가뜨려요.", "다른 아이들이 돌아가며 쓰는지 감시하게 될 것 같군요.", "남자아이들한테 공격성을 가르칠 수 있겠어요."

금지된 장난감을 가져오는 경우 2

한 10살 난 남자아이의 어머니는 잘 알고는 있지만, 아이가 휴대용 비디오 게임을 가져오겠다고 고집을 부리자 "안 돼"라고 말할 수 없었다. 아이와 부모 모두 집단 지도자가 그 장난감을 어머니에게 맡기고 가라고 했을 때에 놀라지 않았다. 아이가 교실을 떠나자, 집단 지도자는 그 어머니에게 다음 회기(와 놀이데이트)부터 어떻게 그 장난감을 안 가져오게 할 것인지 물어보았다. 집단 지도자는 부적절한 장난감을 회기에 가져오는 한은 계속 기꺼이 '나쁜 사람'이 되어 주겠다고 했지만, 앞으로 할 놀이데이트에는 어머니가 이것을 못하게 할 해결책이 필요했다.

장난감이 아닌 물건을 가져오는 경우

한 9살 남자아이의 가족은 오래된 골프공을 가져와서 아이가 조금이라도 과제를 완수하도록 해 주었다. 이 남자아이는 부모의 권유로 이렇게 한 것 같았다. 부모 회기의 과제 점검 부분에서, 그 부모는 다음 회기에는 아이가 가져올 수 있고 놀이데이트 때에 집에서도 사용할 수 있는 새 장난감 두 가지를 사겠다고 동의했다.

과제 점검

집단 외 통화와 '끼어들기' 과제를 하면서 아이들은 다가올 놀이데이트에 초대할 대상자를 구하게 된다. 과제 점검의 초점은 다음과 같다.

1. 두 가지 과제가 있어서(실내용 장난감을 포함하지 않고) 모두를 깊이 있게 점검할 시간이 없다. 부모들에게 '끼어들기' 과제와 집단 외 통화에 중점을 두었으면 한다고 말한다.
2. '끼어들기' 과제에서 성공한 이야기를 먼저 묻는다. 아이들이 어디에서 끼어들기를 시도했는지, 부모가 이것을 관찰하거나 구체적인 내용을 들을 수 있었는지 묻는다. 그다음 다른 부모가 보고하게 한다.[2] 부모들에게 할 임무수행 보고 질문은 다음과 같다.

---

2 명심하기 : 나쁜 장소 : (a) 휴가철의 해변 — 도처에서 온 아이들은 지속적인 친구가 되기 적절하지 않을 수 있다. (b) 어른이 감독하고 있는 아이들(예 : 생일파티) — 그 어른이 방해가 될 수 있다. (c) 도서관, 서점 — 조용

(a) [학교에서 평판이 나쁜 아이의 부모에게] : 평판이 나쁜 아이가 새로운 환경에서 아이들을 만나게 해서 더 성공하기 쉽게 해 주고 부정적인 평판이 있는 곳에서 친구를 사귀어야 하는 부담에서 벗어나게 해 주었는가?
(b) 아이가 대화에 끼어든 아이에게서 놀이데이트를 할 수 있도록 전화 번호를 받았는가?
(c) 각 부모들에게 돌아가면서 집단 외 통화가 어떻게 되었는지 물어본다.
(d) 차례대로 돌아가는 중에, 실내용 장난감을 가져오지 않은 부모가 있다면 다음 시간에 무엇을 가져올지에 대해 의논한다.

잠재적 문제

전화한 상대가 무례한 경우

한 4학년 여자아이가 자기 반의 한 여자아이에게 전화를 걸었다. 짧은 통화였다. 같은 반의 그 여자아이는 아무 질문도 하지 않고 재빨리 끊어야겠다고 말했다. 부모가 이렇게 말하자 집단 지도자는 이것은 아이들이 놀이데이트에서 잘 어울리지 못할 것이라는 조짐이며, 초대를 하는 것 자체가 실수라고 말해 주었다. 그 부모는 자신의 아이가 이렇게 취급당해서 마음이 상했다. 그러나 집단 지도자는 이것을 긍정적인 관점에서 그려냈다. "그 아이들 사이에는 아무런 끌림이 없었습니다. 놀이데이트를 하자고 하는데 반복적으로 거절당하거나 한창 놀이데이트를 하다가 점점 악화되는 것보다는 전화 통화를 통해서 이렇게 결정된 것이 오히려 낫습니다. 초대할 다른 사람을 찾아보는 데에 시간을 보내는 게 훨씬 나을 것 같네요."

장난감 가져오는 것을 거부하는 아이

한 6학년 남자아이가 회기에 어떤 게임도 가져오고 싶어 하지 않았는데, 그 이유는 가져올 만큼 괜찮은 보드 게임이 하나도 없다고 느꼈기 때문이었다(대부분의 게임들이 빠진 조각들이 있었다). 그 아이는 쏘리 게임을 하고 싶어 해서 집단 지도자는 부모가 아이와 함께 장난감 가게에 가서 쏘리 게임을 사고, 다음 놀이데이트에 사용할 수 있도록 합리적인 가격의 보드 게임을 두 세 개 더 사라고 권장했다.

히 해야 하기 때문이다. 좋은 장소 : 동네 공원, (b) 방과 후의 비구조적인 프로그램, (c) 팀 연습 전이나 후, (d) 스카우트 모임 전이나 후, (e) 교회나 절

부모 유인물

이 회기에는 부모 유인물이 없고 부모 과제만 있다. 가정에서 해 올 숙제를 내어주기 전에, 아이들이 좋은 초대자 역할을 연습하는 회기는 한 번뿐이라는 것을 알려준다. 이것은 부모가 놀이데이트를 지도감독하는 것이 중요하고 적극적인 치료 요소이기 때문이다. 부모들은 이것이 치료과정 중에 하는 숙제일 뿐만 아니라, 모든 놀이데이트를 하는 방법이라는 생각을 가져야 한다.

그 과정은 이상적으로는 다음과 같이 진행된다. 아이가 자신이 진짜 좋아하는 누군가를 선택한다. 부모는 이 아이가 행동이 바른 아이인지(그리고 다른 아이들을 다 조용히 배제할 만한지) 확인한다. 아이가 전화를 걸어서 사정을 살펴본다(상대방 아이가 자신을 좋아하는지?). 감정이 상호적이라면 부모는 상대 아이의 부모와 오가는 방법을 정하면서 놀이데이트를 제안한다.

부모 과제에 대한 집단 지도자 지침 – 8~12회기에 해 오기

목표

아는 아이와 더 좋은 친구가 될 수 있도록 자녀의 능력길러주기

연구결과를 보면 (a) 사회성 발달에는 비공식적인 놀이데이트가 가장 유익하며, (b) 이런 이득을 얻기 위해서 일주일에 한두 번의 놀이데이트면 충분하며, (c) 부모와 아이가 함께 놀이데이트를 계획하면 이러한 이득을 극대화시킬 수 있다. [부모들에게 이렇게 말한다. "이 회기에서 우리는 아이들에게 좋은 초대자가 되는 법을 가르칠 겁니다. 부모들이 다음 번에 해야 할 숙제는 자녀가 놀이데이트를 하면서 이것을 반드시 사용하게 하고 부모가 아주 특별한 방법으로 그 놀이데이트를 지도감독하는 것입니다."]

이 회기의 끝에

1. 자녀와 함께 새로 초대할 아이를 결정한다. 자녀가 이 아이와 놀고 싶어 해야 하고, 이 아이는 행동이 바른 아이어야 한다. [부모들에게 초대하기에 좋은 아이의 '최적의 기준'을 말해 준다.

   (a) 자녀가 같이 놀고 싶어 하는 아이

   (b) 부모가 보기에 자신의 아이와 놀고 싶어 한다고 믿을 수 있는 아이(즉, 초대 전화를 받

고 좋아한 아이)

(c) 행동이 바른 아이[3]

(d) 가족이나 친척이 아니어야 한다.

(e) 자녀와의 나이 차이가 1살 이내이거나 같은 학년이어야 한다.

(f) 집에서 차로 10분 이내의 거리여야 한다(왕래를 잘하기 위해서).

(g) 자녀와 같은 성별이어야 한다.

자녀가 부적절한 아이를 제시하거나 아무도 없다고 할 때를 대비해서 부모들이 '예비' 놀이상대를 생각해 두도록 한다(반사회적 행동을 중시하는 친구를 사귀는 것보다는 친구가 없는 편이 낫다는 연구결과가 있다). 이전에 개인적으로 한 번도 놀아 본 적이 없는 새로운 놀이상대가 가장 좋은 상대이다(아이가 한동안 알고 지내긴 했지만 한 번도 초대한 적이 없는 아이). 두 번째 좋은 상대는 친구였다가 오랫동안 초대하지 않았던 아이이다. 세 번째 좋은 상대는 거의 초대하지 않은 아이이다. 네 번째 좋은 상대는 현재 좋은 친구인 아이이다.][4]

2. 부모가 1~2시간 동안 활동을 감독하는 것이 가능한 시간을 정한다(같은 아이와 나중에 놀이데이트를 또 할 때에는 더 길 수도 있다). ["집에 다른 자녀들이 있는 분 계신가요?" 라고 질문한다. 그런 부모가 있다면 형제들과 무엇을 할 것인지 찾아봐야 한다. 첫 번째 놀이데이트를 위해서 어머니들에게 이런 말들은 받아낸다, "남동생이 근처에 못 가게 할 거예요." 또는 "동생 친구네 집에 놀이데이트 하러 보낼 겁니다." 또는 "아빠가 여동생을 공원에 데려갈 거예요." 부모가, 특히 엄마가 자녀에게 좋은 초대자가 되는 규칙을 훈련시키고 놀이데이트를 언제든 지원해 줄 수 있도록 놀이데이트를 하는 내내 같이 있는 것이 얼마나 중요한지 강조한다.]

---

3 행동 문제가 있거나 학교에서 말썽을 일으키는 아이와 놀이데이트를 하는 것은 피해야 한다. 반면에 수줍어하는 아이는 좋은 상대가 된다. 치료집단 구성원들 간의 놀이데이트는 금지되어 있다는 것을 기억하고, 이것에 대해서는 계속 확실히 해둔다.

4 어떤 아이들은 지금까지 오래된 친구들과 놀이데이트를 계속 해 왔을 것이다. 이것이 '최고의 거래'라고 판명되지 않는 한, 이것은 숙제에 해당되지 않는다. 어떤 경우이건 지금이 부모들이 오래된 친구들과의 놀이데이트를 과제 유인물에 쓰여 있는 방식으로 감독하기 시작할 좋은 기회이다. 특히 놀이데이트를 하다가 자주 다툼이 있는 경우라면 더욱 그렇다.

놀이데이트 하기

1. 처음에는 자녀가 다른 아이와 양방향 대화를 하도록 한다(서로 좋아하는지, 공통된 관심사가 있는지, 놀이데이트에서 함께할 것이 있는지 알아내기 위해서). 그다음 자녀가 다른 아이를 초대하게 한다. [이 전화 통화로 놀이데이트를 반드시 잡아야 되는 것은 아니며, 아이들이 서로 맞지 않거나 함께하고 싶은 무언가를 생각해낼 수 없다면 잡지 말아야 한다는 것을 강조한다.

   부모들은 손님에게 왜 놀이데이트 할 때에 비디오 게임을 하거나 TV를 볼 수 없는지에 대해 설명할 좋은 이유를 생각해 두도록 한다. 좋은 예로는 "우리 엄마는 놀이데이트 할 때 비디오 게임 하거나 TV 보는 걸 허락 안 하셔." 또는 "나 비디오 게임이랑 TV 금지 상태야." 등이 있다. 부모들은 말소리가 들리는 거리에서 통화를 감독하면서 아이가 이 문제를 적절히 다루고 비디오와 컴퓨터 게임 외의 다른 놀이를 할 약속을 잡게 한다. 부모들에게 자녀들에게 미리 이 제약을 알려주라고 말한다. 부모들에게 이것이 과제의 필수 부분이라는 것을 알려준다.][5]
2. 그다음 상대 아이의 부모와 놀이데이트 할 날짜와 시간 맞추는 것을 마무리 짓는다. [이 놀이데이트는 2시간보다 길면 안 된다(그러나 아주 잘 되는 경우에는 약간 연장될 수도 있다). 부모는 놀이데이트 전에 손님을 데리러 가겠다고 제안해야 하고, 필요하다면 끝난 후에도 데려다 주어야 한다. 부모들은 다른 아이 집으로의 초대를 받아들이는 것은 자녀가 적절하게 행동할 것이라는 확신이 들 때까지 미루어야 한다. 이것은 부모가 서너 차례 성공적인 놀이데이트를 하도록 지도감독한 후에 가능하게 될 것이다. 게다가 다른 아이의 집에서 놀이데이트를 하게 되면 놀이데이트에서 자녀의 역할이 '초대자'보다는 '손님'이 되기 때문에 과제를 완수했다고 인정받을 수 없게 된다.]

놀이데이트 직전에

1. 자녀가 손님과 무엇을 하고 놀 것인지 결정하게 한다—놀이데이트 동안 분주히 할 수 있는 것. 전화 통화를 하면서 무엇을 하기로 결정했는지 물어본다. 상호적인 게임을 선택한다. 닌텐도, TV나 비디오를 보는 것, 컴퓨터 게임은 금지한다.

---

5 놀이데이트 과제를 할 때에 부모들이 가장 불안해하는 것은 전자 매체를 금지하는 것이다(주 : CD 플레이어나 다른 음악은 놀이데이트에 허용된다). 어떤 부모들은 이걸 강제로 할 수 있을지 의문을 가질 것이다. 아이들이 게임을 하는 것 때문이 아니라 자신들 때문에 친구가 놀러 왔다는 것을 경험하는 것이 중요하다.

2. 아이가 나누어 쓰거나 같이하고 싶어 하지 않는 게임이나 장난감, 또는 상호적이지 않은 것들은 감춰두도록 한다. [한 번 감춰둔 게임은 손님이 집에 갈 때까지 꺼내지 못한다고 말해 준다. 아이는 다음 놀이데이트에서는 감춰두지 않겠다고 선택할 수도 있다.]
3. 자녀에게 좋은 초대자가 되는 여섯 가지 규칙을 따르도록 한다.

- 함께할 게임은 손님이 고른다. 함께 놀기 싫은 게임이 있으면 손님이 도착하기 전에 치워둔다.
- 손님의 행동을 칭찬한다("열심히 했네!", "엄청 잘했다.").
- 심판처럼 행동하지 않는다(손님을 비난하지 않는다).
- 지루해지면 활동을 바꾸거나 승부를 겨루자고 해 본다(거래를 한다).
- 손님도 재미있게 해 준다(번갈아 가며 하고, 장난감을 공유한다).
- 손님을 충실하게 대한다. 다른 아이가 들르거나 전화를 해도 와줘서(또는 전화해 줘서) 고맙다고 하고, 지금은 바쁘니까 나중에 연락하겠다고 말한다. 손님을 혼자 두고 가버리지 않는다.

놀이데이트를 하는 동안

1. 소리는 들리지만 아이들이 부모를 보지 못하는 거리에서 지켜보도록 한다. [부모가, 특히 엄마가 자녀에게 좋은 초대자가 되는 규칙을 훈련시키고 놀이데이트를 언제든 지원해 줄 수 있도록 놀이데이트를 하는 내내 같이 있는 것이 얼마나 중요한지 강조한다.]
2. 자녀가 규칙을 어기면 개입해서 거기에 맞는 좋은 초대자 규칙을 상기시켜 주어야 한다. [부모들에게 이렇게 말해 준다. "놀이데이트를 할 때에 부모들은 아이가 좋은 초대자 규칙을 지키게 하기 위해서 즉각 개입 가능한 곳에 있어야 합니다. 다투는 소리나, 자녀가 손님을 비난하는 소리나, TV나 비디오 게임 하는 소리나, 다른 아이가 찾아온 소리가 들리면 부모들은 아이에게 잠깐 동안 놀던 방에서 나오라고 말해서 중재를 하게 됩니다. 아이가 밖으로 나오면 부모는 '좋은 초대자가 되는 규칙 기억해?'라고 질문합니다. 아이가 규칙(손님을 비난하지 마라 등)을 외우면 그걸 지금 할 수 있는지 아이에게 물어봅니다. 아이가 '예'라고 대답하면 아이를 돌려보냅니다. 그렇지 않다면 아이가 규칙을 지키겠다고 할 때까지 바깥에 있도록 합니다. 아이들은 보통 이런 상황에서는 순응합니다. 아이가 해당되는 좋은 초대자 규칙을 외우지 못한다면 부모가 간단하게 말해 줍니다(놀이데이트 직전에 해 주었던 것처럼)."

첫 놀이데이트를 성공시키려면 부모가 대여섯 번은 개입해서 아이가 좋은 초대자 규칙을 지키게 해야 할 것이다. 부모가 개입해야만 하는 횟수는 이후 놀이데이트에서는 줄어들 것이다. 이것이 바로 놀이데이트의 교육 기능이다.

아이가 놀이데이트 중간에 떨어져 나온다면 이런 일들이 일어났을 수 있다.

- 아이가 손님과 잘 맞지 않아서 불쾌한 경험에서 벗어나고 싶어 한다. 부모는 손님과 노는 게 즐거운지 아이에게 물어보아야 한다. "아니요"라고 대답한다면 간식시간을 가지면서 (짧은) 놀이데이트가 끝나기를 기다린다. 첫 번째 놀이데이트를 짧게 하는 것은 이런 이유 때문이다.
- 아이가 새로운 게임으로 바꾸려고 하면서 손님과 합의하지 못했다. 부모는 좋은 초대자 규칙을 지키게 한다(손님이 고른다).
- 주의력결핍 과잉행동장애가 있는 아이가 끝까지 놀이데이트에 집중하지 못했다. 놀이데이트 하기 전에 약물의 용량을 조절하거나 놀이데이트를 더 짧게 하는 것을 고려한다. 그러나 지금 당장은 아이에게 좋은 초대자 규칙을 상기시켜 준다.]

놀이데이트 직후

1. 놀이데이트가 성공적이었다면, 상대방 아이의 부모를 알아가도록 해 본다. 아이를 데리러 왔을 때에 그 아이 부모와 얘기해 본다. [그 아이가 자녀의 친구가 되는 것을 원한다면 손님의 부모를 알아보도록 부모를 격려한다. 상대방 아이의 좋은 점에 대해서 말하는 것이 어색함을 깨는 좋은 방법이다. 새로운 아이의 집으로의 초대를 수락하는 것은 자녀가 적절하게 행동할 것이라는 확신이 좀 더 들 때로 미루어야 한다는 것을 기억한다.]
2. 상대방 아이가 가고 나면, 놀이데이트 동안 잘한 것에 대해서 아이를 칭찬해 준다. 아이에게 그 놀이친구를 또 초대하고 싶은지 물어본다.

잠재적 문제

짧은 놀이데이트가 불편한 부모

한 부모가 어떻게 다른 부모에게 1시간 30분 동안만 어떤 걸 하겠다고 할 수 있겠냐고 질문했다("그 사람들은 더 하려고 하지 않을까요?). 집단 지도자는 대부분의 부모들은 첫 번째 놀이데이트는 조심스럽게 하기를 원할 것이고, 상대방 부모에게는 이번에는 이 정도 시간밖에 낼 수가 없다고 말할 수 있을 것이라고 답해 주었다.

좋은 초대자 규칙을 강요하는 것에 당황함

한 11살짜리 남자아이의 어머니는 놀이친구가 있는 앞에서 아이에게 좋은 초대자 규칙을 상기시켜 주기 위해서 데리고 나온다면 아들이 무척 당황할 것이라는 걱정을 했다. 집단 지도자는 지금이 이런 '조율'을 할 기회라고 답해 주었다. 사회적인 실수 때문에 놀이데이트를 계속 망치는 것보다는 손님이 보는 앞에서 고치는 것이 더 낫다.

과제를 회피하는 부모

부모들은 놀이데이트를 이렇게 해도 좋은지 묻기도 했었다. (a) 생일파티 할 때에, (b) 가족 모임 때에, (c) 타지의 호텔 수영장에서, (d) 아이보다 5살이 많은 사촌과 함께. 집단 지도자는 이런 말을 해 주었다. "우리의 목표는 가족은 아니면서 우리 이웃 안에 있는 동등하다고 할 수 있는 아이들 가운데서 친구관계를 발전시켜 나가는 것입니다 그러므로 지침에 따르는 것이 필요합니다."

손님의 활동을 계획하는 아이

한 3학년 여자아이의 어머니는 딸이 이전의 놀이데이트 때에 손님과 함께하고 싶은 모든 종류의 게임 목록을 매번 놀이데이트 하기 전에 써두곤 했었다고 보고했다. 놀이데이트를 하러 온 손님은 보통 이 활동 목록에 따라하기 싫어했다. 그러면 그 딸은 화가 나서 놀지 않겠다고 했다. 우리는 이 아이가 목록을 작성하기 전에 부르려는 손님에게 전화를 걸어서 게임 목록을 함께 작성하도록 하는 해결책을 주었다. 우리는 놀이데이트에서 게임을 고를 때에 우선이 되는 것은 손님이 놀고 싶어 하는 것이라는 것을 강조했다(딸도 같이 좋아하는 것이면서).

생활 환경이 좋지 않은 경우

혼자 아이를 기르는 한 엄마는 방마다 많은 어른들(과 아이들 여러 명)이 함께 사는 아파트에 살고 있었다. 아파트에는 놀이친구가 혼자 들어갈 수 있는 공간이 없었다. 그 어머니는 (부모의 감독하에) 훨씬 어린 아이들이 공원을 차지하는 시간대에 아이들을 근처 공원의 조용한 곳으로 데려갔다. 놀잇감을 좀 가져가서, 그 엄마는 근처에서 (잡지나 책을 읽는 척하면서) 아이들이 함께 노는 것을 지켜보았다. 이렇게 해서 공간 문제를 합리적으로 해결했다.

수영장에서 놀이데이트를 하는 경우

한 7살 난 여자아이의 부모가 집에 있는 수영장을 사용할 수 있는지 물었다. 집단 지도자는 이미 이웃 아이들이 일차적으로는 그 수영장을 사용할 목적으로 집에 놀러 오는지 물어보았다. 그 엄마는 이런 일이 있었다는 걸 알고 있었고, 집단 내의 다른 부모들은 그렇게 하는 것은 걱정스럽다고 말해 주었다. 집단 지도자는 첫 번째 놀이데이트를 위해서는 단지 수영장을 사용하기 위해서보다는 순수하게 아이와 놀고 싶어 하는 아이를 놀이데이트에 초대하는 것이 낫겠다고 권고해 주었다.

어린이 7회기 계획

어린이 교실로 가면서

1. 어떤 아이들은 시작 모임을 하는 부모 교실에서부터 가져온 게임을 하기 시작할 것이다. 아이들은 아직 좋은 초대자 기술이 없는 데다, 그러면 어린이 회기 시작이 늦어질 수도 있기 때문에(게임을 다시 상자에 담아서 어린이 회기 교실로 가져가느라), 집단 지도자는 그렇게 하지 못하게 해야 한다. 아이들에게 금방 나갈 것이라고 말하면서 못하게 한다.
2. 아이들에게 내용물이 어린이 교실로 가는 길에 떨어지지 않도록 보드 게임을 단단히 잡고 가라고 말해 준다.

과제 점검[6]

1. 집단 외 통화에 대해 간략하게 점검한다. 각 아이에게 누구에게 전화했는지 물어본다. 간단하게 정보교환과 전화를 어떻게 시작하고 끝냈는지 점검한다.
2. 친하지 않은 아이들 무리에 '끼어들기' 시도를 한 것을 점검한다. "끼어들기를 해 보려고 어디에 갔었니? 어떤 놀이를 했지? 끼워 달라고 어떻게 말했어? 어떤 편에 들어갔니? (이기는 쪽 또는 지는 쪽) 그 아이들은 어떻게 했니 (너를 끼워 줬니?) (끼어들려다 거절당했을 때에는 이렇게 덧붙인다) 그다음에 어떻게 했니?

---

6 집단 외 통화 점검과 '끼어들기' 과제는 놀이데이트 과제에서 아이들을 초대하는 것과 직접적인 상관관계가 있다.

과제 내어주기

1. 다음번에 실내용 장난감을 다시 가져온다.
2. 놀이데이트 : 한두 시간 동안 초대할 아이를 선택한다. 집단 외 전화 과제로 이 아이에게 전화를 한다. 양방향 대화를 해서 놀러 오라고 초대하기 전에 무슨 놀이를 할 것인지 정한다.

교육

친구가 없는 아이는 놀이데이트가 자신이 (자신과 손님이 아니라) 재미있는 것을 할 수 있는 기회이거나 자신의 손님이 '놀이 노예'(자신을 재미있게 해 주고 욕구를 충족시켜 줄 목적으로 있는 사람)가 될 기회라고 생각할 수 있다. '초대자'라는 개념은 아이들이 어느 정도 익숙한 역할을 하게 해 준다. 때때로 아이들은 다른 아이가 집에 왔을 때에 자신들이 초대자라는 생각을 절대 하지 않는다. 놀이데이트를 드물게 하거나 전혀 안 해 본 아이들은 드디어 누군가가 집에 왔다는 것에 너무 과도하게 흥분하고 휩쓸리는데, 그러지 않도록 도와주기 위해서는 잘 지도해 주고 관리해 주는 것이 도움이 된다.

1. 아이들에게 '초대자'와 '손님' 사이의 차이점을 물어본다. (답 : 초대자가 할 일은 손님이 즐거운 시간을 갖게 하고, 손님 말을 잘 들어주는 것이다. 가장 중요한 것은 손님이 재미있어 해야 한다는 것이다. 손님은 '놀이 노예'가 아니다.)
2. 아이들에게 숙제로 놀이데이트(나이가 많은 아이들에게는 '함께 어울리기'라는 용어를 사용)를 하게 될 것이라고 말해 준다. 아이들은 집단 외 전화를 걸어서 손님이 무엇을 원하는지(즉, 하고 싶어 하는 놀이) 알아내서 준비하고, 손님이 하고 싶어 하는 게임이 없다면 가져오도록 한다. 어떤 비디오 게임이나 컴퓨터 게임이나 TV도 안 된다.[7]
3. 먼저 손님이 집에 도착하면, 화장실이 어디에 있고 주방이 어디에 있는지 집을 구경시켜 주고 손님이 목이 마르지는 않은지 등을 물어봐 주어야 한다.
4. 소크라테스식 문답법을 사용하여 '좋은 초대자가 되는 규칙'을 제시한다(표 10.2 참조).

---

7 어린 아이들은 가만히 있겠지만, 나이가 든 아이들은 종종 전자 매체(TV, 닌텐도, 겜보이, 컴퓨터)를 금지한다는 것에 부정적인 반응을 보인다. 그들은 종종 놀이데이트에 이런 것들이 없으면 자신들이 '사회적 소외자'가 될 수밖에 없는 이유를 필사적으로 내놓을 것이다. 그들은 이 규칙을 강요하지 않도록 부모를 설득하려 할 것이다. 이 규칙은 확실히 지켜져야 한다.

여섯 가지 규칙에 대한 이 틀을 명심한다.

좋은 초대자가 되기 위한 규칙(누군가를 놀러 오라고 초대했을 때)

- **함께할 게임은 손님이 고른다.** 함께 놀기 싫은 게임이 있으면 손님이 도착하기 전에 치워 둔다. 컴퓨터 게임/닌텐도/TV 등은 금지 항목이다.[8]
- **손님의 행동을 칭찬한다**(예 : "열심히 했네!", "완전 잘했다.").
- **심판처럼 행동하지 않는다.** 손님을 비난하지 않는다. 뭔가 위험한 것을 하고 싶어 하지 않는 한 손님은 '항상 옳다'.
- **지루해지면 활동을 바꾸거나 승부를 겨루자고 해 본다**(협상을 해야 할 수도 있다. "우리 _____놀이를 하는 건 어때? 그다음 _____놀이를 할 수 있어").
- **손님도 재미있게 해 준다**(번갈아 가며 하고, 장난감을 공유한다).
- **손님을 충실하게 대한다.** 다른 아이가 들르거나 전화를 해도 와줘서(또는 전화해 줘서) 고맙다고 하고, 지금은 바쁘니까 나중에 연락하겠다고 말한다. 손님을 혼자 두고 가버리지 않는다.

5. 아이들에게 이렇게 말해 준다. "더 좋은 초대자가 되려면, 손님이 갖고 놀지 않았으면 하는 장난감을 생각해 두는 게 항상 좋아. 예를 들어 방금 레고 비행기를 조립했는데, 손님이 분해하는 건 원하지 않을 거야. 다른 예로는 어떤 게 있는지 생각나는 사람?" (아이들에게 공유하고 싶지 않은 장난감을 생각하게 한다.) 그리고 이렇게 덧붙인다. "이런 것들은 손님이 안 봤으면 하는 게임들이야. 부모께서 손님이 놀러 오기 직전에 그것들을 넣어 둘 장소를 찾게 도와주실 거란다."

임상사례 : 좋은 초대자 규칙 제시하기

집단 지도자 : 초대자란 뭐지?

아이 : 아이들을 안내해서 둘러보게 해요.

집단 지도자 : 왜 그렇게 하지?

아이 : 어떤 애에게 친절하게 대하면, 다시 오고 싶어 할 거예요. 먼저 손님이 하고 싶은

---

8 집단 지도자는 다음 두 가지에 모두 '안 된다'라고 대답한다. "두 시간 동안은 놀이데이트를 하면서 규칙을 따르고, 끝난 다음에 닌텐도를 하는 건 어떨까요?", "닌텐도에 조종기를 두 개 마련해서 둘이 같이하면 어떨까요?"

걸 해요.

집단 지도자 : 초대자의 가장 중요한 과제는 손님이 즐거운 시간을 보내도록 하는 것이지.

아이 : 그러면 그 애들이 다른 아이들에게 당신이 참 좋은 사람이라고 말하겠지요.

집단 지도자 : 맞아. 집단 외 통화를 할 때, 그 애들이 무슨 게임을 하면서 놀고 싶은지 물어볼 거야.

집단 지도자 : 너한테 없는 게임을 하고 싶다고 하면 어떡하지?

아이 : 걔가 가져올 수 있는지 물어봐요.

집단 지도자 : 손님에게 속임수를 썼다고 말하면 어떨까?

아이 : 다시는 놀러 오고 싶지 않겠지요.

집단 지도자 : 집에 손님이 왔을 때 먼저 무얼 물어봐야 할까? 걔들이 놀러 오기 전에 1리터(약 32온스)짜리 음료수를 마시고 차를 타고 한참 왔다고 한다면?

아이 : [웃으면서] 화장실이 어딘지 가르쳐 줘야죠.

아이 : 먹을 것도 주고요.

잠재적 문제

좋은 초대자 규칙에 대한 논쟁의 예

아이 : 내가 걔네 집에 갔는데, 내가 했던 것처럼 나를 대하지 않으면 어떡하죠?

집단 지도자 : 너를 나쁘게 대하지 않는 아이들과만 놀이데이트를 해야지.

아이 : 걔네 집에서 놀이데이트를 하는 건 어떤가요?

집단 지도자 : 넌 좋은 초대자가 되는 걸 배우고 있으니까, 놀이데이트는 너의 집에서 해야지.

아이 : 자고 가는 건 안 되나요?

[주의 : 어떤 아이들은 친구를 너무 간절히 원해서 친구가 집에 가는 걸 원하지 않는다.]

집단 지도자 : 너희는 이제 막 서로 알게 되었으니까 천천히 가야지.

아이가 놀이데이트에 대해 걱정하는 것

손님이 초대한 아이의 장난감을 망가뜨릴 경우 :

- 손님이 만지지 않았으면 하는 장난감이 있으면 손님이 도착하기 전에 치워둔다.

- 손님이 일부러 그런다면 그만두라고 요구한다.
- 이것이 먹히지 않으면, 부모에게 얘기한다.

손님이 위험한 물건을 가져올 경우 :

- 먼저 손님에게 그걸 치우라고 한다.
- 손님이 말을 듣지 않으면 부모에게 얘기한다.

손님이 이웃의 다른 아이도 함께 놀기를 원할 때 :

- 첫 번째 놀이데이트에서는 "다음번에 하자."고 말한다.
- 다음 번에도 같은 일이 일어난다면, 이 손님을 더 이상 초대할 필요가 없다.

손님이 속임수를 쓸 경우 :

- 손님에게 원래 규칙대로 할 것을 요구한다.
- 손님이 계속 속인다면 다음 놀이데이트부터는 다른 아이를 선택한다.

실제놀이

실제 놀이데이트에서 보이는 대부분의 특징들을 여기에 담았다. 집단 지도자가 초대자와 손님을 감독하면 부모가 집에서 감독하기가 쉬워진다.

1. 같은 성별끼리 둘씩 나눠 앉는다. 한 아이는 손님이 되고, 다른 아이는 초대자가 된다. 그다음 가져온 게임을 한다(손님이 어떤 게임을 할지 결정한다). 초대자 역할 하기는 진짜 어려운 거라면서 초대자가 손님의 선택을 따라준 것을 칭찬한다.
2. 아이들에게 먼저 어떤 게임을 하고, 언제 게임을 바꿀 것인지 결정하게 한다(손님이 항상 선택하게 한다).
3. 시간이 충분하면 초대자와 손님 역할을 바꾸어서 할 수 있다.
4. 어린이 회기가 끝나고 놀이를 중단하기 2분 전에 알려준다. 2분 알림을 할 때에 집단 지도자는 이렇게 말해 줄 수 있다. "손님의 엄마가 지금 데리러 와서 놀이데이트(함께 어울리기)가 끝나갑니다. 2분 있다가 놀이를 중단하고 장난감을 치워야 할 시간입니다." 2분 후에는 "이제 모든 장난감을 치울 시간입니다."

잠재적 문제

잉여 여자아이와 잉여 남자아이

두 명씩 짝을 지어주고 여자아이 한 명과 남자아이 한 명이 남으면, 이 둘을 놀이데이트의 짝으로 묶을 수 있다(그러나 이 아이들이 앞으로 실제놀이데이트를 할 때에는 같은 성별의 손님을 초대할 것이라는 것을 상기시켜 준다).

아이들이 홀수일 때

같은 성별의 아이들을 셋으로 묶어서 초대자, 손님, 관찰자를 하게 하고, 돌아가면서 초대자가 손님이 되고, 관찰자가 초대자가 되고, 손님이 관찰자가 되도록 한다. 이것이 좋은 해결책은 아니지만 이 상황에서 할 수 있는 가장 좋은 방법이다.

선택할 장난감이 없을 때

아이들이 무엇을 가지고 놀 것인지 협상할 수 있도록 적어도 두 개의 장난감을 마련하는 것이 중요하다. 이 경우에 다른 쌍이 사용하지 않는 장난감을 가져와서 선택을 하게 한다(장난감 주인에게 먼저 허락을 구한다).

초대자 역할을 거부할 때

한 8살 난 남자아이는 초대자 역할을 하지 않겠다고 했다. 이것은 다른 지시불순응이나 방해하는 행동과 같은 것으로 다루어졌다. 일단 그 아이에게 초대자가 되는 연습을 해야 한다고 말해주었다. 아이가 거부하자 "이게 첫 번째로 주의를 주는 거야." 라고 말해 주었다. 그래도 아이가 따르지 않자 타임아웃을 하라고 했다. 그 아이는 돌아와서는 마지못해 초대자 역할을 하겠다고 했다.

장난감을 소유한 것이 강요의 수단이 될 때

품행장애가 있는 한 7학년(중학교 1학년) 남자아이가 카드 한 벌을 가져왔다. 그 아이는 카드 게임을 선택해야겠다고 하면서 게임을 지배했다("내 카드니까 내가 카드 게임을 골라야겠어."). 집단 지도자가 그 아이의 카드를 치우고 다른 남자아이의 카드를 사용하게 하자 이런 행동은 끝났다.

게임에 지면 성질을 부리는 경우

아스퍼거장애가 있는 한 3학년 남자아이가 '사목게임'에서 지자 탁자를 두드리고 울부짖으면서 상대방 아이('손님' 역할을 한 아이)에게 "네가 속였어."라고 소리를 질러댔다. 집단 지도자는 즉시 그 아이에게 타임아웃을 주었다. 타임아웃이 끝나자 그 남자아이는 다시 교실에 들어와서 곧바로 자신의 짝과 언쟁을 벌이면서 그 아이를 '사기꾼'이라고 불렀다. 두 번째 타임아웃이 주어졌다. 그 아이는 두 번째 타임아웃에서 돌아와서는 말다툼하는 걸 멈추어서 그 뒤의 연습에 참여할 수 있었다.

회기 마무리 모임

1. 이렇게 알린다. "오늘 우리는 좋은 초대자가 되는 걸 연습했습니다. 아이들이 좋은 초대자 행동을 많이 했습니다. 우리 모두 아이들에게 큰 박수를 보냅시다."
2. "이번 주에 모두가 해야 할 중요한 일은 '끼어들기' 과제를 할 때에 만났던 사람이나 함께 놀고 싶었지만 최근에 못 놀았던 사람과 놀이데이트[나이가 많은 아이들에게는 '함께 어울리기'라는 단어를 사용한다]를 하는 것입니다. 이 사람을 누구로 할지 부모님과 정하십시오. 이 사람에게 집단 외 통화 과제로 전화를 걸어서 함께할 놀이를 찾아내기 위해 양방향 대화를 해야 한다는 걸 기억하십시오. 이번이 유일한 필수 집단 외 통화가 될 것입니다. 놀이데이트를 하면서 비디오 게임을 하거나 컴퓨터 게임을 하거나 TV를 보는 것은 허용되지 않습니다."
3. 놀이데이트에 초대할 손님과 다음 회기에 가져올 장난감에 대해서 각자 부모 앞에서 협의한다. 아이와 부모가 두 가지 모두에 의견 일치를 보게 한다. 놀이상대를 고르는 것은 좀 더 긴 협상이 필요할 수도 있다. 아이가 누구도 생각해내지 못하면서 부모가 제안하는 것도 받아들이지 못한다면, 한 바퀴 돌아서 다시 오겠다고 말해 준다. 때로는 협상을 잠시 중단하면 궁극적인 합의가 쉽게 이루어지기도 한다.

어린이 친구 만들기 훈련

부모 과제 – 7회기에 받아서

8~12회기에 해 오기

목표

아는 아이와 더 좋은 친구가 될 수 있도록 자녀의 능력 길러주기

연구결과를 보면 (a) 사회성 발달에는 비공식적인 놀이데이트가 가장 유익하며, (b) 이러한 이득을 보기 위해 일주일에 한두번의 놀이데이트면 충분하며, (c) 부모와 아이가 함께 놀이데이트를 계획하면 이러한 이득을 극대화시킬 수 있다.

이 회기의 끝에

1. 자녀와 함께 초대할 새로운 아이를 결정한다. 자녀가 이 아이와 놀고 싶어 해야 하고, 이 아이는 행동이 바른 아이어야 한다.
2. 부모가 1~2시간 동안 활동을 감독하는 것이 가능한 시간을 정한다. (같은 아이와 나중에 놀이데이트를 또 할 때에는 더 길 수도 있다.)

놀이데이트 하기

1. 처음에는 자녀가 다른 아이와 양방향 대화를 하도록 한다(서로 좋아하는지, 공통된 관심사가 있는지, 놀이데이트에서 함께할 것이 있는지 알아내기 위해서). 그다음 자녀가 상대방 아이를 초대하게 한다.
2. 그다음 상대 아이의 부모와 놀이데이트 할 날짜와 시간 맞추는 것을 마무리 짓는다.

놀이데이트 직전에

1. 자녀가 손님과 무엇을 하고 놀 것인지 결정하게 한다 — 놀이데이트 동안 분주히 할 수 있는 것. 전화 통화를 하면서 무엇을 하기로 결정했는지 물어본다. 상호적인 게임을 선택한다. 닌텐도, TV나 비디오를 보는 것, 컴퓨터 게임은 금지한다.
2. 아이가 나누어 쓰거나 같이하고 싶어하지 않는 게임이나 장난감, 또는 상호적이지 않은 것들은 감춰두도록 한다. [한 번 감춰둔 게임은 손님이 집에 갈 때까지 꺼내지 못한다고 말해준다. 아이는 다음 놀이데이트에서는 감춰두지 않겠다고 선택할 수도 있다.]
3. 자녀에게 좋은 초대자가 되는 여섯 가지 규칙을 따르도록 한다.
   (a) 함께할 게임은 손님이 고른다. 함께 놀기 싫은 게임이 있으면 손님이 도착하기 전에 치워둔다.

(다음 페이지에 계속)

(b) 손님의 행동을 칭찬한다("열심히 했네!", "엄청 잘했다.").
(c) 심판처럼 행동하지 않는다(손님을 비난하지 않는다).
(d) 지루해지면 활동을 바꾸거나 승부를 겨루자고 해 본다(거래를 한다).
(e) 손님도 재미있게 해 준다(번갈아 가며 하고, 장난감을 공유한다).
(f) 손님을 충실하게 대한다. 다른 아이가 들르거나 전화를 해도 와줘서(또는 전화해 줘서) 고맙다고 하고, 지금은 바쁘니까 나중에 연락하겠다고 말한다. 손님을 혼자 두고 가버리지 않는다.

놀이데이트를 하는 동안

1. 소리는 들리지만 아이들이 부모를 보지 못하는 거리에서 지켜보도록 한다.
2. 자녀가 규칙을 어기면 개입해서 거기에 맞는 좋은 초대자 규칙을 상기시켜 주어야 한다.

놀이데이트 직후

1. 놀이데이트가 성공적이었다면, 상대방 아이의 부모를 알아가도록 해 본다. 아이를 데리러 왔을 때에 그 아이 부모와 얘기해 본다.
2. 상대방 아이가 가고 나면, 놀이데이트 동안 잘한 것에 대해서 아이를 칭찬해 준다. 아이에게 그 놀이친구를 또 초대하고 싶은지 물어본다.

CHAPTER

16

놀림에 대처하기

치료의 근거

괴롭힘당하는 것에 저항하는 것은 더 나은 친구관계 기술을 훈련 받은 후, 그러나 그 아이의 부정적 평판(만약 있다면)이 사라지기 전에 다루어야 할 치료 프로그램 후반부의 중요한 안건이다. 또래로부터 거부당하는 아이들은 대개 괴롭힘의 희생양이 되기도 하지만 동시에 가해자이기도 하다. 이와 관련된 치료의 가설은 (아이들이 먼저 놀리거나 혹은 되받아 놀리지 않으면서) 가해자를 단념시키고 어쩌면 보고 있는 또래들과 어른들로부터 지원을 얻는 방식으로 효과적으로 놀림에 저항하도록 아이들을 훈련할 수 있다는 것이다. 부모들도 또한 이러한 중재를 지원하도록 훈련 받아야 한다.

16.1 괴롭힘당하지 않도록 보호해야 하는 중요한 이유

만성적 피해자란 또래에 의해 '괴롭히기'로 지명된 아이를 말한다. 괴롭히기는 초등학교 전 학년에 만연해 있다(Hodges, Malone, & Perry, 1997 참조). Perry, Kusel, Perry(1988)는 3학년에서 6학년 사이의 남자아이와 여자아이의 10% 정도가 신체적 언어적 협박을 통해 극도로 피해를 당하고 있는 것으로 보고했다. 나이나 성별에 따른 차이는 없는 것으로 보고했다. 그러나 다른 연구자들은 남자아이들 사이에 더욱 많이 발생하는 것으로 보고하기도 하였다(Boulton & Smith, 1994; Boulton & Underwood, 1992; Olweus, 1993). 아이가 피해를 당하는 정도는 또래 선호도와는 역 상관관계를, 비선호도와는 양의 상관관계를 보였다. Schwartz, Dodge, Pettit, Bates(1997)는 또래에 의해서 피해를 당하는 정도는 사회적 선호도(선호하는 아이로 지명된 숫자-싫어하는 아이로 지명된 숫자)와는 역 상관관계를 보였고, 공격성과는 양의 상관관계를 보였다고 보고하였다. Hodges와 Perry(1999)는 장기추적 연구결과에서 3학년에서 7학년 사이의 아이들 중 고립되고, 신체적으로 약하고, 또래로부터 거부당하는 아이들이 괴롭힘을 당할 확률이 높으며, 각 요인들이 피해를 당하는 정도를 결정한다고 했다. 유사하게, Boulton과 Smith(1994)는 만성적인 피해자로 지명된 아이는 공격적인 아이나 공격적이지 않고 피해자로 지명되지 않은 아이보다 운동 능력에서 자신감이 현저하게 낮았다는 것을 밝혀냈다.

놀랍게도 Perry 등(1988)은 무시당하는 아이들은 상대적으로 피해를 당할 확률이 낮았다는 것을 발견했고, Boulton과 Smith(1994) 또한 괴롭힘당하는 것과 사회계측상의 범주와는 크게 상관이 없었다고 보고하였다. 만성적 피해자의 특성으로 일반적으로 인식되고 있는 순종적인 프로파일과는 반대로 Salmivalli와 Nieminen(2002)은 괴롭힘당하는 아이들이 보통 맞대항을 한다고 보고하였다. 거부당한 아이들이 만성적인 희생자이거나 가해자일 수도 있고, 또한 희생자이자 가해자일 수도 있다는 사실은 괴롭히기와 관련된 현상을 이해하기가 더 복잡해지는 요인 중에 하나이다. 4학년과 5학년 아이를 대상으로 한 관련 연구에서 인기 있는 아이나 평균 정도의 아이들보다 거부당하는 아이들이 괴롭힘을 당할 가능성이 4배 정도로 높은 것으로 드러났다. 성별 그리고 사회 계층별로 보았을 때 거부당한 남자아이가 그들의 상호적인 친구를 가장 빈번히 괴롭히는 것으로 나타났다(Ray 등, 1997).

이번 장과 치료 모듈에서는 놀림을 당하는 아이들에 초점을 맞추고자 하는데, 이것은 괴롭힘을 중단시킬 수 있도록 만성적 피해자를 대상으로 지도할 아주 효과적인 중재 방법을 찾았기 때문이다. 대부분의 괴롭힘은 놀림과 연관되어 있기 때문에 놀림에 적절히 대응하도록 교육하는 것은 상당한 효과가 있다. 반면에 신체적 괴롭힘에는 다른 중재법이 효과적이다. 신체적 괴롭힘과 공격적 행동은 동의어가 아니다. 공격적 행동의 희생이 되는 경우와 공격적 행동을 통한 가해는 제19장에 다루어져 있다.

16.2 놀림의 정의와 희생자

놀림(teasing)은 다른 아이를 향한 업신여기는 발언을 뜻한다. 나이가 어린 남자아이들은 주로 욕하기로 놀린다. 나이가 든 남자아이들의 놀림은 희생자나 그 가족을 경멸하는 형태가 많다(Frankel, 1996). 놀림이 재미있을 수도 있으나, 그 재미는 당하는 아이를 희생시켜 나오는 빈정대는 말이며, 구경꾼들이 보는 앞에서 자주 일어난다. 신체적인 괴롭힘은 3학년에서 6학년으로 올라가면서 감소하지만, 놀림은 3학년 동안 신체적 괴롭힘보다 빈번히 나타나고 6학년까지 지속된다 (Perry 등, 1988). Parker와 Seal(1996)은 친구가 없는 아이는 친구가 있는 아이들보다 놀림에 대응하는 데 훨씬 더 많은 어려움을 겪는다고 보고했다. Feldman과 Dodge(1987)는 거부당하는 아이들은 인기 있는 아이들보다 놀림에 대한 대응에 미숙하다는 것을 보여주었다. 따라서 친구가 없는 고립된 아이들에게 비공격적이면서도 효과적인 방법으로 놀림에 대처하도록 교육하는 것은 매우 중요한 일이다.

16.3 괴롭힘

괴롭힘(bullying)은 한 아이를 한 명 이상의 특정 또래가 반복적으로 (주 1회 혹은 그 이상) 정당한 이유 없이 상해를 입히거나 불편하게 하는 것을 말한다(Olweus, 1993). Olweus(1993)의 괴롭히는 아이와 희생자들을 대상으로 한 설문조사 결과에 의하면 3%의 아이가 괴롭힘을 당하고 있고, 2%의 아이가 괴롭힘을 가하는 것으로 보고되었으며, 0.3%가 희생자이자 가해자인 것으로 나타났다. Boulton과 Smith(1994)는 남자아이들 사이에서 10.6%가 괴롭힘을 가하고 있고, 6.2%가 당하고 있으며 1.9%가 가해자이자 피해자인 것으로 보고하였다.

연구자들 사이에 괴롭힘의 유병률이 차이가 나는 이유는 그들이 내린 괴롭힘의 정의가 다르기 때문이다. 예를 들면, Boulton과 Smith(1994)는 기준(예 : 또래들이 대상자가 괴롭히는 아이라고 동의하는 비율)에 따라 괴롭힘의 유병률이 30.1%에서 57.8%까지 달라진다고 보고하였다. 그러나 그들은 괴롭히는 아이를 "정당한 이유 없이 괴롭히거나, 때리거나, 놀리거나, 혹은 그 밖에 타인에게 못된 짓을 하는 사람"으로 정의하고 있다(p. 318). 이 정의가 일관성 있게 한 희생자에 대한 공격인지를 규정하고 있지 않기 때문에 일반적으로 공격적인 아이도 이 정의에 의하면 괴롭히는 아이에 포함된다. 반면, Salmivalli와 Nieminen(2002)은 힘이 동등한 아이들이 서로 싸우는 것은 괴롭힘이 아닌 것으로 제외하고 "한 아이가 반복적이고 의도적으로 마음이 상하는 일이 일어날 때"를 괴롭힘으로 정의했다(p. 34). Frankel(1996)은 빈번한 싸움꾼(예 : 공격적이고-거부당하는 남자아이, 제19장 참조)과 괴롭히는 아이를 구분하였는데, 전자는 일반적으로 공격적이고 그 대상이 비선택적인(Patterson, 1986 참조) 반면 후자는 일반적으로 공격적이지는 않으나 그 대상이 선택적이라는 것이다(Olweus, 1993).

다른 연구자들도 이와 유사하게 (자극을 받아서) 반응적으로 가해 행동을 하는 것과 (정당한 이유 없이) 상황을 통제하기 위한 공격 행동을 구분하고(Dodge & Coie, 1987; Salmivalli & Nieminen, 2002), 후자를 괴롭힘으로 분류했다. 이 두 유형의 공격적인 아이는 다른 면에서도 구분이 된다. 예를 들어 상대 행동에 대한 반응으로 공격성을 보이는 아이들은 서로 어울리지 않는 경향이 있는 반면, 상황통제를 위한 공격행동과 관련된 아이들은 서로 어울려 한패가 되는 경향이 있다(Poulin 등, 1997). Salmivalli와 Nieminen(2002)은 괴롭히는 아이들은 타인이 어떻게 생각할지 추론해낼 능력이 있으며 평균 이상의 사회적 지능을 가지고 있다는 근거들을 확인했다.

Rican(1995)은 6학년 아이들 사이에서 괴롭힘의 가해자와 피해자 모두 일반 아이들보다 또래로부터 더 많이 거부당한다는 것을 알아냈다. 여자아이들인 경우 괴롭힘의 가해자가 피해자보다 사회계층상 위상이 높은 것으로 나타났으나(제14장의 관계적 공격 참조), 남자아이들은 괴롭힘을 가하는 아이들의 사회적 위상이 피해자보다 낮은 것으로 나타났다. 남자아이들이 여자아이들보다 더 많은 괴롭힘을 당하며(Boulton & Underwood, 1992; Crick & Grotpeter, 1996), 6학년과 9학년 사이에 가해자였던 남자아이들의 60%가 24세가 될 때까지 최소 한 번은 유죄 판결을 받는 것으로 나타났다.

괴롭힘을 당하는 아이들은 교사들이 괴롭힘을 중단시키기 위한 노력을 거의 하지 않는다고 보고하고 있다. 9세에서 16세 사이에서는 괴롭힘의 가해자와 피해자의 상태가 계속 유지된다(Boulton & Smith, 1994). 괴롭힘은 대부분 등하굣길에 일어난다(Olweus, 1993). 학교에서의 괴롭힘은 감독하는 어른과 아이의 비율과 상관관계가 있고 희생자의 신체적 특징과는 관계가 없었다. 8세에서 9세 사이의 괴롭힘의 희생자는 대집단 활동에 참여하기보다는 혼자 노는 경향이 있었다(Boulton, 1999).

괴롭힘은 피해자가 스스로 성공적으로 해결할 수 있는 상황이 아니다. "온 힘을 다해서 코를 한방 날려버려!"라는 아버지의 충고는 거의 틀림없이 최악의 상황을 초래할 것이다. 많은 할리우드 영화('베스트 키드' : 소심한 소년이 가라데를 배워 괴롭히던 아이들을 물리치는 내용의 영화)에 나오는 상황과는 반대로, 대부분의 경우 아이들은 육박전을 통해 가해자를 물리칠 능력이 없다. 어른들은 반드시 신체적인 가해나 폭력에 대해서 심각한 대가를 치르도록 하는 능동적인 중재를 실행해야 한다. 따라서 이것은 본 프로그램에서는 다루지 않는다. 효과적인 중재를 위한 자세한 프로그램 정보는 Olweus(1993)를 참고하면 된다. Frankel(1996)은 이 중 부모들이 쉽게 실행할 수 있는 부분을 제시하고 있다.

놀림에 대한 연구

16.4 다른 하위집단 내에서의 놀림

놀림에 관한 연구에 의하면 초등학교 교실에서 놀리는 아이와 놀림을 당하는 학생들은 어디에나 있다. 호감도가 높은 아이들은 거부당하는 아이들보다 덜 비판적이고 친사회적으로 놀리는 것으로 나타났다(Keltner, Young, Heerey, Oemig, & Monarch, 1998). 아이들은 교사들보다 누가 놀리고 누가 놀림을 당하는지 더 잘 파악하고 있다(Aho, 1998).

여자아이들이 남자아이들보다 놀림당하는 것을 더 고통스러워한다는 연구결과가 있는데(Keltner 등, 1998). 이에 대한 해석이 분명하지는 않다. 이 연구의 결과는 저자들이 관계성 공격(제9장 참조)과 놀림을 구별하지 않았다는 요인이 반영되었을 것이다(Crick, 1995). Cash(1995)는 성인 여성들이 아동기에 겪은 외모와 관련된 놀림을 회상한 내용을 분석하였다. 대부분의 놀림은 얼굴 생김새와 몸무게에 관한 것이었다. 대부분 또래에 의해 놀림을 당했지만, 남자 형제가 놀린 경우도 흔했다. 아동기에 외모에 대한 놀림을 심하게 받은 여성일수록 어른이 되어서도 자신의 신체상에 대한 불만족도가 더 높았다.

16.5 놀림을 효과적으로 다루기

놀림 가해자의 주된 동기는 희생자의 불편함을 보고 즐거워하는 것이다(Warm, 1997). 수용되는 아이들은 유머를 쓰거나 단호하게 말하는 경향이 있으나 거부당하는 아이들은 화를 내거나 신체적인 공격성을 보이는 경향이 있다(Shantz, 1986 참조). 이러한 반응은 가해자가 계속 놀리고 싶은 동기를 유발시킬 수 있고, 이것은 피해자가 신체적 공격으로 대응하더라도 마찬가지이다 (Shantz, 1986 참조). Kochenderfer와 Ladd(1997)는 199명의 유치원생들 사이의 놀림을 관찰하고 이에 대한 대응 전략을 찾아보았다. 그 결과, '친구에게 도움을 청하는' 방법은 놀림을 감소시킨 반면, '맞받아치는' 방법은 지속적인 놀림을 당하는 것과 관련이 있었다.

Scambler, Harris, Milich(1998)는 8~11세 사이의 아이들에게 한 아이가 다른 두 명의 아이에게 놀림을 당하는 비디오 장면을 보도록 했다. 놀림당하는 아이는 유머, 무시하기, 적대감 등 세 가지로 반응했다. 아이들은 유머로 반응하는 것이 가장 효과적이고 다음으로 무시하기가 효과적이며, 적대적인 반응이 가장 효과적이지 않은 것으로 평가하였다.

아이들은 놀림받는 상황에서 유머로 반응하거나 단호하게 대처하라고 배워 왔다. Goodwin과 Mahoney (1975)는 이 접근법을 처음으로 입증해 보였다. 치료시설에 수용된 남자아이들에게 목표 아이를 화내게 만드는 '놀리기 게임'에 가담하게 했다. 대처하는 방법이 먼저 비디오로 시연되었다. 그런 다음 남자아이들이 번갈아서 목표가 되었다. 그 결과 모든 남자아이들이 대처하는 법을 배울 수 있었고 그 결과 그들의 교실에서 문제 행동이 적게 발생했다. Lochman과 Wells(1996)가 최근에 이 연구를 재연했다.

16.6 연구와 임상사례의 결과

언론과 학자들은 괴롭힘과 놀림을 흔히 하나로 뭉쳐서 다루지만 이 둘은 완전히 다른 현상이다. 따라서 각각 다르게 접근하는 것이 효과적이다. 놀림은 괴롭힘보다 훨씬 빈번히 일어난다. 만성적인 놀림의 피해자들을 대상으로 효과적이고 비공격적인 대처 방법을 지도할 수 있다. 놀림에 대처하는 방법을 가르칠 때, 치료자들은 놀림, 관계적 공격, 그리고 서투름에 대한 언급(예 : "너는 핸드볼 잘 못하는구나.")을 잘 구별해야 한다. 각 영역별로 가해자의 목적은 서로 다르다. 관계적 공격의 목적은 군림하고 다른 아이의 행동을 통제하는 것이다. 서투름을 언급하는 목적은 좌절을 경험할 때의 짜증스러운 감정을 표현하는 것이다(예 : 핸드볼 실력이 서로 너무 차이가 나는 것). 놀림의 목적은 상대방을 화나게 하는 것이다. 이 마지막 목적은 이번 장에서 소개되는 방법으로 무산될 수 있다.

아이들은 놀림에 대한 가장 효과적인 대처법으로 유머 있게 반응하기를 꼽았다. 거부당한 아이들은 놀림을 당할 때 유머를 사용하기보다는 화를 낸다. 이 아이들에게 좀 더 효과적인 반응을 하도록 가르칠 수 있다. 집단 지도자는 의도치 않게 맞받아 놀리도록(즉, 놀리는 능력을 길러주기) 지도하는 일이 없도록 주의해야 한다. 왜냐하면 어떤 희생자는 자신이 가해자이기도 하기 때문에 맞받아 놀리면 더 놀림받기 쉬워지기 때문이다.

아이들이 쉽게 놀림받는 것에 부모들이 어떤 역할을 하는지는 체계적으로 점검되지 않았다. 우리가 파악한 바로는 부모들은 두 가지 경로로 아이를 놀림에 취약한 상황에 빠지게 한다. 부모들은 "선생님께 말해.", "너도 놀려." 혹은 "놀리는 애를 힘껏 때려 버려!" 같은 비효과적인 방법으로 놀림에 대응하도록 충고하는데, 이것은 상황을 더 악화시킬 뿐이다('고자질쟁이'라는 딱지를 달거나 공격적으로 되는 등). 부모는 가족의 명예를 지키기 위해 아이가 놀림을 무시해 버리기 어렵게 만들거나 놀림당하는 아이의 감정에 초점을 두는데("그 애가 너한테 그런 심술 맞은 말을 하면, 네 마음이 상한다고 그냥 말해.") 이것은 놀림이 효과가 있다는 것을 인정하는 꼴이 된다. 따라서 부모도 놀림에 대한 효과적인 대응책을 이해하고 훈련받는 것이 중요하다.

회기 진행하는 방법

지금까지

부모들은 지난 주에 처음으로 놀이데이트를 구조화하고 감독하면서 아이들을 지도했다. 성공적인 놀이데이트의 결과로 아이들이 자신들의 사회적 능력이 향상되었다고 느꼈을 것이다. 부정적인 평판이 있는 아이들도 '달걀을 한 바구니'에 다 담을 필요가 없다는 것을 배우고 있는데, 그 바구니는 학교의 또래집단이다. 아이들은 또한 다른 아이들이 단순히 앉아서 비디오 게임을 하려는 게 아니라 자신들과 놀고 싶어서 찾아올 거라는 것도 배우고 있다.

이번 회기에는

부모들은 구조화된 놀이데이트가 어떻게 진행되었는지 보고할 것이다. 아이들이 아니라 부모들이 이 놀이데이트의 중요한 정보를 자세히 말하도록 한다. 종종 부모들은 놀이데이트의 이점을 최대한 살리기 위해 '미세 조정' 하는 방법에 대한 피드백을 받아야 할 것이다. 아이들이 (부모의 지원을 받아) 놀림에 대한 대응 방법을 배우고 실행하는 것을 돕는 것 외에, 이번 회기에서도 계속해서 좋은 초대자가 되는 규칙을 연습할 것이다.

부모 8회기 계획

시작 모임

아이들이 들어오면 가지고 온 장난감을 점검한다. 제외 목록의 장난감은 부모가 보관하고 있도록 한다.[1]

---

1 집착하는 장난감, 수집한 카드, 물총, 발사되는 것들, 컴퓨터 게임, 비디오 게임, 책, 미술과 공예재료, 마술카드, 던전 & 드래곤, 모노폴리, 클루, 트위스터. 체스나 매스터마인드 게임은 지난 주에 집단 내에 할 줄 아는 사람이 있는지 확인한 경우에만 가져올 수 있다.

과제 점검

이 회기가 시작되는 시점에서 부모들의 정서가 바뀌었다는 것을 알 수 있을 것이다. 많은 부모들이 자녀들이 좋은 놀이 경험을 하는 것을 목격하고는 긍정적인 보고를 할 것이다. 이 시점부터 부모들은 놀이데이트를 관찰하고 감독하는 '미세 조정'에 많은 노력을 기울여야 한다. 부모들은 자녀들이 지속적으로 좋은 초대자 역할을 하도록 즉각적으로 중재할 준비를 하고 있어야 한다. 부모는 자녀가 혼자서 놀지 않도록 하며, 언제 개입할지 잘 알 수 있도록 세심히 감독하고, 자녀를 효과적으로 촉진해 주는 것 이상 개입하지 않도록 한다.

1. 두 개의 숙제가 있어서 (실내용 장난감을 제외하고), 모두를 깊이 있게 검토할 시간이 없다. 부모들에게 (a) 집단 외 통화와 그에 따라 성사된 (b) 놀이데이트에 집중하도록 말한다.
2. 집단 외 통화의 목적은 놀이데이트를 잡기 위해서이며 이것 또한 감독해야 한다는 것을 부모들에게 상기시켜 주어야 한다. 집단 외 통화에 대해 다음과 같이 질문한다. (a) 상대방 아이가 전화를 받고 흥미를 보이고 반가워했는가, (b) 아이들이 서로 대화할 주제가 있었는가(양방향 대화 방식으로), (c) 놀이데이트에서 함께할 것들을 생각해냈는가? 위의 질문에 모두 "예"라면 부모는 놀이데이트를 계획하면 되는 것이었다. 위의 질문에 모두 "아니요"라면 아이가 다른 놀이상대를 선택하도록 도와주었어야 한다.
3. 누가 성공적인 놀이데이트를 했는지 묻고 성공한 이야기를 먼저 들어본다. 첫 번째 놀이데이트를 다시 점검한다. (a) 부모가 함께 있으면서 감독했는가? (b) '좋은 초대자 규칙'을 지키도록 하기 위해 부모의 개입이 필요했는가? 자녀가 그 규칙을 따랐는가? 이것이 놀이데이트의 학습 기능이다. 규칙을 지키게 하는 것은 그 규칙이 가장 필요한 장소와 시간에 아이들을 도와주는 것이다. (c) 아이들이 한 여러 활동을 검토한다. 비디오 게임과 TV를 금지시킨 효과는 어땠는가? (d) 자녀가 놀이데이트 상대를 다시 초대하기를 원하는가? 이것이 얼마나 좋은 놀이데이트였는지를 증명하는 것이 된다. (e) 부모가 상대 아이의 부모에 대해 조금이라도 알게 되었는가?
4. 혼자 자녀를 감독하는 것보다 놀이데이트가 부모에게는 더 쉬운 일이라는 것을 부모들에게 알려준다. 놀이데이트는 자존감 촉진제이다. 특히 자녀가 비슷한 관심을 가진 아이를 찾고, 그들과 유사한 흥미가 있다는 것을 발견하고 함께 즐거운 시간을 보냈다면 더욱 그럴 것이다. 아이는 다른 아이가 멋진 비디오 게임을 하러 온 것이 아니라 자신과 함께 놀

기 위해 온 것이라는 것을 알아야 한다.

성공적인 첫 놀이데이트의 임상사례

- 적대적 반항장애가 있는 한 5학년 남자아이의 어머니는 아들이 어머니에게는 퉁명스러운데, 손님에게는 친절하게 대하는 것에 놀랐다.
- 학교에서 평판이 나빴지만, 부끄럼을 잘 타는 5학년 여자아이의 반 친구가 놀이데이트를 하기로 동의했다. 그 아이는 학교에서 놀이데이트를 잡기 위해 그 여자아이와 얘기했다. 엄마들이 구체적인 것들을 정하기 위해서 서로 전화를 했다. 놀이데이트를 하면서 아이들은 풍선을 가지고 '잡기'놀이를 하였고, 엄마 옷으로 '변장하기'와 '패션 쇼'를 하며 놀았다. 그리고는 노래방 기계로 노래도 불렀다. 둘 다 멋진 시간을 보냈다.

비디오 게임에 대한 또래 압력을 성공적으로 막기

아스퍼거장애가 있는 한 6학년 남자아이가 이전 회기가 끝나고 집에 가면서 "우리가 '드래곤 볼 Z'를 하지 않으면 손님이 날 멍청이로 볼 거야."라고 투덜거렸다. 그 엄마는 이렇게 대답했다. "그 애들에게 우리 엄마는 엄청난 마녀라서 '드래곤 볼 Z'를 못하게 할 거라고 말해. 그 애들도 엄마가 있을 테니 이해할 거야." 이 후의 놀이데이트에서 아이들은 모노폴리 게임을 했다. 그 남자아이는 손님에게 팝콘을 만들어 주었다. 그 아이는 그 놀이데이트가 좋았다고 느꼈다.

좋은 초대자 규칙 상기시키기

주의력결핍 과잉행동장애가 있는 한 11살 난 남자아이가 다른 남자아이에게 전화를 했는데, 상대방 남자아이는 TV와 숙제만 하고 싶다고 고집을 부렸다. 어머니의 지도를 받아 그 남자아이는 "글쎄, 네가 놀러 오면 좋겠는데, 우리 엄마가 TV는 안 된다고 하셨어. 대신 우리가 할 수 있는 것 세 가지를 계획해야 돼."라고 말했다. 그들은 가능한 놀이의 목록을 만들었다. 상대방 아이가 하고 싶어 하는 게임 중에 모노폴리가 있었다. 아이가 먼저 "그건 너무 시간이 오래 걸릴 텐데."라고 말하고는, 잠깐 멈추더니 빈정대는 말투로 "아무렴, 모노폴리 해야지."라고 말했다. 부모는 그 남자아이를 불러내서 좋은 초대자 규칙을 상기시켜 주었다(약간 이른 감은 있으나 적절하게). 그런 후에 그 아이는 상대방 아이에게 "나 진심인데, 모노폴리 하고 놀자."라고 말했다.

놀이데이트 시간에 그들은 모노폴리를 하고 놀았고, 과자도 굽고, '위어드 알 얀코빅(Weird Al Yankovic)' 앨범의 노래도 불렀다. 그 아이는 손님이 분명히 지루해하는데도 그 앨범의 노래들을 계속 불렀다. (다른 방에서 듣고 있던) 부모가 들어와서 그 아이를 불러 내서 좋은 초대자 규칙을 상기시키고 가사가 적힌 종이를 가져갔다. 그 아이는 다시 손님이 원하는 것을 해 주기 시작했다. 상대방 남자아이는 아주 즐거운 시간을 보냈다. 부모는 닌텐도를 하는 놀이데이트보다 훨씬 즐거운 놀이데이트였다고 보고했다. 그 다음 날 아이의 아버지가 학교 앞에 아이를 내려주었더니, 상대방 남자아이가 아이를 기다리고 있었다.

여동생 없이 한 첫 번째 놀이데이트

주의력결핍 과잉행동장애가 있는 한 2학년 남자아이의 매력적인 여동생은 오빠가 친구와 놀이데이트를 할 때마다 끼어들어 친구를 빼앗아 버리곤 했다. 이번 놀이데이트에서는 그 아이가 놀이데이트를 하는 동안 한 부모가 여동생을 영화관에 데려갔다. 남자아이들은 뒷마당에서 진흙을 파며 놀았다. 그러다 아이들이 너무 멀리 가버려서 엄마는 그들의 소리를 들을 수 없었다. 그러자 어머니는 삽을 가져다주면서 아이들을 점검했다. 아들이 큰 삽을 잡자 엄마가 귓속말로 "좋은 초대자가 돼야지."라고 했다. 아이는 재빨리 제일 큰 삽을 손님에게 주었다. 아들은 놀이데이트가 끝난 후에도 마냥 행복해 보였다.

놀이데이트를 신청하는 전화 걸기에 대한 저항 극복하기

한 4학년 남자아이의 어머니는 아들이 놀이데이트를 하고 싶은 아이가 있지만, 그 아이에게 전화 거는 건 두려워한다고 말했다. 어머니가 노력해 봤지만 아이는 전화를 걸지 않으려고 했다. 그래서 낮동안 상대방 아이의 집에 아무도 없는 것이 확실할 때, 어머니가 전화를 걸어서 아들이 상대방 아이와 통화하고 싶어 한다는 메시지를 남겼다. 어머니는 아이에게 이렇게 했다고 말했다. 상대방 남자아이가 전화를 걸어주자 아이는 좋아했고, 둘은 문제없이 대화를 해서 놀이데이트를 잡았다.

잠재적 문제

과제 수행에 실패하고 체면 세우기

한 3학년 남자아이의 어머니는 아들이 놀이데이트는 하지 않았지만 다른 아이의 집에서 하룻

밤 자고 왔다고 했다. 그 어머니는 그게 왜 훨씬 더 나은지 말하려고 했다(그렇지만 그 자리에 있으면서 감독하지 않았는데 어떻게 알 수 있단 말인가?). 집단 지도자는 그 어머니의 말을 끊고, 과제를 완수한 다른 사람들 경험을 듣고 싶다고 말했다.

놀이데이트 규칙을 어기는 부모

자폐스펙트럼장애가 있는 똑똑한 한 3학년 남자아이가 집단 외 통화를 하다가 반 친구 중 하나가 자신과 공통 관심사를 가지고 있다는 것을 알게 됐다. 상대방 남자아이가 놀이데이트 하자는 초대를 받아들였고, 부모는 깜짝 놀랐다. 부모는 아들이 상대방 아이의 흥미를 유지할 수 있을지 확신이 없어서 유인물에 지시된 것과는 정반대로 아이들을 한 시간 동안 볼링장에 데리고 갔다. 두 시간 중 나머지 시간도 놀이데이트가 잘 진행되었다. 아이는 손님이 하고 싶은 것을 선택하도록 했다. 그들은 거북이들을 목욕시키고 산책을 데리고 갔다. 그다음 '숨바꼭질'도 했다. 손님은 잠도 자고 가고 싶다고 했지만, 그날은 안 된다고 했다. 어머니는 볼링장에 아이들을 데려갈 필요가 없었고 오히려 그것이 친구관계에 방해가 되었을 수도 있다는 것을 깨달았다(만약 아이들이 자기들끼리 놀 시간이 충분히 없었다면).

강요하는 어머니, 부끄러운 아이

부끄럼을 타는 한 2학년 남자아이의 어머니는 아들이 너무 부끄럼을 타서 숙제를 못할까 봐(지난 2년 동안 해 왔던 것처럼) 엄마가 나서서 (아들의 의사를 먼저 묻지 않고) 직접 다른 아이의 엄마와 연락해서 놀이데이트를 잡았다고 했다.

집단 지도자는 아들이 '끼어들기'는 어떻게 해 왔는지 물어보았다. 어머니는 아들이 간간히 참여하기는 하지만, 보통 열외에 서서 다른 아이들이 '너무 거칠게 논다'고 생각한다고 말했다. 집단 지도자는 그 아이가 좀 공격적인 아이들의 놀이를 불편해하는 예민한 취향을 가졌다는 것을 지적했다. 아이가 때때로 '끼어들기'를 했다는 것은 그 아이가 편안하게 함께 놀 수 있는 집단을 발견했다는 것인데, 그렇다면 어머니는 그것을 존중해 주어야 한다. 또한 집단 지도자는 어머니가 뒤로 물러서서 아이가 놀이데이트를 주도하게 해서 놀이데이트가 아이에게 너무 쉽게 되지 않도록 할 필요가 있다는 것도 지적해 주었다.

감정적 단서를 인식하는 문제

아스퍼거장애가 있는 한 6학년 남자아이의 어머니는 아들이 놀이데이트 상대가 좋은 시간을 가졌는지를 잘 모른다고 했다. 집단 지도자는 그 어머니에게 아들에게 어떤 단서들이 좋은 감정을 나타내는 것인지 가르쳐야 될 수도 있다고 말해 주었다. (a) 손님이 더 있다 가도 되느냐고 물었을 때, (b) 손님이 웃고, 미소 짓고, 게임을 하면서 아들을 칭찬하는 것을 목격할 때

집에서가 아닌 동네에서 놀이데이트 하기

한 2학년 여자아이는 놀이데이트 시작 전에 상대 여자아이와 무엇을 할 것인지 정하지 않았다. 여자아이들은 처음 30분 동안은 안에서 놀았다. 그러고 나서 농구를 하러 거리로 나갔다. 그 아이들이 밖에 나가자 다른 두 명의 여자아이들이 접근해서 함께 놀자고 했다. 그 여자아이는 손님에게 계속 자신과만 놀기를 원하는지 물어보았다. 손님이 '아니'라고 하면서 다른 여자아이들에게 함께 놀자고 했다. (이것은 초대자에게 충실해야 한다는 손님이 지켜야 할 놀이데이트 규칙을 어긴 것이다.) 집단 지도자는 놀이데이트를 하기 전에 전화로 무엇을 할 것인지 계획을 세우고 놀이데이트는 집 안에서만 하고 손님에게 충실하라고 조언했다.

손님의 부모가 형제를 맡기고 갈 때

한 2학년 여자아이의 어머니가 손님의 어머니가 그 여동생을 함께 보내도 좋겠냐고 물어왔다고 보고했다. 집단 지도자는 손님의 부모가 첫 번째 놀이데이트에서 이런 것을 요구하는 것은 사려 깊지 못한 일이라고 지적했다. 부모에게는 정중히 거절하면서 이렇게 말하도록 했다. "저도 나중에 다 같이 모이면 좋겠어요. 하지만 지금 당장은 여자아이 둘만 있으면 좋겠어요."

만약 이런 상황이 놀이데이트 약속을 잡는 전화 통화 중에 일어났다면, 초대받은 아이만 보낼 수 있는 다른 시간을 정하도록 요청할 수 있다. 집단의 다른 부모들은 상대방 어머니가 놀이데이트를 중요하게 생각하지 않거나, 놀이데이트를 빌미로 그 어머니에게 아이를 돌보라고 협박하는 것이 아닌지 의심했다.

놀이데이트를 일관성 있게 다루지 않는 부모

주의력결핍 과잉행동장애가 있는 8살 여자아이의 부모는 어머니의 직장 스케줄 때문에 양쪽 부모가 번갈아서 회기에 참석했다. 어머니는 딸의 사회적 문제를 잘 알고 있었지만, 아버지는 회기 초반에 자기 딸은 이 프로그램이 필요하지 않다고 주장했다. 그러나 이것은 그 아버지가 이 숙제를 하느라 딸의 놀이데이트를 감독한 후로 달라졌다. 그 아버지는 딸이 마술 쇼를 선택해서 놀고, 놀이데이트 내내 마술 쇼를 하면서 놀이상대를 쥐고 흔드는 것을 보았다(그 아빠는

중재해야 한다는 지침을 따르지 않았다). 이 회기에서 그 아버지는 이런 행동을 어떻게 바꿀 수 있는지 물었다. 집단 지도자는 유인물에 이런 문제를 해결할 지시가 여러 개 있다고 알려주었다.

부모가 놀이데이트를 짜려고 할 때

한 아버지는 커다란 퍼즐을 내어주면서 아이들이 열 개를 완성하도록 했다고 말했다. 집단 지도자는 퍼즐을 내어주는 것까지는 좋지만, 아이들이 스스로 활동을 짜도록 하면 이득이 더 많을 것이라고 말해 주었다.

다른 부모는 미술활동을 제안했다. 집단 지도자는 다른 부모들에게 이런 활동이 왜 놀이데이트에 도움이 되지 않는지 생각해 보라고 하였다. 한 부모가 미술 작업은 상호적인 놀이라기보다는 혼자 하는 놀이라고 말해 주었다.

자포자기로 한 놀이데이트(나쁜 손님 1)

한 3학년 여자아이의 어머니는 지난주 놀이데이트에 (자포자기하는 심정으로) 초대한 여자아이가 마음에 들지 않았다고 보고했다. 그 손님은 처음 한 시간은 잘 놀았지만 그다음부터 대장 행세를 하기 시작하더니 적대적인 말투를 보였다. 그 딸은 놀이데이트가 재미있지 않았고, 어머니에게 언제 끝나는지 조용히 물었다. 어머니는 정해진 시간은 다 채우도록 했다. 집단 지도자는 그 어머니에게 딸의 느낌이 옳았고, 손님의 엄마가 데리러 올 때까지 간식을 주고 비디오를 보게 하면서 놀이데이트를 일찍 끝냈어야 했다고 말했다. 집단 지도자는 이런 것이 첫 번째 놀이데이트를 짧게 잡는 이유라는 것도 지적했다. 엄마는 이 여자아이를 다시 초대하지 말아야 하고(특히 딸이 같이 놀고 싶어 하지 않는다면), 다음 놀이데이트에는 다른 여자아이를 초대해야 한다. 이런 경험을 통해 그 딸은 더 나은 상대를 찾을 수 있을 것이다.

나쁜 손님 2

한 4학년 남자아이의 어머니는 아이의 손님과 비디오 게임 금지에 대해 언쟁을 벌였다고 말했다. 집단 지도자는 이것이 친구관계와 놀이데이트를 잘못 선택했다는 '적신호'라고 지적했다. 자기 부모의 말을 듣지 않는 아이들도 보통 초대자 부모의 말은 듣기 마련이다. 낯선 부모의 말을 듣지 않고 언쟁을 벌이는 것은 종종 심각한 행동 문제가 있다는 것을 나타낸다.

나쁜 손님 3

한 6학년 남자아이의 아버지는 놀이데이트를 하지 않았다고 했다. 이유는 상대방이 학교에서 정학을 당해서 부모가 외출금지를 시켰기 때문이었다. 집단 지도자는 이번에는 친구 선택을 잘못한 것이라고 지적했다. 집단 지도자는 그 아빠에게 다음 주에는 좀 더 행동이 바른 상대를 찾아서 초대하도록 했다.

TV 금지를 피하기 위해 속임수를 쓰려는 아이

한 2학년 남자아이의 어머니는 아들이 집단 지도자가 간식 먹는 동안에는 TV를 봐도 "좋다"고 말했다고 했다. 어머니는 이것에 대해 들은 바가 없다고 하면서 이번 놀이데이트에서는 안 된다고 말했다. 집단 지도자는 우리 놀이데이트에는 언제든 TV는 안 되게 되어 있고, '간식을 먹는 동안' TV를 보도록 하는 지시는 없었다고 지적했다.

과제 내어주기

1. 다음 놀이데이트 : 부모는 아이들이 행동 문제가 없고 부모가 편안해하는 다른 놀이데이트 상대를 선택하도록 도와주어야 한다. 부모는 수업이 끝나기 전에 몇 명의 다른 놀이 상대 중에서 아이가 실제 경험에 비추어 함께 놀고 싶은 상대를 선택할 수 있게 해야 한다. 집단 외 통화를 감독할 때 주의해야 할 두 가지 사항을 반복한다. (a) 아이들이 놀이데이트에서 함께할 것을 결정했는가? (b) 상대 아이가 이것을 하고 싶어 하는가? 두 질문에 대한 답이 "예"라면 상대 아이 부모에게 전화를 해서 놀이데이트를 잡는다. 집단 외 통화는 꼭 놀이데이트를 잡는 것으로 끝내지 않아도 된다. 전화 받은 아이가 무례하면 다른 아이에게 전화를 건다. 다음 전화는 더 나을 것이다.[2]
2. 부모들에게 첫 놀이데이트는 1~2시간 내로 끝내야 한다는 것을 상기시킨다. 재앙 같은 놀이데이트를 짧게 줄이는 것보다는 잘 되는 짧은 놀이데이트를 연장하는 것이 더 쉽고 첫 놀이데이트를 좋은 평을 받고 끝내는 것이 긴 놀이데이트를 재앙으로 끝내는 것보다 낫다.

---

2 가장 좋은 경우는 전에 한 번도 개인적으로 놀았던 적이 없는 새로운 놀이친구(아이가 한동안 알고 지냈지만 한 번도 초대한 적이 없는 아이)이다. 두 번째로 좋은 경우는 친구였는데 오랫 동안 초대하지 않았던 아이이다. 세 번째로 좋은 경우는 거의 초대하지 않았던 아이이다. 네 번째로 좋은 경우는 현재 있는 다른 좋은 친구이다.

부모 유인물

이 유인물에는 두 가지 핵심사항이 있다. (a) 부모는 아이에게 '가족의 명예'를 지키게 하려는 것에서 '뒤로 물러남'으로써 놀림을 감소시킬 수 있다. (b) 부모는 자녀와 '놀림을 우습게 만들기'를 연습하여 이번 회기를 더 강화할 수 있다.

1. 부모 유인물을 검토한다.

부모 유인물에 대한 집단 지도자 지침 — 8회기(놀림에 대처하는 효과적인 방법)

1. 아이들은 그 희생자의 반응을 보는 것이 재미있다는 것을 알았기 때문에 계속 놀릴 상대를 고르려 할 것이다. '침착함을 잃는 것' 혹은 어찌할 바를 몰라 하는 반응은 보통 가해자를 자극할 수 있다.
2. 가해자에 대한 효과적인 전략은 놀림을 재미없게 만들지만 화나게 하지는 않는 방법이다.
   (a) 피하는 것이 가끔 통한다.
   (b) 1학년이 넘은 아이들에게는 교사나 다른 권위 있는 인물에게 이르는 것이 통하지 않는 경향이 있는데, 이것은 또래들이 일러바친 것에 대해 놀릴 것이기 때문이다('고자질쟁이').
3. 우리가 자녀에게 가르친 효과적인 전략은 **'놀림을 우습게 만들기'**이다. 자녀들이 할 것은 가해자가 제대로 놀리지 못하도록 놀림을 우습게 만드는 것이다. 이것은 맞받아서 놀리는 것과는 다르다. 아이는 가해자의 수준까지 내려가지 않고, 이 때문에 구경꾼들의 지지를 얻을 수도 있다. [이 발상은 (사실은 신경이 쓰이더라도) 아이들이 놀림에 신경 쓰지 않는다는 것, 그리고 가해자가 할 수 있는 어떤 놀림에도 적절하게 응수할 능력이 있다는 것을 보여주는 것이라고 부모들에게 말해 준다. 아이들은 짧고 분명한 응수(과도하게 장황하거나 복잡한 응수로 그 상황에 말려들면 안 된다)나 무시하는 어조나 동작을 통해 적절히 대응할 수 있다. 다양한 응수를 사용해서 가해자가 "앞으로도 계속 이렇게 나오겠네. 이거 하나도 재미없네."라고 생각하게 한다. 효과적인 응수를 통해 아이들은 기분이 훨씬 좋아지고 좀 더 통제감을 느끼게 된다. 놀림을 부담스럽고 견딜 수 없는 방법으로 다루지 않고 사무적인 방법으로 대처하면 그 상황에서 '주먹질'이 일어나는 것을 막을 수 있다. 맞받아 놀리는 것(이것은 상대방이 더 놀리게 만들고, 아이의 평판을 흠집 내고, 신체적 싸움으로 악화될 가능성을 높인다)과 '놀림을 우습게 만드는 것'(이것은 놀리기 위

해서 사용할 수는 없지만 상황을 극복했다는 느낌을 들게 하고, 흔히 구경꾼들로부터 지지를 받게 된다)의 차이점을 검토한다.]

사례

아이의 반응 : 그게 언제적 얘기야?

아이의 반응 : 그래서 하고 싶은 말이 뭔데?

아이의 반응 : 누가 신경 쓴대?

아이의 반응 : 그러든지……

아이의 반응 : 그 얘기 나온 게 공룡시대였나?

아이의 반응 : 할 말이 그렇게 없어?

아이의 반응 : 그래서 뭐?

아이의 반응 : 별일이네!

아이의 반응 : 재미있는 부분 나오면 알려줘.

아이의 반응 : 알려줘서 고마워.

아이의 반응 : [과장된 하품, 입을 막고, 기지개를 펴는 동작]

아이의 반응 : 응? 응? 응? [과장해서 놀림이 들리지 않는 척한다.]

아이의 반응 : 그렇다 치자.

아이의 반응 : 뭔 말인지.

아이의 반응 : 그래, 그래서……

기본적인 요소는

- 놀림에 신경 쓰지 않는다는 것을 보여주기(상관없다는 태도를 보이면서)
- 계속되는 놀림에 짧고 유머 있는 여러 가지 반응하기
- 사적인 공격을 함으로써 가해자 수준까지 내려가지 않기

[부모들이 번갈아 가며 집단 지도자를 놀리도록 하고 집단 지도자가 받아치는 것을 시연해 보인다. 이 시연의 끝에 아이들이 형제자매가 놀릴 때에도 이것을 사용할 수 있다고 말해 준다.][3]

3 형제나 자매가 놀릴 때 이 방법을 사용해 보면 아이가 학교에서 시도해 보기 전에 좀 더 통제된 환경에서 성공을 경험하는 데에 도움이 된다.

부모 과제

1. 새로운 아이와 놀이데이트를 하고 전화를 한다.
2. (선택사항) 아이가 원하면, 부모와 자녀가 '놀림을 우습게 만들기'를 연습한다. [자녀가 맞받아 놀리는 것을 배우지 않도록, 부모가 연습하면서 실제로 놀리면 안 된다는 것을 말해 준다. 부모는 "내가 네 애미다."(어머니들이 엄마다라고 말하면 아무 의미도 없을 것이다) 같이 중립적이고 의미 없는 놀림을 사용하도록 한다. 요점은 아이들이 다양한 응수를 연습하도록 하는 것이다.]

부모가 놀림에 대항하기를 지원하는 임상사례

희생자의 부담 덜어주기

한 5학년 남자아이의 어머니는 아들이 어머니가 '뚱뚱하다'고 놀림을 당했다고 했다. 그 어머니는 아들에게, "다른 아이가 엄마에 대해 어떤 나쁜 말을 하더라도, 나는 네가 그것 때문에 싸우는 건 원하지 않는다. 그런다고 엄마가 기분 상하지는 않아."라고 말해 줄 수 있었다고 했다.

잠재적 문제

상한 감정 캐내기

부모는 자녀에게 공감해 주기 위해서 자신들이 얼마나 놀림을 당하는 자녀의 감정을 깊이 생각했는지를 말하려 할 것이다. 집단 지도자는 감정에 대해 말하는 것은 놀림을 효과 있게 만들 수 있고(아이에게 당연히 화가 날 것이라고 전함으로써), 자녀가 놀림을 당할 때 효과적인 응수를 하는 데에 방해가 될 수 있다는 것을 강조해야 한다. 효과적인 응수 방법을 갖고 있으면, 자녀들이 다음에 놀림을 당할 때에는 좀 더 통제할 수 있다는 느낌을 갖게 될 것이다. 또한 놀림을 비극적인 감정적 사건으로 여기기보다는 '사무적인' 방식으로 대처하면 '주먹질'을 하지 않는 데에도 도움이 된다.

가족의 명예 지키기

외국 태생인 주의력결핍 과잉행동장애가 있는 한 3학년 아이의 어머니는 한 아이가 가족들을 모욕하면서 놀렸는데도 왜 가족의 명예를 지키면 안 되는지 이해하지 못하겠다고 했다. 집단 지도자는 아들이 '자기 가족을 방어'하면 할수록, 가해자는 아들을 놀리면서 더 즐거워할 것이라는 것을 지적했다. 그 어머니는 계속 가족을 '옹호'하거나 유인물에 있는 기술을 사용해서 놀림을 재빨리 가라앉히는 것 중에서 선택을 해야 했다.

어린이 8회기 계획

과제 점검

많은 아이들이 비디오 게임에 의존하지 않고도 긍정적인 놀이 경험을 하고 있다고 보고할 것이다. 회기 중에 이것을 지지하는 믿음직스러운 '전향자'들이 많이 생길 것이고, 또래 압력도 지지 요인이 될 것이다.

1. 아이들에게 '끼어들기'를 할 기회가 있었는지 묻고, 과제한 것을 보고하려고 자발적으로 손을 든 아이를 지명한다.
2. **놀이데이트 점검** : 놀이데이트 과제를 했는지 물어보고 과제를 한 아이들만 선택한다.[4] 규칙을 따라서 한 놀이데이트에 관해서만 보고를 하도록 한다. 아이가 집 안이나 집 바로 밖에서 한 놀이데이트에 대한 이야기를 하면 계속하도록 한다. 만약 놀이데이트를 다른 곳에서 했다거나 비디오 게임 하면서 놀았던 얘기를 한다면 그것은 과제에 해당되는 놀이데이트가 아니다.
3. **질문할 것들** : 누구랑 놀았는가? 무엇을 할지 알아보기 위해 먼저 전화 통화를 했는가? 결정한 것 한두 가지를 말해 보라. 놀이데이트에서 하기로 미리 결정한 것을 실제로 했는가? 누가 게임을 선택했는가? 손님이 즐거운 시간을 보냈는가? 아이가 즐거운 시간을 보냈는가?

---

4 누가 놀이데이트를 했느냐가 아니라 누가 놀이데이트 숙제를 했는지 물어본다. 왜냐하면 아이들은 그냥 또래들과 어울린 것으로 숙제를 대신하려고 할 수도 있기 때문이다. 아이들에게 과제를 점검하게 하면, 서로 성공적인 놀이데이트의 장점과 얻을 수 있는 것들에 대해 얘기해 볼 수 있다.

놀이데이트 과제 검토의 임상사례

집단 지도자 : 지난주에 놀이데이트 과제 한 사람?

아이 : 저 했어요. 작년에 봤던 아이를 집에 오라고 했어요.

집단 지도자 : 무엇을 할지 알아보려고 먼저 전화 통화를 했니?

아이 : 예. 자전거 타기로 결정했어요.

집단 지도자 : 실제로 놀이데이트에서 그걸 했어?

아이 : 예.

집단 지도자 : 둘 다 자전거를 타고 싶어 한다는 걸 전화로 알아낸 건 참 잘했구나. 손님이 자기 자전거를 가지고 왔니?

아이 : 예.

집단 지도자 : 좋아. 다른 것도 하고 놀았니?

아이 : 뒷마당에서 '숨바꼭질'도 했어요.

집단 지도자 : 그건 누구 생각이었지?

아이 : 손님 생각이요.

집단 지도자 : 아주 좋아. 좋은 초대자 역할을 잘한 것 같은데! 손님도 즐거워했니?

아이 : 예.

집단 지도자 : [아이의 이름 옆에 별 하나를 그려주며] 너도 재미 있었니?

아이 : 예.

잠재적 문제

숙제를 하지 않은 사례

- 한 4학년 여자아이가 친구와 극장에 갔었다고 말했다. 집단 지도자가 개입을 하면서 그것은 잘한 일이지만 숙제를 한 것은 아니라고 말했다. 그런 다음 집단 지도자는 놀이데이트 과제에 명시된 대로 집에서 놀이데이트를 했는지 물어보았다. 그 아이는 숙제를 하지 않은 것이다.
- 한 3학년 남자아이가 자기 친구는 비디오 게임 말고 다른 것은 하지 않겠다고 해서, 어머니가 항복하고 게임을 하도록 허락했다고 말했다. 집단 지도자는 말을 중단시키고, 전자 게임 금지 규칙을 다시 상기시키고, 다른 아이들 중에 숙제를 한 사람이 있는지 물어보았

다. (집단 지도자는 회기 마무리 모임에서 그 엄마와 이것에 관해 이야기를 나누었다.) 다른 아이가 자신이 적절하게 한 놀이데이트에 대해 말하기 시작했다.

교육

이 회기의 주요 목적은 아이들이 놀림의 원인을 이해하고 학교에서 또래들이 놀리는 상황에서 유머 있고 단호하게 대응할 수 있다는 자신감을 갖도록 하는 데에 있다.

놀림을 소개하고 그것에 어떻게 대처해야 하는지 말하는 것은 이 회기의 중요한 부분이다. 이 시간 동안에 집단 지도자는 소크라테스식 문답법을 사용하지 않도록 주의하고, 자신들이 놀림에 어떻게 대응하는지 말하려고 손을 드는 아이들에게 말을 시키지 않도록 주의해야 한다. 아이들은 부적절한 반응을 제안할 수도 있다. 일단 말을 하게 되면, 그들은 집단 지도자와 논쟁을 벌이려 할 수도 있다.

집단 지도자는 놀림은 아이들이 '큰일'로 여기지 않는 한, '큰일'이 아니라는 것을 전달해야 한다. 대신, '응수'에 대해 아이들이 생각을 해내도록 대부분의 시간을 사용해야 한다. 아이들은 회기 중 이 부분을 즐거워할 것이며 그들이 연습한 응수를 사용할 확률이 높아질 것이다.

1. 칠판에 단추가 여섯 개 정도 있는 상자('단추 상자')와 닌텐도 조정기와 연결된 선 두 개를 그린다. 아이들에게 "왜 아이들은 놀릴까?"라고 묻는다. 아이들 두세 명이 대답을 하면(맞는 게 없어도), 집단 지도자는 이렇게 말한다. "아이들은 너희들이 화가 나서 '냉정함을 잃기'를 원하기 때문에 놀리는 거야. 그래서 울고, 소리 지르고, 때리고, 곤란해 하거나 바보처럼 보이게 하려는 거지. 그 아이들은 다른 아이들 앞에서 과시하려고 그러기도 해. 그 애들은 다른 아이들에게 이렇게 말하기도 하지. '내가 하는 거 잘 봐.' 우리를 놀리는 아이들을 즐겁게 해 주고 싶을까? (대답 : "아니요.")
2. '단추 상자'에 대해 토론한다. 각 단추는 우리를 화나게 하기 위해 아이들이 하는 말이나 행동이다. 놀리는 아이들은 어떤 '단추'를 누를지 알아내서 그 '단추'를 누른다. 우리가 울거나 하면, 그 아이들은 돌아와서 그 단추를 누르고 또 누를 것이다. 모든 사람은 다른 '단추'를 가지고 있다.
3. 아이들(아이들 모두일 필요는 없다)을 화나게 하는 '단추'를 적어도 한 개 정도 말하게 한다.
4. 조정기와 단추 상자 사이에 그려진 선을 지운다. "우리가 할 일은 선을 끊어서 다른 아이

들이 우리를 조정하지 못하도록 하는 거야. 우리는 이 단추들을 끊어내야 돼. 놀리는 사람이 일을 쉽게 하게 해 주면 안 되지." [6단계까지 가기 전까지는 어떤 질문에도 대답하지 않는다.]

5 "우리는 아이들이 너희들에게 하는 짓을 그대로 하지 않으면서, 적절히 말대답을 해 주기를 바란다. 너희들이 맞받아서 놀리면 너희들도 곤란해 질 거야. 만약 너희들이 우습지만 그들을 화나게 하지는 않을 만한 말대꾸를 하면, 그 아이들은 더 반응을 잘 보이고 놀리기 쉬운 다른 아이를 찾아갈 거야."

6. 좋은 응수는 짧고, 우스워 보이지 않으면서 "상관 없어."라는 태도를 보여주는 것이다. 또한 꼭 말로 응수할 필요도 없다. 예를 들어 어깨를 으쓱거리는 것.(머리를 흔들거나 어깨를 으쓱거리는 것을 시연한다.) 아래의 응수를 읽어주고 칠판에 적어준다.

사례

아이의 반응 : 그게 언제적 얘기야?

아이의 반응 : 그래서 하고 싶은 말이 뭔데?

아이의 반응 : 누가 신경 쓴대?

아이의 반응 : 그러든지

아이의 반응 : 그 얘기 나온 게 공룡시대였나?

아이의 반응 : 할 말이 그렇게 없어?

아이의 반응 : 누가 상관한대?

아이의 반응 : 어?

아이의 반응 : 그래서 뭐?

아이의 반응 : 별일이네!

아이의 반응 : 재미있는 부분 나오면 알려줘.

아이의 반응 : 알려줘서 고마워.

아이의 반응 : [과장된 하품, 입을 막고, 기지개를 펴는 동작]

아이의 반응 : 응? 응? 응? [과장해서 놀림이 들리지 않는 척한다.]

아이의 반응 : 그렇다 치자.

아이의 반응 : 뭔 말인지.

아이의 반응 : 그래, 그래서 ……

7. 아이들에게 사용할 응수를 선택하도록 한 후 방을 돌아다니며 "내가 네 애미다."라는 표현을 쓰며 각 아이를 놀린다. 아이들에 따라서는 자신이 직접 응수를 만들어낼 것이다. 만약 그 응수가 맞받아서 놀리는 것이 아니고 놀림을 우습게 만든다는 기준에 적합하면 인정해 준다.
8. 아이들이 자신 있게 적절한 응수를 하면 칭찬해 준다. 아이들이 맞받아서 놀리려고 하면 수정해 준다.[5] 구체적인 놀림에 대해서는 거론하지 않도록 한다.

'놀림을 우습게 만들기' 연습의 임상사례

아이 : 어쩌라고…… [어깨를 으쓱거리며 관심없다는 어조로 말한다.]

집단 지도자 : [앞에서 보여준 어조를 따라 하며] 어쩌라고. 참 적절한 어조야! 네가 상관하지 않고 놀림이 너를 괴롭히지 않는다는 걸 진짜 보여주는구나.

아이 : 나라면 반복적으로 "응?"이라고 말하겠어요 [잘 안 들린다는 시늉으로 손을 귀 옆에 대면서].

집단 지도자 : 상대방 아이가 "너 귀머거리냐?" 혹은 "너 귀먹었구나!"라고 말할 수도 있었겠지만, 그 아이들은 좌절해서는 떨어져 나가기 쉽지. 그게 네가 원하던 것이지.

아이 : [시선을 다른 데로 하며 손을 올리고 손바닥은 놀리는 아이를 향하여 펴고] 손한테 얘기해. 왜냐하면 귀는 안 듣고 있거든.

집단 지도자 : [웃으며 응수를 따라 한다.]

잠재적 문제

틀린 응수의 사례

나이가 든 아이들 중에는 이것에 집중하기 어려워하는 아이들이 있을 수 있는데, 집단 지도자는 그 아이들을 주의해야 한다. 또 어떤 아이들은 집단 내의 다른 아이들을 놀릴 수도 있다("오늘 진짜 대단한 걸 들었어. 네 여동생은 진짜 못생겨서……"). 집단 지도자는 이 규칙 위반에 즉각적인 조치를 취해야 한다.

---

5 진짜 맞받아 놀리는 것이거나 서투른 반응을 보이는 응수를 하면 빨리 교정해 준다(특히 너무 장황하고 지적인 반응, 가령 "난 그 아이한테 이렇게 말했어요. '아마도 우린 우리 유인원 사촌에서 그다지 진화하지 못한 것 같구나!'")

- 한 5학년 남자아이는 놀림에 응수했더니 자신을 향해 주먹을 날렸던 남자아이가 있었다고 얘기했다. 집단 지도자는 충동조절이 잘 안 되는 또래에게는 "그러든지……"와 같이 덜 당혹스럽고 덜 도발적인 방법으로 응수를 하라고 권고했다.
- 한 5학년 남자아이는 그 방법을 써보았는데 통하지 않았다고 말했다. 놀리는 아이를 무시하자 그 아이는 또 한 번 놀렸다. 집단 지도자는 끈질기게 해야 하고, 여러 차례 응수를 해야만 한다고 말해 주었다. 한 번 응수해 주는 것은 충분하지 않을 수 있다.
- 아스퍼거장애가 있는 한 3학년 남자아이는 놀림에 대처하는 역할극을 할 때, 지나치게 우스꽝스러운 반응을 보였다(학교에서 이런 반응을 보이면 놀림을 더 받게 될 것이다). 집단 지도자는 감정 섞이지 않은 목소리로 "그건 놀림을 우습게 만드는 게 아니야."라고 말하면서 그 우스꽝스러운 반응을 중단시켰다. 그런 다음 집단 지도자는 집단 내의 다른 아이를 시켰다. 회기가 끝날 무렵, 그 3학년 남자아이는 두 번 중단시킨 후에야 적절한 두 개의 응수를 내어놓을 수 있었고 집단 지도자는 아이를 칭찬해 주었다.

과제 내어주기

1. 아이가 원한다면 가해자가 될 만한 아이의 이름을 말하도록 한다. 다음 주에 가해자에게 하거나, 또는 부모와 함께 이 기술을 연습하도록 한다. 전화 통화 상황에서는 이것을 연습하지 않도록 한다.

실제놀이

대부분의 아이들은 지난 회기와 이번 회기에 부모가 감독하는 놀이데이트를 했기 때문에 좋은 초대자 행동을 잘하게 되었다.

1. 아이들을 7회기에서처럼 손님과 초대자 역할을 하도록 짝을 지어서 좋은 초대자 규칙을 연습하도록 하는데, 7회기와 8회기에 걸쳐서 반드시 손님과 초대자 역할을 다 해 보도록 한다.
2. 집단 지도자는 각 쌍을 돌아보며 아이들이 하고 있는 게임이 누구의 생각인지 물어볼 수 있다. 아이들에게 손님이 게임을 선택해야 한다는 것을 다시 확인시켜 준다.
3. 손님의 제안을 받아들인 초대자를 칭찬한다.

회기 마무리 모임

1. “오늘 우리는 놀림을 우습게 만들기 연습을 했습니다. 또한 놀이데이트에서 좋은 초대자가 되는 연습도 했습니다. 많은 아이들이 좋은 초대자 행동을 했습니다. 모두 아이들에게 큰 박수를 보냅시다.”
2. 어린이 집단 지도자는 계속해서 “이번 주에 주로 해야 할 일은 새로운 아이와 놀이데이트를 하는 것입니다. 부모님과 새로운 아이를 정하십시오. 함께 놀 게임을 결정하기 위해서 먼저 이 아이에게 집단 외 통화를 해야 합니다. 이것이 유일한 필수적인 집단 외 통화입니다.”
3. 부모집단 지도자와 어린이집단 지도자가 방 안을 돌아다니면서 놀이데이트를 위해 누구에게 전화를 할지, 그리고 다음 주에 어떤 실내용 장난감을 가져올지를 부모와 아이가 동의했는지 일일이 확인한다.

어린이 친구 만들기 훈련

부모 유인물 – 8회기

놀림에 대처하는 효과적인 방법

1. 아이들은 그 희생자의 반응을 보는 것이 재미있다는 것을 알았기 때문에 만성적으로 놀릴 상대를 고르려 할 것이다. '침착함을 잃는 것' 혹은 어찌할 바를 몰라 하는 반응은 가해자를 자극할 수 있다.
2. 가해자에 대한 효과적인 전략은 놀림을 재미있지 않게 만들지만 화나게 하지는 않는 방법이다.
   (a) 피하는 것이 가끔 통한다.
   (b) 1학년이 넘은 아이들에게는 교사나 다른 권위 있는 인물에게 이르는 것이 통하지 않는 경향이 있는데, 이것은 또래들이 일러바친 것에 대해 놀릴 것이기 때문이다('고자질쟁이').
3. 우리가 자녀에게 가르친 효과적인 전략은 '놀림을 우습게 만들기'이다. 자녀들이 할 것은 가해자가 제대로 놀리지 못하도록 놀림을 우습게 만드는 것이다. 이것은 맞받아서 놀리는 것과는 다르다. 아이는 가해자의 수준까지 내려가지 않고, 이 때문에 구경꾼들의 지지를 얻을 수도 있다.

사례

아이의 반응 : 그게 언제적 얘기야?
아이의 반응 : 그래서 하고 싶은 말이 뭔데?
아이의 반응 : 누가 신경 쓴대?
아이의 반응 : 그러든지……
아이의 반응 : 그 얘기 나온 게 공룡시대였나?
아이의 반응 : 할 말이 그렇게 없어?
아이의 반응 : 그래서 뭐?
아이의 반응 : 별일이네!
아이의 반응 : 재미있는 부분 나오면 알려줘.
아이의 반응 : 알려줘서 고마워!
아이의 반응 : [과장된 하품, 입을 막고, 기지개를 펴는 동작]
아이의 반응 : 응? 응? 응?[과장해서 놀림이 들리지 않는 척한다.]

(다음 페이지에 계속)

아이의 반응 : 그렇다 치자.

아이의 반응 : 뭔 말이지.

아이의 반응 : 그래, 그래서……

기본적인 요소는

- 놀림에 신경 쓰지 않는다는 것을 보여주기(상관없다는 태도를 보이면서)
- 계속되는 놀림에 짧고 유머 있는 여러 가지 반응하기
- 사적인 공격을 함으로써 가해자 수준까지 내려가지 않기

부모 과제

1. 새로운 아이와 놀이데이트를 하고 전화를 한다.
2. (선택사항) 아이가 원하면 부모와 자녀가 '놀림을 우습게 만들기'를 연습한다.

CHAPTER

17

어른 존중하기

치료의 근거

아이의 불순종이나 문제 행동 때문에 감독하는 어른과의 관계가 곤란해지는 경우, 부모는 아이의 평판을 더욱 악화시키는 방향으로 대응할 수 있다. 이는 연구를 통해서 잘 보고되지는 않았지만 임상 현장에서 종종 관찰할 수 있다. 부모가 아이들에게 그런 상황을 이해하고 좀 더 효과적으로 대응할 수 있는 전략을 제공하면 아이들이 어른들에게 부정적인 관심을 끄는 행동을 한 후에 더 나은 반응하도록 배울 수 있다는 것이 이 치료의 가설이다.

방해하기의 요소에 관한 연구

17.1 어른에 대한 순종의 중요성

Roff 등(1972)은 거부당하는 아이들 중 권위 있는 인물과 어려움을 겪는 하위집단이 있다는 것을 처음으로 파악하였다. 적대적 반항장애의 주요 특징인 어른의 요구에 대한 불복종으로 또래 거부를 잘 예측할 수 있다(Hinshaw & Melnick, 199; Milich & Landau, 1982).

Gresham, Noell, Elliott(1996)은 아이의 교사에 대한 순종과 또래관계에 따라 교사가 그 아이의 사회적 능력을 판단한다는 근거를 제시했다. 이 경우에 교사들이 자신의 지시를 따르지 않는 아이들에 대한 교사의 편견이 반영된 것인지 혹은 교사와 관계가 좋지 않은 아이들을 피해야 한다는 또래들의 시각이 정확히 반영된 것인지는 분명하지 않다(Ritchey, 1981 참조; Foster, 1983에 인용).

3개의 연구에서 남을 방해하고 어른에게 불복종하는 행동은 직접적으로 또래평가에 영향을 준다는 것이 입증되었다. Dodge 등(1990)은 감독하는 어른에게 꾸중을 듣는 행동은 새로운 또래집단에서 쉽게 거부당하는 사람으로 인식되는 여러 변인 중 하나라는 것을 밝혀냈다. Dodge 등(1986)은 교사의 규칙에 복종하는 정도로 수용되는 아이들과 거부당하는 아이들을 구별해 낼 수 있다는 것을 보여주었다. Frederick과 Olmi(1994)는 주의력결핍 과잉행동장애가 있는 아이들이 일으키는 교실 내의 혼란으로 전체 학급에 대한 교사의 부정적 행동이 증가한다는 것을 입증하였다.

17.2 감독하는 어른과의 문제의 정의

적대적 반항장애의 진단기준에 부합되는 아이들의 50%가 집에서만 불복종을 보이는 것으로 나타났다 (D. Cantwell, 사적인 대담 중에). 보다 흔하게 우리는 부모뿐만 아니라 감독하는 어른들에게 불복종하는 거부당하는 아이들을 보아왔다. 감독하는 어른들은 아이의 학교 교사, 방과 후 활동의 코치나 감독관일 수 있다.

많은 부모들이 이런 어른들의 불평을 이해하고 대응하려 한다. 그러나 어떤 부모들은 불평에 대응하는 과정에서 두 가지 중대한 오류를 범한다. 첫 번째 오류는 개입하기를 꺼리다가 아이를 추방하겠다는 경고를 받은 후에서야 너무 늦게 개입하는 것이다. 두 번째 오류는 불평하는 어른의 말은 들어보지 않고 아이가 갈등에 대해 설명하는 것만 듣고 그것을 '믿어' 버리는 것이다. 이 두 가지 오류가 발생하는 이유는 이러한 불편하고 당혹스러운 상황을 다루는 기술이 부모에게 부족하기 때문일 것이다. 부모가 이런 두 가지의 불합리한 접근을 하게 되면, 그 감독하는 어른은 보통 지지받지 못한다고 생각하고 좀 더 극단적인 방법으로 아이와 부모에게 대응하게 될 것이다. 따라서 치료의 일부는 자녀에 대해 다른 어른이 불평할 때 부모가 사용할 수 있는 적절한 대응책을 가르쳐 주는 것에 초점을 맞추어야 한다.

Nelson과 Roberts(2000)는 초등학교 재학생 중 교사에 의해 다른 아이에 비해 방해되는 아이로 인식되는 주된 요인은 교사의 중재에 대한 아이의 반응이라는 것을 관찰했다. 방해되는 아이로 파악된 아이들은 교사가 중재를 해도 그 행동을 계속하는 경향이 있었던 반면, 다른 아이들은 중단했다. 이것은 어른이 중재를 해도 계속하는 문제 행동에 치료의 초점을 맞추어야 한다는 것을 말해 준다.

17.3 연구와 임상사례의 결과

어른 감독관에 대한 불복종이 또래관계에 부정적인 영향을 준다는 것은 명백한 사실이다. 연구에 의하면 아이들에 대한 지도는 어른의 질책에 대한 반응에 초점을 맞추어야 한다(반항적인 행동의 전적인 중단이 아니라). 어른들의 불평에 대한 부모의 효과적인 대응도 도움이 된다. 이러한 갈등을 감소시키는 것이 아이의 또래관계와 평판에 긍정적인 영향을 줄 것이다.

회기 진행하는 방법

지금까지

아이들은 계속 지도감독을 받는 놀이데이트를 하고 있다. 놀림을 받아 오던 아이들은 놀림에 대처하는 기술을 배웠다.

이번 회기에는

부모들은 두 번째로 지도감독하는 놀이데이트가 어떻게 진행되었는지 보고할 것이다. 부모들은 놀이데이트의 잠재적인 이점을 증가시키기 위해 어떻게 그것을 '미세 조율'할지에 대해 계속 피드백을 받아야 한다. 어떤 부모들은 자녀와 '놀림을 우습게 만들기'를 연습하는 숙제를 했을 것이다. 아이들과 부모들은 아이가 어른과 갈등을 빚는 상황에 대처하는 방법을 배우게 된다.

부모 9회기 계획

시작 모임

아이들이 들어올 때 장난감을 점검한다. 제외 목록의 장난감은 부모가 보관하도록 한다.[1]

1 집착하는 장난감, 수집한 카드, 물총, 발사되는 장난감들, 컴퓨터 게임, 비디오 게임, 책, 미술과 공예재료, 마술 카드, 던전 & 드래곤, 모노폴리. 체스나 매스터마인드는 지난 주에 집단에서 할 수 있는 사람이 있는지 체크한 경우에만 된다.

과제 점검

1. 3개의 숙제가 있어서 그것들을 모두 깊이 있게 점검하기에는 시간이 충분하지 않다.
2. 놀림을 우습게 만들기 : 아이가 이것을 가해자나 형제자매에게 사용했는지, 아니면 부모와 연습했는지 물어본다(놀림을 우습게 만드는 것에 성공했는지, 실패했는지도). 종종 부모들은 놀림을 받을 때 자녀가 느끼는 감정에 대한 논의를 먼저 하려 할 것이다. 감정을 다루는 것은 놀림이 효과가 있다는 것을 인정하는 것이고, 아이가 응수보다는 감정에 집중을 하게 되기 때문에 비생산적이라고 말하면서 이를 중단시킨다.
3. 집단 외 통화 : (a) 상대 아이가 전화를 받고 반가워 했는지, 그리고 (b) (양방향 대화를 통해) 공통적으로 이야기할 것이 있었는지 알아본다. 이 전화가 잘 진행되었다면 놀이데이트를 잡았을 것이다.
4. 두 번째 놀이데이트에 관해 이야기한다. (a) 부모가 감독하며 함께 있었는가? (b) 부모가 좋은 초대자 규칙을 상기시키기 위해 개입할 필요가 있었는가? (c) 아이가 TV나 비디오가 없는 것에 개의치 않았는가?(이 시점에서 아이들은 기꺼이 받아들인다) (d) 부모가 상대방 아이의 부모와 친해졌는가? (e) 지난번 놀이데이트와 질적인 면을 비교해 본다. 둘 다 좋았는지, 아니면 둘 중 하나가 더 나았는지? 아이의 평가는 어땠는가?

과제를 잘 수행한 임상사례

두 번째 놀이데이트는 마법이었다

한 4학년 남자아이의 어머니(그 아들은 지난번 손님과 '닌텐도 금지' 규칙을 따르지 않았다)는 이번 주에는 성공적인 놀이데이트를 했다고 보고했다. 손님이 지난번과는 달리 행동이 바른 아이였다. 게다가 (지난번 놀이데이트에서 불복종한 결과로) 이틀 동안 닌텐도도 사용할 수 없는 상황이었다. 이번에는 두 남자아이가 함께 잘 놀았다. 부모와 아이는 특히 놀이데이트 동안 닌텐도를 제한하는 것의 가치를 깨닫기 시작했다.

놀림에 대한 자신감 있는 응수

한 6학년 남자아이의 어머니는 아들이 "(가해자가 쓰레기통을 가리키며) 집에 가지 그러니?" 하는 놀림을 당했다고 했다. 그녀는 아들이 자신감 있게 비꼬는 말투로 (얼굴에 재미있다는 표정을 짓고) 양손으로 가해자를 가리키며 "웃기네!"라고 말했다고 했다. 놀림은 중단되었다.

괴롭힘에 대응해서 놀림을 우습게 만들기

한 4학년 여자아이의 어머니는 딸이 자신을 끊임없이 괴롭히던 여자아이에게 '놀림을 우습게 만들기'를 시도했다고 보고했다. 어머니는 가해자가 이제 놀리지 않는다고 했다. 그러나 마무리 모임에서 어머니와 딸의 정보를 비교했더니 딸은 가해자가 다시 괴롭히기 시작했다고 했다(그 딸은 '놀림을 우습게 만들기'는 시도하지 않았다). 집단 지도자의 개입 없이 그 엄마는 "계속 그걸 시도해야 해. 집에서 좀 더 연습을 하자."라고 말했다.

잠재적 문제

놀이데이트 감독을 회피하기 1

한 6학년 아이의 아버지는 아들이 이웃의 아이들과 놀긴 하지만 그 아이들을 감독된 놀이데이트를 하기 위해 집에 초대하는 것은 거부했다고 말했다. 집단 지도자는 아들이 아버지가 지켜보는 것을 원하지 않았을 것이라고 말했다. 집단 지도자는 현재 집에 '정크 푸드'가 있는지 물었다. 아버지는 "그렇다."고 답했다. 집단 지도자는 집 안에 있는 모든 '정크 푸드'를 없애고, 놀이데이트 직전에 아들과 손님이 '정크 푸드'를 원할 때만 사두라고 제안했다. 아이들은 실내에서 함께 놀 때만 원하는 간식을 먹을 수 있었다.

놀이데이트 감독을 회피하기 2

아스퍼거장애가 있는 한 3학년 남자아이의 어머니는 아들이 자기 집에서는 놀이데이트를 하지 않으려 하고 다른 아이의 집에만 놀러 가려 한다고 말했다. 어머니가 아들이 하는 말을 우연히 들으니, 자기 집에서는 비디오 게임을 할 수 없는데, 다른 집에서는 할 수 있기 때문이라고 했다. 집단 지도자는 아이가 먼저 자기 집에서 놀이데이트를 하지 않으면 다른 아이의 집에서 놀이데이트 하는 것을 허락하지 말라고 제안했다.

답례 놀이데이트 미루기

여러 부모들이 자신들의 집에서 놀이데이트를 잘한 후에 손님으로 왔던 아이들의 집에 초대받았다는 말을 꺼냈다. 부모들은 아이들이 좋은 초대자 규칙을 확고히 따르게 될 때까지는 자기 집에서만 놀이데이트를 해야 한다고 알고 있었다. 부모들은 초청을 정중하게 미루는 방법을 알려달라고 했다. 집단 내의 다른 부모는 "조만간 아이들이 함께 모이게 해요. 지금 당장은 말고요."라고 정중하게 말하는 것이 좋겠다고 제안하였다.

놀이데이트를 거절당한 상황에 대처하기

한 3학년 남자아이의 어머니는 아들이 다른 남자아이와 통화를 잘했다고 말했다. 그러나 그 어머니가 상대 남자아이의 어머니에게 전화를 했더니, 상대방 어머니는 주말에 바쁘다고 했다. 그 어머니는 집단 지도자에게 다시 전화를 걸어야 하는지 물었다. 집단 지도자는 보통 거절한 어머니가 다음번에 만나자고 시도하는 것이 관례라고 대답했다. "지금은 시간이 없네요." 같은 거절을 당하고도 계속 만남을 시도하는 것은 적절하지 않다.

세부적인 것을 맡기기에 부적절한 사람

한 4학년 남자아이가 집단 외 전화 통화를 하였고 잘 진행된 것 같았다. 그 아이가 놀이데이트를 제안했을 때, 상대방 아이(부모가 아니라)가 시간이 없다고 대답했다. 양쪽의 어머니에게 말하지 않고 그 남자아이는 전화를 끊었다. 부모 집단 지도자는 전화를 하기 전에 아들에게 상대 어머니와 약속을 잡는 것은 어머니 역할이라는 것을 상기시켜 주어야 한다고 했다. 그 다음 주에 그 아들이 다시 전화해서 놀이데이트를 신청했을 때 상대 아이가 받아들였고, 어머니들이 약속을 정했다.

계속되는 놀림에 너무 쉽게 포기할 때

한 5학년 남자아이의 어머니는 아들이 '게이'(가해자들이 사춘기 직전의 아이들을 도발하는 흔한 놀림)라는 놀림을 당했다고 보고했다. 그녀는 아들이 가해자에게 한 번 응수를 했더니 그 후에 더욱 강하게 놀리는 바람에 포기해 버렸다고 보고했다. 어머니는 어떤 응수에 가해자가 자극받아 아들을 더 놀리게 되지 않을까 하는 두려움을 표현했다. 아빠 중 한 분이 경멸하는 말투와 매끄러운 대응이 결합된 응수를 해 보라고 제안했다(예 : "좀 고리타분해지는데.", "이게 네가 할 수 있는 최선이라는 거지?", "뭐 다른 건 없어?"). 그 엄마는 웃으며 받아 적었다.

과제 내어주기

마지막 다섯 주 동안의 중재 목표는 매주 최소 한 번은 놀이데이트를 하는 것이다. 아이가 놀이데이트 중 문제가 있다면, 자기의 집에서만 놀이데이트를 해야 한다. 이것은 12회기(마지막 집단 회기) 이후에도 필요하다면 계속 그렇게 해야 한다. 부모는 이전에 성공적인 놀이데이트를 했던 상대를 계속 초대해도 되지만, 가능한 한 많은 다른 아이들과 놀이데이트를 하도록 해야 한다('추가 점수'를 받기 위해). 매주 다른 아이를 초대하면 앞으로 단짝친구를 만들려고 할 때, 가능한 선택의 폭이 넓어질 것이다. 이것은 10회기(제18장 참조)에서 자세히 논의될 것이다.

1. 부모는 계속해서 자기 집에서 놀이데이트를 해야 하며, 세 번의 연속적인 놀이데이트에서 '좋은 초대자' 규칙을 어기지 않을 때까지는 다른 아이의 초대를 받아들이지 말아야 한다.
2. 부모는 다음 주에 초대할 새로운 아이를 찾아보도록 한다. 부모는 훈련이 끝나기 전까지 몇몇 다른 놀이상대를 시도해 보고, 자녀가 친구관계 형성을 누구와 할 것인지 실제 경험을 바탕으로 선택할 수 있도록 한다.[2]
3. 다음 주에 아이들은 야외용 장난감을 가져와서 팀 스포츠에 사용할 것이다. 처음 여섯 회기에서처럼 금지되는 것들이 있다.[3]

부모 유인물

이 회기의 유인물에서는 자녀에 대한 어른들의 불평에 비효율적으로 대처하는 몇몇 부모에게 대체할 수 있는 준거 기준을 알려준다. 유인물은 초기 교육을 위해 만들어졌고, 아마 후에 참고로 사용될 수 있을 것이다(Frankel, 1996, 제25장). 이 유인물에 나오는 문제에 부딪힌 부모만이 질문을 할 것이다. 이 유인물의 주요 쟁점은 때때로 부모는 '자동적으로' 아이의 편을 들 것이라는 것이다(정당하든 그렇지 않든). 이것은 대개 상황을 악화시키며, 불평하는 어른이 지지받지 못한다는 느낌을 갖게 될 것이고, 결국은 좀 더 극단적인 조치를 취하게 될 것이다.

1. 부모 유인물, '자녀에 대한 어른들의 불평 다루기'를 검토한다. (부가적인 설명 없이 유인물을 읽으면 되기 때문에 집단 지도자 지침은 없다.)

---

2 가장 좋은 경우는 전에 한 번도 개인적으로 놀았던 적이 없는 새로운 놀이친구(아이가 한동안 알고 지냈지만 한 번도 초대한 적이 없는 아이)이다. 두 번째로 좋은 경우는 친구였는데 오랫동안 초대하지 않았던 아이이다. 세 번째로 좋은 경우는 거의 초대하지 않았던 아이이다. 네 번째로 좋은 경우는 현재 있는 다른 좋은 친구이다.

3 **위험한/공격적인 장난감** : 무술 장난감, 대용량 물총, 물풍선, **혼자 노는/각자 노는 장난감** : 책, 스케이트보드, 장난감총, **너무 좋은 장난감** : 잃어버리거나 망가지면 아이가 속상해하는 비싼 장난감

아이의 교사로부터 부모가 도움을 얻는 임상사례

아스퍼거장애가 있는 5학년 아이의 어머니는 네 명의 다른 아이들이 자기 아들이 하지 않은 일을 했다고 말해서 아이가 교사와 문제가 생겼다고 말했다. 집단 지도자는 "어떻게 아드님이 하지 않았다는 것을 알았죠?"라고 물었다. 어머니는 모른다고 대답했다. 어머니가 그 상황에서 상대방의 말을 들어보지도 않고 아들의 입장을 비판 없이 그대로 받아들인 것이 분명했다. 어머니는 교사에게 전화를 걸어 그 상황에 대한 교사의 관점을 알아볼 수 있었다. 어머니가 이렇게 대처하면 교사는 다음번에는 그 아이가 정말 억울하게 비난받는 것인지 좀 더 자세히 관찰하게 될 것이다.

어린이 9회기 계획

과제 점검

집단 지도자는 아이들의 놀이데이트와 '놀림을 우습게 만들기' 시도를 점검한다. 아이들 중 반은 보고할 것이 있을 것이다. 나머지 반은 성공사례를 들으며 도움을 받을 것이고, 모든 아이들이 과제 점검을 하면서 나오는 부가적인 '놀림을 우습게 만들기' 재연을 통해 도움을 받을 것이다.

1. '끼어들기' 과제를 간단히 검토한다.
2. **놀이데이트를 점검한다.** 아이들에게 누가 과제를 했는지 묻고 과제를 한 아이만 선택한다. 규칙에 따라서 한 놀이데이트만 보고하도록 하고, 그렇지 않다면 말을 중단시키고 다른 아이들에게 누가 과제를 했는지 묻는다. "먼저 무엇을 할지 결정하기 위해 통화했니?", "무얼 하기로 결정했지?", "결정한 것을 놀이데이트 중에 했니?", "게임은 누가 골랐지?", "손님이 즐거워했니?", "너도 즐거운 시간을 보냈니?" 등의 질문을 한다.
3. "누구 놀림을 우습게 만들기 한 사람 있니?" 하고 묻는다. "놀림을 우습게 만들려면 어떻게 해야 할까?"라고 물어서 자세히 말하도록 하고, 잘못 적용된 것은 즉각 수정해 준다. 아이들에게 놀림을 우습게 만드는 방법을 한 가지씩 말하도록 하고 잘못된 것을 수정해 주면서 이 기술을 계속 연습한다. 아이들이 구체적으로 어떤 놀림이었는지 구체적으로 언급하는 것은 허락하지 않는다.

'놀림을 우습게 만들기' 과제를 검토하는 임상사례

집단 지도자 : 지난 주에 누가 너를 놀리려고 한 적 있니?

아이 : 농구할 때 나를 수비하던 아이가 시끄러운 소리를 냈어요. 평소 같으면 화가 나는데, 이번엔 무시했어요.

집단 지도자 : 그래서 어떻게 됐어?

아이 : 아무 일도 없었어요. 계속 농구를 했어요.

집단 지도자 : 그러니까 그 애가 너를 게임에 집중 못하게 방해하지 못했네. 잘했어!

여자아이 : 한 남자아이가 나를 놀렸어요. 그 애가 나한테 욕도 했어요. 그래서 내가 "어, 그거 괜찮네."라고 말해 주었어요. 그 애가 또 욕을 해서 "그러든지……" 라고 말해 주었어요.

집단 지도자 : 그래서 어떻게 됐지?

여자아이 : 그 애가 그냥 가버렸어요.

집단 지도자 : 아주 좋아! 그러니까 그 애가 너의 단추를 누를 수 없다는 걸 알았구나. 만약 그 애가 한 번 더 욕을 했더라면, 너는 뭐라고 할 수 있었지?

여자아이 : 손에게 말해, 왜냐하면 얼굴이 듣고 있지 않으니까.

집단 지도자 : [소리 내어 웃으며] 훌륭한 응수야!

잠재적 문제

효과 없는 방법으로 되돌아가기

한 3학년 여자아이는 다른 여자아이가 놀리자 "나는 그거 싫어.", "그건 못된 거잖아."라고 대답했다고 보고했다. 집단 지도자는 그러한 응수가 정확히 가해자가 듣고 싶어 하는 응수라고 지적하고 집단의 다른 아이들에게 어떤 적절한 응수가 있는지 물었다. 여러 아이들이 적절한 응수를 말해 주었고 집단 지도자는 그 여자아이가 그것 중 가장 마음에 드는 응수를 연습하게 했다.

교육

자신에 대한 비난이 정당하다는 것을 받아들이는 아이들은 많지 않다. 그러므로 정당하지 못한 비난을 다루는 방법을 아이들에게 가르치면 정당한 비난을 다루는 것도 좀 더 쉽게 할 수 있을 것이다. 여기서는 첫 번째 문항에 대해서만 소크라테스식 문답법을 사용한다(표 10.2 참조).

1. "왜 어른들은 가끔씩 부당하게 아이들을 비난할까?"라고 묻고, 곧바로 이어서 "그 아이의 평판이 나쁘기 때문이야."라고 말한다. 아이들에게 나쁜 평판을 만들어내는 행동에 대해 말해 보도록 한다. (이것을 기본틀로 사용한다.)
   - 다른 아이들을 골탕 먹이려고 하기
   - 다른 아이들이 하지 않은 일을 했다고 말하기
   - 게임 중에 규칙 지키지 않기
   - 다른 아이들 물건 가져가기
   - 다른 아이들에게 대장처럼 굴기
   - 누가 틀렸을 때 소리 내어 웃기
2. "어른에게 나쁜 평판을 받는 아이의 행동은 어떤 것이 있을까?"라고 묻는다.
   - 어른에게 눈 굴리기
   - 어른이 비난할 때 웃거나 무시하기
   - 어른에게 욕하고 악담을 하고 말을 듣지 않을 거라고 말하기
3. 하나의 사례에 위의 모든 것을 포함시켜 시연해 보이고, 아이들에게 이렇게 하면 무슨 일이 일어날지 묻는다. (답 : 교장실로 불려가거나 더 곤란한 상황에 빠지게 된다.)
4. 부당하게 비난하는 어른에게 대응하는 방법
   - **하지 말아야 할 것** : 침착하지 않게 행동하는 것, 말대꾸하기, 못마땅한 표정짓기, 비웃기, 무시하기, 눈 굴리기 등 불손한 태도를 보이면 비록 아이가 옳다고 하더라도 어른은 그 말을 듣지 않으려고 한다.
   - **해야 할 것** : 어른에게 그 상황을 딱 한 번만 설명한다. 이것이 통하지 않으면, 어른이 틀렸다고 해도 **말하기를 멈추고 조용히 한다**. 이렇게 하면 그 어른은 다음에는 아이의 설명을 들을 것이다. 아이는 이렇게 말할 수 있다. "그렇게 해서 상황이 나아진다면 그럴게요(어른에게 협조하는 것)."
5. 각 아이와 대답하는 것을 연습한다. 아이들에게 딱 한 번만 대답하고는 조용히 들으라고 말한다. 아이들에게 회기의 나머지 시간은 아이들이 억울하게 비난을 받는 상황을 연습할 것이라고 말해 준다.

부당한 비난에 대해 이유를 댄 임상사례

집단 지도자 : 아이들이 어떤 행동을 하면 선생님이나 코치들 사이에서 나쁜 평판을 얻게 되지? 그건 아이들이 눈을 굴리거나, 악담을 하고, 말을 듣지 않거나 선생님에게 무례하게 구는 경우야. 어쩌면 아이들은 선생님이 부모님에게 곤란해지도록 거짓말을 할 수도 있을 거야. 아이들이 이렇게 한다면 어떤 일이 일어날까? 만약 너희들이 소리를 지르거나, 욕을 하거나, 쓰레기통을 발로 찬다면?

아이 : 교장실에 불려가거나 더 곤란해져요.

집단 지도자 : 그렇지, 너희들은 이것 때문에 본래의 잘못에 상관없이 혼이 날 거야.

잠재적 문제

광범위한 토론을 이끌어 내려는 시도

한 3학년 여자아이가 "만약 친구가 곤경에 빠졌는데, 우리가 진짜 누가 잘못했는지를 안다면, 친구를 돕기 위해 나서서 말해야 하지 않나요?"라고 묻는다. 집단 지도자는 자신이 부당하게 비난을 받는 경우에 관해서만 토론 중이라고 말하여 토론의 주제에서 벗어나는 것을 피한다.

과제 내어주기

1. 놀리는 아이를 상대로 놀림을 우습게 만들기를 연습 한다(집단 외 전화 대상에게는 하지 않는다).
2. 놀이데이트에 새로운 아이를 초대한다.
3. 다음번에는 실외 팀 스포츠에 사용될 농구공, 축구공, 너프공, 원반, 핸드볼, 보택스를 가져온다.

실제놀이

아이들은 부모 감독하에 두 번의 놀이데이트를 했기 때문에 좋은 초대자 행동이 계속 개선되고 있을 것이다.

1. 초대자와 손님으로 나누어 좋은 초대자 연습을 한다 (7회기와 8회기에서처럼). 집단 지도자는 각 쌍 사이를 돌아다니며, 그들이 하고 있는 게임이 누구의 생각인지 묻는다. 손님

의 제안을 받아들인 초대자를 칭찬한다.

2. 코치들은 놀고 있는 쌍 옆에 머무르다가 논리가 있기는 하나 부당한 이유로 한 아이를 비난한다. 어린 아이들에게는 처음 두 번은 과장해서, 가능한 한 가짜처럼 들리도록 말해서 아이들이 무슨 일이 일어나고 있는지 알아차리도록 한다. 나이 든 아이들에게는 다짜고짜 부당한 비난을 하기 시작하는데, 이렇게 해서 한 번의 비난으로 아이들을 망연자실하게 하여 아이들이 자연스럽게 조용히 있게 만든다. 이어 이런 반응을 칭찬한다. 아이들의 반응을 본 후에 비난했던 것이 '시험'이었다는 것을 분명히 말해 준다.

불공평한 비난의 임상사례

집단 지도자 : [아이들이 카드놀이 하는 것을 바라보다가, 막 자기 차례가 된 아이를 가리키며] 너 속였지! 카드 더미 밑에서 카드 한 장 꺼내는 거 다 봤어!

아이 : [놀이를 멈추고 어리둥절해한다.]

집단 지도자 : 잘했어! 부당한 비난에 잘 대응했구나. 논쟁을 하지도 않고, 눈을 굴리지도 않고, 나를 무시하지도 않았네! 굉장해! 이건 내가 너를 시험 한 거였는데, 잘했어!

회기 마무리 모임

1. "오늘 우리는 어른들을 존중하는 연습을 했습니다. 또 놀이데이트에서 좋은 초대자가 되는 연습을 했고요. 많은 아이들이 좋은 초대자 역할을 하고, 서로 존중하는 모습을 보였습니다. 모두 아이들에게 큰 박수를 보냅시다."
2. 어린이 집단 지도자는 계속해서, "이번 주에 모두가 할 일은 놀이데이트를 하는 겁니다. 놀이데이트 할 상대에게 집단 외 통화를 해서 양방향 대화로 함께 놀 게임을 정하십시오."라고 말한다.
3. 부모 앞에서 각 아이들이 다음 놀이데이트 상대 후보의 이름을 말하게 하고, 다음번에 가져올 야외용 장난감(팀 스포츠)을 말하게 한다.

어린이 친구 만들기 훈련

부모 유인물 – 9회기

자녀에 대한 어른의 불평 다루기

친구관계에 문제가 있는 아이는 때때로 감독하는 어른에게 불손한 태도를 보여 문제를 더 복잡하게 만든다. 지도하는 말을 듣는 대신 어른과 논쟁하거나 눈을 굴리거나, 비웃거나, 가버리는 것 등이 그러한 예이다. 이것 또한 또래들 사이에서의 평판을 악화시킬 수 있다. 우리는 자녀들이 어른에 의해 부당하게 비난을 받을 때 공손하게 대응하는 것을 가르치고 있다. 아이들은 부당한 비난을 다루는 법을 기꺼이 '받아들일' 것이다.

어른의 비난을 받았을 때 따라야 할 규칙(그것이 정당하든 그렇지 않든)

1. 하지 말아야 할 것 : 어른을 무시하거나, 말대꾸를 하거나, 비웃거나, 못마땅한 표정을 짓거나, 눈을 굴리는 것. 불손한 태도를 보이면 아이가 옳다고 하더라도 어른은 그 말을 듣지 않을 것이다.
2. 해야 할 것 : 딱 한 번만 어른에게 그 상황을 설명해 본다. 처음에 설명해서 잘 되지 않으면, 전혀 통하지 않을 것이므로 조용히 있는다.

상황을 진정시키기 위해 부모가 따라야 하는 규칙

1. 부모의 개입이 필요할지 결정하기 전에 가능한 한 아이로부터 상황에 대한 정보를 자세히 파악한다. 항상 어른의 의심이 정당할 수 있다는 가능성을 열어둔다. 다른 어른에 대해 불손한 말을 하지 않는다(그 어른이 틀렸을 지라도 어른에게 공손한 태도를 보이는 본보기를 보인다.)

만약 그 어른과 말해 보기로 결정했다면, 그 어른과 접촉을 할 때 다음 사항을 고려한다.

2. 예의 바르게 행동한다. 상대 어른이 말을 하기에 좋은 상황인지 확인한다.
3. 침착함을 잃지 말고, 자녀가 잘못했다고 생각하는지에 상관없이, 쟁점에 대한 그 어른의 입장을 묻는다. 상대 어른이 중요한 정보를 알고 있는 경우가 많다.
4. 그 쟁점에 대해 당신이 걱정하고 있으며, 그 어른과 이 상황을 위해 협력할 수 있다는 것을 표현한다. 이것으로 그 상황이 해결될 수도 있지만, 자녀에게 잘못이 있고 계속 나쁜 행동을 한다면, 이것이 유지되지는 않을 것이다.
5. 상대 어른에게 문제를 해결하기 위해 함께할 수 있는 일을 제안하게 한다. 제안이 합당하면 그것을 시도해 본다. 이것이 통한다면 잘된 일이다! (잘되지 않더라도 최소한 상대 어른의 제안을 받아들인 것이다.)

(다음 페이지에 계속)

다음 회기를 위한 부모 과제

1. 이전처럼 새로운 아이와 당신의 집에서 놀이데이트를 잡는다.
2. 자녀가 팀 스포츠로 할 야외용 장난감을 선택하도록 한다.
   좋은 장난감 : 농구공, 축구공, 너프공, 핸드볼, 보택스 등
   나쁜 장난감 : 무술 장난감, 대용량 물총, 책, 스케이트보드, 장난감 총, 잃어버리면 아이가 화를 낼 비싼 장난감

CHAPTER

18

경쟁 다루기/성별 차이

치료의 근거

8회기에서 12회기를 통해 아이와 부모는 좀 더 친근한 관계를 맺을 수 있는 또래관계망을 형성한다. 놀이데이트 과제와 부모가 감독하는 놀이데이트가 이것의 중심이 된다. 치료의 가설은 부모와 아이가 또래를 선택하고 또래 상호작용을 결정하기 위한 지침이 필요하다는 것이다. 놀이데이트 과제를 하면서 받는 피드백을 통해 얻는 이러한 지침으로 부모는 자녀의 친구관계에 생산적인 장기적 접근을 시작하게 될 것이다.

9, 10, 11회기 중에 사용된 유인물이 또래관계에 관해 부모들을 좀 더 광범위하게 교육하려는 것이 목적이었다면, 10회기의 주안점은 성별 차이이다. 집단의 대부분의 아이들이 '남자아이'인데, 또래관계망 형성에 적극적인 역할을 하는 사람들은 대부분 '어머니'이기 때문에, 이것을 배우는 것이 도움이 될 것이다. 이 회기를 통해 어머니들은 일반적으로 자신들이 어렸을 때에 또래관계에 접근하던 방법과 자신의 아들들이 통상 접근하는 방법과의 차이를 이해하게 될 것이다. 여자아이 어머니들은 딸의 또래집단 상황을 더 잘 이해하고 있을 것이다.

성별 차이에 대한 연구

이성 간의 우정의 특징은 제4장에서 다루었고, 남자아이와 여자아이들의 친구관계 정도는 제7장에서 다루었다. 이 장에서는 남자아이들과 여자아이들 사이의 친구관계[유형]의 차이에 초점을 맞추고 있다.

18.1 남자아이와 여자아이들의 하위문화

2학년 무렵부터 여자아이들과 남자아이들은 따로 모여서 자신들만의 하위문화를 개발한다. 남자아이들이 좋아하는 활동(예 : 야구)을 잘하는 여자아이들은 계속 양쪽에 다 속할 수도 있을 것이다. 각 성별마다 사회적 위상을 결정하는 요인이 있다(Rogosch & Newcomb, 1989). 여자아이들은 신체적 매력, 상냥한 정도, 혹은 속물 근성을 더 주목하는 데에 비해서 남자아이들은 각자의 특성 중 '근사하고 멋진' 면에 더 주목하는 경향이 있다. Maccoby(1986)는 남자아이들의 단짝친구 관계는 활동에 관한 흥미나 신체적 능력을 공유하는 경향이 있는 반면에, 여자아이들의 단짝친구 관계는 심리적 관심을 공유하는 경향이 있다는 것을 관찰하였다.

18.2 친구관계망의 차이

여자아이들의 친구관계는 남자아이들보다 더 배타적인 경향이 있어서(Eder & Hallinan, 1978), 여자아이들이 보통 2~3명의 소규모 집단으로 노는 것은 놀랄 일이 아니며(Maccoby, 1986), 남자아이들보다 더 작은 또래관계망을 형성한다(Benenson, Apostoleris, & Parnass, 1998). 남자아이들은 일찌감치 5세에 대규모의 관계망을 형성하는 것이 관찰되었다(Daniels-Beirness, 1989 참조). 이 연구들은 대부분 학교에서의 공개적 행동을 관찰한 것이었다.

패거리(clique)는 서로 친한 사이인 여자아이들(대개 4~5명)이 정기적으로 상호작용을 하는 집단을 말한다. 많은 부모들이 이 패거리 현상을 인지하고 있는데, 이는 여자아이들만의 독특한 친구관계 현상이며, 주로 가정환경에서 볼 수 있다. 여자아이들은 패거리가 형성되면 대집단 내에서도 상호작용을 유지할 수 있다(Frankel, 1996 참조). 패거리 내의 여자아이들은 다른 여자아이들이 그들의 대화나 활동에 끼어드는 것을 묵살하려 할 것이다(이것은 두 사람 사이의 상호작용에서도 나타난다).

친구관계의 안정성에 관한 연구에 의하면, 남자아이들은 새로운 친구를 자신들 무리에 넣어주는 반면, 여자아이들은 친구를 추려낸다. 한 학년 동안에도 여자아이들은 학년 초에는 3명의 친구관계였다가 점차 2명의 친구관계로 변화되면서 남자아이들에 비해서 배타적인 2인 친구관계를 유지했다(Eder & Hallinan, 1978). 친구가 많은 남자아이들은 새로운 친구를 만들 가능성이 높은 데 반해, 친구가 많은 여자아이들은 새로운 친구를 만들 가능성이 낮았다(Daniels-Beirness, 1989). Berndt와 Hoyle(1985)이 했던 장기추적 연구의 결과도 같은 패턴을 보여주었다. 남자아이들과 여자아이들 모두 한 학년 동안 그리고 초등학교 전반에 걸쳐 친구의 수가 증가했지만, 여자아이들은 남자아이들보다 친구를 더 적게 늘렸고, 더 제한된 크기의 친구관계망을 제한하는 것으로 나타났다.

18.3 관계의 강도에서의 차이

Berndt와 Hoyle(1985)은 여자아이들의 친구관계는 남자아이들보다 더욱 '강렬하다'고 했다. 여자아이는 단 한 명의 단짝친구와 있을 때에 더 편안해 보인다(Daniels-Beirness, 1989). 남자아이들과 비교했을 때 여자아이들은 친구들로부터 긍정적인 지원을 더 많이 받는다고 보고했으며(Crick & Grotpeter, 1996), 학교에서 친구의 행동에 관해 더 잘 알고 있으며, 또한 그들의 단짝친구들의 영향을 더 많이 받는다(Berndt & Keefe, 1995). 남자아이들의 친구들은 여자아이들의 친구들보다 서로 잘 알고 지낼 확률이 더 높은데(Berndt & Hoyle, 1985), 이것은 좀 더 다양한 직접적인 접촉이 일어난다는 것을 말한다. 남자아이들과 여자아이들 모두 대부분 또래집단의 인기도를 알고 있기 때문에, 우리 저자들은 남자아이들은 다른 남자아이들과의 직접적인 상호작용을 통해서 알게 되고, 여자아이들은 관심을 많이 가지고 자주 얘기를 해서 알게 된다고 가정했다.

18.4 연구와 임상사례의 결과

남자아이들과 여자아이들은 2학년 무렵부터 공개적인 놀이에서 서로 분리되기 시작한다. 그들은 사회적 관계의 다른 측면에 초점을 맞추기 시작한다. 집단 진행에서 이것을 반영하여 연습할 때나 과제를 할 때에 남자아이와 여자아이들을 분리하는 것이 필수적이다. 기존의 이성 간의 친구관계는 지지하지만, 치료는 동성 간의 친구관계를 만드는 것을 강조한다.

연구결과에 의하면 남자아이들은 자신들의 놀이에 다른 아이가 합류하는 것을 허용하고, 안정적이고 계속 늘어나는 친구관계를 형성하는 데에 개방적인 반면, 여자아이들은 좀 더 배타적이어서 친구 수를 제한해서 유지한다. 이것은 여자아이들이 남자아이들에 비해서 치료를 통해 또래집단에 들어갈 전망이 어둡다는 것을 암시한다. 90개의 치료집단을 운영하면서, 우리는 여자아이들을(별도의 소집단으로) 진행 중인 남자아이들 집단과 통합시켰다. 처음에는 이렇게 하면서 혼란이 있었다. 데이터를 분석한 결과, 결과 측정에서 치료 전후 평균의 차이는 여자아이들이 남자아이들보다 더 낫다는 결과는 나오지 않았다.

회기 진행하는 방법

지금까지

아이들은 계속 감독을 받는 놀이데이트를 하고 있다. 부모와 아이는 계속 다른 놀이상대가 놀이데이트에서 어떻게 행동하고 자녀와 어울리는지 평가한다.

이번 회기에는

이번 회기의 가장 중요한 과제는 자녀의 친구관계망을 형성하는 데 있어 부모와 아이가 올바른 선택을 하도록 돕는 것이다. 놀이데이트에서 좋은 초대자 규칙을 사용한 후, 아이들은 경쟁적인 게임에서 좋은 스포츠맨 정신을 더 배울 준비가 되었다.

부모 10회기 계획

시작 모임

1. 아이들이 들어올 때 장난감을 점검한다. 제외 범주의 장난감은 부모가 보관하게 한다.[1]

과제 점검

1. 2개의 숙제가 있어서(야외용 장난감은 제외하고) 깊이 있게 검토할 시간이 없다. 부모들에게 (a) 집단 외 통화와 이를 통해 이루어진 (b) 놀이데이트에 초점을 맞추라고 말한다.
2. 아이가 가해자, 형제자매를 상대로 '놀림을 우습게 만들기'를 해 보았는지, 혹은 부모와 이것을 연습했는지 묻는다.
3. 집단 외 통화에 대해 (a) 상대방 아이가 전화를 받고 관심을 보이고 반가워했는가? (b) 아

---

1 **위험한/공격적인 장난감** : 무술 장난감, 대용량 물총, 물풍선, **혼자 노는/각자 노는 장난감** : 책, 스케이트보드, 장난감총, **너무 좋은 장난감** : 잃어버리거나 망가지면 아이가 속상해하는 비싼 장난감

이들이 얘깃거리를 찾아냈는가(양방향 대화를 통해서)?

4. 세 번째 놀이데이트에 대해 얘기한다. (a) 부모가 감독하면서 같이 있었는가? (b) 부모가 좋은 초대자 규칙을 상기시키기 위해 개입할 필요가 있었는가? 아이가 규칙에 잘 따랐는가? 이것이 놀이데이트의 교육 기능이다. (c) 부모가 상대방 아이의 부모를 알려고 노력했는가?
5. 부모들에게 지난번 놀이데이트와 놀이의 질을 비교하게 한다. 아이의 평가는 어땠는가? 한두 명의 아이들과는 놀이데이트가 잘 진행되었지만 다른 아이와는 썩 잘되지 못했을 수도 있다. 후자의 놀이데이트는 말다툼이 더 많았을 수 있고, 통제하기 어려운 아이가 손님이었을 수 있다. 만약 이것이 아이의 유일한 놀이데이트였다면, 아이는 하는 수 없이 행동이 좋지 못한 그 아이를 다시 초대하려고 할 것이다. 그러나 아이에게 선택권이 있기 때문에, 아이가 그 손님을 다시는 초대하지 않으려 할 수도 있는데, 부모는 아이가 다시 그 아이를 초대하도록 권장해서는 안 된다.[2]
6. 단짝친구를 만드는 것은 진정한 사랑과 같다는 것을 부모들에게 말해 준다. 이것은 어른 사이의 친구관계에도 적용된다. 모든 사람은 다 단점이 있다. 좋은 친구는 서로의 잘못을 눈감아 주고 재빨리 덮어준다. 그러나 눈감아 줄 것이 너무 많으면, 사람들은 단짝친구가 되지 않는다. 조화롭게 진행된 놀이데이트가 좋은 예인데, 아이들이 서로 충분히 좋아하면, 사소한 것들에 대해 싸우지 않고 덮어주기 마련이다.

과제를 잘 수행한 임상사례

좋은 취향을 가진 아이

한 3학년 남자아이의 어머니는 세 번의 놀이데이트 중 한 번은 말다툼을 자주 해서 감독하기가 어려웠고 나머지 두 번은 쉬웠다고 보고했다. 그 어머니가 아들에게 놀이데이트에 온 아이들이 어땠냐고 물어보자, 아이는 말다툼한 아이를 제일 안 좋아했다. 집단 지도자는 아들이 좋은 취향을 지녔다고 말해 주었다. 만약 말다툼하는 아이가 유일한 놀이데이트 상대였다면, 아이는 너무 절실해서 그 아이를 다시 초대할 수도 있었을 것이다.

---

2 친구관계는 개인적인 선택이며, 이것은 부분적으로 다른 아이들과 함께할 때의 편안한 정도에 달려 있다. 어떤 아이들은 친구가 되지 말아야 하는데, 서로 공통점이 없거나, 서로 특별히 좋아하지 않아서일 수도 있고, 반사회적 성향이 있는 경우에는 서로에게 해롭기 때문이다.

다른 아이 집에서 일반화하기

한 6학년 여자아이의 어머니는 딸이 다른 여자아이와 함께 숙제를 하기로 약속했다고 했다. 숙제를 다 하고 놀이데이트를 시작했다. 어머니가 이것을 지켜볼 수 있었는데, 딸이 다른 아이 집에서도 좋은 초대자 역할을 계속 잘 수행했다.

잠재적 문제

놀이데이트에 집중을 못할 때

주의력결핍 과잉행동장애가 있는 한 5학년 남자아이의 어머니는 아들이 놀이데이트를 시작해서 게임을 하다가 중간에 자리를 떠버렸다고 보고했다. 집단 지도자는 아이가 약을 복용하고 있냐고 물었다. 어머니는 지금은 안 먹고 있다고 말했다. 어머니는 아들이 복용했던 정신자극제가 사회적 지속성에 도움이 되었다는 것을 알아차렸다. 어머니는 다음 놀이데이트 전에 주치의와 상의해서 약물을 다시 복용시키기로 했다.

과제 내어주기

1. 나머지 회기의 목표는 계속해서 주당 최소 한 번의 놀이데이트를 하는 것이다. 이것은 부모가 좋은 초대자 행동을 하는 '예행연습'을 하도록 자녀들을 돕기 위해서 하는 것이다. 자녀의 놀이데이트에 문제가 있으면, 놀이데이트를 자기 집에서만 해야 한다. 부모들에게 놀이데이트를 감독할 때, 좋은 초대자 규칙 위반을 수정하기 위해 한두 번 개입을 해야 할 수도 있다는 것을 상기시킨다. 세 번 연속해서 좋은 초대자 규칙 위반이 일어나지 않을 때까지는 이것을 계속해야 한다. 필요에 따라 12회기가 끝난 후에도 계속해야 할 수도 있다.
2. 부모는 놀이데이트를 할 때마다 최대한 많은 다양한 아이들과 놀이데이트를 하게 해야 한다. 이것은 아이들이 서로에게 다른 '친근감'을 드러내기 때문이다. 다음 주에 초대할 새로운 아이를 생각해 본다.[3]

---

3 가장 좋은 경우는 전에 한 번도 개인적으로 놀았던 적이 없는 새로운 놀이친구(아이가 한동안 알고 지냈지만 한 번도 초대한 적이 없는 아이)이다. 두 번째로 좋은 경우는 친구였는데 오랫 동안 초대하지 않았던 아이이다. 세 번째로 좋은 경우는 거의 초대하지 않았던 아이이다. 네 번째로 좋은 경우는 현재 있는 다른 좋은 친구이다.

부모 유인물

아이들은 새로운 친구를 사귀기 시작했고 성공적인 놀이데이트를 하기 시작했다. 이제 부모가 놀이나 친구관계에 대한 성별 차이를 알아두어서, 앞으로 일어날 수 있는 일들에 대비할 좋은 시점이다. 유인물에는 이 시점에서 부모가 사용할 수 있는 필수적인 정보만 담겨 있다. 집단 지도자는 부모들이 흔히 하는 질문에 대답하기 위해서 이 장의 문헌 검토 부분을 읽어 보아야 한다(제4장, 제7장 참조).

1. 아이들이 좋은 승자가 되는 방법을 배우고 있다고 부모들에게 말해 준다. 우리 수업을 받는 많은 아이들은 무슨 수를 써서라도 이겨야 한다는 부적절한 사회적 목표를 가지고 있다. 수용되는 아이들은 이기는 것보다는 관계 유지에 더 가치를 두는데, 이것이 우리가 아이들이 갖기 바라는 것이다.
2. 부모 유인물, '남자아이들과 여자아이들 사이의 문화적 차이'를 검토한다. [부가적인 설명 없이 유인물을 읽으면 되기 때문에 집단 지도자 지침은 없다.]

어린이 10회기 계획

과제 점검

1. **놀이데이트를 점검한다.** 누가 놀이데이트를 했는지를 묻고 과제를 해 온 아이들만 지목한다. 규칙에 따라 놀이데이트를 한 아이들만 보고하도록 한다. 규칙에 따르지 않았다면 중단시키고 누가 과제를 했는지 다시 묻는다. 해야 할 질문 : 아이가 한 일 한 가지를 말하게 한다. 아이가 좋아한 부분은 무엇인가? 무엇을 할지 결정하기 위해 먼저 전화 통화를 했는가? 게임은 누가 선택했는가? 손님이 즐거워했는가? 아이도 좋은 시간을 보냈는가?
2. 전체 집단을 향해서, '놀림을 우습게 만들기'를 한 사람이 있는지 묻는다. 과제를 적절히 하지 못한 아이들을 수정해 주기 위해 "놀림을 우습게 만들기 위한 좋은 방법이 무얼까?"라고 집단에게 질문한다. 각 아이들이 '놀림을 우습게 만드는 방법'을 말하도록 하고 잘못된 것은 수정해 주면서 짧게 연습한다.
3. 아이들 중 부당하게 어른에게 비난받은 적이 있는지 묻고 그에 어떻게 대응했는지 점검한다. 필요하다면 잘못된 점을 수정해 준다.

과제를 잘 수행한 임상사례

엄마가 부당하게 비난할 때

한 5학년 여자아이는 엄마가 자신의 반지를 가져갔다는 의심을 했다고 말했다. 그 아이는 "아니, 난 안 가져갔어요."라고 말하고 엄마에게 침실을 다시 찾아보라고 제안했다. 나중에 어머니는 침실에서 반지를 찾았다. 아이는 '침착함을 잃지 않고' 부당하게 의심을 받은 것에 대해 적절히 대응한 것에 대해 칭찬을 받았다.

교육

지금까지는 아이가 끼어든 팀 구성원과 잘 지내는 것에 초점을 맞추어 왔다. 이제는 좀 더 넓게 게임을 하는 모든 사람에게 초점이 맞추어진다. 소크라테스식 문답법으로 '좋은 승자 규칙'을 보여준다(표 10.1 참조). 집단 지도자는 회기 계획에 나오는 기본 규칙을 명심한다.

1. 재빨리 좋은 승자 규칙을 알려준다.
   (a) 팀원들을 칭찬하거나 '하이파이브'를 한다.
   (b) 좋은 게임을 한 것에 대해서나 열심히 한 것에 대해서 상대팀을 칭찬한다.[4]
   (c) 이긴 것이 나에게 중요한 일은 아닌 것처럼 한다.
   (d) 상대팀 구성원을 비웃거나 놀리지 않는다. 앞으로 내가 그 아이들과 함께 놀자고 해야 할 경우가 있을 것이다.
2. 실제놀이 시간에 토큰을 다시 사용할 것이다. 아이들에게 놀이 공간에서 놀 때 주는 토큰을 상기시킨다. 토큰이 별처럼 쓰일 것이다.

좋은 승자 규칙을 보여준 임상사례

집단 지도자 : 어떻게 하면 좋은 승자가 되지?
아이 : 이겼다고 해서 시끌벅적한 파티를 열어서는 안 돼요.
아이 : 그냥 "내가 이겼네."라고 하면 돼요.
집단 지도자 : 그렇게 말할 필요는 없어. 다른 사람도 다 알아. 그냥 "좋은 게임이었어."라

---

4 오늘 상대팀이었던 아이가 다음번에 나와 함께 놀고 싶은지 결정할 수 있다.

고 말하면 돼.

아이 : 나는 보통 "열심히 했네."라고 말해요.

아이 : 보통 코치가 상대팀 아이들과 악수를 하도록 해요.

집단 지도자 : 다음에는 어느 팀이 '패배자'가 될까?

아이 : 우리 팀이 될 수도 있겠죠.

과제 내어주기

1. 놀이데이트에 새로운 아이를 초대한다.
2. 야외용 장난감을 가져온다.

실제놀이

처음으로 집단 지도자가 아이들에게 스스로 게임을 고르도록 한다. 일반적으로 아이들은 팀의 대장이 되거나 팀 구성원을 고를 준비는 되어 있지 않다. 집단 지도자가 기본 체계를 잡아주지 않고 아이들이 마음대로 하게 두면, 운동을 잘하는 아이들끼리 팀이 되고 나머지 아이들이 모이게 될 것이다. 이렇게 되면 불공평한 경기에 화가 나고 결국에는 대혼란이 올 것이다. 그러므로 집단 지도자가 신체 크기, 속도, 능력 면에서 엇비슷하게 두 팀으로 나눠 준다. 교육시키는 목적에 더 적합한 게임이 있다. 토큰이 계속적으로 좋은 스포츠맨 정신을 유지하게 하고, 협동적이고 긍정적인 분위기를 유지하는 데에 도움이 된다(토큰을 주는 방법을 파악하기 위해 이 회기의 게임 규칙을 참조). 아래는 게임을 위한 일반적인 기본 규칙이다.

1. 아이들이 스스로 게임을 선택하도록 하고 다른 아이들의 게임에 끼어들기 위한 끼어들기 기술을 자발적으로 사용하게 한다(아이들이 매직 존슨 농구와 축구를 선택한 경우 매직 존슨 규칙을 가르쳐 준다).
   - 또래를 당황스럽게 하거나 부상당할 위험이 큰 게임은 새로운 친구관계를 만드는 데에 도움이 되지 않는다고 조언해 준다.[5]
   - 농구나 축구 혹은 배구처럼 어른의 중재 없이 아이들이 활동의 흐름을 통제할 수 있는 게임을 선택하도록 도와준다.

---

5 '전쟁 볼'(피구의 변형된 형태로 상대편 선수에게 좀 더 공격적으로 공을 던진다)과 '엉덩이 위로'(게임 중에 아이들이 벌로 엎드려 있으면 다른 아이들이 엉덩이에 공을 집어 던진다) 같은 게임이 그런 게임들이다.

- 깃발잡기나 포로 게임 같이 아이들이 한 번에 두 명씩 불려 나오는 게임은 칭찬할 기회가 많이 없기 때문에 피하도록 한다.

2. 놀이터에 나가기 전에 놀 게임을 투표로 결정한다. 아무도 혼자 놀게 해서는 안 되지만, 모든 아이들이 같은 게임을 하며 놀 필요는 없다. 남자아이들보다는 여자아이들이 다른 게임을 선택할 것이다.
3. 집단 지도자는 양쪽이 능력 면에서 비슷하게 되도록 팀을 가른다.
4. 좋은 스포츠맨 정신/승자 행동에 토큰을 준다.
5. 게임이 너무 거칠어지려고 하면 모든 아이들에게 '흥분을 가라앉힐' 시간을 주면서, 너무 거칠어져서 흥분을 가라앉힐 필요가 있다고 설명하고 규칙에 대해서 생각해 보라고 말한다.
6. 게임이 끝날 때 각 아이의 토큰을 합해서 집단이 얻은 토큰의 숫자만 구한다. 아이들이 함께 세도록 한다. 아이들 간에 비교를 한다거나, 누가 제일 많이 얻었는지 알려주는 것은 피해야 하는데, 이것은 비생산적인 경쟁을 불러일으키기 때문이다.
7. 아이들에게 좋은 시간을 보냈는지 묻는다. 왜 좋은 시간을 보냈는지 묻는다. (답 : 왜냐하면 모든 아이들이 즐거운 시간을 보내도록 노력했고, 모든 사람이 똑같이 공을 던질 기회를 가졌고, 다친 사람도 없고, 난폭 행위로 겁먹은 아이도 없었기 때문이다.)

자신들의 놀이 구성에 대한 아이들 반응의 임상사례

자발적으로 놀이 구성하기

다섯 명의 2학년 남자아이들은 농구를 하기로 결정했다. 2학년, 3학년 여자아이 네 명은 놀이터의 다른 쪽으로 가서 축구를 시작했다.

자발적인 '끼어들기'

아이들은 두 가지 게임을 결정했다. 포 스퀘어 핸드볼 게임과 킥볼 게임이었다. 포 스퀘어를 하던 아이들이 킥볼 게임을 보고 자신들도 원래 하던 게임 대신에 그 게임을 하고 싶어 했다. 포 스퀘어를 하던 아이들은 적절하게 끼어들었다(사이드라인에서 기다리다가 숫자가 적은 편에 넣어달라고 부탁해서).

부상에 대한 자발적인 염려

한 아이가 넘어져서 (경미한) 부상을 입자, 몇몇 아이들이 그 아이가 괜찮은지 보려고 하던 경기를 중단했다. 그들은 좋은 스포츠맨 정신으로 토큰을 얻었다.

잠재적 문제

오랜 습관 깨뜨리기 1

농구 게임을 하던 한 6학년 남자아이는 자신이 수비하고 있던 상대편 남자아이를 공격적으로 막았다. 팔을 거칠게 흔들어대기 시작하더니 상대 아이의 팔, 손, 그리고 공을 과격하게 내리치면서 공을 빼앗으려고 했다. 집단 지도자는 그 아이에게 주의를 주었다. 그 아이는 즉각 이런 행동을 멈추었다.

오랜 습관 깨뜨리기 2

주의력결핍 과잉행동장애가 있는 한 5학년 남자아이는 농구 규칙인 '빼앗지 않기', '거친 접촉 안 하기'를 위반하였다. 그 아이는 커다란 소리로 집단에게 "우리 학교에서는 정글 볼을 해. 누가 다쳐도 우린 상관 안 해. 그게 우리가 노는 방식이야. 난 계집애 같은 놀이는 안 할 거야." 새로운 규칙으로 마지못해 게임을 한 후 보고시간에 그 남자아이는 덜 공격적인 게임 형식이 더 재미있었다는 것을 인정했다.

회기 마무리 모임

1. 부모와 아이들이 다시 모이면, 어린이 집단 지도자는 이번 회기에 한 일에 대해 아이들을 (집단으로서) 칭찬한다. "오늘 우리는 좋은 스포츠맨 정신을 연습했습니다. 많은 아이들이 좋은 스포츠맨 정신을 보여주었습니다. 아이들이 열심히 한 것에 대해 큰 박수를 보냅시다."라고 말한다.
2. 어린이 집단 지도자는 계속해서 "이번 주에 모두가 해야 될 중요한 일은 놀이데이트를 하는 것입니다."라고 말한다.
3. 부모 앞에서 각 아이들이 다음번 놀이데이트 손님의 이름과 야외용 장난감(팀 스포츠용)을 말하게 한다.

어린이 친구 만들기 훈련

부모 유인물 – 10회기

남자아이들과 여자아이들 사이의 문화적 차이

목표

부모가 남자아이와 여자아이의 친구관계 유형이 다름을 인식하도록 하기

2학년 무렵부터, 남자아이들과 여자아이들은 서로 분리되는 경향을 보이기 시작하며 다른 문화를 형성한다

1. 어떤 여자아이들은 남자아이들의 관심사(예 : 야구, 미식축구)에 능숙하여 이 경계를 넘나들기도 한다.
2. 어떤 남자아이들과 여자아이들은 친한 이성친구 관계를 개인적으로는 유지하지만, 공개적으로 같이 놀지는 않으려 할 것이다.
3. 이성 간의 친구관계는(동성 간의 친구관계와 마찬가지로) 서로를 동등하게 대할 때에 좀 더 유익하다.

아이의 놀이를 관찰한 연구결과에서 부모가 알아야 할 가장 중요한 것들은 다음과 같다

서로 아는 사이에서

1. 여자아이들은 서로 비슷하게 맞추는 경향이 있는 반면에, 남자아이들 집단은 특정 아이를 리더로 지명한다.
2. 여자아이들은 남자아이들보다 더 작은 집단(보통 2~3명)으로 모여서 논다.
3. 남자아이 활동(예 : 야구)을 잘하는 여자아이들은 계속 양쪽 성별에게 다 받아들여진다. 선호도가 높은 남자아이들도 양쪽 성별에게 다 받아들여진다.

친한 친구 사이에서

1. 어떤 여자아이들(모두가 그렇지는 않지만)은 다른 여자아이들과 '패거리'를 형성하는 반면, 남자아이들은 '편애하는 소수'와 '단짝친구' 같은 두 단계의 친한 친구를 사귄다.
2. 여자아이들의 친구관계는 좀 더 배타적인 경향이 있어서, 기존의 관계에 친구를 늘리는 것보다는 아예 새로운 친구관계를 맺는다.
3. 남자아이들의 친한 친구들은 활동에 관한 관심과 신체적 능력을 공유하는 경향이 있는 반면, 여자아이들의 친한 친구들은 대화를 공유하는 경향이 있다.

어린이 친구 만들기 훈련

어린이 10 · 11회기

매직 존슨 농구 규칙

아이들을 집합시킨다

1. 아이들에게 남을 칭찬하거나, '하이파이브'를 해 주거나, '좋은 스포츠맨 규칙'이나 '좋은 승자 규칙'을 따르거나, 어떤 식으로든 남을 배려하는 사람에게 토큰을 줄 것이라고 말해준다.

편을 가른다

2. 엇비슷한 능력이 되도록 집단 지도자가 편을 나눈다.

게임 규칙을 말해 준다

3. 보통의 농구 게임의 규칙을 사용하는데, 단지 다른 점은 협동적인 팀 플레이를 우선적으로 강조한다. 다음의 행동에는 주의 주기와 타임아웃을 준다.
   - 공을 빼앗거나 시도하는 것
   - 공격적인 신체 접촉(예 : 그냥 막는 게 아니라 남을 쳐서 반칙을 하거나, 다른 아이들을 겁먹게 하는 지나친 철통 방어)
   - 점수를 기록하려는 시도
   - 점수를 낸 후의 지나친 축하
   - 점수를 내기 전에 최소 한 번은 공을 패스해야 한다.

게임을 시작하고 행동을 감독하고 통제한다

4. 과도하게 '공을 독차지'하는 아이들은 어느 쪽으로든 투구할 기회를 잃게 된다(그들은 단지 리바운드, 드리블, 그리고 공을 남에게 패스할 수만 있다).

핵심 교육

5. 토큰은 좋은 스포츠맨/승자 규칙과 관련된 행동을 했을 때에 받을 수 있다. 눈 맞추기나 다른 사람 이름 불러주기 같은 것들은 좋은 스포츠맨 정신에 집중하는 것을 흐트러뜨리기 때문에 토큰을 주지 않는다. 토큰 주는 방법은 다음과 같다.
   (a) 농구 심판처럼 아이들이 게임하는 중간에 들어갔다 나왔다 한다.
   (b) 토큰을 줄 때는 아이들이 게임에 집중하는 데에 잠깐만 방해가 되도록 해야 한다.
   (c) 아이에게 토큰을 주면서 토큰을 받는 이유를 간결하게 말한다.(예 : "지금 막 점잖게 행동해서", "하이파이브를 해 주어서"

(다음 페이지에 계속)

(d) 아이가 바람직한 일을 한 후 토큰을 바라보거나 요구할 때는 주지 않는다(그러나 그런 행동에 대한 칭찬은 한다). 어떤 아이들은 토큰을 얻으려는 욕구만으로 코치 앞에서 '연기'를 하기 시작하여 진행 중인 게임의 다른 양상에 집중하지 못할 것이다.

(e) 아이가 토큰을 받지 못한 것에 대해 언쟁을 하려 하면 주의를 주고, 그래도 언쟁을 계속하려는 경우 타임아웃을 준다.

게임 마무리 보고

6. 게임이 끝날 때 각 아이의 토큰을 합해서 집단이 얻은 토큰의 숫자만 구한다. 아이들이 함께 세도록 한다. 아이들 간에 비교를 한다거나, 누가 제일 많이 얻었는지 알려주는 것은 피해야 하는데, 이것은 비생산적인 경쟁을 불러일으키기 때문이다.
7. 아이들에게 좋은 시간을 보냈는지 묻는다. 왜 좋은 시간을 보냈는지 묻는다. (답 : 왜냐하면 모든 아이들이 즐거운 시간을 보내도록 노력했고, 모든 사람이 똑같이 공을 던질 기회를 가졌고, 다친 사람도 없고, 난폭 행위로 겁먹은 아이도 없었기 때문이다.)

어린이 친구 만들기 훈련

어린이 10 · 11회기

축구 규칙

아이들을 집합시킨다

1. 동시에 두 게임을 하기 위해 아이들을 두 집단으로 모은다(하나는 약식 축구를 하고 다른 하나는 농구나 핸드볼을 하는 것처럼)

편을 가른다

2. 아이들의 운동 능력에 따라서 두 팀을 가능한 한 비슷하게 나누고, 첫 번째 골키퍼를 선정한다(한곳에 가만히 있어야 되기 때문에 골키퍼를 하려는 아이는 거의 없다).

게임 규칙을 말해 준다

3. 점수를 기록하지 말고 아이들도 기록하지 않도록 지시한다.
4. 최소 두 명의 아이 사이에 계속 공을 패스하도록 한다.
5. 다음 행동들에 주의와 타임아웃을 준다. 공을 독차지하기, 점수 기록하기, 부딪치기, 신체적 공격, 다른 아이를 향하여 직구 차기, 무모하게 공을 향해 뛰어들기, 점수를 내고 지나치고 부적절하게 축하하기

게임을 시작하고 행동을 감독하고 통제한다

6. 아이들이 스스로 정기적으로 골키퍼를 교체하도록 한다. 자발적으로 하지 않으면 아이들 대신 교체한다.
7. 한 아이가 점수를 획득하지 못하면, 게임을 중단시키고 팀원에게 그 아이가 다음 골을 넣도록 할 방법을 찾아내게 한다.

핵심 교육

8. 토큰은 좋은 스포츠맨/승자 규칙과 관련된 행동을 했을 때에 받을 수 있다. 눈 맞추기나 다른 사람 이름 불러주기 같은 것들은 좋은 스포츠맨 정신에 집중하는 것을 흐트러뜨리기 때문에 토큰을 주지 않는다. 토큰 주는 방법은 다음과 같다.
   (a) 농구 심판처럼 아이들이 게임하는 중간에 들어갔다 나왔다 한다.
   (b) 토큰을 줄 때는 아이들이 게임에 집중하는 데에 잠깐만 방해가 되도록 해야 한다.
   (c) 아이에게 토큰을 주면서 토큰을 받는 이유를 간결하게 말한다. (예 : "지금 막 점잖게 행동해서", "하이파이브를 해 주어서")

(다음 페이지에 계속)

(d) 아이가 바람직한 일을 한 후 토큰을 바라보거나 요구할 때는 주지 않는다(그러나 그런 행동에 대한 칭찬은 한다). 어떤 아이들은 토큰을 얻으려는 욕구만으로 코치 앞에서 '연기'를 하기 시작하여 진행 중인 게임의 다른 양상에 집중하지 못할 것이다.

(e) 아이가 토큰을 받지 못한 것에 대해 언쟁을 하려 하면 주의를 주고, 그래도 언쟁을 계속하려는 경우 타임아웃을 준다.

게임 마무리 보고

9. 각 아이의 토큰을 합해서 집단이 얻은 토큰의 숫자만 구한다.
10. 아이들이 함께 세도록 한다. 아이들 간에 비교를 한다거나, 누가 제일 많이 얻었는지 알려주는 것은 피해야 하는데, 이것은 비생산적인 경쟁을 불러일으키기 때문이다.
11. 아이들에게 좋은 시간을 보냈는지 묻는다. 왜 좋은 시간을 보냈는지 묻는다. (답 : 왜냐하면 모든 아이들이 즐거운 시간을 보내도록 노력했고, 모든 사람이 똑같이 공을 던질 기회를 가졌고, 다친 사람도 없고, 난폭 행위로 겁먹은 아이도 없었기 때문이다.)

CHAPTER

19

신체적 싸움 피하기

치료의 근거

또래 거부와 공격이 함께 나타나는 것은 아이들의 예후에 적신호라고 할 수 있다. 사회기술훈련 프로그램에 등록한 아이들 중 상당한 아이들이 이러한 조합을 갖고 있다. 치료의 가설은 부모와 아이에게 좀 더 효율적으로 상황을 파악하고 도움을 얻을 수 있는 방법을 가르쳐 줄 수 있다는 것이다. 이번 회기에 나오는 내용은 자녀들이 또래와 신체적 싸움에 말려들었을 때 부모가 중재할 수 있는 기반이 된다. 또 아이들에게는 신체적 공격의 결과에 대해 각성하게 하고, 싸움을 잘 거는 또래들을 피하는 방법을 제공한다.

19.1 충돌을 피하는 것의 중요성

공격적인 아이들은 또한 타인의 도발에 재빨리 반응한다. Dodge, McCluskey, Feldman(1985)의 보고에 의하면 교사와 치료자들에 의해 파악된 가장 문제되는 상황들 중에 하나는 아이들이 타인의 도발에 반응하는 것이다. Bryant(1992)에 의하면, 4학년과 6학년 학생들 중 또래에 의해 선호되는 아이들은 차분하게 충돌을 해결한다. 대조적으로 사회계측상 거부당하고 상반되는 아이들은 인기 있거나, 무시당하거나, 평균적인 아이들에 비해 사회적 목적으로 공격적인 앙갚음을 더 많이 사용하는 것으로 나타났다(제13장, 사회적 목표에 대한 논의 참조).

19.2 공격의 정의와 성별 차이

공격은 강압적인 방법으로 목적을 성취하는 것으로 정의할 수 있다. 강압의 방법은 성별에 따라 차이가 있다. 여자아이들이 '관계적 공격'의 형태로 볼 수 있는 언어적 대결을 사용하는 데 반해 남자아이들은 신체적인 대결을 사용한다(제9장 참조). 남자아이들의 충돌이 힘의 우월성을 확인하려는 동기에서 생긴다면 여자아이들의 충돌은 "누가 그러는데" 식의 논쟁과 관련이 있다. (예 : "스티븐이 그러는데 내가 그 블라우스 입고 뽐냈다고 네가 말했다며?" (Hartup & Laursen, 1993, p. 56) Frankel(1996)은 일반적으로 공격적이고 그 대상이 무차별적인 빈번한 싸움꾼(Patterson, 1986 참조)과 일반적으로 공격적이지 않으나 그 대상이 매우 선택적인 괴롭히는 아이를 구분하고 있다(Olweus, 1993, 제16장 참조). 빈번한 싸움꾼은 다른 아이들을 괴롭히는 아이들의 일부를 차지한다(Coie, Christopoulos, Terry, Dodge, & Lochman, 1989). 이런 남자아이들은 희생자가 지배하려는 시도에 저항하면, 항복할 때까지 계속 공격한다.

Grotpeter와 Crick(1996)은 남자아이들 사이에서 신체적 공격이 일어나는 정도는 여자아이들 사이에서 관계적 공격이 일어나는 정도와 비슷하다는 것을 발견했다. 두 가지 공격의 결과 또한 비슷하다. 또래들 사이에 비선호도가 올라가고, 외로움과 우울감이 커진다. 두 가지 공격의 한 가지 차이점은 교사가 신체적 공격에 비해 관계적 공격을 잘 감지하지 못하는 경우가 많다는 것이다(French, 1990 참조). Crick(1996)은 3학년에서부터 6학년 사이의 아이들을 대상으로 장기연구(한 학년 동안에 걸쳐)를 실시하였다. Crick은 9개월간 여자아이들 사이의 관계적 공격의 안정성(r=.78)이 같은 기간 동안 보인 남자아이들 사이의 눈에 띄는 공격성(r=.68)을 넘어서는 것을 발견하였다. 관계적 공격을 학년 초에 파악하는 것은 학년 말에 여자아이들 사이의 또래 거부를 예측하는 데에 도움이 되었으나, 남자아이들에서는 그렇지 않은 것으로 나타났다. 신체적 공격이 있고 거부당하는 남자아이들의 추적연구에서는 이 아이들의 장기 적응이 나쁜 것으로 나타났다. 그러나 관계적 공격이 있는 여자아이들에 대한 비슷한 연구는 아직 시행되지 않았다.

19.3 또래거부와 공격이 같이 있을 때

공격적 행동이 있으면 거부당할 가능성이 높으며(Newcomb, 1993), 공격적 행동이 거부당하는 원인이 되었을 것이다(Coie & Kupersmidt, 1983). 약 30~50% 사이의 거부당한 남자아이들은 공격적이다(Gillesson, van Ijzendoorn, Van Lieshout, & Hartup, 1992; Coie 등, 1989). 또한 공격적이면서 거부당한 남자아이들은 단짝친구를 사귈 확률이 낮다(Kupersmidt, DeRosier, & Patterson, 1995).

Coie 등(1989)은 공격과 또래 거부가 함께 있으면 일반적으로 장기적인 결과가 더 좋지 않다고 하였다. 2년에 걸쳐 8세에서 20세 사이의 81명을 대상으로 추적연구를 실시한 Bierman과 Wargo(1995)에 의하면 공격적이고-거부당한 아이들은 공격적이고-거부당하지 않은 아이들 혹은 비공격적이고-거부당한 아이들보다 훨씬 더 부정적인 행동과 사회적 결과를 경험하기 쉬운 것으로 나타났다. Wentzel과 Asher(1995)는 공격적이고 거부당한 아이들은 학교를 중퇴하고 후에 범죄에 가담할 위험성이 높다고 보고하였다.

19.4 공격성이 있는 아이들의 발달 곡선

2학년이나 3학년 무렵에 보이는 공격성은 부정적 예후를 알려주는 적신호이다. 1학년의 경우 정당한 이유 없이 공격적인 아이들이 더 인기 있는 경향이 있다. 이는 아마도 공격성의 빈도가 상호작용의 빈도와 맞물려 있고, 1학년 남자아이들 사이에는 공격성이 좀 더 일반적이기 때문일 것이다. 이런 경향은 3학년까지 급격히 변화해서, 공격성은 분명 더 이상 일반적인 것이 아니게 된다.

1학년 아이들 사이의 공격성은 주로 도발에 대한 반응(반응적 공격, 제6장 참조)인 반면 3학년 아이들 사이의 공격성은 주로 정당한 이유가 없는 것이다(Coie 등, 1989). Schwartz 등(1997)에 의하면 거부당하고-공격적인 3학년 남자아이들은 저항을 보이면 더 강하게 공격하며 희생자가 굴복할 때까지 지속적으로 싸운다. 공격적이고-거부당하지 않은 남자아이들은 집요하지 않은 경향이 있다. 공격적이고-거부당하는 남자아이들은 비공격적이고-거부당한 남자아이들에 비해서 충돌을 많이 일으키는 아이들과 서로를 싫어하면서도 관계를 형성할 확률이 2배 높다. 이 저자들은 발달의 변화를 다음과 같이 요약했다.

> 남자아이들은 자라면서 언제 부정적인 언쟁에 대해서 어떤 언급을 하거나 드러내 놓고 반응하지 않고 지나치는 것이 적절한지 인지하기 시작한다. 거부당하는 남자아이들은 이러한 공격적인 행동에 대한 변화하는 규준에 보조를 맞추지 못한다. 그들은 자신이 원하는 것을 얻기 위해 계속 직접적인 공격을 사용한다. (중략) 상대 아이들이 맞대응하지 못하는 만큼 표면상으로는 공격적인 행동이 사

> 라지는 것처럼 보일지 모르지만, 그들 또한 이러한 사회적 일탈에 대해 심각한 대가를 치르게 된다. 다른 아이들이 그들을 싫어하게 될 것이며 점차 그들과의 상호작용을 피하게 될 것이다. (중략) 그들은 자신과 유사한 아이들과만 관계를 맺을 수 있게 된다. (p. 233)

Pattterson, DeBaryshe, Ramsey(1989)는 고도로 공격적인 남자아이들 집단에 대한 장기추적 연구결과를 보고하였다. 아이들의 행동 문제의 초기에 수반되는 것은 부적절한 부모의 훈육과 부모의 불충분한 자유시간 감독이었다. 이런 아이들은 곧 또래들에게 거부당하게 되었고, 중기 아동기에 이르러서는 학업에 어려움을 겪게 되었다. 후기 아동기와 청소년기에 이르러서는 엇나간 또래집단에 들어가고 비행을 저지르게 되는 상황으로 전개되었다. 아이들을 거부당하는 범주에서 벗어나게 하고 반사회적인 취향이 없는 친구들과 연결되도록 하는 것이 궁극적인 결과에 중대한 영향을 준다는 것은 분명한 일이다.

19.5 인지적 편향성과 공격에 관한 연구

사회인지 연구에서 공격적인 행동을 치료하는 접근법을 제시했다. 초기연구(Dodge 등, 1986 참조)에서 공격적인 아이들은 애매하거나 돌발적인 상황에 대해 부정적으로 치우친 사회인식을 갖고 있다는 것이 밝혀졌다. 예를 들어, 그들은 또래들이 쌓고 있는 블록을 쓸어버리거나 쳐버림으로써 악의적인 의도를 드러낸다. 5학년생 대상 연구(Bell-Dolan, 1995)와, 3학년에서 6학년생 대상 연구(Quiggle, Garber, Panak, & Dodge, 1992)에서는 이것이 공격적인 아이들에게만 특이하게 나타나는 요인은 아닐 수 있다는 것이 드러났다. 연구결과에 의하면 불안한 아이들은 그렇지 않은 아이들보다 적대적이지 않은 상황을 적대적인 것으로 잘못 해석하는 경향이 있었다. 이 두 집단의 차이점은 공격적인 아이들은 또래들이 보내는 애매하거나 부적정인 신호에 대해 공격적인 반응을 보일 가능성이 많은 데 비해, 불안한 아이들은 철회하는 경향이 더 높았다(Quiggle 등, 1992).

공격적인 아이들과 불안한 아이들이 갖는 부정적 인지적 편향성은 그들의 행동의 원인이 될 수도 있고, 자신의 행동에 대한 사회적 반응에 대한 그들의 현실적인 기대의 결과이기도 하다(예 : 공격적이고 거부당한 아이들의 부정적 평판의 영향, 제11장 참조). 연구에서 중요한 문제는 이러한 편향성이 성공적인 또래 경험으로 감소하는지, 혹은 중재 동안에 집중적으로 다루어야 하는지 여부이다. 이러한 연구가 계획단계에 있다.

19.6 연구와 임상사례의 결과

공격성은 거부당한 아이들의 예후를 상당히 악화시키며, 이 아이들은 다른 공격적인 아이들과만 관계를 맺을 가능성이 높아진다. 이런 친구관계는 아이들이 긍정적으로 평가하지 않는 어쩔 수 없는 관계일 뿐이다. 부모는 두 가지 방법으로 이러한 상황을 악화시킬 수 있다. 첫 번째는 다른 공격적인 아이들과 어울리도록 조장하는 것이다. 두 번째로, 부모는 거부당한 자녀가 악의적이지 않은 행동을 악의적인 행동으로 잘못 해석하게 만들 수 있다. 치료의 결과로 또래관계가 긍정적으로 변하기 시작하면, 부모들에게 이 잠재적 함정을 인식하고 피하는 방법을 알려주는 것이 도움이 될 것이다.

회기 진행하는 방법

지금까지

아이들은 다양한 손님들과 부모가 감독하는 놀이데이트를 계속하고 있다. 부모와 아이들은 놀이데이트에서 다양한 놀이상대가 어떻게 행동하고 자녀와 어울리는지를 평가하고 있다.

이번 회기에는

이번 회기의 가장 중요한 과제는 부모와 아이들이 친구관계망을 계속 만들기 위해 올바른 선택을 할 수 있도록 도와주는 것이다. 어떤 아이는 놀이데이트를 위해 다른 아이 집에 초대받을 준비가 되어 있을 것이다. 부모도 이 행사를 할 준비가 되어 있을 것이다. 부모 교육의 초점은(회기 유인물) 자녀들의 공격적인 행동을 다루는 방법으로 돌아간다. 제3장에서 검토했듯이 또래관계에 문제가 있는 아이들 중 30%만이 공격적 행동을 보이므로 이 유인물은 일부 부모에게만 적용될 것이다.

부모 11회기 계획

시작 모임

1. 아이들이 들어올 때 장난감을 점검한다. 제외 범주의 장난감은 부모가 보관하도록 한다.[1]

과제 점검

1. (야외용 장난감을 제외하고) 2개의 숙제가 있어서 깊이 있게 검토할 시간이 없다. 부모들에게 (a) 집단 외 통화와 이를 통해 이루어진 (b) 놀이데이트에 초점을 맞추라고 말한다.
2. 집단 외 통화 : (a) 상대방 아이가 전화를 받고 관심을 보이고 반가워했는가? (b) 아이들이 얘깃거리를 찾아냈는가(양방향 대화를 통해서)?
3. 네 번째 놀이데이트에 대해 이야기한다. (a) 부모가 감독하면서 같이 있었는가? (b) 부모가 좋은 초대자 규칙을 상기시키기 위해 개입할 필요가 있었는가? 아이가 규칙에 잘 따랐는가? 점점 나아지고 있는가? (c) 부모가 상대방 아이의 부모를 알려고 노력했는가? (d) 네 번의 놀이데이트를 서로 비교해 본다. 아이의 평가는 어땠는가?
4. 부모들에게 놀이데이트는 단짝친구를 만드는 중요한 단계라는 것을 상기시킨다. 단짝친구는 아이가 '참된 사랑'을 처음 접하게 되는 것이라고 할 수 있다. 좋은 단짝친구는 서로를 충분히 좋아하기 때문에 서로 간의 가벼운 차이점은 극복할 수 있고 서로 사려 깊게 대한다. 그들은 비디오 게임을 하는 것보다 서로와 함께 있는 것에 더 가치를 둔다. 단짝친구들은 놀이데이트 할 때 같이 무엇을 할지 쉽게 결정할 수 있으며 이런 면에서 자주적이다.

놀이데이트 과제를 완수하면서 생긴 변화의 임상사례

자신의 테두리 밖으로 나가기

한 3학년 남자아이의 어머니는 아들이 좋은 친구 한 명하고만 놀려고 하고 새로운 아이를 만나는 것을 피한다고 보고했다. 어머니는 아들이 이 수업이 아니었으면 안 했을 놀이데이트를 하면서, 네 명의 다른 아이를 과제를 하기 위해서 초대했다고 말했다. 아들은 그 남자아이들

1 **위험한/공격적인 장난감** : 무술 장난감, 대용량 물총, 물풍선, **혼자 노는/각자 노는 장난감** : 책, 스케이트보드, 장난감총, **너무 좋은 장난감** : 잃어버리거나 망가지면 아이가 속상해하는 비싼 장난감

중 두 명과 잘 놀았고, 앞으로 더 어울릴 것이다. 집단 지도자는 이렇게 하는 것이 기존의 친구 관계에 대한 압박감을 덜 수도 있다고 말해 주었다. 그 아이는 이제 쉬는 시간에 단짝친구가 자신이 좋아하지 않는 다른 아이와 놀아도 혼자가 아닐 것이다. 그는 이제 함께 어울릴 다른 친구들이 생겼다.

친구가 되지 않아도 되는 경우

한 3학년 여자아이의 어머니는 딸이 좋아하지 않는 아이라도 함께 놀이데이트를 하게 하곤 했는데, 아이들은 조금 지나면 함께할 일들이 없어져 버렸다고 보고했다. 세 명의 다른 여자아이들을 초대하고 나서야, 그 어머니와 딸은 서로 좋아하는 상대와 놀이데이트를 하면 더 잘할 수 있다는 것을 깨달았다.

잠재적 문제

좋지 않은 아이에게 초대받았을 때

부모들은 자녀가 다른 아이의 집에서 놀이데이트 할 때, 다른 아이들이 좋은 초대자 규칙을 따르지 않는 것을 보고 걱정을 하였다. 집단 지도자는 다음과 같은 지침을 제안했다. "우리가 우리 집에 있을 때에는 우리의 규칙을 따르지만, 다른 사람에게도 옳은 일을 하라고 강요할 수는 없다. 우리가 다른 사람의 집에 있을 때에는 다른 아이가 좋은 초대자가 아닐지라도, 좋은 손님이 되려고 최선을 다해야 한다." 좋지 않은 초대자의 집에 오라는 초대는 받아들이지 않아도 된다.

과제 내어주기

대부분의 부모들은 다른 아이들과 네다섯 번의 놀이데이트를 잡았을 것이다. 아직 좋은 초대자 규칙을 지키도록 중재를 해야 하는 부모는 자기의 집에서만 놀이데이트를 해야 한다. 어떤 부모는 다른 아이의 집에 놀이데이트 초대받는 것을 받아들일 준비가 되어 있을 것이다. 그러므로 여기서 자녀들이 다른 집에 놀러 오라는 초대를 받아들일 때, 부모가 어떻게 해야 할지를 검토해 보는 것이 좋겠다(3번과 4번).

1. 계속해서 놀이데이트를 잡는다. 다음 주에 초대할 새로운 아이를 생각해 둔다.[2]
2. 부모들에게 말한다. "만약 아이들이 준비가 되기 전에 다른 아이 집에 놀러 오라는 초대를 받아들인다면, 아이들은 잘못된 행동을 할 수도 있습니다. 다른 부모들은 보통 이것을 직접 말하지는 않겠지만, 다음번에 그 집 아이를 초대하면 바쁘다고 할 것이고, 다시는 우리 아이를 초대하지 않을 것입니다(부모는 자녀와 잘 맞지 않는 손님에게는 거리낌 없이 이렇게 해야 한다)."
3. 좋은 초대자 규칙을 상기시킬 필요 없이 세 번의 놀이데이트가 잘 진행되었다면, 부모는 자녀가 다른 아이 집에 초대받는 것을 받아들이기 시작할 수 있다. 부모가 전화를 받으면 자녀의 의향을 물어보아야 한다(전화기에 들리지 않게). 자녀가 원할 때만 초대를 받아들인다. 자녀가 원하지 않으면 부모는 놀이데이트를 할 수 없는 적당한 핑계를 대어야 한다("우리가 좀 바쁜데, 다시 연락 드릴게요."). 때때로 자녀들이 마음을 바꿀 수도 있기 때문에 선택의 여지는 남겨둔다.
4. 다른 아이의 집에서 놀이데이트를 할 때 : 부모는 단순히 아이를 데려다 주고 데려오기만 해서는 안 되고 그 집에 들러서 상대 부모와 담소를 나누도록 한다(특히 아이를 데리러 갔을 때). 곁눈질로 자녀가 노는 것을 볼 수 있고, 상대방 부모를 좀 더 알게 되어 자녀를 놀이데이트에 보내는 것을 얼마나 편안해 하는지도 알 수 있을 것이다.
5. 다음 주가 졸업이다. 더 즐거운 분위기를 만들기 위해서 치료팀은 피자와 음료수를 준비하고, 부모들은 후식을 마련해 온다. 부모들은 모든 사람을 위해, 조금씩이라도 후식을 사 오거나 만들어 와야 한다. (예 : 브라우니를 만들어 잘게 잘라서 모든 사람이 한 조각씩 먹을 수 있도록 하는 식) (a) 형제자매는 부모 교실에 있도록 하고, (b) 비밀 보장 문제 때문에 친구를 데려오거나 사진을 찍는 것은 안 된다. 12회기는 졸업식 때문에 한 시간 반 정도 걸릴 것이다. 장소와 시간이 바뀐 것을 알려준다.
6. 왜 졸업파티를 하는가? 아이들에게 이 프로그램이 끝났다는 것을 알리고 성취감을 주기 위해서이다. '오즈의 마법사' 효과를 인용하는데, 거기에서 세 명의 등장인물이 많은 난제를 완수하지만 스스로는 하나도 나아졌다고 느끼지 못하다가 마지막에 각자 인정받는

---

2 가장 좋은 경우는 전에 한 번도 개인적으로 놀았던 적이 없는 새로운 놀이친구(아이가 한동안 알고 지냈지만 한 번도 초대한 적이 없는 아이)이다. 두 번째로 좋은 경우는 친구였는데 오랫 동안 초대하지 않았던 아이이다. 세 번째로 좋은 경우는 거의 초대하지 않았던 아이이다. 네 번째로 좋은 경우는 현재 있는 다른 좋은 친구이다.

징표를 받고서야 깨닫게 되었다.

부모 유인물

첫 번째 유인물은 자녀가 학교에서 공격적인 행동으로 어려움에 처했을 때 사용할 수 있는 보고형식이다. 아이들은 예외 없이 자신의 행동을 정당화하려 하거나 (다른 사람이 먼저 잘못했다고 하며) 부정하려 할 것이다(교사가 잘못을 지적하기를 좋아해서 억울하게 지적 받았다고). 이것은 아이가 이유 없이 먼저 공격하거나, 말로 자극 받고 신체적으로 남을 공격했을 때, 또는 계속해서 공격하다가 결국 교사에게 들켰을 때에도 마찬가지이다.

부모가 아이의 설명을 무조건 받아들이면 모순된 메시지를 전달할 수 있다. 유인물에는 교사의 부정적 보고에 대한 아이의 설명에 적절히 반응할 수 있는 방법이 나와 있다. 유인물이 '진상을 규명'하는 것과는 아무 상관이 없기 때문에, 부모들은 보통 발표를 들을 때 조용히 있는다.

1. 부모 유인물, '자녀와 다른 아이 사이의 신체적 싸움 줄이기'를 검토한다(집단 지도자 지침은 없다). 부모들(대부분 아버지들)은 유인물에 제시된 접근법에 이의를 제기할 것이며, 자녀들이 공격적으로 대응해야 한다고 주장할 것이다. 집단 지도자는 "아이의 설명이 정확한지 어떻게 알지요?", "맞서 싸우라는 메시지를 주는 건가요?", "괴롭히는 아이를 때리다 역효과가 나면 어쩌죠?" 같은 문제를 제기한다.
2. 두 번째 부모 유인물, '졸업파티 유인물'을 검토한다(집단 지도자 지침은 없다). 장소와 시간이 변경되었으면 알려준다.[3] 부모들은 소수민족의 금기 음식에 주의하도록 한다. 예를 들어, 정통파 유대교도는 그들의 율법에 따라 만든 음식을 가져와야 한다. 아이들은 즐거운 시간을 보내야 하며 소외되었다는 느낌을 가져서는 안 된다(즉, "우리 부모는 테이블에 차려놓은 음식을 하나도 못 먹게 해."). 그러므로 지금은 부모가 설탕 금지를 하거나 아이들이 아무도 먹지 않을 '건강식'을 가져올 때가 아니다.

---

3 집단 지도자보다는 부모들이 선물을 더 잘 준비할 수 있기 때문에, 부모들이 선물을 준비한다. 이것은 아이들의 삶의 전환기에 부모가 해야 하는 일반적인 사회적 역할이기도 하다.

어린이 11회기 계획

과제 점검

1. 놀이데이트를 점검한다. 놀이데이트 과제를 했는지 물어보고 과제를 한 아이들만 선택한다. 규칙에 따라서 한 놀이데이트에 관해서만 보고를 하도록 한다. 규칙을 따라 한 놀이데이트가 아니라면 중단시키고 과제를 한 아이에게 묻는다. 질문할 것들 : 했던 일 한 가지 말하기. 아이가 좋아한 부분은 무엇인가? 무엇을 할지 결정하기 위해 먼저 통화를 했는가? 게임은 누가 선택했는가? 손님은 좋은 시간을 보냈는가? 아이도 좋은 시간을 보냈는가?
2. 아이들 중 어른에게 부당하게 비난을 받은 사람이 있는지 물어보고 어떻게 대응했는지 점검한다. 필요에 따라 잘못된 것은 수정해 준다.

교육

이 교육을 하는 주 목적은 다음에 또래들과 부모들이 대화를 나눌 때의 분위기를 조성하는 것이다. 여기서 쓰인 기본 틀은 다른 아이들(아이들이 쉽게 이해하고 받아들일 수 있도록 '괴롭히는 아이'로 부른다)은 공격적이고 공격적인 행동은 그 아이들을 곤란하게 만든다는 것이다. 공격적인 아이들은 피해야 한다(아이들은 행동이 바른 아이들과 놀이데이트를 했기 때문에 이제 다른 대안이 있다). 소크라테스식 문답법을 사용하지 않고 다음 것들을 제시한다.

1. 아이들에게 묻는다. 괴롭히는 아이란 어떤 아이지? 괴롭히는 아이가 되면 뭐가 문제지? 나쁜 짓을 하다가 걸리면 어떻게 되지? 그 아이들이 자라면 어떻게 될까? 괴롭히는 아이가 성적이 좋은 걸 본 사람 있니? 어떤 아이들은 괴롭히는 아이도 아니면서, 무리에 끼어서 그런 옷차림을 하고 그런 행동하는 걸 좋아하지. 그러면 뭐가 문제가 될까?
2. 싸움을 멀리 하는 방법
   - 괴롭히는 아이를 피하고, 다른 장소에서 놀며, 그들에게 말을 걸지 않는다.
   - 다른 아이들과 어울려 논다. 괴롭히는 아이들은 혼자 있는 아이들을 목표로 삼기 쉽다.
   - 어른 감독자 가까이에서 논다.
   - 괴롭히는 아이를 자극하는 어떤 행동도 하지 않는다(놀리기, 얼굴 찌푸리기, 어리석은 일로 일러바치기 등).

- 다른 아이들이 싸우는 것을 보거나 말리려 하지 않는다. 같이 곤란해질 수 있다.

과제 내어주기

1. 놀이데이트에 새로운 아이를 초대한다(다음 회기에는 장난감을 가져오지 않는다).

[주의 : 12회기는 졸업식 때문에 한 시간 반 정도 걸릴 것이라는 것과 장소와 시간이 바뀐 경우 변경 사항을 알려준다.]

아이들은 설문지를 작성하게 될 것이고(사후평가) 프로그램 주최측에서 제공할 것들과 (UCLA 프로그램에서는 피자와 음료수를 제공한다), 부모들이 제공해야 할 것들을 알려준다 (상품과 디저트). 아이들은 프로그램 주최측이 제공하는 비디오를 일부 볼 것이다. 어떤 아이들은 자신들이 고른 영화를 가져와도 되냐고 물을 것이다. 집단 지도자는 (부모 지도하에 관람 가능한 등급의 영화라고 하더라도) 거기에 부적절한 장면이 있을 수도 있으므로 안 된다고 해야 한다.

실제놀이

이 회기의 실제놀이 부분은 10회기와 같다. 다음은 일반적인 게임의 틀이다.

1. 아이들이 스스로 게임을 선택하도록 하고 다른 아이들의 게임에 끼어들기 위한 끼어들기 기술을 자발적으로 사용하게 한다(아이들이 매직 존슨 농구와 축구를 선택한 경우 매직 존슨 규칙을 가르쳐 준다).
   (a) 또래를 당황스럽게 하거나 부상당할 위험이 큰 게임은 새로운 친구관계를 만드는 데에 도움이 되지 않는다고 조언해 준다.[4]
   (b) 농구나 축구 혹은 배구처럼 어른의 중재 없이 아이들이 활동의 흐름을 통제할 수 있는 게임을 선택하도록 도와준다.
   (c) 깃발잡기나 포로 게임 같이 아이들이 한 번에 두 명씩 불려 나오는 게임은 칭찬할 기회가 많이 없기 때문에 피하도록 한다.
2. 놀이 공간으로 나가기 전에 놀 게임을 투표로 결정한다. 아무도 혼자 놀게 해서는 안 되지만, 모든 아이들이 같은 게임을 하며 놀 필요는 없다. 남자아이들보다는 여자아이들이 다

---

4 '전쟁 볼'(피구의 변형된 형태로 상대편 선수에게 좀 더 공격적으로 공을 던진다)과 '엉덩이 위로'(게임 중에 아이들이 벌로 엎드려 있으면 다른 아이들이 엉덩이에 공을 집어 던진다) 같은 게임이 그런 게임들이다.

른 게임을 선택할 가능성이 있다.

3. 집단 지도자는 양쪽이 능력 면에서 비슷하게 팀을 가른다.
4. 좋은 스포츠맨/승자 행동에 토큰을 준다.
5. 게임이 너무 거칠어지려고 하면 모든 아이들에게 '흥분을 가라앉힐' 시간을 주면서, 너무 거칠어져서 흥분을 가라앉힐 필요가 있다고 설명하고 규칙에 대해서 생각해 보라고 말한다.
6. 게임이 끝날 때 각 아이의 토큰을 합해서 집단이 얻은 토큰의 숫자만 구한다. 아이들이 함께 세도록 한다. 아이들 간에 비교를 한다거나, 누가 제일 많이 얻었는지 알려주는 것은 피해야 하는데, 이것은 비생산적인 경쟁을 불러일으키기 때문이다.
7. 아이들에게 좋은 시간을 보냈는지 묻는다. 왜 좋은 시간을 보냈는지 묻는다. (답 : 왜냐하면 모든 아이들이 즐거운 시간을 보내도록 노력했고, 모든 사람이 똑같이 공을 던질 기회를 가졌고, 다친 사람도 없고, 난폭 행위로 겁먹은 아이도 없었기 때문이다.)

회기 마무리 모임

1. "오늘은 좋은 운동선수가 되는 연습을 했습니다. 아이들 중 좋은 운동선수가 많이 보이네요. 모두 아이들에게 큰 박수를 보냅시다."라고 말한다.
2. 어린이 집단 지도자는 계속해서, "이번 주에 모두가 해야 될 주된 과제는 놀이데이트를 하는 것입니다."라고 말한다.
3. 방 안을 돌아다니며 각 부모와 아이가 놀이데이트를 하기 위해서 누구에게 전화할지 합의했는지를 점검한다(다음 회기에는 장난감을 가져오지 않는다).

어린이 친구 만들기 훈련

부모 유인물 – 11회기

자녀와 다른 아이 사이의 신체적 싸움 줄이기

장기연구결과에 의하면 또래들과 문제가 있고 신체적 싸움을 하는 아이들은 훨씬 나쁜 결과를 보인다. 신체적 싸움을 하지 않도록 해야 할 근거는 분명하다.

1. 자기방어(그것이 진짜 자기방어였는지는 아무도 모른다)라고 하더라도 싸움을 옹호하지 않는다.
2. 그 상황에 대한 아이의 입장을 묻는다. 지지적인 말을 하지 않는다(자녀가 싸움에 말려들지 않으려고 했던 방법을 말하지 않는 한)
3. 다음에 그런 상황이 발생할 때 할 수 있는 더 나은 방법을 생각해 보게 한다. "싸우기로 하는 건 절대로 좋은 선택이 아니야. 다음 번에 누가 네 공을 뺏어가면 어떻게 할 거야?"

   다음번에 할 수 있는 것들

다른 아이가 먼저	다음번에 먼저 시도할 것들
네 것인 줄 모르고 네 장난감을 가지고 놀면	그 아이에게 내 것이라고 말한다.
자꾸 네 공이나 장난감을 가져가면	나이 든 아이들 – 아무 반응도 보이지 않는다. 어린 아이들 – 어른에게 말한다.
너를 놀리면	'놀림을 우습게 만들기' 기술을 사용한다.
너를 때리고 밀치면	팔이 닿지 않는 거리에 있는다. 다른 아이들과 어울린다. 운동장을 감독하는 사람 근처에 있는다.
집단 게임을 방해하면	다른 아이들이 상대하게 한다.

4. 다음번에는 이렇게 해 보겠다는 약속을 아이로부터 받아낸다.
5. 싸움을 할 때마다 즉각 짧게 대가를 치르게 한다.
   - 시행할 수 있는 대가를 선택한다.
   - 대가는 간단해야 한다(싸움을 한 날 바로 몇 시간 외출 금지를 시키는 것이 더 긴 시간 동안 외출 금지를 시키는 것보다 낫다).
   - 대가로 재미있는 것을 제한하는 것은 안 된다. (게임 금지, TV 금지, 즐거운 대화 금지, 팀 경기 금지, 스카우트 모임 금지 등)

(다음 페이지에 계속)

- 시작하기 전에 치를 대가를 정확하게 말해 준다. 예를 들어, “다음번에 시도할 더 나은 방법을 생각해내서 기쁘구나. 그렇지만 지금 당장은 저녁 6시까지 외출 금지야. 그때까지는 TV나 게임도 안 된다.”

6. 대가를 치른 후에는 더 이상 그것에 대해 말하지 않는다. “과거의 실수를 잊고 새 출발 한다.”
7. 만약 이것이 통하지 않는다면 전문가의 도움을 받는다.

가장 효과적인 것은 부모 훈련인데, 이것은 일대일이나 집단으로 상담자와 여러 가지 방법을 계획하고 시도하는 과정이며, 대개 6~12회기 내에 마칠 수 있다.

어린이 친구 만들기 훈련

졸업 파티 과제 – 11회기에 받아서

12회기에 해 오기

시간 :
정규 시작 시간 30분 전에 파티가 시작될 것이다.

장소 :

주최측이 제공할 것들 :
장식, 피자, 음료수

부모들이 제공해야 할 것들 :
파티를 더 즐겁게 해 줄 디저트. 부모는 아이들을 위해서 음식을 사거나 만들 수 있다. 몸에 좋은(그러나 보통 좋아하지 않는) 엄선된 음식(셀러리 줄기, 과일 샐러드, 다이어트 쿠키, 과일말이 같은 것 등)보다는 아이들이 선물로(또한 열심히 한 것에 대한 보상으로) 생각할 수 있는 '재미있는' 디저트(컵케이크나 도넛 같은 것)를 가져오게 한다.

다른 지침들 :
1. 형제자매를 데려와도 되지만 졸업식 시작 전까지 부모 교실에 있도록 한다.
2. 비밀 보장에 대한 염려 때문에 친구들이 참석하는 것과 사진 찍는 것은 금한다.

어린이 친구 만들기 훈련

어린이 10 · 11회기

매직 존슨 농구 규칙

아이들을 집합시킨다

1. 아이들에게 남을 칭찬하거나, '하이파이브'를 해 주거나, '좋은 스포츠맨 규칙'이나 '좋은 승자 규칙'을 따르거나, 어떤 식으로든 남을 배려하는 사람에게 토큰을 줄 것이라고 말해 준다.

편을 가른다

2. 엇비슷한 능력이 되도록 집단 지도자가 편을 나눈다.

게임 규칙을 말해 준다

3. 보통의 농구 게임의 규칙을 사용하는데, 단지 다른 점은 협동적인 팀 플레이를 우선적으로 강조한다. 다음의 행동에는 주의 주기와 타임아웃을 준다.
   - 공을 빼앗거나 시도하는 것
   - 공격적인 신체 접촉(예 : 그냥 막는 게 아니라 남을 쳐서 반칙을 하거나, 다른 아이들을 겁먹게 하는 지나친 철통 방어)
   - 점수를 기록하려는 시도
   - 점수를 낸 후의 지나친 축하
   - 점수를 내기 전에 최소 한 번은 공을 패스해야 한다.

게임을 시작하고 행동을 감독하고 통제한다

4. 과도하게 '공을 독차지'하는 아이들은 어느 쪽으로든 투구할 기회를 잃게 된다(그들은 단지 리바운드, 드리블, 그리고 공을 남에게 패스할 수만 있다).

핵심 교육

5. 토큰은 좋은 스포츠맨/승자 규칙과 관련된 어떤 행동을 했을 때에 받을 수 있다. 눈 맞추기나 다른 사람 이름 불러주기 같은 것들은 좋은 스포츠맨 정신에 집중하는 것을 흐트러뜨리기 때문에 토큰을 주지 않는다. 토큰 주는 방법은 다음과 같다.
   (a) 농구 심판처럼 아이들이 게임하는 중간에 들어갔다 나왔다 한다.
   (b) 토큰을 줄 때는 아이들이 게임에 집중하는 데에 잠깐만 방해가 되도록 해야 한다.
   (c) 아이에게 토큰을 주면서 토큰을 받는 이유를 간결하게 말한다. (예 : "지금 막 점잖게 행동해서", "하이파이브를 해 주어서")

(다음 페이지에 계속)

(d) 아이가 바람직한 일을 한 후 토큰을 바라보거나 요구할 때는 주지 않는다(그러나 그런 행동에 대한 칭찬은 한다). 어떤 아이들은 토큰을 얻으려는 욕구만으로 코치 앞에서 '연기'를 하기 시작하여 진행 중인 게임의 다른 양상에 집중하지 못할 것이다.

(e) 아이가 토큰을 받지 못한 것에 대해 언쟁을 하려 하면 주의를 주고, 그래도 언쟁을 계속하려는 경우 타임아웃을 준다.

게임 마무리 보고

6. 각 아이의 토큰을 합해서 집단이 얻은 토큰의 숫자만 구한다. 아이들이 함께 세도록 한다. 아이들 간에 비교를 한다거나, 누가 제일 많이 얻었는지 알려주는 것은 피해야 하는데, 이것은 비생산적인 경쟁을 불러일으키기 때문이다.
7. 아이들에게 좋은 시간을 보냈는지 묻는다. 왜 좋은 시간을 보냈는지 묻는다. (답 : 왜냐하면 모든 아이들이 즐거운 시간을 보내도록 노력했고, 모든 사람이 똑같이 공을 찰 기회를 가졌고, 다친 사람도 없고, 난폭 행위로 겁먹은 아이도 없었기 때문이다.)

어린이 친구 만들기 훈련

어린이 10 · 11회기

축구 규칙

아이들을 집합시킨다

1. 동시에 두 게임을 하기 위해 아이들을 두 집단으로 모은다(하나는 약식 축구를 하고 다른 하나는 농구나 핸드볼을 하는 것처럼)

편을 가른다

2. 아이들의 운동 능력에 따라서 두 팀을 가능한 한 비슷하게 나누고, 첫 번째 골키퍼를 선정한다(한곳에 가만히 있어야 되기 때문에 골키퍼를 하려는 아이는 거의 없다).

게임 규칙을 말해 준다

3. 점수를 기록하지 말고 아이들도 기록하지 않도록 지시한다.
4. 최소 두 명의 아이 간에 계속 공을 패스하도록 한다.
5. 다음 행동들에 주의와 타임아웃을 준다 — 공을 독차지 하기, 점수 기록하기, 부딪치기, 신체적 공격, 다른 아이를 향하여 직구 차기, 무모하게 공을 향해 뛰어들기, 점수를 내고 지나치고 부적절하게 축하하기

게임을 시작하고 행동을 감독하고 통제한다

6. 아이들이 스스로 정기적으로 골키퍼를 교체하도록 한다. 자발적으로 하지 않으면 아이들 대신 교체시킨다.
7. 한 아이가 점수를 획득하지 못하면, 게임을 중단시키고 팀원에게 그 아이가 다음 골을 넣도록 할 방법을 찾아내게 한다.

핵심 교육

8. 토큰은 좋은 스포츠맨/승자 규칙과 관련된 어떤 행동을 했을 때에 받을 수 있다. 눈 맞추기나 다른 사람 이름 불러주기 같은 것들은 좋은 스포츠맨 정신에 집중하는 것을 흐트러뜨리기 때문에 토큰을 주지 않는다. 토큰 주는 방법은 다음과 같다.
   (a) 농구 심판처럼 아이들이 게임하는 중간에 들어갔다 나왔다 한다.
   (b) 토큰을 줄 때는 아이들이 게임에 집중하는 데에 잠깐만 방해가 되도록 해야 한다.
   (c) 아이에게 토큰을 주면서 토큰을 받는 이유를 간결하게 말한다. (예 : "지금 막 점잖게 행동해서", "하이파이브를 해 주어서")

(다음 페이지에 계속)

(d) 아이가 바람직한 일을 한 후 토큰을 바라보거나 요구할 때는 주지 않는다(그러나 그런 행동에 대한 칭찬은 한다). 어떤 아이들은 토큰을 얻으려는 욕구만으로 코치 앞에서 '연기'를 하기 시작하여 진행 중인 게임의 다른 양상에 집중하지 못할 것이다.

(e) 아이가 토큰을 받지 못한 것에 대해 언쟁을 하려 하면 주의를 주고, 그래도 언쟁을 계속하려는 경우 타임아웃을 준다.

게임 마무리 보고

9. 각 아이의 토큰을 합해서 집단이 얻은 토큰의 숫자만 구한다. 아이들이 함께 세도록 한다. 아이들 간에 비교를 한다거나, 누가 제일 많이 얻었는지 알려주는 것은 피해야 하는데, 이것은 비생산적인 경쟁을 불러일으키기 때문이다.
10. 아이들에게 좋은 시간을 보냈는지 묻는다. 왜 좋은 시간을 보냈는지 묻는다. (답 : 왜냐하면 모든 아이들이 즐거운 시간을 보내도록 노력했고, 모든 사람이 똑같이 공을 찰 기회를 가졌고, 다친 사람도 없고, 난폭 행위로 겁먹은 아이도 없었기 때문이다.)

CHAPTER

20

졸업식

치료의 근거

공식적인 졸업 행사는 한시적인 집단치료에 필수적인 부분이다. 교육이나 치료단계가 끝나고 '실생활 적용단계'가 시작되는 것이다. 부모가 치료를 받는 동안 시작한 놀이 감독 같은 형태를 계속하도록 하고, 마지막 행사를 하고, 부모가 결과에 대한 피드백을 되돌아보도록 격려하면 치료에서 얻은 것들을 잘 유지할 수 있다는 것이 치료의 가설이다.

많은 부모가 아이들이 계속 친구관계를 만들어 나가려면 어른에 의해 구조화된 활동(스카우트나 팀)에 들어갈 필요가 있다고 생각한다. 그러나 친구가 없는 아이들은 또래와의 관계를 방해하는 행동 방식을 쉽게 반복하기 때문에 이것만으로는 효과가 없다. 부모는 아이들이 발전하기 위해서는 치료 동안 수행했던 방식들을 지속해야 하며 계속 놀이데이트를 지도해 주는 것이 아이의 발전에 가장 중요한 활동이라는 것을 알아두어야 한다.

20.1 어른에 의해 구조화된 활동의 장점과 단점

어른에 의해 구조화된 활동들이란 어른들이 아이들의 놀이에 대한 선택을 대부분 하는 정형화된 활동을 말한다. 그러한 예로는 가라데(또는 태권도) 수업, 리틀 리그 야구단, 컵 스카우트, AYSO 축구단 등이 있다. Ladd와 Price(1987)는 유치원생 부모들의 83%가 자녀들을 어른에 의해 구조화된 활동에 보낸다는 것을 알아냈다. Parke와 Bhavnagi(1989)는 78%의 어머니들이 이러한 활동 중 적어도 한 개에는 가끔 자원봉사 형태로 도움을 준다고 보고했다. 그들은 이러한 활동에 참여하는 것은 아이들이 나이가 들어감에 따라 점차 증가하다가 사춘기 전에 최고점에 도달한다고 보고했다.

Ladd와 Price(1987)와 Bryant(1985)는 어른에 의해 구조화된 활동에 참여하는 것이 사회적 적응과는 유의미한 관계가 없다고 보고했다. Bryant(1989)는 일하지 않는 어머니들의 자녀들의 사회조망 능력은 스카우트나 팀 같은 조직에 들어가는 것과는 역 상관관계가 있지만, 전일제로 일하는 어머니들의 자녀들에 있어서는 양의 상관관계가 있다는 것을 발견했다.

Belka(1994)는 어른들에 의해 조직되고 운영되는 게임에 대해 다음과 같은 비판을 했다.

1. 그들은 엘리트주의자이다. 매우 뛰어난 아이들만을 선호한다. 경기가 가장 필요한 아이들이 예선전에서 가장 먼저 탈락한다.
2. 경기를 하면서 넘치는 에너지를 소모하고 나면 아이들이 학업 과제를 더 잘 배운다는 것에 대해서는 어떤 확립된 근거도 없다.
3. 많은 경기가 참여하고 배우는 것보다는 서 있는 것을 강조한다. 어떤 경기는 아이들이 경기장 밖에서 기다리는 시간이 90%이다.
4. 전형적인 경기에서 아이들은 경기의 물리적인 요소에 대해서 어떤 직접적인 지도도 받지 못한다.

어른에 의해 구조화된 활동에 대한 부정적인 측면과는 대조적으로 Dishion, Andrews, Crosby(1995)는 자신들의 연구에서 73%의 아이들이 단짝친구를 학교나 다른 구조화된 활동에서 만났다는 것을 발견했다(71%는 서로 세 구역 내의 거리에 살고 있었다). 또한 학교와 조직화된 활동을 통해서 만난 단짝친구들은 감독되지 않는 상황에서 만난 아이들보다는 문제행동을 할 위험성이 적다는 것도 알아냈다. 따라서 어른에 의해 구조화된 활동이 주는 가장 중요한 사회적 기여는 모임 시작 직전과 직후에 일어난다(새로운 사람들을 알게 되어 놀이데이트를 잡는 것). 부모는 어른에 의해 구조화된 활동과 관련된 공동체 관계를 유지해야 할 뿐만 아니라(대부분이 부모들의 자원봉사에 의존하기 때문에) 자녀들이 이러한 활동들을 좀 더 친밀한 친구관계를 맺는 도약판으로 사용할 수 있게 해 주어야 한다(Parke & Bhavnagri, 1989).

어른에 의해 구조화된 활동에는 다른 간접적인 이점이 있다. Hartup(1996)은 친구들은 평판 중요도가 높은 영역에서 서로 가장 유사하다는 근거를 보여주었다. 평판 중요도가 높은 영역은 또래집단에서 아이의 평판을 확립하는 데에 더욱 중요하다. 남자아이들 사이에서 그런 영역의 하나가 신체적 활동이다(Challman, 1932). 다시 말해서 신체활동을 좋아하는 남자아이들은 신체활동에 대해 같게 느끼는 다른 남자아이들과 친구가 되기 쉽다는 것이다(신체활동을 싫어하는 남자아이들에게도 비슷하게 적용된다). 운동을 선호하는 남자아이들은 어른에 의해 구조화된 스포츠를 통해 서로 쉽게 만나게 될 것이다. 반면에 스포츠를 싫어하는 남자아이들은 스카우트나 수업을 통해서 서로를 찾을 수 있을 것이다.

20.2 아이들이 자신들만의 게임을 조직하는 것의 중요성

Devereux(1976)는 어른에 의해 구조화된 스포츠 활동은 "미국 아이들의 자발적인 자유놀이와 게임 문화를 말살하고 아이들에게서 아이다운 재미뿐만 아니라 가장 가치 있는 것을 배우는 경험도 빼앗아 간다."(p. 38)고 주장했다.

Devereux는 영국과 이스라엘에서 아이들이 어떤 어른의 감독도 없이 자발적으로 노는 수천 가지의 게임과 그 변종들에 대해 기술한 관찰연구들을 검토했다. 그는 어른이 아이들이 게임을 조직화하는 데에 관심을 가지면 이런 하위문화가 쇠락한다고 주장했다. 아이들은 이전 세대가 가졌던 다양함을 던져 버리고 몇 개 안 되는 스포츠에만 많은 시간을 보내고 있다. 그는 리틀 리그 야구단 아이들에 대한 면접 연구에서 이 아이들의 84%가 자신들의 여가시간의 절반부터 대부분을 야구를 하며 보낸다고 보고한 것을 인용했다. "다양한 기술, 기회, 전략의 요소들이 다양하게 재조합되어 점차 복잡해지는 폭넓고 다양한 여러 게임 종류에 참여함으로써, 아이들은 색다른 성공의 형태를 경험할 기회와 총체적인 문화적 참여에서 아직 배우지 못했던 다양한 인지와 감정적 과정을 경험할 기회를 찾게 된다."(Devereux, 1976, p. 41) 아이들이 다양한 게임들을 알고 있었기 때문에 잘 어울리지 못하는 아이들도 그들에게 '꼭 맞는 자리'를 집단활동 속에서 찾기가 쉬웠다.

함께 게임을 만들고 해 나가면서 아이들은 어떤 규칙들이 필요하며, 공평한 규칙을 만들어 내서 게임이 모두에게 재미있도록 해야 한다는 사실을 다루어야 한다(Hart, 1993 참조).

아이들은 또한 게임을 시작하고 재미가 있으면 어떻게든 게임을 계속하는 방법, 게임의 속도를 조

> 절하는 방법, 과자를 먹기 위해서나 나무 밑에 잠깐 앉아 있으려면 언제 잠깐 쉬어야 하는지, 게임이 진짜 끝났다는 것을 알려주는 미묘한 경계를 어떻게 알아차리고—몇 회인지 정해 놓지도 않았고 승자나 패배자도 없기 때문에 쉽지 않다—다른 어떤 활동을 하러 빠져나가야 하는지 등을 배운다.(Devereux, 1976, p. 48~49)

놀이가 시작되기 이전에 하는 의례들(예 : 편을 정하기, 규칙 정하기, 경계 정하기 등)은 아이들이 게임을 만들어낼 때에 필수적인 요소들이다. 핸드볼을 예로 들면 아이들은 어른들이 보기에는 끝없는 시간을 보내며 금지되는 다양한 던지기에 이름을 붙일 것이다. 아메리칸(땅에 닿기 전에 벽에 맞은 공) 금지, 폭포(높은 각으로 맞고 벽에 튕긴 공) 금지, 베이비(벽 바로 옆에서 아주 조금 튄 공) 금지, 포피(벽과 땅에 동시에 맞은 공) 금지. 이것을 약 10분 정도 하고 나서야 아이들은 마침내 게임을 시작할 것이다.

20.3 임상사례의 결과

방과 후 운동에서 매우 유용한 것들을 많이 얻을 수 있는데, 이 중 중요한 것들은 분명히 어른에 의해 구조화된 부분을 하기 전과 후에 얻을 수 있다. 아이들과 부모들이 서로 만나서 놀이데이트를 하러 모이기로 약속을 잡는 것이다. 그 외에도 어른들은 아이들의 운동기술을 길러주는 체계적인 연습을 해 줄 수도 있다. 구조화된 운동활동은 이런 요소들을 얻기 위해서는 권장할 만하다. 그러나 어른에 의해 구조화된 활동의 이점에는 명확한 한계가 있다. 그런 활동들이 아이의 생활에서 지배적인 역할을 해서 더욱 친밀한 친구관계를 만들어낼 수 있는 자기가 만들어낸 놀이활동이나 놀이데이트를 할 시간이 없게 되어서는 안 된다. 이것은 아이의 시간을 이런 활동들로 채우고 아이들에 의한 놀이데이트나 자발적인 활동을 없애 버리는 유혹에 저항하기 위해 부모들이 들어 두어야 할 메시지이다.

회기 진행하는 방법

지금까지

아이들은 집단에 들어가고, 긍정적인 정서를 가지고 놀이를 유지하고, 좋은 초대자가 되고, 놀림에 대처하는 새로운 방법들을 배웠다. 아이들은 자신들의 놀이상대에 대한 유용한 정보를 수집해서 놀이를 더 잘하는 방법에 대해 배웠다.

이번 회기에는

부모가 숙제를 도와주고 끝까지 마무리하도록 해 주는 것이 치료의 일반화에 가장 중요했고, 유지에도 가장 중요할 것이다. 부모의 과제보고에서 중요한 평가 피드백을 얻었다. 아이들이 회기 중에 하는 것들은 별로 중요하지 않았고, 가정에서와 학교 운동장에서 보여줬던 기술을 잘 드러내지 못하는 경우도 종종 있었다. 부모는 아이와 함께했던 것들의 중요성을 기억해야 한다. 획득한 것들을 유지하려면 부모와 아이는 치료 중에 시작한 방법들을 함께 계속 사용해 나가야 한다.

부모 12회기 계획

이 회기에 부가적인 준비물

1. 졸업장은 질 좋은 종이에 각 아이의 이름을 넣어서 인쇄하고 집단 지도자가 서명을 한다.
2. 파티 장식, 접시, 컵을 준비해 둔다.
3. 어린이 교실에 따로 탁자를 마련해서 음식과 음료를 차려둔다.
4. 어린이 교실에 DVD 플레이어와 모니터를 준비하고 나이에 적절한 검열된 DVD 여러 개를 마련해 둔다. 아이들이 가장 보고 싶은 DVD를 투표로 뽑도록 한다.

시작 모임

1. 아이들이 도착하기 전에 피자를 주문해서 회기가 시작될 때에 배달되게 한다. 어린이 교실을 졸업과 걸맞은 축하하는 분위기로 장식한다(예 : '축 졸업' 화환, 색 테이프, 파티용 접시와 일회용 테이블보). 음식과 음료를 차리기 위한 별도의 탁자가 있어야 한다.
2. 회기 시작 시간까지 부모와 아이들을 양쪽 방 바깥에 모여 있도록 한다.
3. 부모들이 자신들의 방으로 가면서 아이들과 음식을 아이들 교실에 들여보내주고 가도록 한다. 부모들도 부모 회기에 음식을 가져오는 것을 선택할 수 있다.

과제 점검

1. 2개의 과제가 있어서 깊이 있게 충분히 점검할 시간이 없다. 부모들에게 (a) 집단 외 통화와 이것을 통해 이루어진 (b) 놀이데이트에 초점을 맞추라고 말한다.

2. 다섯 번째 놀이데이트에 대해 말한다. 부모가 감독하며 함께 있었는가? 부모가 좋은 초대자 규칙을 지키도록 하기 위해 개입해야 했는가? 아이가 규칙을 잘 따랐는가? 점점 나아지고 있는가? 부모가 상대방 아이의 부모를 알려고 노력했는가?
3. 상대방 아이의 집에서 놀이데이트를 했는지 물어본다. 놀이데이트를 잡기 전에 자녀가 놀이데이트를 하고 싶어 하는지 점검하였는가? 잠시 들러서 초대한 아이의 부모와 얘기를 했는가?
4. 부모들이 계속 놀이데이트를 잡고 감독해야 한다는 것을 강조한다. 이 수업은 부모가 언제까지나 이 과정을 계속하도록 한다는 목표를 가지고 그 시작을 도왔을 뿐이다.
5. 많은 아이들이 이제 (a) 1시간 반보다 훨씬 긴 놀이데이트(새로운 아이와 더 짧은 놀이데이트를 잘했다면)를 하고, (b) 같은 아이와 반복해서 놀이데이트를 할 준비가 되었다.
6. 단짝친구로 발전하기 위해서는 두 명에서 네 명 정도의 아이들에 집중해서 한 달에 각각 적어도 두 번에서 세 번 정도 만나도록 한다.

치료 후 평가와 보고

회기 계획 내용에 이 프로그램의 일반적인 결과와 치료의 효과를 유지하기 위한 제안들이 나올 것이기 때문에, 부모가 작성해야 할 결과 평가지가 있다면 유인물이 나가기 전에 해 두어야 한다. 이 시점에서 치료 후 평가를 위해 아이의 교사에게 전화를 걸어도 되는지 다시 한 번 부모에게 허락을 받는 것이 좋다.

1. 부모들에게 치료 후 평가 양식을 작성하도록 하고 교사들에게 치료 후 전화를 거는 것에 대한 동의를 받는다(선택사항).[1]
2. 부모들에게 전형적인 전후 비교 결과에 대해 말해 준다. (a) 90%의 부모들이 SSRS상 상당히 호전되었다는 보고를 했다(놀이데이트가 나아지고 있고 단짝친구를 사귀는 단계에 있다). (b) 초기에 20%의 아이들만이 낮은 자존감을 보고하였는데 이들 중 80%가 사후평가에서 높아진 자존감을 보고했다. (c) 70%의 교사가 학교에서 호전되었다고 보고했다(또래 평판과 반친구들에 의한 수용 정도).
3. 결과에 대한 두 가지 핵심 : 첫째, 이 결과들은 부모와 아이가 적어도 9회기는 참석하였고

1 사후 교사 전화는 계속 동의를 할 때에만 하도록 한다. 만약 부모가 이 회기에서 교사에게 전화를 거는 것에 대한 동의서에 서명하지 않는다면, 치료 시작 전에 동의를 했다고 하더라도 전화를 하지 않는다.

과제를 수행하려고 노력했기 때문에 나온 것이다. 둘째, 어떤 아이나 다 좋아진다고 보장할 수는 없다.

4. 사후평가지를 작성하는 이유 : (a) 모든 것을 일정하게 유지하여 계속 성공적인 결과가 나오도록 하기 위해서,[2] (b) 부모에게 자녀에 대한 피드백을 주기 위해서, (c) 프로그램에서 시도한 변화를 측정하여 그 변화가 프로그램을 향상시켰는지 확인하기 위해서이다.

부모 유인물

부모 유인물, '여기서 어디로 갈까?'를 검토한다(집단 지도자 지침은 없다).

잠재적 문제

아이의 나머지 인생 동안 이 놀이데이트를 계속해야 하나요

대답은 확실히 "그렇다"이다. 적어도 중학교를 지날 때까지는. 놀이데이트는 친구관계를 시작하는 방법일 뿐만 아니라 관계를 유지하고 더욱 친밀한 또래관계를 강화시키는 방법이기도 하다. 집에서 계속 가족들이 놀이데이트를 실행한다면 부모들이 자녀가 청소년이 되었을 때에 더 잘 감독할 수 있게 될 것이다.

가족 시간은 어쩌나요

가족 시간은 중요하다. 그러나 아이들이 좋은 또래관계와 단짝친구 관계를 맺는 것도 똑같이 중요하다. 많은 가족들이 주말을 함께 보내고 싶어 한다. 놀이데이트를 위한 시간을 확보하고 놀이데이트를 주중에 잡는 것도 또한 중요하다.

'내 아이를 고쳐주세요' 그리고 나중에 나에게 말해 주세요

어떤 부모는 여전히 집단 지도자가 '해야 할 일'을 할 것이고 나중에 부모들에게 말해 줄 것이라고 기대한다. 마지막 회기 후에 그들은 집단 지도자가 회기 중에 자녀에 대해 알아낸 것들을

---

2 각 집단의 10명의 아이들의 평가 결과를 점검하여 적어도 90%의 부모가 호전되었다고 보고하고 적어도 50%의 교사가 호전되었다고 보고하는지 보아야 한다. (주의력결핍 과잉행동장애를 가지고 있으나 처방된 자극제를 먹지 않는 아이들과 자폐스펙트럼장애가 있으면서 처방된 약물을 복용하는 아이들은 교사보고에서 그만큼의 결과가 나오지 않는다.)

알고 싶어 한다. 이런 피드백은 아이와 부모의 행동에 거의 영향을 주지 못하기 마련이지만, 부모들은 이런 피드백이 중요할 거라고 생각한다. 이런 피드백은 주지 않는다(매번 회기 시작 때에 부모들이 과제에 대해 보고하는 것에서 중요한 피드백이 나올 뿐이다).

회기 마무리 모임

아이와 부모들이 졸업식에 참석하기 위해 함께 모인다.

어린이 12회기 계획

사후평가

아이들이 흥분하고 '방방 떠서' 들어올 것이다. 아이들에게 자존감 평가지를 나눠 주고 먼저 작성하게 한 후(보통 10분 정도 걸린다), 파티를 시작한다.

1. 코치들은 아이들이 성실하고 독립적으로 설문지에 답하는지 감독하고 아이들이 묻는 질문에 조용히 대답해 준다.
2. 빨리 끝낸 아이들은 모든 아이들이 다 작성할 때까지 조용히 있도록 한다. 이렇게 한 아이들은 칭찬을 해 준다. "이렇게 조용히 해 주니 정말 좋구나!" 또는 "아직도 작성하고 있는 아이들을 잘 배려하는구나."
3. 잘못된 행동을 하면 파티의 일부에 참석하지 못하게 된다(교실 밖에서 1분간 타임아웃을 하면서). 평소처럼 주의를 주지만 진짜 파티가 시작되기 전까지는 타임아웃을 주지 않는다.

파티

DVD를 손에 들고 보여준다. 집단에게 3개 중에 선택해서 투표하게 한다. 좋은 DVD는 재미있어야 하고(결국 파티는 재미있어야 한다), 부적절한 메시지나 폭력이나 성인 주제가 없어야 한다. 집단 지도자가 아이들에게 보여주기 전에 개인적으로 살펴보아야 한다. 요즘 영화에서는 불행하게도 친사회적인 메시지는 찾아보기 힘들다. 웃긴 영화여도 괜찮다.

- 고려해 볼 영화(우리는 어떤 것도 홍보하지는 않는다)

- 4학년 이하 : 찰리와 초콜릿 공장(2005), 나니아연대기–사자, 마녀, 그리고 옷장(2005), 샬롯의 거미줄(2007), 박물관이 살아 있다(2006), 자투라(2005), 프리 윌리(1993), 해리 포터와 마법사의 돌(2001)
- 4학년 이상 : 땡큐 대디(2014), 메이즈 러너(2014), 호로비츠를 위하여(2006), 사이먼 버치(1999), 아주르와 아스마르(2008)

아이들은 보통 영화가 졸업식이 시작되기 전에 끝나지 않아도 상관하지 않는다. 반대하는 아이가 있다면, 그 아이는 근처 비디오 가게에서 그 영화를 빌려 보면 된다.

- 영화를 상영하고 회기의 마지막 15분 정도를 졸업식을 위해 남긴다.

회기 마무리 모임(졸업식)

1. 부모(그리고 형제들)를 어린이 교실로 오게 한다. 이제는 형제들이 어린이 회기 교실에 있는 음식을 먹어도 된다.
2. 졸업식은 5분 정도만 해야 하고(그렇지 않으면 아이들이 많이 지루해할 것이다) 적당히 감상적이어야 한다. 졸업식을 시작하면서 아이들에게 '졸업장'을 받는 방법을 가르쳐 준다.
3. 코치들과 집단 지도자들은 각 아이가 졸업장을 받을 때마다 박수를 보낸다. 부모들도 모두 참여한다.
4. 마지막 아이가 졸업장을 받고 나면 집단 지도자는 부모들이 치료과정에서 했던 역할에 대해 부모들에게 큰 박수를 보내준다.

어린이 친구 만들기 훈련

부모 유인물 – 12회기

여기서 어디로 갈까

목표

집단에서 얻은 것들을 유지하고 확장하기. 친구를 사귀고 유지하는 것은 자녀가 스스로 해야 할 일이지만, 부모는 자녀의 노력을 지지해 주어야 한다.

1. 자녀의 사회적 발달을 위해 부모가 도와줄 수 있는 가장 중요한 것은 비공식적인 일대일 놀이데이트를 두 명이나 세 명의 다른 아이들(이보다 더 많다고 좋은 것은 아니다)과 하도록 독려해 주는 것이다.
   (a) 과제를 할 때 했던 방식으로 매주 놀이데이트를 자녀와 계속 만들고 감독해야 한다.
   (b) 부모와 자녀는 상대 아이들을 함께 선택해야 한다. 놀이데이트 상대는 자녀가 만나기 편해야 하고 부모가 집에서 다루기 쉬운 아이여야 한다.
   (c) 자녀가 어울리기 싫어하는 아이들과 놀이데이트를 잡는 것은 피해야 한다.
   (d) 놀이데이트가 끝난 후에 항상 자녀의 행동에 대해 칭찬할 만한 것을 찾도록 한다.
   (e) 성공적인 놀이데이트를 하기 위해서 놀이데이트 길이를 미리 계획한다. 자녀가 감당할 수 있다고 느끼는 것보다 더 짧게 잡는다. 항상 첫 번째 놀이데이트는 짧게(예 : 1시간) 잡는다.
   (f) 자녀와 잘 노는 아이의 부모를 알려고 노력한다. 아이를 데리러 왔을 때에 그 사람과 반드시 얘기를 나눈다. 한 아이와 여러 번 성공적인 놀이데이트를 한 후에는 정기적인 놀이데이트를 할 수도 있을 것이다.
2. 가장 인기 있는 아이와 친구가 될 필요는 없다.
   (a) '인기 있다'는 것이 반드시 그 아이가 '좋은' 아이라는 뜻은 아니다.
   (b) 눈높이를 너무 높게 맞추면 거절당하기 쉽다.
   (c) 덜 인기 있는 아이들이 더 접근하기 쉽고, 여유가 있어서 놀이데이트를 잡을 때에 쉽게 약속을 잡을 수 있고 종종 더 좋은 친구가 되는 경우가 매우 흔하다.
3. 어른에 의해 구조화된 활동(스카우트, 운동, 수업)이 아이들에게 큰 도움이 되는 것은 이런 경우이다.
   (a) 이기고 지는 것보다 훌륭한 스포츠맨 정신을 강조할 때
   (b) 아이들의 운동기술을 발달시키거나 새로운 경험을 하는 데에 도움이 될 때

(다음 페이지에 계속)

(c) 아이들이 비공식적인 기간(각 활동의 전후) 동안 새로운 친구를 사귈 수 있을 때

(d) 친한 친구와 보낼 시간이 없을 정도로 아이의 시간을 많이 빼앗지 않을 때

4. 자녀가 물리적 싸움을 하게 된다면 매번 그 대가를 치르게 한다. 물리적인 싸움의 빈도는 줄여야 한다. 줄어들지 않고 계속 문제가 된다면 전문가의 도움을 받아야 한다. 우리 프로그램 담당자가 의뢰해 줄 수 있다.

   담당자 전화 번호는 : ______________________________

참고문헌

Achenbach, T. M. (1991). *Integrative guide for the CBCL/4–18, YSR, and TRF profiles.* Burlington: University of Vermont Department of Psychiatry.

Afifi, A., & Clark V. (1984). *Computer aided multivariate analysis.* Toronto: Lifetime Learning.

Aho, S. (1998). The teaser and the teased pupils at school. *Scandanavian Journal of Educational Research, 42*, 309–318.

Altman, I., & Taylor, D. (1973). *Social penetration: The development of interpersonal relationships.* New York: Holt, Rinehart & Winston.

Asher, S. R. (1983). Social competence and peer status: Recent advances and future directions. *Child Development, 54*, 1427–1434.

Asher, S. R. (1990). *Recent advances in the study of peer rejection.* In S. R. Asher & J. D. Coie (Eds.), Peer rejection in childhood (pp. 3–14). Cambridge: Cambridge University Press.

Asher, K. A., & Hymel S. (1981). *Children's social competence in peer relations: Sociometric and behavioral assessment.* In J. D. Wine & M. D. Smye (Eds.), Social competence (pp. 125–157). New York: Guilford.

Asher, S. R., Markell, R. A., & Hymel, S. (1981). Identifying children at risk in peer relations: A critique of the rate-of-interaction approach to assessment. *Child Development, 52*, 1239–1245.

Asher, S. R., Singleton, L. C., Tinsley, B. R., & Hymel, S. (1979). A reliable sociometric measure for preschool children. *Developmental Psychology, 15*, 443–444.

Asher, S. R., & Wheeler, V. A. (1985). Children's loneliness: A comparison of rejected and neglected peer status. *Journal of Consulting & Clinical Psychology, 53*, 500–505.

Atkins, M. S., & Stoff, D. M. (1993). Instrumental and hostile aggression in childhood disruptive behavior disorders. *Journal of Abnormal Child Psychology, 21*, 165–178.

Austin, A. M. B., & Draper, D. C. (1984). Verbal interactions of popular and rejected children with their friends and nonfriends. *Child Study Journal, 15*, 309–323.

Azmitia, M., & Montgomery, R. (1993). Friendship, transactive dialogues, and the development of scientific reasoning. *Social Development, 2*, 202–221.

Bagwell, C. L., Newcomb, A. F., & Bukowski, W. M. (1998). Preadolescent friendship and peer rejection as predictors of adult adjustment. *Child Development, 69*, 140–153.

Barkley, R. A. (1990). *Attention-deficit hyperactivity disorder.* New York: Guilford Press.

Barkley, R. A. (1991). *ADHD clinic parent interview.* Unpublished assessment outline. University of Massachusetts, School of Medicine, Worcester.

Barth, R. (1979). Home-based reinforcement of social behavior: A review & analysis. *Review of Educational Research, 49*, 436–458.

Bauminger, N., & Kasari, C. (2000). Loneliness and friendship in high-functioning children with autism. *Child Development, 71*, 447–456.

Bearison, D. J., & Gass, S. T. (1979). Hypothetical and practical reasoning: Children's persuasive appeals in different social contexts. *Child Development, 50*, 901–903.

Beelman, A., Pfingsten, U., & Lösel, F. (1994). Effects of training social competence in children: A meta-analysis of recent evaluation studies. *Journal of Clinical Child Psychology, 23*, 260–271.

Belka, D. E. (1994). *Teaching children games.* Oxford, OH: Human Kinetics.

Bell-Dolan, D. J. (1995). Social cue interpretation of anxious children. *Journal of Clinical Child Psychology, 24*, 2–10.

Bell-Dolan, D. J., Foster, S. L., & Christopher, J. S. (1992). Children's reactions to participating in a peer relations study: An example of cost-effective assessment. *Child Study Journal, 22*, 137–156.

Bell-Dolan, D. J., Foster, S. L., & Christopher, J. S. (1995). Girls' peer relations and internalizing problems: Are socially neglected, rejected, and withdrawn girls at risk? *Journal of Clinical Child Psychology, 24*, 463–473.

Bell-Dolan, D. J., Foster, S. L., & Sikora, D. M. (1989). Effects of sociometric testing on children's behavior and loneliness at school. *Developmental Psychology, 25*, 306–311.

Benenson, J. F. (1990). Gender differences in social networks. *Journal of Early Adolescence, 10*, 472–495.

Benenson, J., Apostoleris, N., & Parnass, J. (1998). The organization of children's same-sex peer relationships. In W. M. Bukowski & A. H. Cillessen (Eds.), *Sociometry then and now: Building on six decades of measuring children's experiences with the peer group* (pp. 5–23). San Francisco: Jossey-Bass.

Berndt, T. J., & Hoyle, S. G. (1985). Stability and change in childhood and adolescent friendship. *Developmental Psychology, 21*, 1007–1015.

Berndt, T. J., & Keefe, K. (1995). Friends' influence on adolescents' adjustment in school. *Child Development, 66*, 1312–1329.

Bierderman, J., Munir, K., & Knee, D. (1987). Conduct and oppositional disorder in clinically referred children with attention deficit disorder: A controlled family study. *Journal of the Academy of Child and Adolescent Psychiatry, 26*, 724–727.

Bierman, K. L. (1986a). Process of change during social skills training with preadolescents and its relation to treatment outcome. *Child Development, 57*, 230–240.

Bierman, K. L. (1986b). The relationship between social aggression and peer rejection in middle childhood. In R. Prinz (Ed.), *Advances in behavioral assessment of children and families* (vol. 2, pp. 151–178). Greenwich, CT: JAI Press.

Bierman, K. L. (1989). Improving the peer relationships of rejected children. In B.B. Lahey & A.E. Kazdin (Eds.), *Advances in clinical child psychology* (vol. 12, pp. 53–85). New York: Plenum Press.

Bierman, K. L., & Furman, W. (1984). The effects of social skills training and peer involvement in the social adjustment of preadolescents. *Child Development, 55*, 151–162.

Bierman, K. L., & Smoot, D. L. (1991). Linking family characteristics with poor peer relations: The mediating role of conduct problems. *Journal of Abnormal Child Psychology, 19*, 341–356.

Bierman, K. L., Smoot, D. L., & Aumiller, K. (1993). Characteristics of aggressive-rejected, aggressive (non-rejected) and rejected (non-aggressive) boys. *Child Development, 64*, 139–151.

Bierman, K. L., & Wargo, J. B. (1995). Predicting the longitudinal course associated with aggressive-rejected, aggressive (nonrejected), and rejected (nonaggressive) status. *Development & Psychopathology, 7*, 669–682.

Bishop, J. A., & Inderbitzen, H. M. (1995). Peer acceptance and friendship: An investigation of their relation to self-esteem. *Journal of Early Adolescence, 15*, 476–489.

Black, B., & Hazen, N. L. (1990). Social status and patterns of communication in acquainted and unacquainted preschool children. *Developmental Psychology, 26*, 379–387.

Borja-Alvarez, T., Zarbatany, L., & Pepper, S. (1991). Contributions of male and female guests and hosts to peer group entry. *Child Development, 62*, 1079–1090.

Boulton, M. J. (1999). Concurrent and longitudinal relations between children's playground behavior and social preference, victimization, and bullying. *Child Development, 70*, 944–954.

Boulton, M. J., & Smith, P. K. (1994). Bully/victim problems in middle-school children: Stability, self-perceived competence, peer perceptions and peer acceptance. *British Journal of Developmental Psychology, 12*, 315–329.

Boulton, M. J., & Underwood, K. (1992). Bully/victim problems among middle school children. *British Journal of Educational Psychology, 62*, 73–87.

Brochin, H. A., & Wasik, B. H. (1992). Social problem solving among popular and unpopular children. *Journal of Abnormal Child Psychology, 20*, 377–391.

Brown, G. S., Bhrolchain, M. N., & Harris, T. (1975). Social class and psychiatric disturbance among women in an urban population. *Sociology, 9*, 223–254.

Bryant, B. K. (1985). The neighborhood walk: Sources of support in middle childhood. *Monographs of the Society for Research in Child Development, 50* (3, serial no. 210).

Bryant, B. K. (1989). The need for support in relation to the need for autonomy. In D. Belle (Ed.), *Children's social networks and social supports* (pp. 332–351). New York: Wiley.

Bryant, B. K. (1992). Conflict resolution strategies in relation to children's peer relations. *Journal of Applied Developmental Psychology, 13*, 35–50.

Bryant, B. K., & DeMorris, K. A. (1992). Beyond parent-child relationships: Potential links between family environments and peer relations. In R. D. Parke & G. W. Ladd (Eds.), *Family–peer relationships: Modes of linkages* (pp. 159–189). Hillsdale, NJ: Lawrence Erlbaum Associates.

Budd, K. S. (1985). Parents as mediators in the social skills training of children. In L. L'Abate & M. A. Milan (Eds.), *Handbook of social skills training and research* (pp. 245–262). New York: Wiley.

Buhrmester, D. (1990). Intimacy of friendship, interpersonal competence, and adjustment during preadolescence and adolescence. *Child Development, 61*, 1101–1111.

Buhrmester, D., & Furman, W. (1987). The development of companionship and intimacy. *Child Development*, 58, 1101–1113.

Buhrmester, D., Camparo, L., Christensen, A., & Gonzalez, L. S. (1992). Mothers and fathers interacting in dyads and triads with normal and hyperactive sons. *Developmental Psychology, 28*, 500–509.

Bukowski, W. M., Gauze, C., Hoza, B., & Newcomb, A. F. (1993). Differences and consistency between same-sex and other-sex peer relationships during early adolescence. *Developmental Psychology, 29*, 255–263.

Bukowski, W. M., & Hoza, B. (1989). Popularity and friendships. Issues in theory, measurement and outcome. In T. J. Berndt & G. W. Ladd (Eds.), *Peer relationships in child development* (pp. 15–45). New York: Wiley.

Bukowski, W. M., & Newcomb, A. F. (1985). Variability in peer group perceptions: Support for the "controversial" sociometric classification group. *Developmental Psychology, 21*, 1032–1038.

Bukowski, W. M., Pizzamiglio, M. T., Newcomb, A. F., & Hoza, B. (1996). Popularity as an affordance for friendship: The link between group and dyadic experience. *Social Development, 5*, 189–202.

Burleson, B. R. (1985). Communication skills and childhood peer relationships: An overview. In M. McLaughlin (Ed.), *Communication yearbook* (Vol. 9, pp. 143–180) London: Sage.

Cairns, R. B., Perrin, J. E., & Cairns, B. D. (1985). Social cognition in early adolescence: Affiliative patterns. *Journal of Early Adolescence, 5*, 339–355.

Carlson, C. L., Lahey, B. B., Frame, C. L., Walker, J., & Hynd, G. W. (1987). Sociometric status of clinically referred children with attention deficit disorders with and without hyperactivity. *Journal of Abnormal Child Psychology, 15*, 537–547.

Carter, D. B., & McCloskey, L. A. (1984). Peers and the maintenance of sex-typed behavior: The development of children's conceptions of cross-gender behavior in their peers. *Social Cognition, 2*, 294–314.

Cash, T. F. (1995). Developmental teasing about physical appearance: Retrospective descriptions and relationships with body image. *Social Behavior & Personality, 23*, 123–129.

Chambless, D. L. (1996). In defense of dissemination of empirircally supported psychological interventions. *Clinical Psychology: Science and Practice, 3*, 230–235.

Challman, R. (1932). Factors influencing friendships among preschool children. *Child Development, 3*, 146–158.

Chennault, M. (1967). Improving the social acceptance of unpopular educable mentally retarded pupils in special classes. *American Journal of Mental Deficiency, 72*, 455–458.

Cillesson, A. H., van Ijzendoorn, H. W., Van Lieshout, C. F., & Hartup, W. W. (1992). Heterogeneity among peer rejected boys: Subtypes and stabilities. *Child Development, 63*, 893–905.

Cochran M., & Davila V. (1992). Societal influences on children's peer relations. In R. D. Parke & G. W. Ladd (Eds.), *Family–peer relationships: Modes of linkages* (pp. 191–212). Hillsdale, NJ: Lawrence Erlbaum Associates.

Coie, J. D., Christopoulos, C., Terry, R., Dodge, K. A., & Lochman, J. E. (1989). Types of aggressive relationships, peer rejection, and developmental consequences. In B. H. Schneider, G. Attili, J. Nadel, & R. P. Weissberg (Eds.), *Social competence in developmental perspective* (pp. 223–237). Boston: Kluwer Academic.

Coie, J. D., & Dodge, K. A. (1983). Continuities and changes in children's social status: A five year longitudinal study. *Merrill-Palmer Quarterly, 29*, 261–282.

Coie, J. D., Dodge, K. A., & Copoletti, H. (1982). Dimensions and types of social status: A cross-age perspective. *Developmental Psychology, 18*, 557—570.

Coie, J. D., Dodge, K. A., & Kupersmidt, J. B. (1990). Peer group behavior and social status. In S. R. Asher & J. D. Coie (Eds.), *Peer rejection in childhood* (pp. 17–59). New York: Cambridge University Press.

Coie, J. D., & Kupersmidt, J. B. (1983). A behavioral analysis of emerging social status. *Child Development, 54*, 1400–1416.

Conoley, J. C., & Conoley, C. W. (1983). A comparison of techniques to effect sociometric status: A small step toward primary prevention in the classroom? *Journal of School Psychology, 21*, 41–47.

Corsaro, W. A. (1981). Friendship in the nursery school: Social organization in a peer environment. In S. R. Asher & J. M. Gottman (Eds.), *The development of children's friendships* (pp. 207–241). New York: Cambridge University Press.

Cousins, L. S., & Weiss, G. (1993). Parent training

and social skills training for children with attention-deficit hyperactivity disorder: How can they be combined for greater effectiveness? *Canadian Journal of Psychiatry, 38*, 449–457.

Cowen, E. L., Pederson, A., Babigan, H., Izzo, L. D., & Trost, M. A. (1973). Long-term follow-up of early detected vulnerable children. *Journal of Consulting and Clinical Psychology, 41*, 438–446.

Crick, N. R. (1995). Relational aggression: The role of intent attributions, feelings of distress, and provocation type. *Development and Psychopathology, 7*, 313–322.

Crick, N. R. (1996). The role of overt aggression, relational aggression, and pro-social behavior in the prediction of children's future social adjustment. *Child Development, 67*, 2217–2327.

Crick, N. R., & Grotpeter, J. K. (1995). Relational aggression, gender, and social-psychological adjustment. *Child Development, 66*, 710–722.

Crick, N. R, & Grotpeter, J. K. (1996). Children's treatment by peers: Victims of relational and overt aggression. *Development and Psychopathology, 8*, 367–380.

Crick, N. R., & Ladd, G. W. (1990). Children's perceptions of the outcomes of social strategies: Do the ends justify being mean? *Developmental Psychology, 26*, 612–620.

Damon, W. (1977). *The social world of the child.* San Francisco: Jossey-Bass.

Daniels-Beirness, T. (1989). Measuring peer status in boys and girls: A Problem of apples and oranges? In B. H. Schneider, G. Attili, J. Nadel, & R. P. Weissberg (Eds.), *Social competence in developmental perspective* (pp. 107–120). Boston: Kluwer.

Devereux, E. C. (1976). Backyard versus Little League baseball: The impoverishment of children's games. In D. M. Landers (Ed.), *Social problems in athletics* (pp. 37–56). Chicago: University of Illinois Press.

Dishion, T. J. (1990). The family ecology of boys' peer relations in middle childhood. *Child Development, 61*, 874–892.

Dishion, T. J., Andrews, D. W., & Crosby, L. (1995). Anti-social boys and their friends in early adolescents: Relationship characteristics, quality, and interactional process. *Child Development, 66*, 139–151.

Dishion, T. J., Capaldi, D., Spracklen, K. M., & Li, F. (1995). Peer ecology of male adolescent drug use. *Development & Psychopathology, 7*, 803–824.

Dishion, T. J., French, D. C., & Patterson, G. R. (1995). The development and ecology of antisocial behavior. In, D. Cicchetti & D. J. Cohen (Eds.), *Developmental psychopathology* (*vol.* 2, pp. 421–471). New York: Wiley.

Dodge, K. A. (1983). Behavioral antecedents of peer social rejection and isolation. *Child Development, 54*, 1386–1399.

Dodge, K. A. (1985). Attributional biases in aggressive children. In P. D. Kendall (Ed.), *Advances in cognitive-behavioral research and therapy* (vol. 4, pp. 73–110). Orlando, FL: Academic Press.

Dodge, K. A., & Coie, J. D. (1987). Social information-processing factors in reactive and proactive aggression in children's peer groups. *Journal of Personality and Social Psychology, 53*, 1146–1158.

Dodge, K. A., Coie, J. D., & Brakke, N. P. (1983). Behavioral patterns of socially rejected and neglected preadolescents: The roles of social approach and aggression. *Journal of Abnormal Child Psychology, 10*, 389–410.

Dodge, K. A., Coie, J. D., Pettit, G. S., & Price, J. M. (1990). Peer status and aggression in boys' groups: Developmental and contextual analysis. *Child Development, 61*, 1289–1309.

Dodge, K. A., McClaskey, C. L., & Feldman, E. (1985). Situational approach to the assessment of social competence in children. *Journal of Consulting and Clinical Psychology, 53*, 344–353.

Dodge, K. A., Pettit, G. S., McClaskey, C. L., & Brown, M. M. (1986). Social competence in children. *Monographs of the Society for Research in Child Development, 51*, (2, serial no. 213).

Dodge, K. A., Schlundt, D. C., Schocken, I., & Delugach, J. D. (1983). Social competence and children's sociometric status: The role of peer group entry strategies. *Merrill-Palmer Quarterly, 29*, 309–336.

Doyle, A., Connolly, J. K., & Rivest, L. (1980). The effect of playmate familiarity on the social interactions of young children. *Child Development, 51*, 217–223.

Doyle, A. B., Markiewicz, D., & Hardy, C. (1994). Mothers' and children's friendships: Intergenerational associations. *Journal of Social and Interpersonal Relationships, 11*, 363–377.

Eder, G., & Hallinan, M. T. (1978). Sex differences in children's friendships. *American Sociological Review, 43*, 237–250.

Ehlers, S., Gillberg, C., & Wing, L. (1999). A screening questionnaire for Asperger syndrome and other high-functioning autism spectrum disorders in school age children. *Journal of Autism and Developmental Disorders, 29*, 129–141.

Eifert, G. H., Schulte, D., Zvolensky, M. J., Lejuez, C. W., & Lau, A. W. (1997). Manualized behavior therapy: Merits and challenges. *Behavior Therapy, 28*, 499–509.

Epstein, J. L. (1983). Selection of friends in differently organized schools and classrooms. In J. L. Epstein

& N. L. Karweit (Eds.), *Friends in school* (pp. 73–92). San Diego: Academic Press.

Erdley, C. A., & Asher, S. R. (1996). Children's social goals and self-efficacy perceptions as influences on their responses to ambiguous provocation. *Child Development, 67,* 1329–1344.

Erwin, P. (1993). *Friendships and peer relations in children.* New York: Wiley.

Erwin P. G. (1994). Effectiveness of social skills training with children: A meta-analytic study. *Counseling Psychology Quarterly, 7,* 305–310.

Evers-Pasquale, W. (1978). The peer preference test as a measure of reward value: Item analysis, cross-validation, concurrent validation, and replication. *Journal of Abnormal Child Psychology, 6,* 175–188.

Feldman, E., & Dodge, K. A. (1987). Social information processing and sociometric status: Sex, age, and situational effects. *Journal of Abnormal Child Psychology, 15,* 211–227.

Finnie, V., & Russell, A. (1988). Preschool children's social status and their mothers' behavior and knowledge in the supervisory role. *Developmental Psychology, 24,* 789–801.

Fonzi, A., Schneider, B. H., Tani, F., & Tomada, G. (1997). Predicting children's friendship status from their dyadic interaction in structured situations of potential conflict. *Child Development, 68,* 496–506.

Foster, S. (1983), Critical elements in the development of children's social skills. In R. Ellis & D. Whitington (Eds.), *New directions in social skills training* (pp. 229–265). New York: Methuen.

Frankel, F. (1996). *Good friends are hard to find: Help your child find, make, and keep friends.* Los Angeles: Perspective.

Frankel, F. (2002a). *Sources of friendships for mothers of children with and without peer problems.* In preparation.

Frankel, F. (2002b). *Measuring the quality of play dates.* In preparation

Frankel, F. (in press). Parent-assisted children's friendship training. In T. Hibbs (Ed.), *Psychosocial treatments for child and adolescent disorders: Empirically based approaches* (2nd ed.). Washington, DC: American Psychological Association.

Frankel, F., Cantwell, D. P., & Myatt R. (1996). Helping ostracized children: Social skills training and parent support for socially rejected children. In E. D. Hibbs & P. S. Jensen (Eds.), *Psychosocial treatments for child and adolescent disorders: Empirically based approaches* (pp. 591–617). Washington, DC: American Psychological Association.

Frankel, F., & Erhardt, D. (2001). *Social skills training for medicated ADHD Children.* Washington: National Institute of Mental Health grant R01 MH92628.

Frankel, F., & Feinberg, D. T. (2002). Social problems associated with ADHD vs. ODD in children referred for friendship problems. *Child Psychiatry and Human Development,* in press.

Frankel, F., & Myatt, R. (2002). Parent-assisted friendship training for children with autism spectrum disorders: Effects of psychotropic medication. Submitted for publication.

Frankel, F., Myatt R., & Cantwell, D. P. (1995). Training outpatient boys to conform with the social ecology of popular peers: Effects on parent and teacher ratings. *Journal of Clinical Child Psychology, 24,* 300–310.

Frankel, F., Myatt, R., Cantwell, D. P., & Feinberg, D. T. (1997a). Use of child behavior checklist and *DSM–III–R* diagnosis in predicting outcome of children's social skills training. *Journal of Behavior Therapy and Experimental Psychiatry, 28,* 149–161.

Frankel, F., Myatt, R, Cantwell, D. P., & Feinberg, D. T. (1997b). Parent-assisted children's social skills training: Effects on children with and without attention-deficit hyperactivity disorder. *Journal of the Academy of Child & Adolescent Psychiatry, 36,* 1056–1064.

Frankel, F., & Simmons, J. Q. (1992). Parent behavioral training: Why and when some parents drop out. *Journal of Clinical Child Psychology, 21,* 322–330.

Frederick, B. P., & Olmi, D. J. (1994). Children with attention-deficit/hyperactivity disorder: A review of the literature on social skills deficits. *School Psychology Review, 31,* 288–296.

French, D. C. (1988). Heterogeneity of peer-rejected boys: Aggressive and non aggressive subtypes. *Child Development, 59,* 976–985.

French, D. C. (1990). Heterogeneity of peer-rejected girls. *Child Development, 61,* 2028–2031.

Furman, W. (1985). What's the point? Issues in the selection of treatment objectives. In B. H. Schneider, K. H. Rubin, & J. E. Ledingham (Eds.), *Children's peer relations: Issues in assessment and intervention* (pp. 41–54). New York: Springer-Verlag.

Furman, W. (1987). Acquaintanceship in middle childhood. *Developmental Psychology, 23,* 563–570.

Furman, W., Rahe, D. F., & Hartup, W. W. (1979). Rehabilitation of socially withdrawn preschool children through mixed-age and same-age socialization. *Child Development, 50,* 915–922.

Garvey, C. (1984). *Children's talk.* Cambridge, MA: Harvard University Press.

Gelb, R., & Jacobson, J. L. (1988). Popular and unpopular children's interactions during cooperative and competitive peer group activities. *Journal of Abnormal Child Psychology, 16,* 247–261.

George, T. P., & Hartmann, D. P. (1996). Friendship

networks of unpopular, average, and popular children. *Child Development, 67*, 2301–2316.

Getz, J. A., Goldman, J. A., & Corsini, D. A. (1984). Interpersonal problem-solving in preschool children: A comparison of assessment procedures using two-dimensional versus three-dimensional stimuli. *Journal of Applied Developmental Psychology, 5*, 293–304.

Glow, R. A., & Glow, P. H. (1980). Peer and self-rating: Children's perception of behavior relevant to hyperkinetic impulse disorder. *Journal of Abnormal Child Psychology, 8*, 397–404.

Goodwin, S. E., & Mahoney, M. J. (1975). Modification of aggression through modeling: An experimental probe. *Journal of Behavior Therapy & Experimental Psychiatry, 6*, 200–202.

Gottman, J. M. (1977). Toward a definition of social isolation in children. *Child Development, 48*, 513–517.

Gottman, J. M. (1983). How children become friends. *Monographs of the Society for Research in Child Development, 48* (serial no. 201).

Gottman, J. M. (1986). The world of coordinated play: Same- and cross-sex friendship in young children. In J. M. Gottman & J. G. Parker (Eds.), *Conversations of friends: Speculations on affective development* (pp. 139-191). New York: Cambridge University Press.

Gottman, J. M., Gonso, J., & Rasmussen, B. (1975). Social interaction, social competence and friendship in children. *Child Development, 46*, 709–718.

Gottman, J. M., & Parkhurst, J. T. (1980). A developmental theory of friendship and acquaintanceship processes. In W. A. Collins (Ed.), *Development of cognition, affect and social relationships* (Minnesota Symposium on Child Psychology, vol. 13, pp. 197–253). Hillsdale, NJ: Lawrence Erlbaum Associates.

Grenell, M. M., Glass, C. R., & Katz, K. S. (1987). Hyperactive children and peer interaction: Knowledge and performance of social skills. *Journal of Abnormal Child Psychology, 15*, 1–13.

Gresham, F. M. (1982). Social interactions as predictors of children's likability and friendship patterns: A multiple regression analysis. *Journal of Behavioral Assessment, 4*, 39–54.

Gresham, F. M., & Elliott, S. N. (1990). *Social skills rating system: Manual*. Circle Pines, MN: American Guidance Service.

Gresham, F. M., & Nagle, R. J. (1980). Social skills training with children: Responsiveness to modeling and coaching as a function of peer orientation. *Journal of Consulting and Clinical Psychology, 48*, 718–729.

Gresham, F. M., Noell, G. H., & Elliott, S. N. (1996). Teachers as judges of social competence: A conditional probability analysis. *School Psychology Review, 25*, 108–117.

Gresham, F. M., & Stuart, D. (1992). Stability of sociometric assessment: Implications for uses as selection and outcome measures in social skills training. *Journal of School Psychology, 30*, 223–231.

Grotpeter, J. K., & Crick, N. R. (1996). Relational aggression, overt aggression, and friendship. *Child Development, 67*, 2328–2338.

Hallinan, M. T. (1980). Patterns on cliquing among youth. In H. C. Foot, A. J. Chapman & J. R. Smith (Eds.), *Friendship and social relations in children* (pp. 321–343). New York: Wiley.

Harrist, A. W., Zaia, A. F., Bates, J. E., Dodge, K. A., & Pettit, G. S. (1997). Subtypes of social withdrawal in early childhood: Sociometric status and social-cognitive differences across four years. *Child Development, 68*, 278–294.

Hart, C. H. (1993). *Children on playgrounds*. Albany: State University of New York Press.

Harter, S. (1982). The perceived competence scale for children. *Child Development, 53*, 87-97.

Hartup, W. W. (1983). Peer relations. In E. M. Hetherington (Ed.), P. H. Mussen (Series Ed.), *Handbook of child psychology: Socialization, personality and social development* (vol. 4, pp. 103–196). New York: Wiley.

Hartup, W. W. (1993). Adolescents and their friends. In B. Laursen (Ed.), *Close friendship in adolescence: New directions for child development* (pp. 3–22). San Francisco: Jossey-Bass.

Hartup, W. W. (1996). The company they keep: Friendships and their developmental significance. *Child Development, 67*, 1–13.

Hartup, W. W., Glazer, J. A., & Charlesworth, R. (1967). Peer reinforcement and sociometric status. *Child Development, 38*, 1017–1024.

Hartup, W. W., & Laursen, B. (1993). Conflict and context in peer relations. In C. H. Hart (Ed.), *Children on Playgrounds* (pp. 44–84). Albany, NY: State University of New York Press.

Hepler, J. B., & Rose, S. F. (1988). Evaluation of a multi-component group approach for improving social skills of elementary school children. *Journal of Social Service Research, 11*, 1–18.

Hibbs, E. D., Clarke, G., Hechtman, L., Abikoff, H., Greenhill, L., & Jensen, P. (1997). Manual development for the treatment of child and adolescent disorders. *Psychopharmacology Bulletin, 33*, 619–629.

Hinshaw, S. P., & Melnick, S. M. (1995). Peer relationships in boys with attention deficit hyperactivity disorder with and without comorbid aggression. *Developmental Psychopathology, 7*, 627–647.

Hodges, E. V. E., Boivin, M., Vitaro, F., & Bukowski, W. M. (1999). The power of friendship: Protection against an escalating cycle of peer victimization. *Developmental Psychology, 35*, 94–101.

Hodges, E. V. E., Malone, M. J., & Perry, D. G. (1997). Individual risk and social risk as interacting determinants of victimization in the peer group. *Developmental Psychology, 33*, 1032–1039.

Hodges, E. V. E., & Perry, D. G. (1999). Personal and interpersonal antecedents and consequences of victimization by peers. *Journal of Personality & Social Psychology, 76*, 677–685.

Homel, R., Burns, A., & Goodnow, J. (1987). Parental social networks and child development. *Journal of Social and Personal Relationships, 4*, 159–177.

Howes, C. (1988). Same- and cross-sex friends: Implications for interaction and social skills. *Early Childhood Research Quarterly, 3*(1), 21–37.

Howes, C. (1990). Social status and friendship from kindergarten to third grade. *Journal of Applied Developmental Psychology, 11*, 321–330.

Hughes, H. M. (1984). Measures of self-concept and self-esteem for children age 3–12 years: A review and recommendations. *Clinical Psychology Review, 4*, 657–692.

Hupp, S. D. A., & Reitman, D. (1999). Improving sports skills and sportsmanship in children diagnosed with attention-deficit/hyperactivity disorder. *Child & Family Behavior Therapy, 21*, 35–51.

Hymel, S. (1986). Interpretations of peer behavior: Affective bias in childhood and adolescence. *Child Development, 57*, 431–445.

Hymel, S., Rubin, K. H., Rowden, L., & LeMare, L. (1990). Children's peer relationships: Longitudinal prediction of internalizing and externalizing problems from middle to late childhood. *Child Development, 61*, 2004–2021.

Jensen, P. S., Martin, D., & Cantwell, D. P. (1997). Comorbidity in ADHD: Implications for research, practice and *DSM–V. Journal of the Academy of Child & Adolescent Psychiatry, 36*, 1065–1079.

Jeske, P. J. (1985). Piers-Harris Children's Self-Concept Scale. In J.V. Mitchell, Jr. (Ed.), *Ninth Mental measurements yearbook* (Vol. 1, pp. 1169–1170). Lincoln: University of Nebraska, Buros Institute of Mental Measurement.

Johnston, C., Pelham, W. E., & Murphy, H. A. (1985). Peer relationships in ADHD and normal children: A developmental analysis of peer and teacher ratings. *Journal of Abnormal Child Psychology, 13*, 89–100.

Johnstone, B., Frame, C. L., & Bouman, D. (1992). Physical attractiveness and athletic and academic ability in controversial-aggressive and rejected-aggressive children. *Journal of Social & Clinical Psychology, 11*, 71–79.

Kavale K. A., Mathur S. R., Forness S. R., Rutherford, R. B., & Quinn, M. M. (1996). Effectiveness of social skills training for students with behavior disorders: A meta-analysis. In T. Scruggs & M. Mastropieri (Eds.), *Advances in learning and behavioral disabilities* (vol. 11, pp. 1–26). Greenwich, CT: JAI Press.

Kazdin, A. E., Esveldt-Dawson, K., French, N. H., & Unis, A. S. (1987). Problem-solving skills training and relationship therapy in the treatment of antisocial child behavior. *Journal of Consulting & Clinical Psychology, 55*, 76–85.

Kehle, T. J., Clark, E., Jenson, W. R., & Wampold, B. E. (1986). Effectiveness of self-observation with behavior disordered elementary school children. *School Psychology Review, 15*, 289–295.

Keltner, D., Young, R. C., Heerey, E. A., Oemig, C., & Monarch, N. D. (1998). Teasing in hierarchical and intimate relations. *Journal of Personality & Social Psychology, 75*, 1231–1247.

Kennedy, J. (1992). Relationship of maternal beliefs and child-rearing strategies to social competence in preschool children. *Child Study Journal, 22*, 39–55.

Kim, O. H. (1999). Language characteristics and social skills of children with attention deficit hyperactivity disorder. *Dissertation Abstracts International Section A: Humanities &Social Sciences, 60*(5-A), 1513.

Kochenderfer, B. J., & Ladd, G. W. (1997). Victimized children's responses to peers' aggression: Behaviors associated with reduced versus continued victimization. *Development & Psychopathology, 9*, 59–73.

Kovacs, D. M., Parker, J. G., & Hoffman, L. W. (1996). Behavioral, affective, and social correlates of involvement in cross-sex friendship in elementary school. *Child Development, 67*, 2269–2286.

Kupersmidt, J. B., DeRosier, M. E., & Patterson, C. J. (1995). Similarity as the basis for children's friendships: The roles of sociometric status, aggressive and withdrawn behavior. *Journal of Social and Personal Relationships, 12*, 439–452.

Kupersmidt, J. B., Griesler, DeRosier, M. E., Patterson, C. J., & Davis, P. W. (1995). Childhood aggression and peer relations in the context of family and neighborhood factors. *Child Development, 66*, 360–375.

Ladd, G. W. (1981). Effectiveness of a social learning method for enhancing children's social interaction and peer acceptance. *Child Development, 52*, 171–178.

Ladd, G. W. (1983). Social networks of popular, average and rejected children in school. *Merrill-Palmer Quarterly, 29*, 283–307.

Ladd, G. W. (1992). Themes and theories: Perspectives on processes in family-peer relationships. In

R. D. Parke & G. W. Ladd (Eds.), *Family–peer relationships: Modes of linkages* (pp. 3–34). Hillsdale, NJ: Lawrence Erlbaum Associates.

Ladd G. A., & Asher S. R. (1985), Social skill training and children's peer relations. In. L. L'Abate & M. A. Milan (Eds.), *Handbook of social skills training and research* (pp. 219–244). New York: Wiley.

Ladd, G. W., & Emerson, E. S. (1984). Shared knowledge in children's friendships. *Developmental Psychology, 20*, 932–940.

Ladd, G. W., & Golter, B. S. (1988). Parents' management of preschoolers peer relations: Is it related to children's social competence? *Developmental Psychology, 24*, 109–117.

Ladd, G. W., & Hart, C. H. (1992). Creating informal play opportunities: Are parents' and preschoolers' initiations related to children's competence with peers? *Developmental Psychology, 28*, 1179–1187.

Ladd, G. W., Hart, C. H., Wadsworth, E. M., & Golter, B. S. (1988). Preschoolers peer networks in nonschool settings: Relationships to family characteristics and school adjustment. In S. Salzinger, J. Antobus, & M. Hammer (Eds.), *Social network of children, adolescents, and college students* (pp. 61–92). Hillsdale, NJ: Erlbaum.

Ladd, G. W., LeSieur, K., & Profilet, S. (1993). Direct parental influences on young children's peer relations. In S. W. Duck (Ed.), *Understanding relationship processes 2: Learning about relationships* (pp. 152–183). London: Sage.

Ladd, G. W., & Mize, J. (1983). A cognitive-social learning model of social skill training. *Psychological Bulletin, 90*, 127–157.

Ladd, G. W., & Price, J. M. (1987). Predicting children's social and school adjustment following the transition from preschool to kindergarten. *Child Development, 58*, 1168–1189.

Ladd, G. W., & Price, J. M. (1993). Playstyles of peer-accepted and peer-rejected children on the playground. In C. H. Hart (Ed.), *Children on playgrounds* (pp. 130–161). Albany: State University of New York Press.

Ladd, G. W., Profilet, S. M., & Hart, C. H. (1992). Parents' management of children's peer relations: Facilitating and supervising children's activities in the peer culture. In R. D. Parke & G. W. Ladd (Eds.), *Family–peer relationships: Modes of linkages* (pp. 215–253). Hillsdale, NJ: Lawrence Erlbaum.

La Greca, A. M. (1981). Peer acceptance: The correspondence between children's sociometric scores and teachers' ratings of peer interactions. *Journal of Abnormal Child Psychology, 9*, 167–178.

La Greca, A. M. (1993). Social skills training with children: Where do we go from here? *Journal of Clinical Child Psychology, 22*, 288–298.

Landau, S., & Milich, R. (1988). Social communication patterns of attention-deficit-disordered boys. *Journal of Abnormal Child Psychology, 16*, 69–81.

Landau, S., & Moore, L. (1991). Social skill deficits in children with attention-deficit hyperactivity disorder. *School Psychology Review, 20*, 235–251.

Langlois, J. H., & Downs, A. C. (1979). Peer relations as a function of physical attractiveness. *Child Development, 50*, 409–418.

Ledingham, J. E., & Younger, A. (1985). The influence of the evaluator on assessments of children's social skills. In B. H. Schneider, K. H. Rubin, & J. E. Ledingham (Eds.), *Children's peer relations: Issues in assessment and intervention* (pp. 111–121). New York: Springer-Verlag.

Ledingham, J. E., Younger, A., Schwartzman, A., & Bergeron, G. (1982). Agreement among teacher, peer and self-ratings of children's aggression, withdrawal and likability. *Journal of Abnormal Child Psychology, 10*, 363–372.

Lilly, M. S. (1971). Improving social acceptance of low sociometric status, low achieving students. *Exceptional Children, 37*, 341–347.

Lochman, J. E., Wayland, K. K., & White, K. J. (1993). Social goals: Relationship to adolescent adjustment and to social problem solving. *Journal of Abnormal Child Psychology, 21*, 135–151.

Lochman, J. E., & Wells, K. C. (1996). A social-cognitive intervention with aggressive children: Prevention effects and contextual implementation issues. In D. P. Ray & R. J. McMahon (Eds.), *Preventing childhood disorders, substance abuse, and delinquency* (pp. 111–143). Thousand Oaks, CA: Sage.

Lustig, J. L., Wolchik, S. A., & Braver, S. L. (1992). Social support in chumships and adjustment in children of divorce. *American Journal of Community Psychology, 20*, 393–399.

Maccoby, E. E. (1986). Social groupings in childhood: Their relationship to prosocial and antisocial behavior in boys and girls. In D. Olweus, J. Block, & M. Radke-Yarrow (Eds.), *Development of antisocial and prosocial behavior: Research, theories and issues* (pp. 263–284). New York: Academic Press.

Maccoby, E. E., & Jacklin, C. N. (1987). Gender segregation in childhood. In H. W. Reese (Ed.), *Advances in child development and behavior* (pp. 239–288). New York: Academic Press.

MacDonald, C. D., & Cohen, R. (1995). Children's awareness of which peers like them and which peers dislike them. *Social Development, 4*, 182–193.

Malik, N. M., & Furman, W. (1993). Practitioner Review: Problems in children's peer relations: What can the clinician do? *Journal of Child Psychology & Psychiatry, 34*, 1303–1326.

Markell, R. A., & Asher, S. R. (1984). Children's interactions in dyads: Interpersonal influence and sociometric status. *Child Development, 55*, 1412–1424.

Marriage, K. J., Gordon, V., & Brand, L. (1995). A social skills group for boys with Asperger's syndrome. *Australian and New Zealand Journal of Psychiatry, 29*, 58–62.

Matthys, W., Cuperus, J. M., & Van Engeland, H. (1999). Deficient social problem-solving in boys with ODD/CD, with ADHD, and with both disorders. *Journal of the Academy of Child & Adolescent Psychiatry, 38*, 311–321.

McFall, R. (1982). A review and reformulation of the concept of social skills. *Behavioral Assessment, 4*, 1–33.

McGuire, K. D., & Weisz, J. R. (1982). Social cognition and behavior correlates of preadolescent chumship. *Child Development, 53*, 1478–1484.

Melnick, S. M., & Hinshaw, S. P. (1996). What they want and what they get: The social goals of boys with ADHD and comparison boys. *Journal of Abnormal Child Psychology, 24*, 169–185.

Mesibov, G. B. (1984). Social skills training with verbal autistic adolescents and adults: A program model. *Journal of Autism and Developmental Disorders, 14*, 395–404.

Michelson, L., Foster, S. L., & Ritchey, W. L. (1977). Social skills assessment of children. In B. Lahey & A. Kazdin (Eds.), *Advances in clinical child psychology* (vol. 4, pp. 119–165). New York: Plenum.

Middleton, M. B., & Cartledge, G. (1995). The effects of social skills instruction and parental involvement on the aggressive behaviors of African American males. *Behavior Modification, 19*, 192–210.

Milich, R., & Dodge, K. A. (1984). Social information processing in child psychiatric populations. *Journal of Abnormal Child Psychology, 12*, 471–490.

Milich, R., & Landau, S. (1982). Socialization and peer relations in hyperactive children. In K. D. Gadow & I. Bialer (Eds.), *Advances in learning and behavioral disabilities: A research annual* (vol. 1, pp. 283–339). Greenwich, CT: JAI Press.

Miller, P. M., & Ingham, J. G. (1976). Friends, confidants, and symptoms. *Social Psychiatry, 11*, 51–58.

Mize, J., Pettit, G. S., & Brown, E. G. (1995). Mothers' supervision of their children's peer play: Relations with beliefs, perceptions, and knowledge. *Developmental Psychology, 31*, 311–321.

Nangle, D. W., Erdley, C. A., & Gold, J. A. (1996). A reflection of the popularity construct: The importance of who likes or dislikes a child. *Behavior Therapy, 27*, 337–352.

Nelson, J., & Aboud, F. E. (1985). The resolution of social conflict between friends. *Child Development, 56*, 1009–1017.

Nelson, J. R., & Roberts, M. L. (2000). Ongoing reciprocal teacher-student interactions involving disruptive behaviors in general education classrooms. *Journal of Emotional & Behavioral Disorders, 8*, 27–37.

Newcomb, A. F., & Bukowski, W. M. (1984). A longitudinal study of the utility of social preference and social impact sociometric classification schemes. *Child Development, 55*, 1434–1447.

Newcomb, A. F., Bukowski, W. M., & Pattee, L. (1993). Children's peer relations: A meta-analytic review of popular, rejected, neglected, controversial, and average sociometric status. *Psychological Bulletin, 113*, 99–128.

Newson, J., & Newson, E. (1976). *Seven years old in the home environment*. New York: John Wiley & Sons.

Oden, S. (1986). Developing social skills instruction for peer interaction and relationships. In G. Cartledge & J. F. Milburn (Eds.), *Teaching social skills to children: Innovative approaches* (2nd ed., pp. 187–218). New York: Pergamon Press.

Oden, S., & Asher, S. R. (1977). Coaching children in social skills for friendship making. *Child Development, 48*, 495–506.

Olweus, D. (1993). Bullies on the playground: The role of victimization. In C. H. Hart (Ed.), *Children on playgrounds* (pp. 45–128). Albany: State University of New York Press.

Ozonoff, S., & Miller, J. N. (1995). Teaching theory of mind: A new approach to social skills training for individuals with autism. *Journal of Autism and Developmental Disorders, 25*, 415–433.

Parke, R. D., & Bhavnagri, N. P. (1989). Parents as managers of children's peer friendships. In D. Belle (Ed.), *Children's social networks and social supports* (pp. 241–259). New York: Wiley.

Parke, R. D., MacDonald, A. B., & Bhavnagri, N. (1988). The role of the family in the development of peer relationships. In R. D. Peters & R. J. McMahon (Eds.), *Social learning and systems approaches to marriage and the family* (pp. 17–44). New York: Brunner/Mazel.

Parke, R. D., O'Neil, R., Spitzer, S., Isley, S., Welsh, M., Wang, S., Lee, J., Strand, C., & Cupp, R. (1997). A longitudinal assessment of sociometric stability and the behavioral correlates of children's social acceptance. *Merrill-Palmer Quarterly, 43*, 635–662.

Parker, J. G., & Asher, S. R. (1993). Friendship and friendship quality in middle childhood: Links with peer group acceptance and feelings of loneliness and social dissatisfaction. *Developmental Psychology, 29*, 611–621.

Parker, J. G., & Seal, J. (1996). Forming, losing, renewing, and replacing friendships: Applying temporal parameters to the assessment of children's friendship experiences. *Child Development, 67,* 2248–2268.

Parkhurst, J. T., & Hopmeyer, A. (1998). Sociometric popularity and peer-perceived popularity: Two distinct dimensions of peer status. *Journal of Early Adolescence, 18,* 125–144.

Patterson, C. J., Kupersmidt, J. B., & Greisler, P. C. (1990). Children's perceptions of self and of relationships with others as a function of sociometric status. *Child Development, 61,* 1335–1349.

Patterson, G. R. (1986). Performance models for antisocial boys. *American Psychologist, 41,* 432-444.

Patterson, G. R., DeBaryshe, B. D., & Ramsey, E. (1989). A developmental perspective on antisocial behavior. *American Psychologist, 44,* 329–335.

Patterson, G. R., Dishion, T., & Banks, L. (1984). Family interaction: A process model of deviancy training. *Aggressive Behavior, 10,* 253–267.

Peevers, B. H., & Secord, P. F. (1973). Developmental changes in attributions of descriptive concepts to persons. *Journal of Personality and Social Psychology, 27,* 120–128.

Pekarik, E., Prinz, R., Liebert, D., Weintraub, S., & Neil, J. (1976). The Pupil Evaluation Inventory: A sociometric technique for assessing children's social behavior. *Journal of Abnormal Child Psychology, 4,* 83–97.

Pelham, W. E., & Bender, M. E. (1982). Peer relationships in hyperactive children: Description and treatment. *Advances in Learning and Behavioral Disabilities, 1,* 365–436.

Pelham, W. E., Sturges, J., Hoza, J., Schmidt, C., Bijlsma, J. J., Milich, R., & Moorer, S. (1987). Sustained release and standard methylphenidate effects on cognitive and social behavior in children with attention deficit disorder. *Pediatrics, 80,* 491–501.

Perry, D. G., Kusel, S. J., & Perry, L. C. (1988). Victims of aggression. *Developmental Psychology, 24,* 807–814.

Perry, D. G., Perry, L. C., & Rasmussen, P. (1986). Cognitive social learning mediators of aggression. *Child Development, 57,* 700–711.

Perry, D. G., Williard, J. C., & Perry, L. C. (1990). Peer perceptions of the consequences that victimized children provide aggressors. *Child Development, 61,* 1310–1325.

Pettit, G. S., Bates, J. E., Dodge, K. A., & Meece, D. W. (1999). The impact of after-school peer contact on early adolescent externalizing problems is moderated by parental monitoring, perceived neighborhood safety, and prior adjustment. *Child Development, 70* , 768–778.

Pfiffner, L. J., & McBurnett, K. (1997). Social skills training with parent generalization: Treatment effects for children with attention deficit disorder. *Journal of Consulting & Clinical Psychology, 65,* 749–757.

Phillips, C. A., Rolls, S., Rouse, A., & Griffiths, M. D. (1995). Home video game playing in schoolchildren: A study of incidence and patterns of play. *Journal of Adolescence, 18,* 687–691.

Piers, E. V. (1984). *Piers-Harris Children's Self-Concept Scale–Rrevised manual.* Los Angeles: Western Psychological Services.

Pope, A. W., Bierman, K. L., & Mumma, G. H. (1989). Relations between hyperactive and aggressive behavior and peer relations at three elementary grade levels. *Journal of Abnormal Child Psychology, 17,* 253–267.

Possell, L. E., Kehle, T. J., Mcloughlin, C. S., & Bray, M. A. (1999). Self-modeling as an intervention to reduce disruptive classroom behavior. *Cognitive & Behavioral Practice, 6,* 99–105.

Poulin, F., Cilessen, A., Hubbard, J., Coie, J., Dodge, K., & Schwartz, D. (1997). Children's friends and behavioral similarity. *Social Development, 6,* 224–226.

Powell, T. H., Salzberg, C. L., Rule, S., Levy, S., & Itzkowitz, J. S. (1983). Teaching mentally retarded children to play with their siblings using parents as trainers. *Education and Treatment of Children, 6,* 343–362.

Prinstein, M. J., & La Greca, A. M. (1999). Links between mothers' and children's social competence and associations with maternal adjustment. *Journal of Clinical Child Psychology, 28,* 197–210.

Prinz, R. J., Blechman, E., & Dumas, J. E. (1994). An evaluation of peer coping-skills training for childhood aggression. *Journal of Clinical Child Psychology, 23,* 193–203.

Putallaz, M. (1983). Predicting children's sociometric status from their behavior. *Child Development, 54,* 1417–1426.

Putallaz, M. (1987). Maternal behavior and children's sociometric status. *Child Development, 58,* 324–340.

Putallaz, M., & Gottman, J. M. (1981). An interactional model of children's entry into peer groups. *Child Development, 52,* 986–994.

Quiggle, N. L., Garber, J., Panak, W. F., & Dodge, K. A. (1992). Social information processing in aggressive and depressed children. *Child Development, 63,* 1305–1320.

Ray, G. E., Cohen, R., Secrist, M. E., & Duncan, M. K. (1997). Relating aggressive and victimization behaviors to children's sociometric status and friendships. *Journal of Social & Personal Relationships, 14,* 95–108.

Renshaw, P. D., & Asher, S. R. (1983). Children's goals and strategies for social interaction. *Merrill-Palmer Quarterly, 29,* 353–374.

Renshaw, P. D., & Brown, P. J. (1993). Loneliness in middle childhood: Concurrent and longitudinal predictors. *Child Development, 64,* 1271–1284.

Rican, P. (1995). Sociometric status of the school bullies and their victims. *Studia Psychologica, 37,* 357–364.

Roff, M., Sells, B., & Golden, M. (1972). *Social adjustment and personality development in children.* Minneapolis: University of Minnesota Press.

Rogosch, F. A., & Newcomb, A. F. (1989). Children's perceptions of peer reputations and their social reputations among peers. *Child Development, 60,* 597–610.

Rose, A. J., & Asher, S. R. (1999). Children's goals and strategies in response to conflicts within a friendship. *Developmental Psychology, 35,* 69–79.

Ross, A. O. (1992). *The sense of self: Research and theory.* New York: Springer.

Rubin, K. H. (1982). Nonsocial play in prechoolers: Necessary evil? *Child Development, 53,* 651–657.

Rubin, K. H., Stewart, S. L., & Coplan, R. J. (1995). Social withdrawal in childhood. In T. H. Ollendick & R. J. Prinz (Eds.), *Advances in clinical child psychology* (vol. 17, pp. 157–196). New York: Plenum.

Rubin, Z., & Sloman, J. (1984). How parents influence their children's friendships. In M. Lewis (Ed.), *Beyond the dyad* (pp. 223–250). New York: Plenum Press.

Rucker, C. N., & Vincenzo, F. M. (1970). Maintaining social acceptance gains made by mentally retarded children. *Exceptional Children, 36,* 679–680.

Russell, A., & Finnie, V. (1990). Preschool children's social status and maternal instructions to assist group entry. *Developmental Psychology, 26,* 603–611.

Rutter, M., & Garmezy, N. (1983). Developmental psychopathology. In E. M. Hetherington (Ed.), P. H. Mussen (Series, Ed.), *Handbook of child psychology: Socialization, personality and social development* (vol. 4, pp. 775–911). New York: Wiley.

Sabongui, A. G., Bukowski, W. M., & Newcomb, A. F. (1998). The peer ecology of popularity: The network embeddedness of a child's friend predicts the child's subsequent popularity. In W. M. Bukowski & A. H. Cillessen (Eds.), *Sociometry then and now: Building on six decades of measuring children's experiences with the peer group* (pp. 83–91). San Francisco: Jossey-Bass.

Sakamoto, A. (1994). Video game use and the development of sociocognitive abilities in children: Three surveys of elementary school students. *Journal of Applied Social Psychology, 24,* 21–42.

Salmivalli, C., & Nieminen, E. (2002). Proactive and reactive aggression among school bullies, victims, and bully-victims. *Aggressive Behavior, 28,* 30–44.

Scambler, D. J., Harris, M. J., & Milich, R. (1998). Sticks and stones: Evaluations of responses to childhood teasing. *Social Development, 7,* 234–249.

Schutte, N. S., Malouff, J. M., Post-Gorden, J. C., & Rodasta, A. L. (1988). Effects of playing video games on children's aggressive and other behaviors. *Journal of Applied Social Psychology, 18,* 454–460.

Schwartz, D., Dodge, K. A., Pettit, G. S., & Bates, J. E. (1997). The early socialization of aggressive victims of bullying. *Child Development, 68,* 665–675.

Serbin, L. A., Marchessault, K., McAffer, V., Peters, P., & Schwartzman, A. E. (1993). Patterns of social behavior in 9- to 11-year-old girls and boys: Relation to teacher perceptions and to peer ratings of aggression, withdrawal and likability. In C. H. Hart (Ed.), *Children on playgrounds* (pp. 162–183.). Albany: State University of New York Press.

Shantz, D. W. (1986). Conflict, aggression and peer status: An observational study. *Child Development, 57,* 1322–1332.

Sheridan, S. M., Dee, C. C., Morgan, J. C., McCormick, M. E., & Walker, D. (1996). A multimethod intervention for social skills deficits in children with ADHD and their parents. *School Psychology Review, 25,* 57–76.

Shure, M. B., & Spivak, G. (1978). *Problem-solving techniques in childrearing.* San Francisco: Jossey-Bass.

Singleton, L. C., & Asher, S. R. (1977). Peer preferences and social interaction among third-grade children in an integrated school district. *Journal of Educational Psychology, 69,* 330–336.

Spivack, G., & Shure, M. B. (1974). *Social adjustment of young children: A congitive approach to solving real-life problems.* San Francisco: Jossey-Bass.

Steinberg, L. (1986). Latchkey children and susceptibility to peer pressure: An ecological analysis. *Developmental Psychology, 22,* 433–439.

Stormshak, E. A., Bierman, K. L., Bruschi, C., Dodge, K. A., Coie, J. D., & the Conduct Problems Prevention Group. (1999). The relation between behavior problems and peer preference in different classroom contexts. *Child Development, 70,* 169–182.

Swanson, J. M. (1992). *School-based assessments and interventions for ADD students.* Irvine, CA: K. C. Publishing.

Tassi, F., & Schneider, B. H. (1997). Task-oriented versus other-referenced competition: Differential implications for children's peer relations. *Journal of Applied Social Psychology, 27,* 1557–1580.

Taylor, A. R., & Asher, S. R. (1984). Children's goals and social competence: Individual differences in a game-playing context. In T. Field, J. L. Roopnarine, & M. Segal (Eds.), *Friendships in normal and handicapped children* (pp. 53–78). Norwood, NJ: Ablex.

Teeter, P. A. (1991). Attention deficit hyperactivity

disorder: A psychoeducational paradigm. *School Psychology Review, 20,* 266–280.

Tiffen, K., & Spence, S. H. (1986). Responsiveness of isolated versus rejected children to social skills training. *Journal of Child Psychology and Psychiatry, 27,* 343–355.

Tremblay, R. E., LeBlanc, M., & Schwartzman, A. E. (1988). The predictive power of first-grade peer and teacher ratings of behavior: Sex differences in antisocial behavior and personality at adolescence. *Journal of Abnormal Child Psychology, 16,* 571–583.

Tryon, A. S. & Keane, S. P. (1991). Popular and aggressive boys' initial social interaction patterns in cooperative and competitive settings. *Journal of Abnormal Child Psychology, 19,* 395–406.

Underwood, M. K., Kupersmidt, J. B., & Coie, J. D. (1996). Childhood peer sociometric status and aggression as predictors of adolescent childbearing. *Journal of Research on Adolescence, 6* , 201–223.

van Schie, E. G. M., & Wiegman, O. (1997). Children and videogames: Leisure activities, aggression, social integration, and school performance. *Journal of Applied Social Psychology, 27,* 1175–1194.

Vitaro, F., Tremblay, R. E., Kerr, M., Pagani, L., & Bukowski, W. M. (1997). Disruptiveness, friends' characteristics, and delinquency in early adolescence: A test of two competing models of development. *Child Development, 68,* 676–689.

Warm, T. R. (1997). The role of teasing in development and vice versa. *Journal of Developmental & Behavioral Pediatrics, 18,* 97–101.

Wasserstein, S. B., & La Greca, A. M. (1996). Can peer support buffer against behavioral consequences of parental discord? *Journal of Clinical Child Psychology, 25,* 177–182.

Weisz, J. R., & Weisz, B. (1990). The impact of methodological factors on child psychotherapy outcome research. *Journal of Abnormal Child Psychology, 18,* 639–670.

Wentzel, K. R., & Asher, S. R. (1995). The academic lives of neglected, rejected, popular, and controversial children. *Child Development, 66,* 754–763.

Whalen, C. K., & Henker, B. (1985). The social worlds of hyperactive (ADHD) children. *Clinical Psychology Review, 5,* 1–32.

Wilson, G. T. (1996). Manual-based treatments: The clinical application of research findings. *Behaviour Research and Therapy, 34,* 295–315.

Zarbatany, L., Hartmann, D. P., & Rankin, D. B. (1990). The psychological functions of preadolescent peer activities. *Child Development, 61,* 1067–1080.

Zarbatany, L., McDougall, P., & Hymel, S. (2000). Gender-differentiated experience in the peer culture: Links to intimacy in preadolescence. *Social Development, 9,* 62–79.

Zentall, S. S. (1989). Self-control training with hyperactive and impulsive children. In J. N. Hughes & R.J. Hall (Eds.), *Cognitive-behavioral psychology in the schools* (p. 305–346). New York: Guilford.

찾아보기

ㅈ

ㅊ

ㅌ

ㅍ

ㅎ

기타